S
62

Dubois

H. 5748 A

LES MEMOIRES
DE
MESSIRE MICHEL
DE CASTELNAV,

SEIGNEVR DE MAVVISSIERE
& de Concreſſaut, Baron de Ionville, Cheualier de
l'Ordre du Roy, Conſeiller en ſon Conſeil Priué &
d'Eſtat, Capitaine de cinquante hommes d'armes de
ſes Ordonnances, Gouuerneur de la Ville & Chaſteau de S. Dizier, & Ambaſſadeur pour ſa Majeſté
en Angleterre.

*Auſquelles ſont traictées les choſes plus remarquables
qu'il a veuës & negotiées en France, Angleterre,
& Eſcoſſe, ſoubs les Rois François II. &
Charles IX. tant en temps de paix
qu'en temps de guerre.*

A PARIS,

Chez SAMVEL THIBOVST, au Palais, en la
Gallerie des priſonniers.

M. DC. XXI.
AVEC PRIVILEGE DV ROY.

EPISTRE
DE L'AVTHEVR
A IACQVES
DE
CASTELNAV
SON FILS.

CE qui m'a donné occasion de faire ces Memoires que ie te dedie, mon fils, est quelque loisir que i'ay trouué depuis dix ans que ie suis Ambassadeur du Roy en ce Royaume d'Angleterre. Car auparauant, & dés l'an 1550. que i'ay esté employé au fait des armes & bien tost apres au maniment des affaires d'Estat, ie n'auois le temps pour mettre la main à la plume, considerant aussi qu'il y en a quelques vns de ceux qui ont escrit l'Histoire des choses passées en France, depuis vingt

A ij

EPISTRE.

deux ans, lors que le feu des guerres ciuiles estoit allumé par tout le Royaume, lesquels poussez de haine ou d'affection immoderée enuers aucuns, obscurcissent entierement la verité de l'Histoire. Cela ma fait resoudre de mettre par escrit le plus briéuement qu'il m'a esté possible, ce que i'en ay peu connoistre, sans me laisser transporter à la passion de personne. Et si ie parle de moy-mesme en quelques endroits, ce n'est que pour la necessité de l'Histoire: Car encores qu'il fust permis & honnorable aux anciens Capitaines & Seigneurs appellez aux affaires d'Estat, de faire mention de leurs actions, comme il se void de Cornelius Sulla, qui à composé dix liures de ses faits, quoy qu'il fust du tout ignorant & grossier au iugement de Cesar, toutesfois il est plus seant de rapporter les faits d'autruy que les siens, mesmement les choses grandes & remarquables, comme celles qui sont aduenuës en France depuis vingt deux ans, les plus estranges & les plus memorables qui ayent esté depuis l'establissemẽt de ceste Monarchie. En quoy i'ay pour exemplaire suiuy Philippes de Commines, lequel n'ayant pas grande connoissance des lettres, comme aussi n'est-ce pas ma profession a laissé aux siens & à la posterité des Memoires plus veritables qu'artificieux, receus tou-

EPISTRE.

tesfois & grandement estimez entre les Historiens, pour estre vn Gentilhomme qui nous fait voir les occurrences qu'il auoit en partie veües & en partie negotiées. Aussi nay-ie rien voulu mettre en ces Memoires que les affaires que i'ay veües, maniées, & traictées, ou desquelles i'ay eu des aduertissements certains. Et ne me suis arresté aux discours de ceux, lesquels le plus souuent laissent aller leur plume à leurs passions, & au lieu d'vne Histoire qui doit estre sacrée & veritable, nous ont laissé, ou des panegyriques, ou des libelles contumelieux, dont ils ont plustost remporté le nom de Partisans que d'Historiens. Ce que i'en dy n'est pas pour aucun desir que i'aye que ces Memoires soient iamis mis en lumiere, veu qu'il y a tant de liures faits auec artifice, que mes escrits, rehausseroient plustost & donneroient lustre aux autres, qu'ils n'en receuroient d'eux, outre ce que plusieurs qui ont part à l'Histoire de ce temps sont encores en vie, desquels la loüange seroit peut estre ennuyeuse ou la verité blasmée. Et me suffira que ce que i'en ay fait pour moy mesme, & pour passer autant de temps, en me rafraichissant la memoire des choses passées, soit mis aux Archiues de nostre maison, à fin, mon fils, que tu puisses tirer en exemple les vertueux

EPISTRE.

exploits des hommes Illustres, & éuiter les fautes de ceux qui se sont precipitez, ou par trop de passion, ou par faute d'auoir apprehendé le iugement de Dieu, qui est le principal fruit de l'Histoire, & le vray miroüer de la vie humaine.

AV LECTEVR.

SI ie ne craignois d'estre accusé d'ingratitude enuers celuy de qui ie tiens apres Dieu ma naissance, ie me contenterois de conseruer ces Memoires en ma maison, & les laisser aux miens comme le plus cher heritage que ie possede, sans les estaller sur le grand theatre du mõde. Mais outre le deuoir naturel & l'obligation particuliere qu'vn fils peut auoir à vn bon pere, ayant esté solicité plusieurs fois de mes amis particuliers & personnes de qualité & de grand merite, de ne laisser d'auantage obscurcir la verité de ceste Histoire, qui n'a point à leur iugement esté mieux esclaircie par ceux qui ont escrit cy deuant comme elle est en ces Memoires. I'ay creu, me laissant aller à leur opinion, faire autant pour le seruice de ceux qui prendront la peine de les lire, que pour mon contentement particulier, de les mettre au iour : m'asseurant qu'ils auront plus de satisfaction de voir les choses escrites par ceux qui auront essayé comme il les faut conduire, que par le rapport de ceux qui n'ont escrit que par oüir dire, & sur les bruits communs du peuple. Aussi qu'il sied mieux à vn Gentilhomme nourry dans les affaires, de traiter de la guerre, des desseins des Princes, & affaires d'Estat, qu'à ceux qui n'ont esté esleuez qu'à l'ombre des escoles, & qui font plus souuent profession de bien dire que de dire vray. Et si Asinius Pollio a trouué quelque mesconte en ce qu'à escrit Iules Cesar en ses Commentaires, en quoy il estoit tombé pour n'auoir peu ietter les yeux en tous les endroits de son armée, ou pour n'auoir esté assez curieusement aduerty par ses Lieutenans des choses qu'ils auoient conduites en son absence, à plus forte raison peut-on trouuer à redire en beaucoup de choses que nos Historiens ont escrit, esquelles ils n'ont esté presens. C'est pourquoy ie supplie le Lecteur de suppleer aux défauts qui pourroient estre en cette Histoire ; & plus à la curiosité du discours qui n'y est pas si recherchée que la verité simple : qui la fera d'autant plus estimer

par

par dessus toutes les autres, quelle est despoüillee de passion: n'estant dediée à ceux qui font plus d'estime de la robe que du corps, & qui lisant vn liure n'en prennent que l'escorce sans en cueillir le fruit.

SONNET.

ON ne sçauroit assez estimer vne Histoire
   Qui donne vn nouueau iour aux belles actions,
Qui declare le fonds, de leurs intentions,
   Les immortalisant, au temple de memoire.

Mais celle-cy merite vne eternelle gloire,
   Qui ne s'embellist point de mille fictions,
Ains de la verité prend ses inuentions,
   Quittant la passion, pour ne s'en faire accroire:

D'vn si graue discours, ennemy du flateur,
   Qui en peut dire mal, si ce n'est vn menteur:
Ou l'enuieux malin qui veut tout contredire?

Puisque l'Autheur n'escrit que de ce qu'il a veu,
   Negotié, traicté, ou ce qu'il a bien sceu,
Et non comme beaucoup, dessus vn ouy dire.

Aduertissement au Lecteur.

Ces Memoires nous ayant esté mis entre les mains par Monsieur de Mauuissiere, fils de l'Autheur, nous les auons faict imprimer en son absence; & d'autant que la copie qu'il nous auoit baillee estoit assez mal escrite, cela a causé quelques legeres fautes à l'impression, lesquelles (du moins celles que nous auons peu recognoistre) seront remarquées à la fin du liure.

Priuilege du Roy.

LOVYS par la grace de Dieu Roy de France & de Nauarre, A nos amez & feaux Conseillers, les gens tenans nos Courts de Parlemens, Baillifs, Seneschaux, ou leurs Lieutenans, & tous autres nos Iusticiers, & Officiers qu'il appartiendra, Salut: Nostre cher & bien amé Iacques de Castelnau sieur de Mauuissiere, Gentilhomme ordinaire de nostre Chambre, nous a fait dire & remonstrer qu'apres la mort du feu sieur de Mauuissiere, son pere, il a trouué parmy ses papiers vn liure escript à la main, intitulé *les Memoires de Messire Michel de Castelnau Seigneur de Mauuissiere & de Concressault, Baron de Ion-ville, Cheualier de l'Ordre du Roy, Conseiller en son Conseil d'Estat, Capitaine de cinquante hommes d'armes de ses Ordonnances, Gouuerneur de la ville de sainct Dizier, & Ambassadeur pour sa Maiesté en Angleterre*, lequel liure il desireroit faire imprimer pour le fruict que l'on peut retirer de la lecture d'iceluy, s'il nous plaisoit luy octroyer nos lettres de permission, dont il nous a tref-humblement fait supplier, A CES CAVSES, Ne voulans defrauder le public d'vne histoire qui peut donner tant de lumiere de la verité, pour auoir esté plusieurs choses contenuës en icelle, traictees & negociees par ledict feu sieur de Mauuissiere, Nous auons permis & permettons audict Iacques de Castelnau son fils, *que par tel Libraire & Imprimeur que bon luy semblera, il puisse faire imprimer, vendre & debiter ledict Liure, durant le temps de dix ans*, pendant lequel temps, nous faisons tref-expresses deffenses à tous Libraires, Imprimeurs, & autres quelscõques, de l'imprimer vendre & debiter, ny mesmes en faire aucuns extraicts, si ce n'est du cõsentement de celuy à qui ledict Sieur de Mauuissiere aura donné charge de l'imprimer, à peine de confiscation des exemplaires, & de deux cents escus d'amende. SI VOVS MANDONS & à chacun de vous enioignons, que de nostre present Priuilege, permission, & de tout le contenu cy dessus vous faictes & souffrez ioüyr le Libraire à qui ledict sieur de Mauuissiere aura donné charge d'imprimer ledit liure, ou ceux qui auront droit de luy, iouyr & vser plainement & paisiblement sans qu'il soit besoing d'autre signification de cesdites presentes, que d'en faire mettre vn extraict ou sommaire au commencement ou à la fin dudict liure: CAR tel est nostre plaisir. DONNE' à Paris le vingt sixiesme iour de Feburier, l'an de Grace, mil six cents vingt & vn. Et de nostre regne le vnziesme.

PAR LE ROY EN SON CONSEIL.

Signé, PASQVIER.

LEdict Sieur de la MAVVISSIERE, cy-dessus dict, a cedé & transporté le droict de son Priuilege à SEBASTIEN CHAPPELET, & SAMVEL THIBOVST, marchands Libraires à Paris, pour en jouyr le temps porté par iceluy, comme plus amplement il est porté par ledict transport faict par le susdict Sieur de la MAVVISSIERE audict CHAPPELET & THIBOVST, faict & passé pardeuant TVRGIS & MOTELET, Notaires & Gardenottes du Roy nostre Sire, en son Chastelet de Paris, le sixiesme iour de Mars mil six cents vingt & vn.

Acheué d'imprimé le dernier Iuillet de la mesme annee 1621.

SOMMAIRE ET CHEFS PRINCIPAVX DV CONTENV EN CE premier Liure.

'AVTEVR n'eſcrit que des choſes qu'il a veuës, maniees, traittees, ou deſquelles il a eu des aduertiſſemens certains. Traicté du Caſteau Cambreſis. Le Duc de Sauoye remis en ſes Eſtats. Eloge de la Reyne Catherine de Medicis. Ialouſie du Conneſtable de Montmorency contre la maiſon de Guiſe, à laquelle le Roy donne charge entiere de toutes choſes en ſon Royaume, & la bonne opinion que tous les Ordres auoient d'eux. Le Conneſtable rend le cachet au Roy. Edict du Roy Henry II. du nom contre les Lutheriens. Conſeillers du Parlement mis en priſon pour auoir deſobey à l'Edict de Romorantin. Diuers iugemens ſur ceſt Edict. Condamnation contre les Conſeillers priſonniers. Le Conſeiller du Bourg, executé à mort. Assemblees secrettes deffenduës. Les Parlemens de France sont huict Colomnes, sur lesquelles l'Estat est appuyé. En Angleterre le Roy ne peut faire de Loy, si elle n'est approuuee par les Estats. Poursuites contre les Protestans & leurs assemblees nocturnes. Abominations qui s'y commettoient, ausquelles toutesfois on n'a peu assoir de iugement, & les diuerses opinions sur ce subiect. Impudicitez incestueuses des anciens Gnostiques & Barbelites. Autre Edict contre les assemblees illicites, & recompense aux delateurs. Minart President au Parlement, assassiné, & pourquoy. Edict pour la leuee de la Cour. Haine des Protestans contre la maison de Guise. Pourquoy nos Rois n'appellent pas tousiours les Princes du sang au maniement des affaires de leur Estat, & plusieurs exemples & raisons à ce propos : confirmees encore par la coustume des Princes Otthomans & Roys d'Ethiopie. Dessein de ceux de Guise. Quel Ordres de Cheualeries supprimez, & pourquoy. Ceintures dorees laissees par les Dames, pourquoy : & prouerbe à ce propos. Chefs de party, tant de l'vne que de l'autre Religion. Assemblees des Protestans, tant pour les affaires d'Estat, que pour la Religion. Leur assemblee à Nantes, & ce qu'ils y delibererent. Deuoient s'emparer de la ville de Blois. Des Auenelles, celuy qui descouurit le premier ceste entreprise. Conspiration ou tumulte d'Amboise, auquel le Duc de Guise remedie auec prudence, & s'asseure dextrement du Prince de Condé.

Les conspirateurs arrestez prisonniers. Grand desordre entre eux, & plusieurs executez à mort. Le Duc de Guise estably Lieutenant General du Roy. Le Prince de Condé accusé de rechef de la conspiration. Menacé par le Roy, et la response hardie qu'il luy feit en plein Conseil. Il se retire en sa maison, & ceux de Chastillon aussi. Edict en faueur des Protestans. La conspiration d'Amboise mal conduite, et pirement executée. Diuerses manieres de serment practiquez anciennement aux coniurations.

LES MEMOIRES
DE
MESSIRE MICHEL
DE CASTELNAV, SEI-
gneur de Mauuiſſiere & de Concreſſaut,
Baron de Ionville, Cheualier de l'Ordre
du Roy, Conſeiller en ſon Conſeil Priué
& d'Eſtat, Capitaine de cinquante hommes d'armes de ſes Ordonnances, Gouuerneur de la Ville & Chaſteau de ſainct
Dizier, & Ambaſſadeur pour ſa Majeſté
en Angleterre.

LIVRE PREMIER.

OVR entrer au diſcours des choſes
que i'ay veües & maniées en France
& hors le Royaume, ie commance-
ray au temps que le Roy Henry II.
courant en lice, fut bleſſé en l'œil
par le Comte de Mongommery Capitaine de la
Garde Eſcoſſoiſe, comme les Roys de France
ont accouſtumé pour l'ancienne alliance qui eſt

A ij

entre eux & les Escossois, d'en auoir vne de ceste nation. Ce fut le dernier iour de Iuin, 1559. Lors que sa Majesté pensoit auoir vne paix asseurée, & mis fin à toutes les guerres estrangeres, pour establir vn repos par tout son Royaume, par le moyen du traicté de Casteau Cambresis, fait en ceste année auec Philippes II. Roy d'Espagne, qui par l'accord espousa Elisabeth de France, fille aisnée du Roy Henry, lequel par mesme moyen maria Marguerite sa sœur, Princesse tres-sage & vertueuse, à Philibert Duc de Sauoye: lequel par le traicté de la paix fut remis en son Estat, hors-mis quelques villes que le Roy retint. Mais la mort de ce Prince vaillant & de bon naturel, apporta de grãds & notables changemens à la France, parce que le Roy François II. son fils qui luy succeda à la Couronne, n'estoit pour lors aâgé que de quinze à seize ans, & auoit nouuellement espousé Marie Stuart Royne d'Escosse, niepce de ceux de Guise du costé maternel. Par le moyen de laquelle alliance, ceste maison qui desia estoit grande & auoit beaucoup de credit dés le temps du Roy Henry, print tel accroissement que François Duc de Guise, & Charles Cardinal de Lorraine son frere, disposoient entierement des affaires du Royaume de la volonté & consentement du Roy. Car comme le Clergé de France, le premier & plus riche des trois Estats, dependoit presque dudit Cardinal de Lorraine. Aussi la plus part de la Noblesse & des Capitaines s'appuyoient sur la faueur & authorité dudit Duc de Guyse, tous deux

Le temps auquel il a commencé d'escrire.

Traité de Casteau Cãbresis.

Le Duc de Sauoye remis en son Estat.

Messieurs de Guise disposent entierement des affaires du Royaume.

bien vnis & en bonne intelligence auec leurs autres freres, à sçauoir le Duc d'Aumale grand Capitaine, le Cardinal de Guise bon Courtisan, le Marquis d'Elbœuf, & le Grand Prieur de France, General des Galeres, auquel la mort en la fleur de son aage a enuié l'honneur d'vne infinité de beaux desseins qu'il m'a souuent communiquez, tous enfans de Claude de Lorraine Duc de Guise, & d'Anthoinette de Bourbon, Princesse tres-vertueuse. Et auoient encores moyenné auec le feu Roy Henry le mariage de Claude sa fille puisnée, auec Charles Duc de Lorraine leur petit nepueu. Outre la grandeur des alliances, le Cardinal de Lorraine auoit acquis la reputation d'estre fort bien entendu au maniment des affaires d'Estat, pour l'experience qu'il en auoit, y ayant esté nourry dés l'aage de vingt ans, & auoit l'esprit prompt & subtil, le langage & la grace auec de la Majesté, & le naturel actif & vigilant. Et quant au Duc de Guise, il estoit cogneu pour l'vn des plus grands Capitaines & des plus experimentez de tout le Royaume, qui auoit fait plusieurs seruices fort signalez à la Courōne: mesmement ayant soustenu le siege de la ville de Mets contre l'armee Imperiale, où l'Empereur Charles V. commandoit en personne; reconquesté la ville de Calais que les Anglois auoient tenuë plus de deux cens ans, & prins Thionville, sans plusieurs autres actes belliqueux. Or ces deux freres qui auoient tant obligé de personnes par leurs biens-faicts & preuoyances, & qui par ce moyen s'estoyent acquis la plus-part de ceux qui

Le Cardinal de Lorraine fort entendu au maniement des affaires d'Estat.

Et le Duc de Guise l'vn des plus experimentez Capitaines du Royaume.

A iij

6 MEMOIRES DV SIEVR DE CASTELNAV, auoient les premiers Estats & les plus grandes charges de ce Royaume, continuerent encores apres la mort du feu Roy Henry; aydez de la faueur de Catherine de Medicis, veufue dudict Roy, Princesse d'vn esprit incomparable. Ce qu'elle a bien faict paroistre lors qu'elle print en main les resnes du Gouuernement, & des affaires du Royaume auec la tutelle de ses jeunes enfans, tesmoignant n'auoir aucun plus grand desir que de se faire cognoistre pour Mere du Roy, & croire le Conseil establi par le feu Roy son Seigneur, s'appuyant du Duc de Guise, qu'elle fit pourueoir de l'Estat de Grand Maistre. Ce qui despleut fort au Connestable Anne de Mont-morency, qui auparauant auoit ceste charge, la premiere de la maison du Roy: bien que pour recompense le sieur Mont-morency son fils aisné fust faict Mareschal de France. Cest Estat de Grand Maistre fut cause en partie des inimitiez couuertes & plus grandes qu'auparauant ces maisons auoient, ialouses l'vne de l'autre. Mais ce qui donna accroissement encores à l'enuie, fut quand les deputez du Parlement de Paris vindrent gratifier le Roy de son heureux aduenement à la Couronne, suiuant la coustume ancienne, luy demandant à qui il luy plaisoit que deslors en auant l'on s'addressast pour sçauoir sa volonté, & receuoir ses commandements : Lors sa Majesté fit responce qu'elle auoit donné la charge entiere de toutes choses au Cardinal de Lorraine, & au Duc de Guise ses Oncles : Et comme en mesme temps

Éloge de la Royne Catherine de Medicis.

Ialousie du Connestable de Montmorency contre ceux de Guise.

Le Roy donne charge entiere de toutes choses au Cardinal de Lorraine & Duc de Guise.

le Connestable fut aussi allé faire la reuerence à sa Majesté pour luy rendre le cachet, & voir ce qui luy seroit commandé, le Roy luy dit qu'il auoit laissé au Cardinal de Lorraine toute la charge des finances, & au Duc de Guise le fait & la conduite des armes; de sorte que c'estoit luy retrancher sa puissance. Lequel dés-lors comme sage & vieil courtisan dissimulant sa douleur fit responce, qu'aussi n'estoit-il venu que pour s'excuser de sa charge à l'occasion de son vieil aage, pour se retirer en sa maison. Quant aux Princes du sang, ils se mesloient bien peu des affaires, & quand bien ils en eussent eu la volonté, le peu de faueur qu'ils auoient ne leur en donnoit pas grande occasion. Neantmoins pour ne les mescontenter, on leur donna d'honnestes commissions. Et en ce temps Anthoine de Bourbon Roy de Nauarre, estant par le conseil de ses amis & seruiteurs tiré de Gascogne iusques à la Cour, fut recueilly froidement selon son opinion: De là il print occasion, comme aussi estoit il peu ambitieux, de s'en retourner: mais pour le contenter on luy donna la commission auec le Cardinal de Bourbon son frere, & le Prince de la Roche-sur-Yon de conduire Elizabeth de France, sœur du Roy, en Espagne, & au Prince de Condé d'aller en Flandres, pour continuer les alliances. Quant au Duc de Monpensier le plaisir & repos de sa maison luy donnoit plus de contentement que la Cour, pour l'authorité que le Roy auoit donnée à la maison de Guise, ce qui deplaisoit autant à celles de Montmorency & de Chastillon, qu'aux

Le Connestable rend le cachet au Roy.

Diuerses commissions données aux Princes du sang pour ne les mescontenter.

Princes du sang. Et ce qui plus auança encores les occasiós de les diuiser d'auec la Noblesse, & les suiets pour se faire partisans les vns contre les autres, fut le Schisme & la diuision des Religions, que l'on entremesla auec les affaires d'Estat, (qui rehaussa d'auantage l'authorité de la maison de Guise, laquelle tenoit entierement le party de l'Eglise Catholique, Apostolique & Romaine,) Car les Protestás (ainsi se nommoient-ils pour les protestations qu'ils faisoient de leur Religion à l'imitation des Allemans) estoient si odieux, que l'on faisoit mourir ceux qui demeuroient obstinez & resolus en leurs opinions, & a aucuns l'on couppoit la langue, de peur qu'en mourant ils ne donnassent au peuple impression de leurs doctrines, ou ne vinssent à mesdire des Sacremens: ce qui auroit esté continué depuis l'an mil cinq cens trente & deux, que l'on commença à brusler les Lutheriens. A quoy plusieurs Iuges & Magistrats estoient poussez d'vn bon zele, pensans faire sacrifice agreable à Dieu de la mort de telles gens, parce que le peuple de France de toute ancienneté a tousiours par sus tous les peuples de l'Europe, esté fort adonné à la Religion, comme nous lisons mesmes és Commentaires de Cesar. Or tout le Clergé de France, & presque toute la Noblesse, & les peuples qui tenoient la Religion Romaine, iugeoient que le Cardinal de Lorraine, & Duc de Guise estoient comme appellez de Dieu pour la conseruation de la Religion Catholique, establie en France depuis douze cens ans, & leur sembloit non seulement impieté

La diuision des Religions rehaussa d'auātage l'authorité de la maison de Guise.

Lāgues couppées aux Protestans pour éuiter leurs blasphemes.

La bonne opinió que tous les Ordres auoient de la maison de Guise.

LIVRE PREMIER.

pieté de la changer ou alterer en sorte quelconque, mais aussi impossible, sans la ruine de l'Estat, comme à la verité ces deux choses sont tellement conioinctes & liées ensemble, que le changement de l'vne altere l'autre. Ce que preuoyant le feu Roy Henry, auoit fait vn Edict au mois de Iuin mil cinq cens cinquāte-neuf, estant à Escoüan: par lequel les Iuges estoient contraints de condāner tous les Lutheriens à la mort, lequel fut publié & verifié par tous les Parlemēts sans limitation ny modification quelconque, auec defences aux Iuges de diminüer la peine, comme, ils auoient fait depuis quelques années auparauant. Et parce que en ce temps il y eut quelques Conseillers du Parlement de Paris, qui à la Mercuriale furent d'auis de faire ouuerture des prisons à vn Lutherien qui persistoit en son opinion, chose du tout contraire à l'Edit de Romorentin: ledit feu Roy Henry fut le dixiesme Iuin mil cinqcens cinquante-neuf au Parlement (seant pour lors aux Augustins) & fit constituer prisonniers cinq Conseillers de la Cour. L'on faisoit diuers iugemens de l'Edict, & les plus Politiques & Zelateurs de la Religion estimoient qu'il estoit necessaire, tant pour conseruer & maintenir la Religion Catholique, que pour reprimer les seditieux, qui s'efforçoient sous couleur de Religion, de renuerser l'Estat Politique du Royaume, & afin que la crainte du supplice retranchast la secte par la racine. Les autres qui n'auoient soin, ny de la Religion, ny de l'Estat, ny de la Police, estimoient aussi l'Edict ne-

Edict du Roy Henry II. cō tre les Lutheriens.

Conseillers de Parlemēt mis en prison pour auoir desobey à l'Edict de Romorentin. Diuers Iugemens sur cet Edict.

B

10 MEMOIRES DV SIEVR DE CASTELNAV,
cessaire, non pas pour exterminer du tout les Protestans; car ils iugeoient que cela pourroit estre cause de les multiplier: mais que ce seroit vn moyen de s'enrichir par les confiscations des condamnez, & que le Roy se pourroit acquiter de quarante & deux millions de liures qu'il deuoit, & faire fonds aux finances: & outre ce, contenter ceux qui demandoient recompense des seruices qu'ils auoient faits à la Couronne, en quoy plusieurs mettoient leur esperance. Mais le Roy Henry qui estoit cogneu pour Prince de bonne nature, n'ayant autre but que le zele de la Religion Catholique, pour couper le chemin aux Heresies, qui apportent tousiours auec elles du changement, se laissa aller au Conseil de ceux qui estoient d'auis de faire brusler les Heretiques sans remission. Et de fait sa Majesté commanda que l'on fist le procés aux Conseillers emprisonnez; ce qui fut depuis differé par sa mort. Et quelque temps aprés l'vn d'iceux fut absouz à pur & à plein, les autres condamnez en l'amende, partie honorable, & partie profitable: & le Conseiller du Bourg fut condamné, & executé à mort, la veille de Noël, 1559. encores qu'il eust des amis, & que le Comte Palatin eust escrit au Roy, pour luy sauuer la vie. En ce mesme temps l'on publia nouueaux Edits portans deffences de faire assemblées secrettes sur peine de la vie, parce que les Protestans s'assembloient ordinairement en des maisons particulieres, & la nuict plustost que le iour, pour l'exercice de leur Religion, & par les mesmes Edicts y auoit

Le Roy Hēry veut faire brusler les Heretiques sans remission.

Diuerses cōdamnations cōtre les Cōseillers prisonniers. Le Conseiller du Bourg executé à mort.

Assemblées secrettes deffenduës.

LIVRE PREMIER.

promesse aux Delateurs de la moitié des confiscations. Ces Edicts estans publiez par tout le Royaume, les Magistrats firent de grandes inquisitions & viues poursuites contre les Protestans; principalement en la ville de Paris, à fin que par icelles l'on donnast l'exemple & la reigle de proceder aux autres villes, d'autant que Paris est la Capitale de tout le Royaume, & des plus fameuses du monde, tant pour la splendeur du Parlement, qui est vne Compagnie illustre de cent trente Iuges, suiuis de trois cents Aduocats & plus, qui ont reputation enuers tous les peuples Chrestiens, d'estre les mieux entendus aux loix humaines & au fait de la Iustice, que pour la faculté de Theologie & les autres langues & sciences qui reluisent plus en ceste ville qu'en autre du monde : outre les arts mechaniques & le trafiq merueilleux qui la rend fort peuplée, riche & opulente, de sorte que les autres villes de France, & tous les Magistrats & suiects y ont les yeux iettez, comme sur le modelle de leurs iugemens & administrations Politiques, qui est vn grand moyen de conseruer l'Estat & la Religion par tout le Royaume, parce que le peuple fait iugement que ceste ville pleine de si grands & sçauans personnages ne peut faillir. Ioinct aussi que les sept autres Parlemens du Royaume se conforment ordinairement à celuy là, qui sont en tout, comme huict colomnes fortes & puissantes, composées de tous Estats, sur lesquelles est appuyée ceste grande Monarchie, les Edicts ordinaires n'ayans point de force, & n'e-

Paris la reigle des autres villes.

Tous les Parlemens de France se conforment sur celuy de Paris.

B ij

stans approuuez des autres Magistrats s'ils ne sont receuz & verifiez esdicts Parlemens, qui est vne reigle d'Estat, par le moyen de laquelle le Roy ne pourroit quand il voudroit faire des loix iniustes, que bien tost apres elles ne fussent reiettées. Comme aussi en Angleterre le Roy ne peut faire loy qui porte coup aux biens, ny à l'honneur, ny a la vie des suiects, si elle n'est approuuée par les Estats du pays, qu'ils appellent leur Parlement. Et si l'vn d'iceux l'empesche, la loy n'est point receuë. Or les Edicts qui pour lors estoient faits, les Iuges pour la plus-part n'y auoient point d'esgard, ains ordonnoient les peines à leur discretion, & bien souuent aussi faisoient contre les Protestans plus qu'il n'estoit porté par tels Edicts, selon que le zele de la Religion, où la passion particuliere d'vn chacun les poussoit. Doncques au mois de Iuillet bien tost aprés la mort du Roy Henry, lors que l'ardeur de la saison enflamme les cœurs des hommes irritez, l'on print grand nombre de Protestans, mesmement à Paris en la ruë Sainct Iacques & au faux-bourg Sainct Germain des Prez, & ceux qui réschapoient abandonnoient leurs maisons. Or ceux qui en estoient, furent descouuerts par le moyen de quelques vns qui s'estoient despartis de leur Religion, sçauoir est Russanges & Frete, lesquels auoient de-noncé aux Iuges les maisons particulieres, où se faisoient les assemblées, & les noms des coulpables. Il fut trouué par informations faites à Paris, que les assemblées se faisoient la nuict, de tous aages, sexes,

Ils sont huict colomnes sur lesquelles l'Estat est appuyé.

En Angleterre le Roy ne peut faire de loy si elle n'est approuuée par les Estats.

Le Magistrat qui iuge par passion porte grand preiudice à l'Estat.

Poursuite contre les Protestans.

& conditions de personnes, & qu'aprés auoir man- *Assemblées nocturnes d'iceux.*
gé vn cochon au lieu d'agneau Paschal, il se faisoit
vne destable & incestueuse copulation des hom- *Abomination qui s'y cōmettoient*
mes auec les filles & femmes, sans auoir grande dis-
cretion de l'aage ny du sang, comme il fut testifié
par deux ieunes garçons qui disoient auoir executé
telles choses en certaines assemblées faites en la maison d'vn Aduocat nommé Troüillard à la place
Maubert. Les informations de Paris contenans ce
que dit est, furent portees à la Cour, & monstrées à
la Royne Mere du Roy, par le Cardinal de Lorraine, en la presence de plusieurs Seigneurs, & Dames,
qui en furent fort estonnez, & dés lors la Royne
commanda que l'on en fist iustice exemplaire. Mais *Ausquelles toutesfois on ne peut asseoir de Iugement.*
quand ce fut aux recolemens & confrontations des
tesmoins, ils se trouuerent fort variables; de sorte
que la Cour de Parlement ne peut assoir ny fonder
Iugement & Arrest sur leurs depositions. Neantmoins le fait demeura aux oreilles du menu peu-
ple, qui le pensoit veritable. Les moins passion- *Diuerses opinions sur ce subiect.*
nez iugeoient que la chose estoit supposée, veu que
d'vn nombre infiny d'informations il ne s'en trouuoit qu'vne, & l'on estimoit que c'estoit vne inuention propre & necessaire, pour rendre lesdicts Pro-
testans & leur doctrine d'autant plus odieuse. De *Calomnies pour auoir de l'argent.*
laquelle inuention l'on auoit anciennement vsé
contre les Chrestiens en la primitiue Eglise, comme l'on voit és Apologies de Tertulien & de l'Ora-
teur Athenagoras, depuis pratiquee côtre les Tem-
pliers sous le Regne de Philippes le Bel, lesquels

B iij

on accusoit de manger les petits enfans, & d'en crucifier vn le iour du Sainct Vendredy. Mais les Histoires publiées de ce temps là en Allemagne, portent que c'estoit vne pure calomnie que l'on leur imposoit, pour auoir leurs biens, comme il fut fait. Toutesfois ceste accusation, ou impieté, n'estoit pas nouuelle, puis que l'on voit & tient-on pour Histoire certaine & veritable, que les Gnostiques & Barbelites furent atteints & conuaincus de se souiller de paillardises incestueuses, sous voile de Religion, & apres tuer les enfans procreez de tels incestes, & les piler & paistrir auec de la farine & du miel, & en faire des tourteaux qu'ils mangeoient, disans & blasphemans, que c'estoit le corps de Iesus Christ (dit Epiphanius) en son liure contre les Heresies de son temps. Quoy qu'il en fut, lors que l'on menoit executer des Protestans, quelques vns disoient, qu'ils mangeoient les petits enfans. Neantmoins lesdits Protestás estoient si opiniastres & resoluz en leur Religion, que lors mesmes que l'on estoit plus determiné à les faire mourir, ils ne laissoient pour cela de s'assembler, & plus on en faisoit de punition, plus ils multiplioient, & semble (sans toutesfois faire marcher de pair l'obstination auec la grace du Sainct Esprit) que Iulien surnommé l'Apostat Empereur des Romains, defendit pour ceste cause par Edict exprés de faire mourir les Chrestiens, qui se faisoient à l'enuy & par grande deuotion de leur salut. Mais bien commandoit-il de confisquer leurs biens & offices, qui leur estoit vne ri-

Impudicités incestueuses des anciens Gnostiques & Barbelites.

Grande opiniastreté des Protestans.

goureuſe punition, & en deſtourna plus par ce moyé, que l'on n'auoit peu faire par les perſecutiós. Cela ſe voit en l'Hiſtoire Eccleſiaſtique. Auiourd'huy en Angleterre, où il y a des Catholiques il leur eſt prohibé ſur peine de priſons & de quelques ſommes de deniers, de faire exercice de leur Religion. Mais ces deffences enuers les conſtans ne ſeruent qu'à les rendre plus affectionnez à ladicte Religion Catholique, pour laquelle ils ne craignent de perdre la vie & les biens. Il y en a d'autres de ladicte Religion Catholique en leur cœur, qui s'acommodent aux loix Politiques du Royaume, & vont à l'Egliſe Anglicane, de peur de perdre les biens, ou d'eſtre conſtituez priſonniers. Ceux là pechent griefuement contre la confeſſion de la Foy Catholique au dehors, & commettent vn crime exterieur d'Hereſie. I'ay cogneu des vns & des autres: mais pour retourner aux aſſemblées ſecrettes que faiſoient les Proteſtans en France, l'on n'y traittoit pas ſeulement de la Religion, ains des affaires d'Eſtat, choſe tref-pernicieuſe en toute Republique & Monarchie, comme diſoit le Conſul Poſthimius en la Harangue qu'il fiſt au Peuple Romain, contre les Bachannales Nocturnes. Et pour ceſte cauſe Trajan l'Empereur, eſcriuoit à Pline le ieune Gouuerneur de l'Aſie Mineur, qu'il ne rechercheroit pas les Chreſtiens pour leur Religion, s'ils eſtoient gens de bien au reſte de leur vie : mais bien qu'il fiſt en ſorte que les Edicts faits contre les corps & Colleges illicites fuſſent eſtroittement gardez, & ceux

Reſolution des Catholiques d'Angleterre.

La neutralité en Religion eſt vn tres-grand peché

Commandement de Trajan, fauorable aux Chreſtiens.

16 MEMOIRES DV SIEVR DE CASTELNAV, qui y contreuiendroient punis des peines portées par les loix. Pour mesme cause fut fait vn Edict en France au mois de Nouembre mil cinq cens cinquante-neuf, que tous ceux qui feroient ou assisteroient aux conuenticules & assemblées, seroient mis à mort, sans esperance de moderation de peine, & les maisons rasées & demolies sans iamais les pouuoir redifier. Et particulierement fut mandé au Preuost de Paris, (parce que les assemblées estoient plus frequentes en ceste ville & és enuirons qu'en autre lieu,) de faire crier à son de trompe, que ceux qui auoient cognoissance de telles assemblées allassent les reueler à la Iustice dedans certain temps, s'ils ne vouloient encourir mesme punition, auec promesses d'impunité, & cinq cens liures pour loyer au Delateur: & peu apres fut rechargé d'informer & punir de mort les Sacramentaires, & entachez d'autres poincts d'Heresies, & pareillement ceux qui menaçoient les Officiers de Iustice: laquelle derniere clause fut adioustée à l'Edict pour les menaces qui auoient esté faites à quelques Delateurs contraints de fuyr. Mais nonobstant la rigueur de l'Edict, Minart President au Parlement de Paris, retournant le soir du Palais en sa maison, au mois de Nouembre sur les cinq à six heures, fut tué d'vn coup de pistole. A l'occasion de ce meurtre vn Edict fut fait, que la Cour se leueroit dés-lors en auant à quatre heures du soir, depuis la sainct Martin iusques à Pasques, pour obuier à semblables inconueniens. Ce meurtre fut effectué de telle façon,

(de

Autre Edict contre les assemblées illicites.

Recompense ordonée aux Delateurs.

Minart President au Parlement assassiné.

Edict pour la leuée de la Cour.

(de quelque part qu'il fust pratiqué,) que le fait ne pouuant estre aueré, le soupçon en demeura sur vn Escossois appellé Stuart, lequel fut emprisonné & gehenné comme coulpable, sans qu'il voulust iamais rien confesser: Il demeura toutesfois en l'opinion du vulgaire, que c'estoit en haine de ce qu'il s'estoit monstré trop entier & violent à la poursuite des Protestans. Ce qui augmenta la presumption, fust le meurtre commis en la personne de Iulien Freme, qui portoit memoires & papiers à la Cour de Parlement pour faire le procés à plusieurs Grands Protestans, & partisans de ceste cause. Et lors l'on publia vn Edict portant deffences sous grandes & rigoureuses peines, de ne porter aucunes harquebuses, pistoles, ny armes à feu. Ce qui fut en partie cause de haster la condamnation du Conseiller du Bourg, duquel i'ay parlé cy deuant. Ce que les Protestans creurent prouenir de la malueillance que leur portoient ceux de Guise, desquels le credit s'augmentoit tousiours, aussi disposoient ils des armes & des finances, Estats & charges honnorables, sur quoy les Protestans & leurs partisans firent deliberation de les esloigner de la Cour, & de la personne du Roy, pour faire place au Roy de Nauarre, premier Prince du Sang, au Prince de Condé, & à la maison de Chastillon, qui estoit de leur party. Mais c'est chose bien estrange de vouloir donner la loy à son maistre, & principalement aux Roys, & qu'il ne leur soit loisible de faire election de tels seruiteurs qu'il leur plaira. Ce

Pourquoy Minart fut assasiné.

Haine des Protestans contre la maison de Guise.

que les Roys de France ont quelquefois pratiqué, & n'ont appellé les Princes de leur sang au
maniment de leurs affaires que selon l'affection
qu'ils leur portoient, pour la ialousie qu'ils s'en
figuroient, craignans que l'ambition ne leur fist
oublier le deuoir naturel, bien que cela ne doiue arriuer. Et si Gontran tua ses trois neueux, c'est vn cas
particulier d'vne mauuaise conscience. Hieron Roy
de Sicile, pour obuier à semblable inconuenient,
ordonna par testament quinze personnes de ses
plus fidels seruiteurs, pour tuteurs à son petit fils
Hierosme, & ne voulut pas bailler la garde d'iceluy à ses plus proches parens, craignant que l'on
luy volast son Estat. Et pour mesme cause Henry
premier Roy de France, baila la garde de son fils à
Baudoüin Comte de Flandres son beau frere, &
non pas à Robert son propre frere, qui auoit voulu entreprendre sur sa Couronne. Et Louys le Ieune choisit l'Archeuesque de Rheims pour Gouuerneur de Philippes Auguste son fils, sans auoir
égard à ses freres, Louys huictiesme aussi postposa
son frere Philippes à la Royne Blanche, la laissant
tutrice de Louys neufuiesme, qui fut le Prince le
mieux nourry, & l'Estat le mieux gouuerné, qu'on
eust peu desirer. Et qui plus est, Louys septiesme &
huictiesme, sortans du Royaume pour les guerres
estrangeres, ont laissé vn Abbé de sainct Denis en
France pour Gouuerneur, & non pas leurs freres &
proches parens, pour la ialousie de l'Estat & du

Pourquoy les Roys de France n'appellent pas tousiours les Princes du Sang au maniment des affaires.

Plusieurs exemples à ce propos.
De Hieron, Roy de Sicile.

De Henry premier Roy de France.

De Louys le Ieune.

De Louys huictiesme.

De Louys sept & huictiesme sortans du Royaume.

commandement souuerain, qui fut la cause principale pourquoy Charles cinquiesme, surnommé le Sage, fist vne Ordonnance qui fut publiée & verifiée en Parlement, par laquelle il osta la Regence durant la minorité des ieunes Roys, & declara son fils maieur à quatorze ans: neantmoins pour n'auoir pourueu à sondit fils d'autre conseil que des Princes du sang, il suruint apres sa mort plusieurs guerres ciuiles entre les maisons d'Orleans & de Bourgongne, pour le gouuernement. Et pour ceste cause, apres la mort de Louys vnziesme, les Estats deputerent douze Conseillers à Charles huictiesme, sans y nommer, ny appeller, Louys douziesme proche successeur de la Couronne. Et quand bien il n'y auroit nul inconuenient du souuerain, ny de l'Estat, cela fait retenir souuent (comme quelques Politiques estiment) les opinions & la liberté de ceux qui sont timides, lors qu'ils voient quelqu'vn qui auec mauuaise conscience, a les armes en main, par lesquelles il pourroit aspirer & atteindre à la souueraineté, comme il luy plairoit, mais tels effects appartiennent plus aux barbares & Princes d'Orient & d'Afrique, qui esloignent tãt qu'ils peuuẽt les Princes de leur sang. Comme l'on voit en la maison des Ottomans, qui font nourrir leurs propres enfans hors d'auec eux, pour la ialousie qu'ils en ont, & pour vn soupçon les font bien souuent mourir. Aussi en Affrique l'on void les enfans du Roy d'Ethiopie, qui a plusieurs Royaumes sous sa puissance, nourris en vne

Ordonnances de Charles cinquiesme sur la maiorité des Roys.

Douze Conseillers deputez à Charles Huictieme par les Estats. Bonne raison à ce propos.

C ij

forteresse, & sur vne haute montagne, de peur qu'estans auprès de luy, ils ne soient cause de rebellion. Mais pour reprendre le fil de l'histoire, il n'y auoit point d'apparence de dire, & aussi peu de publier par Edict, comme l'on fit lors, que ceux de Guise vouloient tuer le Roy & vsurper l'Estat, veu que le fondement de leur puissance n'auoit plus grand appuy que de la vie du Roy, de leur niepce Royne de France & d'Escosse, de laquelle sur toutes choses ils desiroient voir des enfans & successeurs, pour continuer leur credit. Ioint aussi que le Roy auoit encores trois freres, & dix ou douze Princes du sang de Bourbon, ausquels le naturel des François, tant de l'vn que de l'autre party n'eust iamais enduré que l'on eust fait tort, & eussent empesché ceux de Guise d'aspirer à la Couronne, s'ils eussent eu ce desir, bien qu'ils n'en eussent d'autre que de se bien maintenir prés du Roy, tenir les premiers rangs & gouuerner sous son authorité: s'acquerir des amis, & seruiteurs, en leur faisant auoir les charges & les honneurs; comme vn peu auparauant la mort du feu Roy François second, ils firent donner l'ordre de sainct Michel à dixhuict Cheualiers, qui estoit pour lors vne grande & honnorable dignité, & en cinquante ans il ne s'en estoit tant fait que ceste année là: Car depuis Louys vnziesme qui auoit estably cet ordre iusques à la mort du Roy Henry deuxiesme, il auoit tousiours esté en tres-grande estime. Aussi que par le statut dudit ordre, il estoit expressement defendu

Dessein de ceux de Guise quel.

L'ordre de S. Michel iadis en grande reputation.

d'exceder le nombre de trente six, pour le danger *Les Cheualiers*
ineuitable qu'il y auoit, que la trop grande multitu- *de l'Ordre sainct*
de n'en aportast le mespris, & qu'en fin il fut anean- *Michel ne de-*
ti du tout, comme il aduint au temps de Charles si- *uoiét point pas-*
xiesme qui fit tant de Cheualiers de l'Ordre de l'E- *ser le nombre de*
stoile sainct Ouin, que son successeur Charles sep- *Ordre de l'E-*
tiesme fut contraint de le suprimer, faisant porter *stoile S. Ouin,*
l'Estoile aux Archers de Paris, ce qui fut cause que *pourquoy su-*
tous les Cheualiers quitterent cet ordre. Et depuis il *primé.*
en fut estably vn nouueau par ledit Louys vnzies-
me, cóme i'ay cy-deuant dit, ainsi que nous voyons
qu'il s'est fait par le Roy Henry troisiesme à present
regnát vn ordre du sainct Esprit, que plusieurs pen-
sent vne suppression tacitement faite de l'Ordre
sainct Michel. Et combien que ceux de Guise pen-
sassent en faisant donner l'Ordre à plusieurs Seigneurs & Gentil-hommes qui le meritoient, faire
autant de bons amis, si est-ce qu'ils en perdoient
d'autres, pour n'auoir eu semblable honneur. Mais *Les honneurs*
depuis il s'en est tant fait du temps du Roy Charles *vulgaires*
neufuiesme, que l'Ordre en a esté mesprisé & de- *sont mesprisez.*
laissé, tout ainsi que les Senateurs Romains laisserent les anneaux d'or, qui estoient enseignes de la
noblesse, voyans qu'vn esclaue affranchi auoit ob-
tenu cet honneur. Les Dames nobles laisserent aussi *Ceintures do-*
les ceintures dorées, quand elles les virent si com- *rées laissées par*
munes, que les mal-viuantes les portoient: de là *les Dames &*
vint le prouerbe, qui dit que, mieux vaut bonne re- *Prouerbe à ce*
nommée que ceinture d'orée. Car tousiours les *propos.*
Estats & honneurs par trop communiquez sont

C iij

mesprisez. L'on void qu'en Angleterre il y a plus de trois cens ans que l'Ordre de la Iartiere y estant estably par Edoüard troisiesme n'a point encores esté changé, ny le nombre des Cheualiers excedé. Et mesmes de mon temps ie ne l'ay point veu remply, ny pareillement l'Ordre de la Toison, estably par Philippes deuxiesme Duc de Bourgoigne, pour le peu de Cheualiers qui obtiennent ces honneurs. Or les inimitiez & partialitez prenás tousiours accroissement, ceux d'entre les Protestans, qui craignoient le plus, se mettans deuant les yeux le danger qui les menaçoit de perdre la vie, leurs femmes, leurs enfans, & leurs biens, prenoient de là occasion de se liguer auec toutes sortes de malcontans, leur disans qu'ils ne deuoient aussi endurer de se voir forclos & frustrez de pouuoir tenir des Estats & charges honnorables dans le Royaume. Par ce moyen donc les Ministres, Surueillans, & Protestans, s'addresserent, premierement au Roy de Nauarre, qui auoit quelque sentiment de la Religion Protestáte ayant espousé vne femme qui en estoit, & aussi sa mere sœur du feu Roy François premier, laquelle fut des premieres Princesses qui en fist profession. Mais voyans que le Roy de Nauarre qui leur auoit promis de les assister, s'estoit retiré en sa maison, apres auoir mené la Royne Elisabeth en Espagne, ils s'adresserent à Gaspard de Coligny, Admiral de France & au Cardinal de Chastillon & d'Andelot ses freres, qui estoient aussi de ceste Reli-

L'Ordre de la Iartiere fort ancien en Angleterre, & pourquoy.

La sœur du Roy François premier qui fut des premieres Princesses qui firent profession de la Religion Protestante.

LIVRE PREMIER. 23

gion, & mesmes ledict d'Andelot Colonel de l'infanterie Françoise, auoit fait prescher publiquement, dés le temps du feu Roy Henry II. dont il fut en peine, & prisonnier au Chasteau de Melun, & n'eust esté la faueur du Connestable Anne de Montmorency son oncle, il estoit en grand danger d'estre mal traicté. Ils auoient aussi le Prince de Portian, & quelques autres Seigneurs & Gentils-hommes qui commençoient à adherer à cesteReligion, & sur tous Louys de Bourbon Prince de Condé, frere du Roy de Nauarre, qui auoit aussi sa femme de ceste Religion, instruite en icelle par la Dame de Roye sa mere, sœur de ceux de Chastillon. Voilà les chefs de part pour ceste Religion, dont les contraires furent ceux de la maison de Guise pour les Catholiques, sous l'authorité du Roy. Auec la couleur de ces Religions se mesloient les factions par toute la France qui ont suscité & entretenu les guerres ciuiles de ce Royaume, lequel depuis a esté exposé à la mercy des peuples voisins, & de toutes sortes de gens qui auoient desir de mal-faire, ayans de là prins vne habitude de piller les peuples, & les rançoner de tous aages, qualitez & sexes, saccager plusieurs villes, razer les Eglises, emporter les Reliques, rompre & violer les sepultures, brusler les villages, ruiner les Chasteaux, prendre & s'emparer des deniers du Roy, vsurper les biens des Ecclesiastiques, tuer les Prestres & Religieux, & bref exercer par toute la France les plus detestables cruautez qu'il estoit possible d'inuenter. De façon qu'en moins

L'Admiral de Coligny, & ses freres premiers chefs des Protestans.

Chef de part de l'vne & l'autre Religion.

Detestable cruauté des Huguenots.

de douze ou quinze ans, l'on a fait mourir à l'occasion des guerres ciuiles plus d'vn milion de personnes, de toutes conditions, le tout sous pretexte de Religion, & de l'vtilité publique, dont les vns & les autres se couuroient. Et encores qu'il y en eust quelques vns poussez & induits à prédre les armes pour la defence d'icelle, & conseruation de l'Estat: neantmoins le nombre de ceux cy n'estoit pas grand, en quoy la France a experimenté à son grand dommage, qu'il n'y a peste si dágereuse en vne Republique, que de donner pied aux factions, comme les histoires sont pleines d'infinis semblables exemples. Et qui n'y remedie dés le commencement, le feu s'embrase soudain par tous les membres d'vne Monarchie, & ne se peut iamais esteindre qu'auec sa ruine. Comme l'on a veu les partisans des Guelfes & Gibelins auoir trauaillé toute l'Italie l'espace de six vingts ans. Comme aussi nos peres ont veu la desolation de la France, pour les factions des maisons d'Orleans & de Bourgoigne. Cela aduient souuent par l'ambition des Princes & plus Grands Seigneurs pour le Gouuernement de l'Estat, ou lors que le Roy est en bas aage, insensé ou prodigue, mal voulu & hay des peuples, car chascun veut pescher en eau trouble, ou bien quelquefois quand le Roy veut esleuer par trop les vns & rabaisser les autres; ce qui aduint au temps du Roy Henry cinquiesme, qui fut couronné Roy de France & d'Angleterre, qui se fit partisan de la maison de Lanclastre contre la maison d'York. De là aduint

Factions tres-dommageables à vn Estat.

Et d'où elles viennent.

LIVRE PREMIER.

aduint qu'en moins de trente & six ans il fut tué près de quatre vingts Princes du Sang d'Angleterre, comme l'escrit Philippes de Commines. Et en fin le Roy mesmes, après auoir souffert dix ans entiers vn bannissement en Escosse, fut tué cruellement en prison. Mais quand bien ce seroit vne faute au Souuerain, oubliant le degré auquel Dieu l'a constitué, comme Iuge & Arbitre de l'honneur & de la vie de tous ses suiets, de balancer plus d'vn costé que d'autre, & suiure plustost ses affections particulieres, que la raison : si n'est-il pas licite aux suiets de vouloir borner sa volonté qui leur doit seruir de loy, son Estat estant si parfait qu'à l'imitation de la puissance diuine, il peut esleuer les vns & rabaisser les autres, sans que pour ce il soit permis de murmurer, & pour quelque traitement que ce soit, le souffrir est plus agreable à Dieu que la rebellion. Or il semble que tous les moyens que l'on pouuoit trouuer pour entretenir la guerre en France, fussent comme par vn iugement de Dieu, ordonnez pour chastier les François quand ils pensoient estre en repos, car ils n'auoient ennemis qu'eux mesmes ayans les guerres estrangeres esté assopies, par le moyen du traicté de Casteau Cambresis, conclu & arresté peu de iours auparauant la mort du Roy Henry second comme i'ay dit, aussi est-il difficile qu'vn peuple beliqueux, comme le François puisse longuement estre en paix, n'ayant plus d'occasion d'exercer ses armes ailleurs (ce qui est infaillible en matiere d'Estat que les guerres & occupations

Grand massacre de Princes en Angleterre.

Le subiect ne doit iamais s'efforcer de borner la volonté de son Prince.

D

estrangeres empeschent les interieures & ciuiles, qui estoit la cause pourquoy le Senat Romain auoit accoustumé de chercher les guerres estrangeres, & enuoyer dehors les esprits plus remuans pour obuier aux diuisions ciuiles, selon ce qu'escrit Denis d'Halicarnas. Police autant necessaire en l'Estat, comme de faire vne douce purgation & saignée au corps humain pour le maintenir en santé. Or les Protestans de France se mettans deuant les yeux l'exemple de leurs voisins, c'est à sçauoir des Royaumes d'Angleterre, de Dannemarc, d'Escosse, de Suede, de Boësme, les six Cantons Principaux des Suisses, les trois Ligues des Grisons, la Rpublique de Geneue, ou les Protestans tiennent la souueraineté, & ont osté la Messe, à l'imitation des Protestans de l'Empire, se vouloient rendre les plus forts pour auoir pleine liberté de leur Religion, comme aussi esperoient ils, & pratiquoient leurs secours & appuy de ce costé là, disans que la cause estoit commune & inseparable. Les Chefs du party du Roy n'estoient pas ignorans des guerres auenuës pour le fait de la Religion és lieux susdicts, mais les peuples ignorans pour la plus-part n'en sçauoient rien, & beaucoup ne pouuoiēt croire qu'il y en eust telle multitude en Frāce cōme depuis elle se descouurit, ny que les Protestans osassent où peussent faire teste au Roy, & mettre sus vne armeé, & auoir secours d'Alemagne, comme ils eurent. Aussi ne s'assembloient ils pas seulement pour l'exercice de leur Religion, ains aussi pour les affaires d'Estat, & pour aduiser tous

Maxime d'Estat fort considerable.

Les Protestans de France prenent l'exemple de leur voisins.

Assemblée des Protestans non seulement pour la Religiō, mais pour affaires d'Estat.

les moyens de se defendre & assaillir, de fournir argent à leurs gens de guerre, & faire des entreprises sur les villes & forteresses pour auoir quelques retraictes. Ayans donques leué nombre de leurs adherans par toute la France, & cogneu leurs forces, & fait leurs enrolemens, ils conclurent qu'il failloit se defaire du Cardinal de Lorraine & du Duc de Guise, & par forme de iustice s'il estoit possible, pour n'estre estimez meurtriers. Aucuns m'ont dit que pour y paruenir ils auoient fait informer contr'eux, & que les informations contenoient qu'ils se vouloient emparer du Royaume, & ruiner tous les Princes, & exterminer tous les Protestans, ce qu'ils estimoient chose facile, ayans la force, la iustice, les finances, les villes, & places toutes en main, & beaucoup de Parrisans & d'amis, & l'amour des peuples qui desiroient la ruine des Protestans. Mais ceux qui me l'ont dit, & ceux qui ont fait les informations, ne sont pas bon Praticiens. Car les tesmoignages des volontez & pensées d'autruy, ne sont pas receuables en aucun iugement, encores que la mesme chose m'ait esté dite en Alemagne, y estant enuoyé par le Roy Charles pour leuer des Reistres, & amener le Duc Iean Guillaume de Saxe, & y empescher les desseins des Protestans. A-t-on iamais veu que l'on puisse faire procez contre ceux qui ne sont ouys & interrogez, & les tesmoins nō confrontez, s'il ne sont condamnez par defaus & coutumaces. Et puis que l'on y vouloit proceder par forme de iustice, il faloit que les Iuges fussent

Desseins & menées contre les Protestans de la maison de Guise.

Faux bruits & calomnies qu'ils font courir contr'eux.

D ij

28 Memoires dv Sievr de Castelnav, personnes publiques & legitimes, qui ne pouoient estre que des Pairs de France, puis qu'il estoit question de l'honneur, de la vie, & des biens de ceux qui estoient de ceste qualité, & du plus haut crime de leze Majesté; qui sont tous argumens certains, que telles informations & procedures, s'y aucunes y en auoit, estoient folies de gens passionnez côtre tout droit & raison. Et me souuient que lors que l'entreprise d'Amboise fut descouuerte ayant cet honneur d'estre assez prés du Roy, ie fus enuoyé par sa Majesté pour voir si ie pourrois apprédre qu'elle estoit leur deliberation: ie sceuz de quelques vns que l'entreprise n'estoit que pour presenter vne requeste au Roy contre ceux de Guise, aussi fut-il verifié

Assemblée des Protestans à Nantes. qu'vne assemblée de plusieurs Ministres, Surueillás, Gentils-hommes & autres Protestás de toute qualité, s'estoit faite en la ville de Nantes, & qu'vn nommé Godefroy de Barri Limosin, dit de la Renaudie, auoit esté esleu & nommé en ladite assemblée pour côduire & effectuer l'entreprise, de laquelle il auoit esté chargé par le Prince de Condé, que l'on disoit estre chef de la conspiration, encores que pour lors

Et ce qui fut deliberé en icelle. il fut auec le Roy à Amboise. Et tient-on qu'il fust arresté en ladite assemblée que l'on se saisiroit des personnes du Duc de Guise & Cardinal de Lorraine, pour leur faire leurs procez sur plusieurs concussions & crimes de leze Majesté, que lesdits Protestans pretendoient contre eux, & qu'à ceste fin la requeste en seroit presentée au Roy, comme plusieurs qui furét prins, côdamnez & executez confesserent, sur les procés qui leur furent faits par deuant le feu Chācelier Oliuier, que ceux de Guise auoiēt rappelé apres la mort du Roy Henry. Et combien que l'on leur mist sus qu'ils auoient voulu, & s'estoient efforcez de tuer le Roy, la Royne sa Mere, & tous ceux du Conseil, la plus commune & certaine opinion estoit qu'ils n'auoient autre but & intention que d'exterminer la maison de Guise, comme i'ay dit, & tenir la main forte à remettre & donner l'authorité aux Princes du sang, qui estoient hors de credit, & à la maison de Montmorency & de Chastillon, en esperance d'en estre supportez, comme c'estoit leur principale fin. Doncques pour executer l'entreprise, il fut determiné audit Nantes le dixiesme iour de Mars mil cinq cens soixante, de prendre la ville de Blois, en laquelle le Roy estoit pour lors, & que l'on prendroit cinq-cens hommes de chasque Prouince, pour accompagner les executeurs de l'entreprinse. Cela conclud, chacun se retira de la ville de Nātes, & la Renaudie s'en alla à Blois faire son rapport au Prince de Condé, qui estoit auec le Roy, lequel trouua la cōclusion bōne, pourueu que le tout se fist par forme de iustice, & qu'il fust bië executé, ce qui fut aussi cōfessé par quelques vns des coniurez. Au mesme tēps ledict la Renaudie fit diligence pour auancer & disposer tout ce qui estoit de l'entreprinse, & alla par les Prouinces, & en plusieurs maisons particulieres de ceux qui estoient de ladicte conspiration, pour leur faire promettre & signer: puis il s'en alla à Paris, où il communiqua tout le secret

Voulurent s'em-parer de la ville de Bloys.

La Renaudie en aduertit le Prince de Condé.

Et par toutes les Prouinces.

D iij

à son hoste nommé des Auenelles, qui trouua cet expedient fort bon, aussi estoit-il Protestant. Mais ayant bien cósideré que l'entreprinse estoit de merueilleuse consequence, l'execution fort difficile, & l'issuë encores plus dangereuse, craignant que si les choses ne pouuoient reüssir, il fust en danger de perdre la vie & les biens, il reuela le tout à vn des Secretaires du Cardinal de Lorraine, dót il fut grandement recompensé. Ce qui fut reconfirmé par vn Gentilhomme de la maison Duc de Neuers, qui estoit de la partie. Et quasi au mesme temps, la coniuration estant sceuë en plusieurs endroits, de Flandres, d'Allemagne, de Suisse, comme aussi en Italie, le Cardinal de Lorraine en fut aduerti par le Cardinal de Grand-velle, qui luy mandoit qu'il se tinst sur ses gardes, sçachant que la coniuration estoit dressée contre luy, & son frere. Cela fut cause que ceux de Guise furent d'auis de laisser la ville de Blois, & de mener le Roy au Chasteau d'Amboise, tant pour estre vne place assez bonne, que pour rompre le rendez-vous des Protestás au iour nómé, ce qui fut fort bien auisé. Cependant le Duc de Guise enuoya aux lieux circonuoisins & par les Prouinces, pour descouurir ce qui en estoit, & ne peut on tirer la verité asseurée, iusques à tant que les coniurez qui couloient à la file par diuers endroicts & marchoient la nuit fort secrettement, furent aperceus vn matin, vne partie aux portes d'Amboise, les autres és enuirós; ce qu'estant rapporté à ceux de Guise, ils se trouuerent vn peu estonnez, mais non

Des Auenelles celuy qui descouurit le premier ceste entreprise.

La conspiration descouuerte de toutes parts.

Le Roy change de seiour, & de Blois va au Chasteau d'Amboise.

LIVRE PREMIER.

pas tant que le Duc de Guise, qui auoit beaucoup d'esprit, de courage, & d'experience, & employant l'authorité du Roy ne remediast promptement à tout ce qui se pouuoit faire, pour s'asseurer de ceux qui estoient à la Cour, presque toute à sa deuotion, comme aussi les Gardes & Habitans de la ville d'Amboise. Il trouua aussi vn honneste moyen de s'asseurer du Prince de Condé, & de sa maison, auquel il bailla vne porte de ladicte ville d'Amboise à garder, & auec luy mit le feu grand Prieur de France son frere, auec nombre de ses amis & seruiteurs: Toutesfois les coniurez pour l'esperance qu'ils auoient d'executer l'entreprinse, encorés qu'elle fust esuentée, n'en laisserent point la poursuite, & changerent seulement le iour de l'execution, qui estoit le dixiesme Mars au seziesme. Et cependant le Duc de Nemours & les Seigneurs & Gentils-hommes de la Cour firent des sorties de la ville, là ou ils en attraperent plusieurs en diuerses troupes mal conduites, & en tres mauuais equipage. Ceux qui se retiroient és maisons & Chasteaux des Gentils-hommes circonuoisins, furent contraints de se rendre, & ceux qui passerent à Tours & autres lieux & passages de la riuiere de Loire, y furent arrestez par l'ordre qu'y auoit mis ledict Duc de Guise, lequel sortit luy mesme de la ville auec quelque troupe de Seigneurs, & Gentils-hommes de la Cour, pour les recognoistre, & les trouua si esperdus & sans chef, que plusieurs pauures gens qui ne sçauoient ce qu'ils faisoient, iettoient à terre quelques

Le Duc de Guise remedie à tout.

Il s'asseure dextrement du Prince de Condé.

Entendez le Grand Prieur de France frere dudit Duc de Guise.

Conspiration ou tumulte d'Amboise.

Plusieurs des cōspirateurs arrestez prisonniers.

Grand desordre & mauuaise conduite en toute ceste entreprise.

mauuaises armes qu'ils portoient, & demandoient pardon: desquels les vns furent faits prisonniers, les autres renuoyez pour leur simplicité, apres auoir asseuré qu'ils ne sçauoient autre chose de l'entreprise, sinon qu'il leur auoit esté assigné iour pour veoir presenter vne requeste au Roy, qui importoit pour le bien de son seruice & celuy du Royaume. La Renaudie fut tué d'vn coup de harquebuze par le Baron de Pardeillan, apres que ledit de la Renaudie eust tué son seruiteur. Le Baron de Castelnau de Chalosse se rendit au Duc de Nemours, sur la parole qu'il luy donna de luy sauuer la vie, voyant qu'il ne pouuoit se sauuer, ny resister, & monstra beaucoup de constance & de resolution, tant à respondre aux interrogatoires qui luy furent faicts qu'à se disposer de mourir, estant hors d'esperance de misericorde. Il y en eut beaucoup d'autres prins & pendus, pour seruir d'exemple en vn cas si nouueau, & en fut attaché quelque nombre au creneaux du Chasteau, pour estonner les autres, plusieurs furent aussi deualisez par les chemins, tant par les peuples, que par les Courtisans. De sorte qu'en moins de quatre ou cinq iours les coniurez & leurs adherans, qui estoient à la Cour, & qui n'osoient dire mot, se trouuerent bien loin de leur compte. Et est certain que la Royne Mere du Roy, qui se vouloit faire cognoistre Princesse pleine de misericorde & bonté, adoucit beaucoup d'autres executions, qui se deuoient faire contre les coniurez, desquels sa Majesté par son aduis, en fit deliurer & renuoyer

La Renaudie tué d'vn coup d'arquebuse.

Plusieurs conspirateurs executez à mort.

La Royne Mere arreste le cours des executions.

renuoyer grand nombre: Et sur ce l'on fit vne abolition generale, afin que ceux qui n'estoient encores venus, cogneussent la douceur & bonté du Roy enuers eux: combien que par les chemins, non-obstant ladite abolition il y en eust encores plusieurs prins, tuez, noyez, ou executez. Ces rigueurs n'apportoient point de bien aux affaires de France, car en matiere de coniurations & de peines decernées contre vne multitude, il suffit de punir les chefs & autheurs d'icelles, sans rechercher trop curieusemét tous les coniurez, au contraire, il faut dissimuler bien souuent de les cognoistre, afin que comme le supplice de quelques vns donne frayeur & crainte aux autres, la trop grande rigueur ne les porte tous au desespoir; la iustice deuant estre moderée par douceur & clemence, & non pas diffamée par cruauté. Ioint aussi qu'en ceste occurrence la plus-part des cóiurez ne sçauoient où ils alloient, ny que c'estoit de crime de leze Majesté, & n'auoient autre but que d'estre asseurez par le moyen de la requeste qui se deuoit presenter pour la liberté de leurs consciences, de quelque soulagement au reste de la Fráce. Aucuns ont voulu remarquer que l'on pardonnoit moins aux Protestans qu'aux Catholiques qui estoient de la conspiration, dequoy ils se seruirent pour r'alumer le feu de la faction qui n'estoit pas esteinte. Et si le Cardinal de Lorraine qui vouloit faire cognoistre vn zele à la Religion Catholique, eust peu dissimuler que le Prince de Condé auoit eu part à la coniuration, & qu'il n'en eust iamais esté

Abolition generale mal entretenuë.

Ce qu'on doit obseruer aux coniurations.

Il faut quelquefois dissimuler pour vne vtilité publique.

E

inquieté, comme le Duc de Guise estoit de ceste opinion, les Protestans n'eussent peut-estre pas trouué vn Prince du sang pour leur chef, qui fut cause d'vn merueilleux changement par tout le Royaume. Or à fin de pouruoir à l'auenir à la seureté du Roy & de son Estat, l'on expedia lettres patentes, par lesquelles il estoit porté, que plusieurs soubs titre & ombre de Religion, s'estoient efforcez de vouloir prendre le Roy, la Royne sa Mere, & leur Conseil, pour tuër les vns, chasser les autres, & disposer entierement de tout l'Estat du Royaume à leur plaisir. Et pour obuier dés-lors en auant à telles entreprinses, par les mesmes lettres. Le Duc de Guise estoit estably Lieutenant General du Roy, qui fut vn moyen d'accroistre encores d'auantage sa maison, car par ceste occasion tous les Gouuerneurs des Prouinces, Baillifs, Seneschaux, Gentilshommes & autres luy estoient assujettis. Et combien que pour ses grandes vertus il peust meriter cét honneur, si est-ce que cela ne seruit que pour accroistre l'enuie que l'on portoit à sa grandeur. Ioint aussi qu'il n'y a rien qui soit plus dangereux en matiere d'Estat que d'establir vn Prince Lieutenant General auec telle puissance qu'il auoit lors, attendu que de là il n'y a plus qu'vn degré à la souueraineté, si celuy qui a les forces en main auoit mauuaise conscience, & qu'il vouslust abuser de sa puissance, qui fut le moyen par lequel les Maires du Palais vsurperét l'authorité souueraine sur les Roys de la premiere & secõde lignée. Toutesfois si l'on veut dire qu'il est besoin en quel-

Le Duc de Guise estably Lieutenant General du Roy.

Chose dangereuse en matiere d'Estat d'establir vn Prince Lieutenant General, & pourquoy.

ques occasions d'establir vn Lieutenant General pour la ieunesse, absence, & incapacité du Roy, si n'est-il pas necessaire qu'il soit né Prince, ny fort ambitieux. Pour remedier à tels incoueniens, aucuns ont voulu dire qu'il vaudroit mieux en establir trois en esgale puissance, afin que les deux fissent teste au troisiesme, qui voudroit abuser de son authorité, comme firent les Empereurs de Constantinople, qui establirent trois Grands Preuosts en tout leur Empire : mais ceste opinion n'est pas approuuee des plus grands Politiques ; car la ialousie du commandement ne peut souffrir de compagnon, & apporte tousjours du desordre & de la combustion. Or ceux de Guise ayant ainsi fait auorter les projets de ceste conjuration, ils aduiserent d'auoir la raison des principaux Autheurs d'icelle, & d'autant qu'ils pensoient au commencement que l'Admiral & d'Andelot fussent de la partie, parce qu'ils estoient fort affectionnez au party des Protestans, ils trouuerent moyen de les attirer à la Cour par lettres du Roy & de la Royne sa Mere, pleines de douceur & belles promesses, comme desirant aussi auoir leur Conseil sur le faict de la Religion, & sur l'Estat & Gouuernement du Royaume, où ils vindrent incontinent, ce qui asseura fort ceux de Guise & leurs amis & seruiteurs. Plusieurs faisoient iugement, que si lesdits Admiral & d'Andelot se fussent entierement entremeslez de ladicte coniuration, elle n'eust pas si mal reüssi. Mais aussi dict-on que comme prudens & aduisez, ils vouloient voir les commence-

S'il est vtile qu'il y ait plusieurs Lieutenans Generaux

Ceux de Chastillon n'estoient point de la coniuration d'Amboise.
Le Prince de Condé accusé par les conspirateurs.

mens, & quel fruict produiroit ceste requeste qui se deuoit presenter au Roy, de laquelle il ne se trouua point des prisonniers, ny de ceux que l'on fit mourir qui les chargeast. Mais bien fut chargé le Prince de Condé, par le tesmoignage de plusieurs des executez & prisonniers. Ce qui fut cause de la haine que ceux de Guise conceurent contre luy, d'autant plus qu'il estoit leur cousin germain, & qu'il estoit ordinairement auec eux, lors mesme que l'on tramoit, & qu'on vouloit executer ceste conjuration à leurs despens. Et deslors la haine couuerte aparauant, commença à leuer le masque, car il fut faict defence au Prince de partir de la Cour, & fut obserué de si prés, qu'il n'osoit presque parler à personne, ny approcher du Roy, qui estoit irrité contre luy, parce que l'on luy faisoit entendre qu'il auoit conspiré sa mort: & ce qui augmenta la mal-veillance que sa Majesté luy portoit, fut qu'vn iour, ainsi que l'on executoit quelques vns de la conspiration, le Prince ne se peut tenir de dire, que c'estoit grande pitié de faire mourir de si gens de bien, qui auoient faict seruice au Roy & à la Couronne, & qu'il seroit à craindre que les estrangers voyans les Capitaines François si mal-traictez & meurtris, n'y fissent vn iour des entreprinses aux despés de l'Estat; Ce qu'estant rapporté au Roy, fut cause que Latrousse Preuost de l'Hostel fut enuoyé pour se saisir de quelques seruiteurs du Prince, qui auoient faict eschapper le ieune de Maligny. Et afin que le Preuost peust chercher en plus grande liberté, il eut

Le Roy irrité contre luy & ceste occasion.

LIVRE PREMIER. 37

mandement de dire audict Prince, qu'il vint par- *Ses gens arrestez.*
ler au Roy, ce qu'il feit incontinent : lors sa Majesté luy dict auec colere qu'il estoit accusé par ceux
que l'on auoit executez, & autres suffisans tesmoignages, qu'il estoit chef de la conspiration faicte
par les seditieux & rebelles contre sa personne
& son Estat, & que s'il estoit vray il l'en fe- *Et luy menacé par le Roy.*
roit bien repentir. Le Prince oyant ces propos de la bouche du Roy, & craignant que sa
responce ne fust pas bien prinse, ou calomniee,
supplia sa Majesté d'assembler les Princes & son
Conseil, pour faire sa responce en si bonne compagnie. Ce que le Roy luy accorda, pensant qu'il se
voudroit excuser par quelques douces paroles.
Mais le Prince se trouuant au Conseil le Roy present, dict que la personne de sa Majesté exceptee, & *Responce hardie du Prince de Condé en plain Conseil.*
celles de Messieurs ses Freres, de la Royne sa Mere, & de la Royne Regnante, & l'honneur & la
reuerence qu'il leur deuoit saufz, ceux qui auoient dict qu'il estoit chef de la conjuration contre la personne du Roy & son Estat auoient menty faussement, & autant de fois qu'ils le diroient,
autant ils mentiroient, en offrant dés-lors à
toutes heures de quitter le degré de Prince si proche du sang du Roy, pour les combatre. Cela estant
dict, il se retira pour donner lieu aux opinions
du Conseil : mais au lieu d'opiner, le Cardinal
de Lorraine fit signe au Roy pour se leuer & rompre l'assemblee, par ce qu'il n'y auoit Prince, ny
Seigneur qui vouluft souftenir ce dementy, qui de-

E iij

meura aux aureilles du Conseil. Peu de temps aprez le Prince de Condé voyant qu'il estoit espié de si prés & mal-voulu du Roy, se voulut retirer auec licence en sa maison. Et au mesme téps on enuoya lettres au Connestable, pour aller à Paris faire recit au Parlement des choses passees en la ville d'Amboise: en quoy le Connestable monstra qu'il estoit vieil & sage Courtisan. Car combien qu'il eust la grandeur de ceux de Guise suspecte, il chanta bien haut les loüanges de ceste maison, & leur prudence d'auoir remedié à vne telle conjuration (dequoy les Auditeurs demeurerent satisfaits) sans toucher, sinon legerement, que la conjuration fust dressee contre la personne du Roy & son Estat. Le Duc de Guise auoit choisi le Connestable, pour n'estre point suspect à ceux de la Religion des Protestans: mais ce vieil Polybe Grand Courtisan de son temps, dit qu'il n'y a point de plus dangereux ennemy que celuy qui loüe les actions de ceux qu'il n'ayme point. Aussi le Cardinal de Lorraine & ses freres estans aduertis du recit que le Connestable auoit fait au Parlement, dirent qu'ils se fussent bien passez de telles loüanges. Ceux de Chastillon ayans veu ioüer toutes ces piteuses tragedies à la Cour, craignans aussi que l'on les y vouluft enueloper demanderent congé de se retirer, ce qui leur fut accordé. Et la Royne Mere du Roy monstrant vne bonne affection à l'Admiral, le pria de la conseiller, & l'aduertir par lettres souuent, de tous les moyens qu'il sçauroit & pourroit apprendre, d'appaiser les troubles & seditions du

Le Prince de Condé se retire en sa maison.

Le Cônestable loüé ceux de Guise au Parlement.

Les loüanges sont dangereuses qui viennent de l'ennemy.

Ceux de Chastillon se retirent de la Cour.

LIVRE PREMIER.

Royaume. Ce que depuis il fit, & escriuit à la Royne, que la cause des seditions ne prédroit iamais fin, tant que ceux de Guise seroiét à la Cour, aduertissát sa Majesté de prendre le maniment des affaires, pour remedier à plus grands inconueniens que les premiers, & qu'il failloit commencer à ne faire plus aucunes poursuites contre les Protestans, ainsi qu'il auoit esté aduisé par vn Edict fait à la haste, du Conseil dudit Admiral, & du feu Chancellier Oliuier, comme le vray moyen d'esteindre le feu de la conspiration d'Amboise, & ce pour la crainte que l'on auoit, qu'elle n'eust plus grande suitte. Toutesfois plusieurs voyans cet Edict, iugeoient que c'estoit vn suiet pour descouurir ceux qui en estoient, à fin de les attraper à leur temps. Aussi à la verité l'Edict fut mal gardé, soit que les Magistrats Catholiques eussent deuant les yeux seulement le vray zele de la Religion Catholique, ou que l'on eust mandé par lettres secrettes aux Gouuerneurs & Magistrats de faire iustice des Protestans, sans auoir esgard à l'Edict : autrement qu'il y auroit danger que ce feu ne s'allumast si grand, qu'à la fin il embrasast tout le Royaume. La Royne Mere du Roy, qui a tousiours cherché de maintenir les choses pour la seureté de l'Estat, & éuiter les inconueniens dont l'on voyoit la France menacee, fit expedier de rechef vn autre Edict, portant defences bien expresses à tous les Baillifs, Seneschaux, Magistrats, & autres Iuges, de faire de là en auant aucunes poursuites contre les Protestans ; lequel Edit fut assez bien executé.

Edict de Pacification mal gardé.

Edict en faueur des Protestans.

40 MEMOIRES DV SIEVR DE CASTELNAV,
Ce qui fut cause d'attirer en France fort grand nombre de bannis & absens pour la Religion, & mesmes plusieurs Ministres de Geneue & d'Angleterre, qui s'establirent par toute la France, en donnant beaucoup de courage aux Protestans qui s'estoient refroidis, de continuer leurs assemblées & l'exercice de leur Religion. Or ce conseil de l'Admiral tendoit à double effect. Le premier pour faire prendre à la Royne Mere du Roy les affaires en main, en luy donnant aduis de reculer si elle pouuoit de la Cour ceux de Guise: l'autre pour fortifier les Protestans & leurs Partisans, qui se pourroient t'alier plus qu'auparauant, en faisant l'exercice de leur Religion : ce que beaucoup croyent qui ne fust pas aduenu, si la rigueur eust esté continuée sur les Protestans, lors qu'ils iettoient les premiers fondemens de leurs desseins. Et ceux de Guise, soit pour le zele de la Religion, ou qu'ils eussent du tout appuyé leurs forces sur les Catholiques (comme estant ce party le plus puissant & asseuré, & que c'estoit le vray moyen de se maintenir) estimerent qu'ils deuoient tascher de ruiner & rabatre le party dedicts Protestans, & les rendre si foibles qu'ils ne peussent resister aux Catholiques. Voila vn sommaire & brief discours de la coniuration d'Amboise, de laquelle ie laisseray le iugement libre à vn chacun. Mais bien diray-ie qu'elle estoit mal conduite, & encores pirement executée, estant en premier lieu communiquée à si grand nombre de personnes de toutes sortes de conditions & d'aages,

Pretensions de l'Admiral sur cet Edict.

Ceux de Guise insistent de ruiner le party des Protestans.

La coniuration d'Amboise mal conduicte & pitement executée.

Livre Premier. 41

ges, qu'il estoit impossible de la tenir secrette. Car il estoit dit que l'on la pourroit communiquer à tous ceux qui de mesme affection porteroient les armes, combien qu'ils n'eussent assisté au Conseil, chose qui fust trouuee bien mauuaise par plusieurs Protestans, aussi l'on peut voir en toutes les Histoires, que tous ceux qui anciennement coniuroient contre l'Estat, ou contre la vie des Princes, le communiquoient à peu de personnes, faisans infinis sermens. Et la pluspart des conjurez en chose de grande entreprinse, mesloient de leur sang au vin qu'ils beuuoient ensemble, comme l'on peut voir en la conjuration dressee par les enfans de Brutus, alors premier Consul, autres se lioient les poulces ensemble, & en faisoient sortir du sang qu'ils mesloient l'vn auec l'autre, & le suçoient, comme Tacite l'escrit du serment des Princes d'Armenie, aux traictez d'amitié qu'ils faisoient. Ce qui se practique encores en quelques endroits des Indes Orientales. Les Protestans firent vne autre faute, de deliberer la conspiration en Ianuier, & en differer l'execution au dixiesme Mars, tellement que c'estoit donner loisir à ceux qui sont naturellement peu secrets d'en discourir, en faisant des preparatifs si longs pour s'y trouuer: De sorte que les nations estrangeres le sçauoient plus d'vn mois auparauant le iour prefix. Outre que la longueur du temps refroidit bien souuent les vns, & fait repentir les autres: comme il aduint en la conjuration faicte contre la personne

Diuersité de sermens, qui se faisoient iadis aux coniurations.

F

du plus grand Empereur du monde, qui eſtoit Iules Ceſar, dont l'execution ſe deuoit faire, le premier iour de Mars, & le meſme iour il eſtoit aduerty de ſon deſaſtre, s'il euſt leu le billet que l'on luy bailla entrant au Senat. D'auantage il eſtoit capitulé qu'il ſe leueroit vne armée pour l'execution: Choſe qui eſtoit impoſſible, ſans que le tout fuſt eſuenté & deſcouuert, veu que leſdits Proteſtans vouloient que l'on leuaſt des ſoldats de toutes les Prouinces de France. En quoy ils failloient grandement, d'autant que ceux de Guiſe auoient tant d'amis & ſeruiteurs, & tant d'autres perſonnes qui ne reſpiroient que leur faueur, qu'il eſtoit impoſſible que la choſe leur fut long temps cachee. De plus, en matiere de conſpiration il faut que ceux auſquels elle eſt communiquee ſoient reconnus grandement ſecrets, ce qui empeſcha Brutus de deſcouurir à Ciceron (qui n'eſtoit pas tenu pour tel) la coniuration contre Ceſar, encores qu'il deſiraſt ſa mort autant que nul autre. Mais le pis eſt, quand telles entrepriſes ſont communiquees aux femmes (ſexe ſi fragile qu'il ne peut rien tenir de caché.) Auſſi la coniuration contre le grand Alexandre, fut deſcouuerte par vn nommé Philotas, à vne Dame, qui le reuela incontinent à Alexandre. Celle de Catilina par vne garce qu'entretenoit l'vn des coniurez. Et celle du grand Prieur de Capua, frere du feu Mareſchal Stroſſy, dreſſee de noſtre memoire contre la ville de Gennes, qu'il auoit reſolu de

Ce qui eſt requis en matiere de conſpiration.

Pluſieurs coniurations deſcouuertes.

prendre & faccager, fut auſſi deſcouuerte par vne Courtiſane qui l'auoit ſceu d'vn Soldat, mais celle d'Amboiſe fuſt deſcouuerte au Secretaire du Cardinal de Lorraine, par l'vn des plus affectionnez Proteſtans, & qui receuoit ordinairement les complices en ſa maiſon: Dieu reſeruant le chaſtiment des Grands en autre temps, auquel chacun a reſſenty les effects inéuitables de ſa Iuſtice.

SOMMAIRE ET
chefs principaux contenuz en
ce second liure.

LIBELLES diffamatoires, contre la maison de Guise. Les Protestans s'efforcent de faire cognoistre aux Estrangers que leurs desseins n'estoient point contre le Roy. Si la Royne Elizabeth d'Angleterre paruint legitimement à la Couronne. Genealogies de plusieurs qui pretendoient à la Couronne d'Angleterre. Les mariages clandestins defendus en ce Royaume là. Les contracts de mariage, doiuent estre verifiez par escrit ou par tesmoings auant la consommation. Les Princes du sang ne s'y peuuent marier sans le consentement du Roy. Henry VIII. Roy d'Angleterre espouse sa belle sœur auec dispense. Diuorce de mariage. Le Roy d'Angleterre se marie à Anne de Boulan auparauant l'approbation de son diuorce. Schisme en Angleterre. Le Cardinal d'Yorc qui l'auoit moyenné, & qui s'en voulut desdire, s'en repent tout à loisir. Opinions des Docteurs de plusieurs Vniuersitez, contraires à la dispense du Pape Iules. Procez à Rome sur le diuorce du Roy d'Angleterre. Le Roy François recherche l'alliance du Roy d'Angleterre pour sa sœur. Deux choses l'empeschent. Tribut que le Royaume d'Angleterre payoit au Pape. Anne de Boulan Royne d'Angleterre, executee à mort, & Thomas Morus Chancelier, & pourquoy. Tiltre de Deffenseur de la Foy, pourquoy donné au Roy d'Angleterre qui se reuolte du sainct Siege, & commet plusieurs sacrileges. Mariage de Catherine d'Espagne declaré illegitime par les Estats. Plusieurs mariages de Henry VIII. Roy d'Angleterre. Son testament & l'ordre qu'il donna à sa succession. Ce Royaume gouuerné tousiours par des Roys iusques à la Reyne Marie, qui veut espouser le Baron de Courtenay, lequel aymoit sa sœur Elizabet, & estoit reciproquement aymé d'elle. La ialousie de la Reyne le contraint de sortir du Royaume. Il est emprisonné à Venise & la Reyne Elyzabeth prisonniere pour son subiect, & en grand hazard de sa vie. Elle en eschappe par le moyen de Philippes II. Roy d'Espagne mary de sa sœur. Il recherche par apres son alliance, mais elle le refuse. Elizabeth succede à la Couronne d'Angleterre. Pretentions de Marie Stuart Reyne de France & d'Escosse, sur la Couronne d'Angleterre. Pleintes de son Ambassadeur au Roy sur ce suiect. Le changement de Religion en Angleterre par l'aduis des trois Estats. Les Euesques mesmes se laissent corrompre & gaigner. La Reyne d'Escosse publie par liures son droit à la Couronne d'Angleterre, & la repartie des Anglois à l'encontre d'iceux. Artifices de la Reyne d'Angleterre pour destourner les Escossois de l'alliance de France. Prudence de la Regente d'Escosse. Le Cardinal de Pelué & la Brosse sont cause de grands troubles au lieu de les pacifier. Monluc Euesque de Valence enuoyé en Escosse. La Reyne d'Angleterre arme par mer & par terre. Remonstrance qu'elle fait faire au Roy. Elle commence la guerre contre la France. Protestations du Roy contre la Reyne d'Angleterre. La responce qu'elle y feit auec pleintes. Ses desseins sur l'Escosse. Ambassade du Roy d'Espagne vers la Reyne d'Angleterre pour la paix auec la France & l'Escosse. Capitulations des Escossois auec l'Angleterre. Les François assiegez dans la ville du Petitlit. Contraints de se rendre par composition. Naufrage de l'armée Naualle des François allans au secours des Assiegez. Autre fortune qui arriue sur mer aux galleres du Grand Prieur de France. Capitulation faite entre les François, Angloys & Escossois, en la reddition du Petitlit & articles d'icelles. La Reyne d'Angleterre asseure son Estat par la diuision des Escossois d'auec les François. Mauuais conseil de ceux qui ont esté d'aduis d'enuoyer des François faire la guerre en Escosse, car ils ont fait perdre ce Royaume là à la France. Traitté de Passau contre le Roy Henry II. & pour l'attrapper. L'Empereur Charles le V. respoussé vigoureusement deuant Metz. On donne Conseil au Roy d'emprisonner le Prince de Condé, qui se retire en Bearn, & asseure le Roy & la Reyne de son obeissance. Ethymologie du nom Huguenot. Mareschal de sainct André enuoyé en Gaſcongne, & pourquoy. Different entre le Conneſtable & la maiſon de Guiſe pour le Comté de Dammartin. La Planche ſeruiteur du Mareſchal de Montmorency enquis par la Reyne Mere ſur les affaires de France, & la reſponce qu'il luy feit. Il eſt arreſté priſonnier. Libelles diffamatoires contre la maiſon de Guiſe. Liure intitulé le Tigre, l'Autheur duquel fut pendu. Vidame de Chartres mis priſonnier & pourquoy. Le Comte Ringraff enuoyé en Allemagne où il leue des Reiſtres pour le Roy. Le Chancelier de l'Hoſpital & l'Admiral mandez par la Royne Mere, & le conſeil qu'ils luy donnerent. Grande ſuitte du Conneſtable. Aſſemblée des Princes & Seigneurs à Fontaine-bleau. Aduis de l'Admiral de Chaſtillon en ceſte aſſemblée, & la requeſte qu'il preſenta au Roy au nom des Proteſtans, & le contenu d'icelle. Remonſtrance du Chancelier. Ceux de Guiſe offrent à rendre compte de leurs charges. Façon d'opiner en France. Opinion de Marillac Eueſque de Valence, tendant à vn Concile National. Il conclud à l'aſſemblée des Eſtats. L'Admiral approuue la Harangue de Marillac, & taſche de faire accorder l'exercice public aux Proteſtans. Repartie du Duc de Guiſe contre l'Admiral. L'aſſemblée des Eſtats reſoluë par vn commun conſentement. Publiez & aſſignez à Meaux. Lettres patentes pour le departement de la gend armerie de France. Menées des Proteſtans en Dauphiné, ſous la conduite de Mouuans & Monbrun. Entrepriſe ſur la ville de Lyon par Maligny. Proteſtans contraints de quitter le Dauphiné. Lettres du Roy de Nauarre pour luy enuoyer le Prince de Condé, & ſa reſponce. Excuſes du Prince de Condé. Le Roy de Nauarre & le Prince de Condé ſe reſolurent d'aller à la Cour auec leur train. L'ordre que ceux de Guiſe donnerent aux Eſtats. Aduis de la Princeſſe de Condé à ſon mary. Information du Mareſchal de ſainct André contre le Prince de Condé. L'aſſignation pour l'aſſemblée des Eſtats changée de Meaux à Orleans. Habitans d'Orleans deſarmez & garniſons logées aux maiſons ſuſpectes. Entrée du Roy en ſa ville d'Orleans. Le Prince de Condé arreſté priſonnier & Madame de Roye ſa belle mere. Les Chanceliers du Roy de Nauarre & du Prince de Condé pris priſonniers, & le Bailly d'Orleans. Deffences aux Deputez des Eſtats de ne parler de la Religion. Preſtre enuoyé au Prince de Condé pour luy dire la Meſſe en ſa chambre, & la reſponce qu'il luy feit. Deputez pour l'interroger. Claude Robert, & François de Marillac Aduocats pris par le Prince de Condé pour Conseil. Plusieurs procedures contre luy. Condamné à la mort. Faute notable de l'Aduocat. Priuilege des Cheualiers de l'Ordre. Princes du sang ne peuuent estre iugez que par l'assemblée des Pairs de France. Exemples à ce propos. Mal entendu du Comte de Courtenay luy couste la vie. Cruauté du Roy de Nauarre. Mort de François second. Bonne intelligence entre la Reyne Mere & le Roy de Nauarre, qui se reconcilie à la maison de Guise. Il est declaré Lieutenant General du Roy. Bon aduis de ceux de Guise contre les Protestans pour faire qu'il n'y eust qu'vne Religion en France.

LIVRE SECOND.

C'ESTOIT vne chose fort estrange, & du tout contre le deuoir naturel d'vn bon suiet, principalement d'vn François, obeissant & fidele à son Prince, de luy presenter vne requeste à main armee. Ce fait si nouueau engendra vne ardeur si grande & si bruslante, qu'elle embrasa toutes les Prouinces de France en diuerses factions, dont vne des premieres & plus dangereuses semences vint des libelles diffamatoires qui furent publiez contre la maison de Guise, colorez de prefaces d'honneur quand il estoit question du Roy, à fin de leuer les accusations publiées par plusieurs Edicts & lettres patentes, que ce n'estoit contre sa Majesté & son Estat, que les Protestans s'estoient reuoltez & vouloient prendre les armes, mais pour la defence de leurs vies, personnes, & biens, & pour le zele qu'ils auoient à leur Religion. Ce que par mesme moyen & par plusieurs autres inuentions, ils s'efforçoient de faire entendre aux Princes estrangers, principalement aux Protestans d'Allemagne & d'Angleterre, lesquels se laissans incontinent persuader

Chose estrange de presenter Requeste à son Prince auec armee.

Libelles diffamatoires contre la maison de Guise.

Les Protestans s'efforcent de faire cognoistre aux estrangers que leurs desseins n'estoient point contre le Roy.

suader aux impreſſions qui leur eſtoient dónees, en eſcriuoient à leurs Ambaſſadeurs reſidens en France, à fin d'animer tous les François contre la maiſon de Guiſe. Mais ils s'abuſoient, car plus ils eſcriuoient contre eux, plus ils rehauſſoient leur credit, par ce qu'ils auoient les Catholiques partiſans & fauorables auec l'authorité du Roy. Mais en ceſt endroit ie me licencieray vn peu de laiſſer les affaires de France, pour dire quelque choſe des Royaumes d'Angleterre & d'Eſcoſſe, ou i'ay eu à traicter pluſieurs grandes & importantes negociations pour le ſeruice des Roys, tant auec la Royne Elizabeth, que Marie Stuart veufue du Roy François ſecond: Quant à Elizabeth Royne d'Angleterre, aucuns ont voulu diſcourir & eſcrire de ſon titre à la Couronne d'Angleterre, peut eſtre ſelon leurs opinions & paſſions. Tant y a qu'il eſt certain que Henry huictieſme Roy d'Angleterre ſon pere, eſtoit de la maiſon de Lancaſtre, du coſté paternel, & d'York du coſté maternel, toutes deux reünies enſemble; ce qui appaiſa toutes les guerres ciuiles & troubles du Royaume. Le Roy Henry auoit vn frere aiſné nommé Artus, & deux ſœurs Marguerite & Marie, dont l'aiſnée fut mariée en premieres nopces à Iacques quatrieſme Roy d'Eſcoſſe, duquel mariage eſt yſſu Iacques cinquieſme auſſi Roy d'Eſcoſſe, lequel eſpouſa Anthoinette de Lorraine de la maiſon de Guiſe, vefue du Duc de Longueuille, & fut pere de Marie Stuart à preſent regnante. Marguerite d'Angleterre vefue de Iaques quatrieſme,

La maiſon de Guiſe en grand credit en France.

Si la Royne Eliſabet d'Angleterre paruint legitimement à la Couronne.

La Genealogie de pluſieurs qui pretendoient à la Couronne d'Angleterre.

G

Roy d'Escoffe, espousa Archambaut du Glas Comte Dangus Escossois, qui eut la teste tranchée par le commandement de Iacques cinquiesme Roy d'Escoffe, & laissa vne fille nommée Marguerite, qui fut mariée à Mathieu Stuart Comte de Lenox, duquel mariage sont yssus deux fils, Henry & Charles. Henry espousa Marie Stuart sa cousine germaine Royne d'Escoffe, veufue du feu Roy François second, & fus enuoyé pour consentir & approuuer leur mariage de la part du Roy Charles neufiesme. Et de ce mariage de Henry & Marie, est yssu Iacques sixiesme Prince d'Escoffe, qui est auiourd'huy. De Charles l'autre frere, & d'vne fille de la maison de Caendish, est venüe Arbelle. Et quand à Marie l'autre sœur puisnée du Roy Henry d'Angleterre, elle espousa le Roy Loüys douziesme de France, lequel estant decedé, trois mois aprés elle s'en retourna en Angleterre, où le Roy Henry son frere la remaria à Charles Brandon, vn sien fauory, qu'il fit Duc de Suffolk: duquel mariage deux filles sont sorties. La premiere nommée Françoise, qui fut mariée à Henry Grey, que le Roy Henry huictiesme fit Marquis d'Orset, & par succession des droits de sa femme fut fait Duc de Suffolk: dont sont yssuës trois filles, Ieanne, Catherine & Marie. Ieanne l'aisnée pour auoir esté appellée à la Couronne deuant la Royne Marie, par le moyen du Duc de Nothomberland, duquel elle auoit espousé le fils aisné, aprés auoir regné sept iours, fut deposée, & aprés decapitée dedans la tour de Londres, & son mary, de-

LIVRE SECOND. 51

hors tous deux à mesme heure & iour, & le Duc de Nortomberland peu de temps apres. Catherine qui estoit la seconde, fut mariée auec Henry Herbert, fils aisné du Comte de Pembrook mais pour estre tous deux trop ieunes, l'on dit que le mariage ne fut point consommé, & Marie venant à régner en fit le diuorce. Du regne de la Royne Elizabeth ladicte Catherine & le Comte de Herfort, se marierent clandestinement contre les loix & ordonnances du Royaume d'Angleterre. A ceste occasion ils furent tous deux emprisonnez en la tour de Londres l'espace de trois ans, où neantmoins ils trouuerent moyen de se frequenter & faire deux fils. Marie qui fut la troisiesme fille, nourrie à la Cour auec la Royne Elizabeth, espousa clandestinement aussi vn Capitaine de la porte, auec le grand mescontentement de la Royne, mais peu de temps apres ils moururent tous deux. Marguerite qui fut la seconde fille de Charles Brandon Duc de Suffolk, espousa le Comte de Comberlant, dont est yssuë Marie à present femme du Comte Derby, de laquelle & dudit Comte sont yssus trois fils. Françoise premiere fille dudit Charles Brandon, apres la mort de Henry Grey, fait Duc de Suffolk, son premier mary, espousa vn nommé Adrian Stoc son seruiteur, & en eut deux enfans. Outre ceux que nous auons deduit, il y a le Comte de Hontington qui pretend aussi quelque droit à la Couronne, mais il n'y pourroit venir par droict successif, qu'aprés les enfans du Comte Derby, d'autant qu'il est yssu

Les mariages clandestins deffendus en Angleterre.

Quelques autres pretendans à la Couronne d'Angleterre.

G ij

de Georges Duc de Claréce frere du Roy Edoüard quatriesme, qui ne laissa qu'vne fille, laquelle fut mariée au Comte de Salisbury, duquel mariage sont yssus trois fils, Henry, Paul Cardinal, & Artus. De Henry sont yssuës deux filles, dont l'aisnée est morte sans enfans. De la seconde sont yssus Marie & Marguerite. Quant aux enfans du Côte de Herfort qu'il a eu de Catherine, il y a eu sentence donnée par l'Archeuesque de Canturberi, qu'ils n'estoient pas legitimes, de laquelle il y a eu appel, qui n'est pas decidé: car en Angleterre s'il n'y a contract de mariage verifié par escrit, ou par tesmoins, auant la consommation d'iceluy, les enfans nez auparauant le contract sont tenus pour bastars, & ne se peuuent legitimer par mariage subsequent. Mais si les parties contractent mariage, estant la femme grosse, voire preste à se deliurer, poururueu qu'elle ne soit encores accouchée, les enfans seront legitimes, horsmis (comme l'on dit) les Princes du sang, qui ne se peuuent marier sans congé du Roy, sur peine que les enfans soient declarez bastars, & le mariage nul. Vray est que le second fils du Comte de Herfort est né apres que les deux parties declarerent en iugement qu'ils estoient mariez. Or tous les susdits ne peuuent succeder à la Couronne d'Angleterre, la Royne Elizabeth mourant sans enfans, deuant la Royne d'Escosse, petite fille de Marguerite sœur aisnée du Roy Henry huictiesme. Et pour mieux esclaircir ceste genealogie où nous sommes entrez, ie repren-

Contrats de mariage en Angleterre doiuent estre verifiez par escrit ou par tesmoins auant la consommation.

Les Princes du sang en Angleterre ne se peuuent marier sans le consentement du Roy.

LIVRE SECOND. 53

dray côme ledict Roy Henry VIII. espousa Catherine d'Espagne sa belle sœur, apres la mort d'Artus son frere par dispence du Pape Iules second, à côdition toutesfois qu'Artus n'eust point eu copulatiô auec elle. Et de ce mariage fut procreée Marie sœur aisnée d'Elizabeth, qui depuis fut Royne. Mais il aduint que le Roy Henry deuint amoureux d'vne ieune Dame rare en beauté & d'illustre maison d'Angleterre, nómée Anne de Boulen, Marquise de Penbrook, niepce de Thomas Hovvart Duc de Northfolx, laquelle ne voulât pas seruir de côcubine au Roy, desiroit ou feignoit, comme elle estoit prudente & aduisée, de se vouloir marier à vn Seigneur du pays. Le Roy le voulant empescher, vaincu d'amour, comme il y estoit suiet, se resolut de l'espouser pour n'auoir point de compagnon. Mais pour ce faire, il fust conseillé qu'il estoit necessaire de repudier Catherine, non pour autre suiet que d'auoir esté auparauant femme d'Artus son frere. Ce qui fut aduisé par vn subtil moyen du Cardinal d'York Anglois, sur ce qu'il monstra que le Roy n'auoit peu legitimement espouser la vefue de feu son frere Artus. Et à ces fins le Cardinal Campeje fut deputé, lequel vint en Angleterre, & fit information de la verité auec le Cardinal d'York, delegué pour luy assister. Et depuis apres auoir trouué qu'il estoit vray, firent aperte demonstration d'estre fort scandalisez, & y auoir grande charge de conscience en vn tel mariage. Des-lors ils firêt deffense au Roy Henry & à la Royne Catherine sa femme de plus

Henry VIII. Roy d'Angleterre espousa sa belle sœur auec dispence.

Diuorce de se mariage.

G iij

se frequenter, iusques à ce qu'ils eussent fait leur rapport au Pape. Cependant le Roy Henry impatient de ce nouuel amour, ne pouuant supporter la longueur qu'il voyoit au iugement de la repudiation, espousa ladite Anne de Boulen, dont est yssuë Elizabeth à present regnante, née le septiesme iour de Septembre mil cinq cens trente & trois. Et d'autant que Charles cinquiesme Empereur portoit impatiemment ceste repudiation faite de sa tante, & que le Pape trouuoit estrange ces nouuelles nopces, mesmes du viuant de Catherine, qui auoit esté quelques années auec le Roy, estant dispensé comme i'ay dit, le Roy d'Angleterre commença de se fascher contre le Pape, & comme l'on dit, estant persuadé par sa nouuelle espouse, qui se ressentoit de la Religion des Protestans, se declara chef de l'Eglise d'Angleterre, & fit mettre le Cardinal d'Yorck en prison, qui auoit changé de volonté, ayant escrit au Pape que le Roy d'Angleterre auoit espousé vne Lutherienne. Sur cela le Roy Henry enuoya en Allemagne & à Geneue, offrant de se faire chef des Protestans, & mener dix mille Anglois à la guerre, & contribuer cent mil liures terlings, qui vallent vn million de liures tournois. Mais ils ne voulurent iamais approuuer la repudiation, hors-mis Erasme Rotherodam : combien qu'auparauant & dés l'an mil cinq cens trente, il auoit eu aduis des Vniuersitez de Boulogne, de Padouë, d'Orleans, de Bourges, d'Angers, de Toulouse & de Paris, où les Docteurs en Theolo-

Le Roy Henry d'Angleterre se marie à Anne de Boulen auparauāt l'approbatiō de son diuorce.

Schisme en Angleterre.

Le Cardinal d'Yorck qui l'auoit moyenné & qui s'en voulut desdire, s'en repent tout à loisir.

LIVRE SECOND. 55

gie baillerent, comme l'on dit, sous les seels des Vniuersitez, que le Pape Iules second n'auoit peu le dispenser de prendre la vefue de son frere, mort sans enfans, & que la Loy de Dieu qui commandoit expressement au frere de prendre la vefue de son frere pour luy susciter vn heritier, n'estoit que figure. Vray est que le bruit estoit que le Roy Henry n'y espargna rien. Lesdites consultations ont depuis esté publiées & imprimées en Angleterre. Cependant le procés fut depuis intenté à Rome pardeuant le Pape Clement septiesme à l'instance de l'Ambassadeur de l'Empereur vers ledit Pape, auquel fut enuoyé Estienne Gardiner Docteur és Droicts, & depuis Euesque de VVinchestre, pour soustenir que la repudiation auoit esté iuste, & la dispence du Pape Iules illicite de droit diuin & humain. Le bruit estoit commun que le Roy François premier, auoit eu volonté de marier sa sœur vefue du feu Duc d'Alençon au Roy d'Angleterre, laquelle depuis espousa Henry d'Albret Roy de Nauarre: & qu'il auoit incité le Cardiual d'York, pour lors Ambassadeur en France, de tenir la main à ce que la dispense de Iules deuxiesme fut iugée abusiue. Mais deux choses empescherent le mariage: l'vne qu'il craignoit que la repudiatió fust trouuée mauuaise: l'autre que le Roy d'Angleterre n'aimoit pas Madame la Duchesse d'Alençon, son but estant d'espouser Anne de Boulen pour sa beauté. Et d'autant que l'Ambassadeur d'Espagne pressoit le Pape de faire iuger le procés, le Pape differoit,

Opinions des Docteurs contraires à la dispence du Pape Iules.

Procés à Rome sur le diuorce du Roy d'Angleterre.

Deux choses l'empeschoiét.

56 MEMOIRES DV SIEVR DE CASTELNAV,
tant pour la crainte d'offenser l'Empereur, qui auoit
de grandes forces en Italie, s'il donnoit iugement
au profit du Roy d'Angleterre : qu'aussi donnant la
sentence au contraire, ledict Roy ne se retirast du
tout de l'obeissance de l'Eglise & du sainct siege
Apostolique, & se declarast particulierement ennemy de l'Eglise Romaine, & en ce faisant qu'il
exemptast son Royaume de la Foy & hommage
que les Roys ses predecesseurs auoient tousiours
rendu audit siege, depuis le Roy Iean surnommé
Sans-terre, payans par chacun an quatre mil du-
cats à la chambre du Pape, pour le cens feodal conuenu en l'inuestiture faite par le Pape Innocent
troisiesme audit Roy Iean, du consentement des
Seigneurs & Barons d'Angleterre. Mais le Pape ne
pouuant plus reculer fit iuger le procés à Rome, où
il fut dit par sentence que le Roy n'auoit peu repudier Catherine d'Espagne, & moins encor espouser Anne de Boulen, laquelle pendant le procés auoit esté executée à mort, comme atteinte &
conuaincuë d'adultere, lequel toutesfois n'estoit
pas bien verifié, ainsi que plusieurs disoient, &
croyoit-on que les Catholiques, qui auoient fort
mauuaise opinion de ladite Anne de Boulen, luy
firent de tres-mauuais offices, tant pour auoir esté
cause de la repudiation d'vne autre Royne, que
pour estre Lutherienne, & auoir fait changer au
Roy Henry sa Religion, disans que c'estoit pour
troubler le Royaume, & mesmement pour auoir
fait mourir Thomas Morus Chancelier d'Angleterre,

[marginalia:]
Le Roy Fran-
çois I, recher-
che l'alliance
du Roy d'An-
gleterre pour sa
sœur.

Le iugemét du
procez du Roy
d'Angleterre
touchant son
diuorce differé
à Rome &
pourquoy.
Tribut que le
Royaume
d'Angleterre
payoit au Pape.

Anne de Boulé
Reyne d'An-
gleterre execu-
tée à mort.

Thomas Mo-
rus Chancelier
d'Angleterre
executé à mort,
& pourquoy.

terre, l'vn des plus grands personnages de son temps, parce qu'il auoit dit que le Roy Henry ne se pouuoit faire Chef de l'Eglise Anglicane. D'où l'on iugeoit qu'ayant gasté le Roy, elle gasteroit aussi le Royaume, qui estoit auparauant si contraire aux Heresies, que le mesme Roy auoit fait vn liure contre Martin Luther, pour lequel il fut grandement honoré par le Pape Iules deuxiesme, qui luy donna le titre de Defenseur de la foy Catholique, & vn chapeau & vne espée. Et ce titre de Defenseur de la foy a depuis esté porté par tous les enfans dudit Roy Henry, comme la Royne Elizabeth à present regnante le porte encores. Le Roy Henry estant aduerty de ceste sentence, non seulement persista en sa declaration, apres s'estre fait Chef de l'Eglise Anglicane, mais desaduoüa le Pape pour Seigneur feodal, chassant ses Receueurs d'Angleterre, & par mesme moyen changea la forme de la Religion, & fit abatre quelques images, & fondre des Reliques. Auparauant, le Roy François premier auoit aduerty le Pape Clement par son Ambassadeur, qu'il se gardast bien de iuger contre le Roy d'Angleterre, car en ce faisant il perdroit l'obeïssance de ce Royaume là: toutesfois cest aduertissement arriua trop tard à Rome, parce que la sentence estoit desia donnée. En ce temps le Roy d'Angleterre fit assembler ses Estats, & par iceux fit declarer le mariage de Catherine d'Espagne illegitime, & qu'après son deceds la Couronne viendroit aux enfans de luy & de Ieanne de Semer, laquelle il

Titre de Defenseur de la foy, pourquoy donné au Roy d'Angleterre.

Reuolte au S. siege & sacrilege du Roy d'Angleterre.

Le Roy de France aduertit le Pape de ne iuger rien contre le Roy d'Angleterre, mais trop tard.

Mariage de Catherine d'Espagne declaré illegitime par les Estats.

H

espousa depuis, & fut incisée par le costé pour auoir son enfant, dont elle mourut : & pour ceste cause l'enfant fut appelé Edoüart Cesar. Pour la quatriesme femme, le Roy print Anne sœur du Duc de Cleues, qu'il repudia bien tost apres. Pour la cinquiesme, il espousa Catherine du Havvart qu'il fit décapiter deuant que l'an fust passé. Et pour la sixiesme il espousa Ieanne vefue du Seigneur de Latimer. Et par son testament fait en Decembre mil cinq cens quarante & six, il institua Edoüart son fils successeur à la Couronne, auquel il substitua Marie sa fille aisnée. Et à Marie il substitua Elizabeth, ratifiant en cela la volonté des Estats d'Angleterre, qui l'auoient ainsi ordonné. Ainsi Marie succeda au Royaume apres la mort du ieune Roy Edoüart son frere, ce qui n'estoit aduenu depuis quatorze cens ans. Car combien que Tacite en la vie de son beaupere Agricola escriue que les peuples d'Angleterre de son temps estoient commandez par vne Royne, & qu'ils receuoient à la succession de la Couronne les filles aussi bien que les masles, si est-ce que depuis ce temps là iusques à Marie, il ne s'en trouue pas vne seule. Car mesmes Estienne Comte de Boulogne gendre seulemét de Henry premier Roy d'Angleterre, fut preposé à Mahaut appellée Emperice, fille dudit Henry, femme de Godefroy Plantagenet Comte d'Anjou, qui succeda à la Couronne, & duquel sont yssus tous les Princes, Roys & Roynes d'Angleterre, qui ont esté depuis quatre cés ans ius-

Cruel accouchemét d'vne Royne d'Angleterre.
Plusieurs mariages de Henry VIII. Roy d'Angleterre.

Son testament & l'ordre qu'il donna à sa succession.

Le Royaume d'Angleterre gouuerné tousiours par des Roys iusques à la Reyne Marie.

LIVRE SECOND.

ques à present. Doncques Marie se voyant asseurée de la Couronne & Estat d'Angleterre, & qu'elle auoit passé l'aage de quarante & sept ans, pour s'asseurer encor d'auantage, voulut espouser le Comte de Vvorchester, nommé Henry de Courtenay, qu'elle auoit fait premier Gentilhomme de sa Chambre, lequel estoit yssu des Princes du sang de France du costé paternel, (dit le sieur du Tillet) & du costé maternel des Roys d'Angleterre de la maison d'York, joint aussi qu'il estoit l'vn des plus beaux entre les ieunes Seigneurs de son aage. Mais luy n'auoit pas son affection à la Royne Marie, mais bien à Elizabeth sa ieune sœur, qui luy portoit beaucoup d'affection, cóme l'on disoit. Ce que la Royne Marie ayant descouuert, & que plusieurs du Royaume d'Angleterre impatiens, & qui tenoient pour chose nouuelle d'estre commandez par vne femme, iettoient les yeux sur le Milord de Courtenay, & eussent bien desiré l'auoir pour Roy, & qu'il espousast Elizabeth, il delibera de sortir du Royaume pour éuiter le courroux & animosité de la Royne Marie, & alla à Venize, où bié tost aprés il mourut de poison, comme l'on dit. Et Elizabeth fut constituée prisonniere par le commandement de Marie, en fort grand hazard de perdre la vie, cóme elle m'a dit souuent qu'elle s'y estoit resoluë, tant pour la mauuaise volonté qu'elle sçauoit que luy portoit ladite Royne Marie sa sœur, que pour auoir inuenté cótre elle des accusations, d'auoir escrit au feu Roy Henry II. en France, & auoir des intelligences auec sa Maiesté,

La Royne Marie veut espouser vn de la maison de Courtenay, yssu du sang de France.

Lequel aymoit sa sœur Elizabet, & estoit reciproquemét aymé.

Contraint de sortir du Royaume, & s'en allera à Venise, où il est empoisonné. Elizabeth prisonniere pour ce suiet, & en grand hazard de la vie.

H ij

& cognoistre en elle vne affection toute Françoise. Elle m'a dit aussi qu'estant du tout hors d'esperance d'eschapper, elle desiroit faire vne seule requeste à la Reyne sa sœur, qu'elle eust la teste couppée comme l'on fait en France auec vne espée, & non auec vne doloüere à la façon d'Angleterre, priant que pour ceste executió l'on enuoyast querir vn bourreau en France. Toutesfois elle ne courut autre chose de ce dáger que la peur, car Philippes Roy d'Espagne qui auoit espousé ladite Reyne Marie, moyenna sa liberté, & la fit sortir de prison, esperant de l'espouser au cas que Marie mourust sans enfans, comme il aduint. Et ledit Philippes qui estoit pour lors au Pays bas, enuoya des Ambassadeurs en Angleterre, & fit grande instance pour auoir en mariage ladite Elizabeth, laquelle n'y voulut aucunement prester l'oreille, pour n'y auoir point d'affection, ce qu'elle m'a souuent dit, & qu'elle ne croyoit aussi estre honneste & licite entre Chrestiens d'espouser le mary de sa sœur, bien que le Roy d'Espagne fust asseuré de sa dispence, si elle l'eust voulu espouser, comme aussi il a facilement obtenu d'espouser sa niepce fille de sa sœur & de son cousin germain, encor que plusieurs tiennét que le Pape ne peut dispéser de telle cósanguinité, ce que mesme les Romains Payés tenoiér pour vn inceste: & outre le peu de voloté que ladite Reyne auoit de l'espouser, il y auoit encor vn grand empeschement pour la diuersité des Religions. Ioint aussi que les Espagnols estoiét fort mal voulus des Anglois, qui auoient du temps de la

Duquel eschappa par le moyen de Philippes Roy d'Espagne.

Lequel recherche par apres son alliáce, mais à neant.

Il espouse apres sa niepce, fille de sa sœur & de son cousin germain, auec dispense.

Les Espagnols mal voulus des Anglois.

LIVRE SECOND. 61

Royne Marie fait plusieurs desseins de leur faire mauuais party, de sorte que le Roy d'Espagne fut contrainct d'auoir vne garde Angloise, lesdicts Anglois s'estans persuadez que les Espagnols voyans la sterilité de Marie auoient dessein d'vsurper le Royaume, par ce que ceste nation est fort ambitieuse & en possession de s'agrandir par pretextes d'alliance. Doncques par la mort de Marie, causée de quelque ialousie qu'elle auoit du Roy d'Espagne son mary, comme aucuns ont voulu dire: Elizabeth ayant succedé à la Couronne d'Angleterre, suiuant le testament du Roy Henry son pere, & le droit des Estats estably vingt-neuf ans auparauant au Parlement d'Angleterre, fut receüe auec grande ioye & allegresse, le dixseptiesme Nouembre mil cinq cens cinquante-neuf. Marie Stuart Reyne de France & d'Escosse en estant aduertie print les armes d'Angleterre, & les fit conioindre & escarteler auec celles d'Escosse, & poser publiquement à Paris, en plusieurs lieux & portes, par les Herauts du Dauphin de Frāce, lors qu'il espousa ladicte Marie auec les titres qui s'ensuiuent, *Franciscus & Maria Dei gratia Rex & Regina Franciæ, Scotiæ, Angliæ, & Hiberniæ.* Ce que l'Ambassadeur d'Angleterre ayant veu, demanda audience, & fit de grandes plaintes de l'iniure faite à sa Maistresse: auquel on fit seulemēt responce qu'il y seroit pourueu, sans toutes-fois rien changer, ny aux armes ny aux qualitez, car l'on craignoit faire vn preiudice irreparable à la Reyne d'Escosse, pour

Elizabeth succede à la Couronne d'Angleterre.

Pretensions de Marie Stuart Reyne de France & d Escosse sur la Couronne d'Angleterre.

Plaintes de l'Ambassadeur d'Angleterre sur les armes & qualitez de ladicte Reyne.

H iij

le droict qu'elle pretendoit au Royaume d'Angleterre & d'Irlande. La Royne Elizabeth en estant aduertie par son Ambassadeur, preuoyoit bien qu'elle estoit pour courir la fortune d'vne guerre contre la France & l'Escosse, & mesmes contre quelque partie de ses suiets qui estoient Catholiques, & portoient tres-impatiemment d'estre frustrez de l'exercice de leur Religion, qu'elle auoit changée par le consentemeut des trois Estats, trois mois apres son aduenement à la Couronne. Ce qu'elle practiqua fort subtilement sans aucun remuëmét ny altercation. Car voyant que les Protestans qui s'estoient absentez d'Angleterre sous le regne de Marie, estoient de retour en leurs maisons, & qu'vne partie des peuples & de la Noblesse estoient mal affectionnez à la Religion Catholique, pour establir ceste Religion Protestante à laquelle elle estoit affectionnée, & pour plus seurement regner elle ne voulut pas vser de force, mais print resolution de faire assembler presque tous les Euesques d'Angleterre, ausquels elle fit entendre qu'elle vouloit regler le fait de la Religion, & suiure leur aduis en tout & par tout: dequoy les Catholiques estoient bien aises, estimans qu'ils le gagneroient, estant la chose mise à la pluralité des suffrages, d'autant que les Euesques estoient (comme ils deuoient) ou sembloient estre Catholiques, pour le moins en plus grand nombre que les Protestans. Mais sur ceste deliberation, la plus part d'iceux furent gagnez par le Coseil de la Royne, les vns par bien faits, les autres

Il en aduertist sa Maistresse.

Le changement de Religion en Angleterre par l'aduis des trois Estats.

Les Euesques d'Angleterre se laissent corrompe & gagner, & consentent au changement de Religion.

LIVRE SECOND. 63

par promesses, & les autres par crainte qu'ils auoient de luy desplaire. Ioint aussi qu'vne partie des Comtes, Barons, Nobles & Roturiers, deputez par le peuple aux Estats, demandoient le changement, d'autant qu'ils esperoient d'estre pourueus des biens des Ecclesiastiques, & des confiscations, excepté seulement les Eueschez, qui sont encores entre les mains de personnes qui se disent Euesques, ou pour le moins en ont l'habit, & iouïssent du reuenu. Par ce moyen la Religion fut remise en l'estat auquel l'auoit laissée trois ans auparauant le Roy Edoüart sixiesme, & toute autre Religion deffendüe. Cependant Marie Stuart Royne de France & d'Escosse soustenoit par liures publiez, qu'elle auoit droit à la Couronne d'Angleterre, tant par la loy de nature & droit successif, que par le iugement rendu contre la repudiation de Catherine d'Espagne, ce qui rendoit nul le mariage d'Anne de Boulen, d'où s'ensuiuoit que la Reyne Elizabet n'estoit habile à succeder. Les Anglois disoient que les Estats d'Angleterre au Parlement qui fut tenu l'an mil cinq cens vint-cinq, donnerent toute puissance au Roy Henry huictiesme de nommer & designer vn successeur à la Couronne, & neantmoins nommerent Edoüart sixiesme, & luy substituerent Marie, & à Marie, Elizabeth : & depuis le Roy Henry par son testament appella les mesmes personnes, comme nous auons dit cy deuant, & apres Elizabeth ordonna que les enfans de Françoise, & de Leonor ses niepces, filles de Marie sa sœur puisnée & de

La Reyne d'Escosse publie par liures son droict à la Couronne d'Angleterre.

Repartie des Anglois à l'encontre d'iceux.

Charles Brandon Duc de Suffolk succedassent: & que si elles mouroient sans hoirs legitimes, les plus proches y fussent appellez. De sorte qu'il sembloit qu'il eust totalement exclus les enfans de Marguerite sa sœur aisnée, d'où estoit yssuë la Reyne d'Escosse seule, qui debatoit le testament de plusieurs nullitez. Pour s'asseurer donc, la Reyne Elizabeth auoit de long temps commencé de s'allier le plus qu'elle pouuoit auec les Escossois, tant pour le pretexte d'vne mesme Religion, que pour les distraire du tout si elle pouuoit, de l'amitié & alliance de France, qui auoit duré huict cens ans, & auoit esté comme vn frein à l'Angleterre pour empescher la grãdeur & accroissement de ce Royaume-là, comme aussi les François ont maintenu souuét l'Escosse cótre l'oppression des Anglois, iusques au changement de Religion, & au regne d'Elizabeth, laquelle print fort à propos l'occasion des troubles aduenus en Escosse l'année que le Roy Henry mourut. Car auparauant tout y estoit paisible par la patience & prudence de la Doüairiere d'Escosse, regente & mere de Marie, femme du Roy François second: laquelle ne vouloit (voyant qu'elle ne le pouuoit) forcer la conscience des Protestans, qui estoient desia en grand nombre audit Escosse, & se multiplioient tous les iours: comme en ceste nation les esprits sont prompts & faciles à mutation, dont i'ay veu infinis exemples en vingt-trois ans que i'ay traicté plusieurs grandes affaires en ce Royaume. Or ceux de Guise freres de la Regente d'Escosse

Artifices de la Reyne d'Angleterre pour distraire les Escossois de l'alliance de France.

Prudence de la Regente d'Escosse.

d'Escosse voyans que les Protestans y prenoient
grãd pied, & deuenoient les plus forts, & qu'il estoit
impossible à leur sœur d'en venir about, la conseillerent de faire dresser & publier Edicts fort rigou-
reux contre les Protestans, & pour les executer enuoyerent Nicolas de Pelué Euesque d'Amiens, à
present Cardinal, & la Brosse, qui voulurent tout
soudain contraindre vn chacun d'aller à la Messe,
reprochans à la Regente que sa douceur & souffrance auoit tout gasté. Elle au contraire combien
qu'elle fust du tout Catholique, persistoit en son
opinion, disant qu'il ne falloit rien changer ny alterer pour le fait de la Religion, craignant & leur
predisant la rebellion des suiets, qui aduint incontinent apres. Mais elle ne fut pas creüe: qui fut cause que la plus-part de la Noblesse Escossoise courageuse, & grand nombre des peuples prompts
& remuans, commencerent à se mutiner; non pas
tant pour le fait de la Religion, que parce qu'ils disoient que l'on les vouloit commander par force,
& asseruir leur liberté aux François, disans pour
pretexte, qu'à la fin ils emporteroient les plus belles charges & offices du Royaume; aussi ne manquẽt
iamais de pretextes ceux qui se veulent mutiner.
Cependant la Royne Elizabeth & ses Conseillers
ne perdoient pas temps pour nourrir & augmenter
ceste diuision & reuolte des Escossois mal contens,
& Protestans, qui se ioignans les vns auec les autres prindrent les armes, & commencerent à donner la chasse aux Ecclesiastiques, & en fin reduisi-

Le Cardinal de Pelué & la Brosse, enuoyez en Escosse, sont cause de grands troubles, au lieu de les pacifier.

Reduisent la Regente à la necessité de receuoir la Loy de ses subiects.

rent la Regéte & son Conseil à ceste necessité, de receuoir la loy de ses suiets. Sur celà le sieur de Môtluc Euesque de Valence fut enuoyé en Escosse, pour voir quel remede il y auroit de leur faire poser les armes : mais n'y en trouuant point, il fut soudain r'enuoyé en France pour auoir secours. Ce que voyant la Royne d'Angleterre qui auoit desia conclu l'alliance auec les Escossois mutins, fit dresser deux armées, par mer & par terre, & expedier des lettres patentes qu'elle publia en Angleterre, par lesquelles elle se plaignoit du tort que l'on luy auoit fait en France, & principalemét d'auoir souffert que Marie Royne d'Escosse se qualifiast Royne d'Angleterre, & d'Irlande, auec les armes escartelées d'Escosse & d'Angleterre : & encores sous couleur de vouloir chastier quelques suiets d'Escosse, l'on dressoit vne armée en France pour attenter à l'Angleterre, dont elle estoit menacée. Elle fit aussi remonstrer & prier le Roy que l'on laissast l'Escosse en paix, & la forme du Royaume en l'Estat auquel il estoit, & que l'on retirast tous les François qui y estoient desia. Autrement elle s'armeroit pour garder qu'il ne s'attentast quelque chose contre l'Angleterre, protestant que tout le mal qui aduiendroit pour ce regard ne luy pourroit estre imputé. Et voyant que les forces de France s'aprochoient d'Escosse, elle commença la guerre contre quelques vaisseaux François qui estoient pour lors audit Escosse. Celà fut cause que l'on fit protester le Cheualier de Saiure de la part du Roy, à la Royne

Môtluc Euesque de Valence enuoyé en Escosse.

La Reyne d'Angleterre arme par mer & par terre.

Ses plaintes.

Et remonstrances qu'elle fit faire au Roy.

Elle commence la guerre contre la France.

d'Angleterre de l'infraction de paix, & de l'ouuerture de guerre qu'elle auoit commencé, sous couleur que la Royne d'Escosse auoit prins les armes d'Angleterre auec celles d'Escosse, & vouloit reduire ses suiets rebelles sous son obeyssance : & que le Roy François second auoit fait offre à la Royne d'Angleterre de deputer gens de sa part, pourueu qu'elle en nommast aussi de son costé, à fin de vuider leurs differents suiuant les articles de la paix. Chose que la Royne d'Angleterre n'auroit acceptée, mais auroit limité certain iour, auquel elle vouloit pour tous delais que le Roy retirast tous les François qui estoient en Escosse, sans vouloir entrer en accord, n'ayant autre but que de clorre le chemin aux François, & les chasser tous d'Escosse. Toutesfois le vingtiesme iour d'Auril mil cinq cens soixante, la Royne d'Angleterre, comme par vne forme de responce, se plaignit derechef, comme elle auoit desia fait, de ce que la Royne d'Escosse auoit prins & portoit le nom, tiltre, & armes d'Angleterre & d'Irlande, qu'elle n'auoit voulu quitter quelque remonstrance & priere qui luy en eust esté faite par ses Ambassadeurs, qu'elle disoit aussi auoir esté mal traittez : qui estoient, comme elle disoit, tous signes euidens que les forces menées en Escosse, & celles qui se preparoiét encores, estoient pour surprendre l'Angleterre. Elle se plaignoit aussi d'vn grand nombre de Pirates François, seulement contre les Anglois, & du support qui leur estoit donné. Et d'auan-

Protestations du Roy contre la Reyne d'Angleterre.

Responces auec plaintes de la Reyne d'Angleterre.

I ij

tage de ce que l'on auoit remonſtré, & fait inſtance au Pape, pour declarer qu'elle n'eſtoit pas Royne, & la vraye heritiere d'Angleterre, & que l'on auoit voulu capituler auec des Allemans & Lanſquenets pour paſſer en Eſcoſſe auec les François, pour la conqueſte d'Angleterre, diſant encores que le Cardinal de Lorraine auoit ſouſtenu au traicté de Cambreſis, la ville de Calais deuoir pluſtoſt eſtre à la Royne d'Eſcoſſe, qu'à elle. Et quant aux forces qu'elle auoit enuoyées vers l'Eſcoſſe, elle diſoit que c'eſtoit ſeulement pour la fortereſſe & ville de Vvaruic, frontiere principale de l'Angleterre, & que le tout y auoit eſté conduit ſans aucun acte d'hoſtilité, alleguant ſur celà, qu'il n'eſtoit pas queſtion de mener en Eſcoſſe vne ſi grande armée de François, pour chaſtier les rebelles. Elle fit auſſi declarer les torts & iniures que les Eſcoſſois diſoient auoir receu des François, qui eſtoit l'occaſion & le commencement des troubles & diuiſions d'Eſcoſſe, proteſtant neantmoins qu'elle ne voudroit ſouſtenir la rebellion des ſuiets d'Eſcoſſe contre leur Royne, mais ſeulement ſe vouloit garder des ſurpriſes que l'on luy pourroit faire, & conſeruer ſon Eſtat. Ces proteſtations ainſi faites d'vne part & d'autre, ſembloient côtraires aux effects. Car côbien que la Royne d'Eſcoſſe ne penſaſt lors, qu'à appaiſer les troubles de ſon Eſtat, ſi eſtce que la pluspart iugeoiét que ſi elle en euſt peu venir à bout, elle euſt paſſé en Angleterre auec les forces de France & d'Eſcoſſe, par l'intelligéce qu'elle penſoit auoir auec

Deſſeins de la Reyne d'Angleterre ſur l'Eſcoſſe.

LIVRE SECOND. 69

grand nombre de Catholiques qui estoient audict Angleterre, attendu qu'il n'y a, ny mer, ny fleuues, ny montagnes, ny forteresses, qui separe les deux Royaumes, mais seulement, vn petit ruisseau qui se passe à gué de tous costez. Aussi la Royne d'Angleterre ne pouuoit auoir plus grand plaisir, que de voir les troubles & les suiets diuisez en Escosse, & la Religion des Protestans s'y establir, & faisoit entendre aux Escossois qu'ils ne deuoient endurer la domination des François en leur païs; pensant que c'estoit vn tres-grand moyen pour conseruer son Estat & la Religion Protestante, de diuiser ces deux nations, qui auoient si long temps maintenu vne estroicte alliance contre les Anglois, anciens ennemis des vns & des autres. Or en ce temps le sieur de Glaion & l'Euesque d'Aquila Ambassadeurs du Roy d'Espagne, taschoient de moyenner la paix, & faire en sorte que la Royne d'Angleterre ne s'entremeslast point des affaires d'Escosse; ce qu'ils ne peurent obtenir. Mais au contraire la Royne d'Angleterre receut fort fauorablement tous les Escossois qui se voulurent mettre en sa protection, lesquels la supplierét (par pratique faite) de faire alliance auec eux, & de les ayder, côme elle fit bié tost apres. Mais les Escossois furét aduisez par la capitulatió qu'ils firét auec elle, qu'ils ne bailleroiét aucunes places fortes aux Anglois, côme aussi n'y en a-il gueres; mais seulement que la Royne d'Angleterre bailleroit des ostages, qui seroient renouuellez de six en six mois. Aussi est-il bien à craindre, quād les Protecteurs ont

L'Angleterre & l'Escosse sans separation notable.

Ambassade du Roy d'Espagne vers la Reyne d'Angleterre pour la paix auec la France & l'Escosse.

Capitulation des Escossois auec l'Angleterre.

Il est dangereux de laisser aucune forteresse des alliez entre les mains des Protestans.

I iij

des forteresses des alliez, qu'ils ne les rendent iamais, comme il est aduenu de nostre temps des villes Imperiales, comme Vvtrec, Constance, Cambray, & autres qui ont esté assuietties à ceux qui les tenoient sous leur protection, dequoy l'Empereur Charles cinquiesme a monstré assez d'exemples. Or ce traicté conclu & arresté entre la Royne d'Angleterre & les Escossois, & l'vnion qu'ils firent de leurs Religions, esquelles ils ne vouloient estre forcez, apporta la guerre ouuerte. Cela fit dès-lors cognoistre la difficulté qu'il y auoit de forcer les consciences des suiets qui estoient en si grand nombre, mesmement des Escossois, nation farouche opiniastre & belliqueuse, & qui ne se veut pas dompter par force, si l'on ne les extermine du tout, ce qui seroit trop difficile, attendu la nature du pays: aussi ne faut il pas appriuoiser les esprits sauuages à coups de bastó, mais en les traictant par douceur & courtoisie. Doncques les choses estant venuës à l'extremité de la guerre, les François qui estoient en Escosse se voyans les plus foibles, ne voulurent pas se hasarder au combat, mais se retirerent dedans la ville de Petit-lit, où ils furent assiegez par mer & par terre des Escossois & des Anglois, auec telle violence que ne pouuans plus tenir, pour n'auoir ny viures, ny munitions de guerre, & n'ayans aucune esperance de secours, apres plusieurs escarmouches & sorties, Sebastien de Luxembourg Vicomte de Martigues, qui estoit Colonnel des gens de pied, & le sieur d'Oysel, qui auoit long temps esté Ambassadeur &

Difficulté qu'il y a à forcer les consciences.

Esprits sauuages se doiuét appriuoiser par douceur.

Les François assiegez dans la ville du Petit-lit.

comandé à quelques trouppes Françoises, qui auoiêt esté auec la Regente. Et tous ensemble resolurent de faire plustost quelque honorable composition, que de se perdre sans raison ny proffit, en vne des plus meschantes places du monde, où il n'y auoit autre forteresse qu'vn retranchement. Et combien que l'on preparast en France des forces pour les secourir, dont le Marquis d'Elbeuf estoit le Chef & conducteur, si est-ce qu'elles ne pouuoient venir à temps, veu mesmes que s'estant embarqué en Normandie, il eust tant de fortune sur la mer, qu'il luy fallut relascher d'où il estoit party, auec l'entiere ruine de tout ce qui estoit auec luy. Ce qui aduança encores la composition moins aduantageuse pour les François, & aussi que le grand Prieur de Lorraine frere du Duc de Guise, lequel ie suiuis en ce voyage, qui deuoit commander à l'armée nauale, estant General des galeres de France, & en amenoit dix des meilleures qui fussent au seruice du Roy, lesquelles il auoit desia traiectées de la mer Mediteranee en l'Ocean, & passé le destroit de Gibaltar & la coste d'Espagne, s'arresta à vne infinité de rafraichissemens, & semblablemét aupres du Roy de Portugal Dom Sebastien, pour lors ieune enfant, qui me donna, & la Royne sa grand mere, & le Cardinal Dom Henry (qui depuis fut Roy apres que son neueu se perdit en Affrique) vn prisonnier fort estroictement detenu, & accusé de plusieurs practiques au Royaume de Portugal, lequel trafiquoit de plus de cent mil escus, qui luy eussent esté confisquez & l'eust on

Contraints de se rendre par composition.

Naufrage de l'armee nauale des François allans au secours des assiegez.

Prisonnier d'importance deliuré par le Roy de Portugal à la supplication de l'autheur.

fait mourir, si ie ne l'eusse sauué, auec beaucoup de difficulté. Mais ie receus ceste particuliere faueur, pour les recommandations d'vne infinité de Marchans François & Italiens, qui me prierent de faire ceste Requeste au petit Roy de Portugal, & à son Conseil. Or nous eusmes nouuelles en Portugal, que si les galeres & toute l'armée Nauale n'estoit ensemble en Escosse dedans vingt iours, l'accord se feroit au Petitlit, comme il fut fait. Lors le grand Prieur fit estat de partir aussi tost que le vent pourroit seruir, pour sortir les galeres de Lisbonne : & vingt trois heures apres, firent voile, & eurent bon temps iusques au cap de fins de terre en Espagne. Mais là ayans fait aiguade pour prédre la plaine mer & laisser la coste à fin d'accourcir le chemin, lesdites galeres n'estoient pas encores trente mille en mer, qu'elles furent agitées d'vne horrible tempeste, & en tres-grand danger de perir, courans ceste fortune iusques aux Lannes de Bourdeaux, & prés de la Tour de Cordoüan, sans qu'aucun Pilote peut cognoistre, ny Ciel, ny terre, ny le lieu où nous estions prests à nous perdre, sinon vn pauure vieil Pilote pescheur, qu'auoit prins le Capitaine Albise, lequel de fortune voyant le peril où nous estions, dit à son Capitaine, que s'il n'auançoit sa galere pour Piloter les autres par le chemin qu'il leur monstreroit, elles estoient toutes perduës, ce qui estoit vray. Et ainsi le Capitaine Albise & son Pilote, laissans les loix de la mer en telle necessité, se licencierent d'auancer leur galere deuant la Reale,

Autre fortune qui arriua sur mer aux galeres du grand Prieur de France.

laquelle

laquelle autrement alloit la premiere donner à trauers d'infinis escueils. Ainsi nous eschapasme ce danger, & sainct Gouart, qui estoit esdites galeres, fut le premier qui recogneut la terre & les sables d'Aulonne, comme nous en pensions estre à plus de cinquäte lieux. L'extremité du peril estoit si grand, que L'argousin Real, & le Patron, qui n'auoient plus d'esperance qu'au hazard de la fortune, prindrent leurs bourses, en resolution de se ietter sur quelque escueil attendans que la tempeste cesseroit, comme elle fit en cet endroit : où les galeres ayans quelque rafraichissement, le Grand Prieur fit diligence de les amener iusques à Nantes, où estans arriuées, ie fus enuoyé vers le Roy François second, pour sçauoir ce qu'il luy plairoit que fissent lesdites galeres, & si elles prendroient la route d'Escosse, & demander de l'argent pour les faire partir. Mais arriuant à la Cour, ie trouuay que la composition estoit faite en Escosse, & le Petitlit rendu au mois de Iuillet mil cinq cens soixante. Et fut dit par l'accord que les armes auoient esté prinses tant du costé du Roy que de la Royne d'Angleterre pour le bien des suiets d'Escosse, & la conseruation de l'Estat, sans que de là en auant, les Escossois pour quelque cause que ce fust en peussent estre recherchez : que les Protestans sortiroient de l'Islebourg, horsmis ceux qui estoient bourgeois de la ville : que tous les Protestäs demeureroient bons & fidelles suiets au Roy, à la Royne d'Escosse, & à la Regente sa mere, demeurás neantmoins les loix du pays en leur

Capitulation faicte entre les François, Anglois & Escossois en la reddition du Petitlit & articles d'icelles.

K

force & vertu : & que les Catholiques & gens d'Eglise ne seroient troublez en leurs Religions, personnes, ny biens : que le dixiesme iour suiuant seroit tenu le Parlement d'Escosse, pour accorder amiablement tous les differens de la Religion : que douze personnes seroient establies en Escosse, dont les sept seroient nommez par le Roy, & les autres par les Estats des Ecclesiastiques, de la Noblesse, du peuple, & seroit resolu que toutes les dignitez, offices & estats seroient baillez aux Escossois seulement ; & que la forteresse du Petitlit seroit abbatuë. Que les Capitaines & gens de guerre estrangers qui estoient dedans & en tout le pays d'Escosse sortiroient, & que la ville de l'Islebourg auroit tel exercice de Religion qu'il luy plairoit, pour y viure vn chacun en liberté de conscience : que les Protestans ne seroient aucunement molestez pour le fait de leur Religion : que la Royne d'Angleterre retireroit aussi toutes ses forces, & ne s'entremesleroit plus des affaires d'Escosse : que le traicté fait au Casteau Cambresis demeureroit en sa force & vertu : Et que la Royne Marie d'Escosse laisseroit les titres & armes d'Angleterre. Voilà sommairement ce qui fut capitulé au Petitlit, par cest accord fait & executé, la guerre d'Escosse print fin. Par lequel la Royne d'Angleterre commença tellement d'asseurer son Estat & sa Religion iusques à present, qu'elle peut dire auoir plus fait que tous les Roys ses predecesseurs, dont le principal point est d'auoir diuisé les Fran-

La Royne d'Angleterre asseure son Estat par la diuision des Escossois d'auec les François.

çois d'auec les Escossois: & auoir iusques auiourd'huy nourry & entretenu ceste diuision, par le moyen de laquelle elle a affoibly les vns & les autres, & s'en est fortifiée. Aussi plusieurs sont de ceste opinion, que la puissance d'vn Prince & d'vn Estat ne gist pas tant en sa force, qu'en la foiblesse & ruine de ses voisins, mesmement ennemis, comme furent les François & les Escossois, de long temps confederez & alliez, & ennemis des Anglois, & plus encores les Escossois que les François. A quoy ceux qui ont manié ces affaires n'ont pas bien preueu: car ils ont fait vne playe fort sanglante en France, ayás esté d'auis d'enuoyer des François pour faire la guere à l'Escosse, qui estoit vn rempart pour la France, lors que les Anglois y vouloient entreprendre quelque chose, dont ils estoient aduertis par les Escossois, & enuoyoient leurs forces en Escosse, sans que les Anglois y peussent remedier, qui leur estoit vne grande espine au pied. Et quoy qu'il fust dit par le traicté du Petitlit que la Royne d'Angleterre ne s'entremesleroit plus des affaires d'Escosse, ce fut vn article inutile, & qui ne seruit que de couleur & palliation. Car les Anglois ne pretendent pas beaucoup en Escosse, mais il leur suffira d'en auoir chassé les François. Et est aysé à voir que s'ils vouloient tenter d'y retourner pour s'y faire les plus forts, les Anglois s'armeroient incontinent, & se ioindroient auec les Escossois, qui estans pour la plus-part Protestans, ont encores vne recente impression de ceste nouuelle amitié &

En quoy gist principalement la puissáce d'vn Prince.

Mauuais Conseil de ceux qui ont esté d'aduis d'enuoyer des François faire la guerre en Escosse.

K ij

76 MEMOIRES DV SIEVR DE CASTELNAV,

Industrie de la Reyne d'Angleterre pour entretenir la diuision entre les François & Escossois.

alliance faite auec la Royne Elifabeth d'Angleterre, qui leur remet fouuent deuant les yeux par quelques biens faits & penfions, que c'eft elle qui les a deliurez de la fubiection des François, & eft caufe qu'ils ont la Religion Proteftante. Et fi l'on veut dire que c'eftoit bien fait de ruiner les Proteftans d'Efcoffe, qui à la verité ont efté la feule occafion d'y faire la guerre : A ce l'on peut refpondre qu'il falloit pluftoft s'attaquer à ceux d'Angleterre que d'Efcoffe, n'eftant pas plus mal-aifé l'vn que l'autre.

La guerre des François en Efcoffe a fait perdre l'Efcoffe à la France.

Et tant s'en faut que l'on foit paruenu à l'effect que l'on pretendoit, que cefte guerre a fait perdre l'Eftat d'Efcoffe à la France, & l'a aquis à l'Angleterre.

Plufieurs exemples à ce propos.

Et ceux qui donnerent ce Confeil, n'auoient pas efté fi confciencieux fept ou huit ans auparauant, ayans fait leuer vne puiffante armée au Roy Henry deuxiefme, & hazarder fa perfonne & fon Eftat, pour faire la guerre à l'Empereur & aux Princes Catholiques d'Allemagne, à fin de mettre les Princes Proteftans & leurs partifans en liberté de leur Eftat & de leur Religion : lefquels toft après ce

Traicté de Paffau contre le Roy Henry II. & pour l'attraper.

nonobftant s'allierent enfemble au traicté de Paffau, pour prendre leur reuanche, & atrapper le Roy, & firent vne grande entreprinfe contre fon Royaume, lequel au iugement de plufieurs, euft eu fort affaire, fi l'Empereur euft reprins la ville de Mets.

L'Empereur Charles V. repouffé vigoureufement deuant Mets.

Mais fon malheur fut qu'ayant fait vne breche de cent pas, il en fut vigoureufement repouffé par le Duc de Guife qui y commandoit, & auoit auec luy la pluf-part des Princes & de la Nobleffe de

France qui ne laifferent rien en arriere pour employer leurs vies, à fin de fouftenir vn fiege de telle importance. Les Princes Catholiques d'Allemagne ont dit depuis, que ce fiege fut caufe de la ruine de leur Religion & party. L'année fuiuante mil cinq cens cinquante quatre que les Cantons Catholiques de Suiffe voulurent faire la guerre aux Cantons Proteftans, à la fuafion de l'Euefque de Terracine, Nonce du Pape, les François n'entreprindrent pas d'ayder les Catholiques, ains au contraire, le Roy par fes Ambaffadeurs empefcha la guerre, menaçant les Catholiques de fe ioindre aux Proteftans. Et fi le Roy euft fait autrement, il perdoit l'amitié des Cantons Proteftans, & le fecours des Cantons Catholiques, & euft efté contraint d'employer fes forces & fes finances pour la guerre des Suiffes : cependant les Anglois & les Imperiaux euffent eu bon marché de la France, & euft-on ruiné auffi bien la Religion Catholique en Suiffe comme l'on a fait en Efcoffe; veu que de fix Cantons Proteftans, celuy de Berne eftoit plus fort que tous les Catholiques. Mais laiffant cefte difcuffion des pays & affaires eftrangeres, ie reuiens aux noftres, & fur ce que nous auons dit que le Prince de Condé auoit demandé permiffion au Roy de fe retirer en fa maifon. A peine euft-il tourné vifage, que le Cardinal de Lorraine, de fon naturel affez foupçonneux, penfa bien que le mefcontentement qu'auoit eu ledit Prince, qui eftoit de grand courage, luy

Le Roy empefche vtilement pour fon Royaume la guerre entre les Cantons des Suiffes.

donneroit occasion de s'en ressentir. Ce qui fut cause que le Conseil fut donné au Roy de le mettre prisonnier, à quoy l'on dit que le Duc de Guise estoit d'opinion contraire, qui se monstroit en affaires d'Estat tres Politique & prudent, & remonstra que la consequence de cet emprisonnement pourroit causer plus de mal que de bien. Toutesfois le Roy ne se despartit point de son premier Conseil, de quelque part qu'il fut donné à sa Majesté. Et comme les preparatifs s'en dressoient, le Prince de Condé en eust quelque aduertissement. Aussi est-il mal aisé d'esuenter quelque chose à la Cour des Roys & grands Princes, & le communiquer à plusieurs, que l'on n'en sçache bien tost des nouuelles, car bien souuent les Rois n'ont pas moins d'espions que de seruiteurs en leurs maisons. Lors le Prince de Condé fit semblant d'aller à la Cour, & enuoyant son train à Bloys, tourna soudain vers Poictiers, où il trouua Genlis, lequel il chargea d'asseurer le Roy, & la Royne sa mere, de son tres-humble seruice, & qu'il estoit entierement resolu de leur estre tres-bon suiet & seruiteur, les suppliant de luy permettre qu'il peust viure en liberté de conscience ; & de là tira droit en Bearn, vers le Roy de Nauarre. Genlis ayant dit sa charge au Roy, & à ceux de Guise, desquels il estoit particulierement seruiteur, l'on iugea deslors, & print on pour vn argument tres-certain, que le Prince de Condé, auec les autres aduis que l'on en auoit, se feroit Chef des Protestans, qui depuis s'appellerent

On donne Conseil au Roy d'emprisonner le Prince de Condé.

Le Duc de Guise tres politique & prudent en affaires d'Estat.

Le secret n'est plus secret quand il est communiqué, principalement en la Cour des grands.

Le Prince de Condé se retire en Bearn, & asseure le Roy & la Royne de son seruice.

LIVRE SECOND. 79

Huguenots en France: dont l'etymologie fut prin- *Etymologie du nom Huguenot.*
se à la coniuration d'Amboise, lors que ceux qui
deuoient presenter la Requeste, comme esperdus
de crainte fuyoiét de tous costez. Quelques femmes
des villages dirent que c'estoient pauures gens, qui
ne valloient pas des Huguenots, qui estoit vne fort
petite monnoye, encore pire que des mailles, du
temps de Hugues Capet; d'où vint en vsage que
par mocquerie l'on les appelloit Huguenots, & se
nommerent tels quand ils prindrent les armes, comme nous dirons en son lieu. L'opinion se conceut,
que le Prince de Condé tailleroit bien de la besogne, comme il fit depuis. Quoy voyant il fut deliberé que le Mareschal de sainct André iroit en *Le Mareschal de S. André enuoyé en Gascogne, & pourquoy.*
Gascogne sous ombre de visiter les terres de sa
femme, & par mesme moyen verroit les contenances & actions du Roy de Nauarre & Prince de
Condé, qui en furent aussi tost aduertis. Mais il ne
se peut trouuer que le Roy de Nauarre eust volonté de rien changer ny alterer en l'Estat. Au mesme
temps suruint vn different entre le Connestable & *Differend entre le Connestable & la maison de Guise pour la Comté de Dammartin.*
ceux de Guise pour la Comté de Dammartin, chacun s'en disant Seigneur, pour le droict par eux acquis de diuers heritiers, mais le Conestable tenoit le
Chasteau. Et la Royne Mere du Roy qui sçauoit que
d'ailleurs il estoit assez mal content, craignoit qu'il
se voulust ioindre auec le Prince de Condé, & donner courage au Roy de Nauarre d'estre de la partie.
Mais pour en estre plus asseurée, & en tirer la verité,
sa Majesté enuoya querir vn homme de lettres

nommé la Planche, capable de grandes affaires, & seruiteur domestique du Mareschal de Montmorency, lequel estant arriué, fut interrogé par la Royne Mere du Roy dedans son cabinet, pour sçauoir ce qu'il iugeoit de l'Estat des affaires de France, estant le Cardinal de Lorraine caché derriere la tapisserie. Et là ledit la Planche discourut bien au long de tout ce qui luy en sembloit, car il estoit eloquent & persuasif, comme ie l'ay cogneu: depuis il fit imprimer & publier son aduis, duquel, pour le faire court, le but estoit que pour appaiser la France & la garantir de troubles & diuisions, & remettre l'obeyssance du Roy, il estoit necessaire que ceux de Guise fussent esloignez de la Cour, & faire appeller les Princes du sang au Conseil du Roy, & pres de sa personne; lesquels en estans separez, & les estrangers tenans les premieres dignitez, il ne falloit esperer aucun repos. Par où l'on pouuoit cognoistre la mauuaise volonté qu'il portoit à la maison de Guise, laquelle il appelloit estrangere, combien que les Princes de ceste maison fussent nez en France, & naturels suiects du Roy, de pere en fils. Et d'autant que l'on soupçonnoit que ledit la Planche eust part en la coniuration d'Amboise, il fut retenu prisonnier, & quatre iours apres eslargy. Le Mareschal de Montmorency qui aymoit vniquement ledit la Planche, estima que l'on luy faisoit iniure, dont il chargeoit ceux de Guise: ce qui ayda encores à nourrir & augmenter l'inimitié entre ces deux maisons. Au mesme temps l'on publia vn liure

La Planche seruiteur du Mareschal de Montmorency enquis par la Royne Mere sur les affaires de France.

Responce qu'il luy fit, & sa passion contre la maison de Guise.

Que ceux de la maison de Guise ne sont point Estrangers en France.

La Planche arresté prisonnier, ce qui augmente l'inimitié des deux maisons.

ure en forme de requeste, addressée au Roy de Nauarre, & autres Princes du sang, par les subiets du Roy, plein de contumelies & iniures contre la maison de Lorraine, qu'il n'est icy besoin de reciter, mais seulement la conclusion qui estoit pour deliurer la France de sa domination par les Princes du sang. Celà estoit vne inuention meslée auec l'animosité pour inciter tousiours le Roy de Nauarre, le Prince de Condé, & les autres Princes du sang, les Seigneurs & les peuples contre ceste maison là, contre laquelle à tous propos les Huguenots faisoient imprimer quelques libelles iniurieux. Sur quoy l'on print vn Imprimeur qui auoit imprimé vn petit liure intitulé le Tigre, dont l'Auteur presumé, & vn marchant, furent pendus pour ceste cause. En ce temps le Prince de Condé qui ne pouuoit plus temporiser ny dissimuler ce qu'il auoit en l'esprit, escriuit à tous ses amis, les priant qu'ils ne l'abandonnassent au besoin. Mais le porteur de ses lettres auec leurs responces fut surprins & mené à Fontainebleau, entre lesquelles s'en trouua vne du Vidame de Chartres, qui promettoit audit Prince, de le seruir & prendre son party contre qui que ce fust, sans exception de personne, sinon du Roy, de Messieurs ses freres, & de la Royne; qui fut l'occasion pourquoy le Vidame bien tost apres fust constitué prisonnier, & mis en la Bastille à Paris; où il mourut, estant fort regretté de la Noblesse & de

Libelles diffamatoires contre la maison de Guise.

Liure intitulé le Tigre, l'Auteur duquel fut pendu.

Lettres du Prince de Condé interceptés par les gens du Roy.

Vidame de Chartres mis prisonnier, & pourquoy. Il meurt en prison.

L.

plusieurs peuples de France, desquels il estoit aymé & estimé, pour les bonnes qualitez qui estoient en luy. Il y eut aussi quelques lettres surprinses que le Connestable escriuoit au Prince de Condé, pour le conuier d'aller à la Cour, & se purger des calomnies que l'on luy imposoit & vouloit-on mettre sus, en le conseillant de ne tenter la voye des armes; & de fait, pendant que la porte de Iustice luy seroit ouuerte, luy promettant tout seruice, amitié & secours, si l'on procedoit contre luy par la voye de rigueur & de force. Ce que estant venu à la cognoissance de ceux de Guise, craignans d'estre surprins enuoyerent le Comte Rhingraff en Allemagne deuers les Princes, pour les disposer à entretenir le party en l'alliance du Roy, & par mesme moyen de tenir quelques leuées de Lansquenets prestes à marcher, voire mesmes de Reistres sous sa charge, s'il en estoit besoin. La Royne Mere du Roy voyant que les plus grands Princes & Seigneurs de France se preparoient à la guerre, & monstroient vn general mescontentement les vns des autres, enuoya querir le Chancelier de l'Hospital, & l'Admiral, pour leur demander conseil, comme les estimans tres sages, & lors fort affectionnez à la conseruation de l'Estat. Ils conseillerent d'assembler les Princes & plus grands Seigneurs, pour prendre auec eux quelque bonne resolution. Surquoy lettres furent expediées de toutes parts pour se trouuer le quinziesme du mois d'Aoust à Fontainebleau. Mais

Lettres du Connestable au Prince de Condé interceptés.

Le Comte Ringtaff enuoyé en Allemagne, & pourquoy.

Leuées de Reistres pour le Roy.

Le Chancelier de l'Hospital & l'Admiral, mandez par la Royne Mere pour auoir leur aduis. Quel conseil ils donnerent.

LIVRE SECOND. 83

le Roy de Nauarre & le Prince de Condé furent ad- uertis par leurs amis & seruiteurs de n'y aller aucu- nement, s'ils ne vouloient courir le danger de leur vie. Le Connestable qui auoit amené quelques six cens cheuaux s'y trouua fort bien accompagné, ce qui donna à penser à ceux de Guise, qui toutesfois ne firent semblant d'auoir soupçon de telle suitte, & fut le Connestable, fort bien receu & caressé du Roy & de la Royne sa Mere. En fin le Conseil fut tenu le vingtiesme du mois d'Aoust audit Fon- tainebleau, ou auec leurs Majestés assisterent Mes- sieurs les freres du Roy, les Cardinaux de Bourbon, de Lorraine, le Duc de Guise, le Connestable, le Duc d'Aumale, le Chancelier de l'Hospital, les Mareschaux de sainct André & de Brissac, l'Admi- ral de Chastillon, l'Archeuesque de Vienne, Mor- uillier Euesque d'Orleans, qui auoit remis és mains du Roy la Garde des Sceaux de Frāce, apres les auoir tenus trois ou quatre ans, Montluc Euesque de Va- lence, du Mortier, & Dauanson, tous Conseillers au Priué Conseil: ou deuāt qu'aucū parlast, l'Admiral commença à dire. Qu'ayāt esté en Normandie par le commandemēt du Roy, pour là sçauoir & appren- dre qu'elle seroit l'occasion des troubles, il auroit trouué que le tout procedoit des persecutions que l'on faisoit pour le fait de la Religiō; & que l'on luy auoit baillé vne requeste pour la preseter à sa Maje- sté, pour la supplier tres-humblement d'y mettre quelque bō ordre, disant que cōbien que la reque- ste ne fust signée, toutesfois s'il estoit requis il s'en

Le Roy de Nauarre & le Prince de Condé refusent de venir à la Cour, & pourquoy. Grande suitte du Connestable.

Assemblée des Princes & Seigneurs à Fontainebleau.

Aduis de l'Admiral de Chastillon en ceste assemblée.

Requeste qu'il preséte au Roy au nō. des Protestans.

L ij

trouueroit en Normãdie plus de cinquäte mil qui la signeroiét Et fit vne grãde supplication à leurs Majestez de prendre en bonne part ce qu'il en disoit, & la charge qu'il auoit prise de ladicte requeste, qui estoit briefue, & portoit en substãce, que pour éuiter les calõnies desquelles l'on chargeoit les Protestans, il pleut au Roy & à son Conseil leur octroyer Temples & lieux asseurez, où l'on peust prescher publiquement, & y administrer les Sacremés. La Requeste estant leüe estonna vn chacun, toutesfois le Roy pria & commanda à l'assemblée de luy donner Conseil, sans aucune passion, & selon que la necessité du temps & des affaires le requeroit. Alors les Chancelier print la parole, & fit vne remonstrance graue & plaine d'eloquence, pour faire entendre la cause de la maladie, à laquelle il falloit trouuer remede conuenable. Lors le Duc de Guise dit qu'il estoit prest à rendre cõpte de sa charge, pour l'administration des armes, & de la Lieutenance Generale, & le Cardinal de Lorraine dit aussi qu'il estoit prest à rendre cõpte des finances, desquelles il auoit esté surintendant. Et apres quelques autres propos de chacun des assistans, bien empeschez à donner quelque bon remede au mal qui se voyoit à l'œil, l'on remit l'assemblée au vingt troisiesme dudit mois. Et fut baillé à chacun vn petit billet portant briefuement les articles sur lesquels le Roy demandoit Conseil au iour assigné: le Roy commanda à Montluc Euesque de Valéce dernier, Conseiller au Conseil Priué, de parler: & apres luy les

Contenu de ceste requeste.

Remonstrance du Chancelier.

Ceux de Guise offrent à rendre compte de leurs charges.

L'assemblée remise, & articles donnez à chacũ sur lesquels le Roy demandoit Conseil.

Façon d'opiner en France.

autres selon leur ordre, qui est la façon de laquelle l'on vse en France, que les derniers & plus ieunes Conseillers opinent les premiers, à fin que la liberté des aduis ne soit diminuée ou retranchée par l'authorité des Princes ou premiers Conseillers & Seigneurs. Et par ce moyen le Roy & ceux qui tiennent le premier lieu au Conseil, & qui ne sont pas quelquesfois les mieux exercitez aux affaires d'Estat, & instruits de ce qui se passe, en soiét mieux aduertis par ceux qui ont parlé les premiers, à fin que sur les opinions ils puissent resoudre plus meurement les difficultez qui se proposent en ces lieux là. Estant escheu de parler à Marillac Euesque de Vienne, il suiuit aucunement l'opinion dudict Euesque de Valence, & emporta la reputation, comme il estoit eloquent, d'auoir tres-bien dit. Son opinion estoit de faire assembler vn Concile national de toutes les Prouinces de France, puisque le Pape auoit refusé à l'Empereur Charles cinquiesme, le Concile General, lors qu'il fut à Boulogne la grasse : & apres auoir deduict plusieurs moyens pour reformer les abus de l'Eglise, & pour retenir le peuple en l'obeïssance du Roy. Conclut qu'il seroit necessaire d'assembler les Estats de France pour oüir les plaintes & doleances du peuple, en remonstrant les inconueniens qui aduiendroient par faute d'assembler lesdits Estats. L'Admiral approuua la harangue & resolution dudict Marillac, & toucha vn poinct qui luy sembloit le plus important de tous, disant que c'estoit vne chose de perilleuse consequence, de

Opinion de Marillac Euesque de Vienne tendant à vn Concile national.

Conclut à l'assemblée des Estats.

L'Admiral approuué la harangue de Marillac.

L iij

tenir telles gardes que celles qui estoient pour lors aupres du Roy, qui ne seruoient qu'à faire du desordre, consommer beaucoup d'argent, & le mettre en defiance & crainte de son peuple, monstrant que sa Maiesté n'estoit point haïe de ses suiets, & que s'il y auoit quelques vns autour de sa personne qui eussent crainte d'estre offencez, ils en deuoient retrancher l'occasion : concluant aussi qu'il falloit faire droit sur la requeste des Protestás, & leur permettre l'exercice public de leur Religion, en quelques endroits qui leurs seroient assignez seulement par prouisio, iusques à tát que l'on peust assébler le Cócile National. Mais le Duc de Guise, se sentant piqué par les propos de l'Admiral, touchant la garde nouuelle du Roy, print la parole, disant, qu'elle n'auoit esté establie que depuis la coniuration d'Amboise, faite contre la personne de sa Maiesté: & qu'il auoit charge de donner ordre que deslors en auant le Roy ne tombast plus en si grand inconuenient, que de voir ses suiets luy presenter vne requeste auec les armes. Et quant à ce que ledit Admiral auoit dit qu'il se trouueroit cinquante mil Protestans pour signer vne requeste, le Roy en trouueroit vn million de sa Religion qui y seroient contraires. Et pour le regard de tenir & assembler les Estats s'en remettoit à la volonté du Roy. Aussi le Cardinal de Lorraine insistoit fort, & empeschoit que la requeste des Protestans ne fust suiuie, touchant l'exercice de leur Religion. Mais il fut d'opinion que l'on assemblast les Estats; & presque tous les autres assistans furent de

Tasche de retrancher les compagnies des gardes, & ses raisons sur ce subiect.

Tasche de faire accorder l'exercice public aux Protestans.

Repartie du Duc de Guise contre l'Admiral.

Le Cardinal de Lorraine empesche l'enterinement de la requeste des Protestans.

L'assemblee des Estats resolue par vn commun consentement.

LIVRE SECOND. 87

son aduis; ainsi la requeste de l'Admiral demeura sans effect, touchant la prouision qu'il demādoit pour les Protestans, estant la chose remise iusques à tant que l'on eust assemblé le Concile National. Et se peut remarquer en cet endroit qu'apres douze ans de cruelles guerres ciuiles dedās le Royaume de France, l'Admiral à pareil iour fut tué à Paris, & plusieurs de sa faction, comme il sera dict en son lieu. La resolution de ce Conseil estant prinse, furent expediées lettres patentes à tous les Baillifs, Seneschaux, Iuges, & Magistrats, portans la publication des Estats, & assignation de se trouuer à Meaux, le neufiesme de Decembre ensuiuant. Et d'autant que le Roy de Nauarre & le Prince de Condé n'estoient point venus, & que l'on pensoit qu'ils fissent amas de gens de guerre, l'on expedia autres lettres patentes à la Cour, par lesquelles la gendarmerie de France estoit départie par les Gouuernemens, & sous la charge de ceux desquels l'on se pouuoit asseurer, auec le mot que l'on auoit donné, pour empescher ceux qui s'assembleroient en armes, & obuier aux factions qui continuoient par la France. En quoy plusieurs partisans de la maison de Bourbon iugerent que le Roy de Nauarre auoit failly de n'estre venu, veu mesmes qu'il auoit aduertissement du Connestable, qu'il y vint si bien accompagné, qu'il n'y eust que craindre pour luy: & n'estant point venu, il sembloit que tacitement il se voulut rendre coulpable du fait d'Amboise, & monstroit ouuertement qu'il se defioit de

l'Admiral tué à pareil iour qu'il auoit presenté la requeste des Protestans, douze ans apres.

Les Estats publiez & assignez à Meaux.

Lettres patentes pour le departement de la gendarmerie de France.

fes forces, & de fes amis & feruiteurs : enuers lefquels non feulement il perdoit fon credit, mais vers beaucoup de Seigneurs, Gentils-hómes, & autres de toutes qualitez, qui auoient les yeux iettez fur luy, & eftimoient qu'il ne deuoit point douter que fortant de fa maifon il n'euft trouué vne bonne & grande fuitte aufdicts Eftats, defquels la conuocation eft chofe tres-belle, lors que les opinions font libres, pour faire ouuerture de iuftice à tous les fujets, ouyr les plaintes & doleances d'vn chacun, afin de remedier aux maladies de ce corps politique, & mefmes pour regler l'Eftat des finances, & trouuer les moyens d'aquiter le Roy, qui fe trouuoit lors endebté, comme i'ay dit ailleurs, de quarante & deux millions de liures. Toutefois c'eftoit chofe perilleufe de tenir lors les Eftats, fans accompagner le Roy de bonne & feure garde, & telle que la force luy demeuraft en main, fans aucune contrarieté, puifque l'on auoit l'exemple fi recent d'Amboife fix mois auparauant. Outre ce, l'on craignoit que le Prince de Condé ne fe fift le plus fort, veu qu'il coniuroit tous fes amis & feruiteurs de l'affifter, comme il a efté dict cy-deffus : qui d'autre cofté ne pouuoit fouffrir moins que le Roy de Nauarre, que ceux de Guife euffent la force en main, ce qui les faifoit craindre, & deffier d'aller feuls aufdicts Eftats. Defquels les Deputez eftans en crainte, par les diuifions, & les forces que chacun vouloit auoir en main (ie ne parle pas du Roy) ils ne pouuoient librement refpirer leurs affections.

Et quand

Eftats Generaux tres vtiles en France, quand les opinions y font libres.

Mais il faut que le Roy y foit toufiours le plus fort.

LIVRE SECOND.

Et quant à ce que l'Admiral auoit dit, que ce n'estoit pas au Roy que le peuple en vouloit, il est bien certain que si sa Majesté eust esté des-armée, ceux de Guise, desquels ils se seruoit pour lors, eussent entierement esté exposez à la mercy de leurs ennemis, & en danger de leurs vies. Il y auoit grande apparence que le Connestable deuoit demeurer chef de l'armée & des forces du Roy, & que nul ne le deuoit estre deuant luy, pour la dignité de sa charge, attendu aussi qu'il n'estoit aucunement de la nouuelle Religion, & n'approuuoit point la coniuration d'Amboise, quoy qu'il eust offert seruice & faueur au Roy de Nauarre. Mais l'inimitié & ialousie qu'il auoit conceuë contre la maison de Guise, qui auoit la meilleure part prés de leurs Majestez, estoit vne raison assez forte pour l'empescher. Or comme l'on estoit sur les deliberations à Fontainebleau, au mesme temps vindrét nouuelles que les Protestans s'estoient esleuez en Dauphiné sous la conduite de Mouuans & de Montbrun; & que le ieune de Maligny auoit vne grande entreprinse sur la ville de Lyon, qui la pensa surprendre, & l'eust fait n'eust esté que le Roy de Nauarre le fit retirer par lettres bien expresses qu'il luy escriuit. Neantmoins son intention descouuerte, fust cause de faire prendre les armes aux Catholiques, & s'assembler contre les compagnies de Montbrun & de Mouuans, qui furent poursuiuis de si prés, par la Mothe Gondrin, Maugiron & autres forces du Dauphiné, qu'ils furent con-

Qu'il n'estoit pas vtile que ceux de Guise desarmassent, & pourquoy.

Menés des Protestans en Dauphiné sous la conduite de Mouuans & de Montbrun. Entreprise sur la ville de Lyon par Maligny.

Protestans contraints de quitter le Dauphiné.

M

traints de quitter le pays & se retirer hors de la France. Ceux de Guise estans aduertis que l'on auoit voulu surprendre la ville de Lyon, & que cela s'estoit faict par consentement & intelligence du Prince de Condé, comme l'on l'asseuroit, conseillerent au Roy d'escrire au Roy de Nauarre, qu'il estoit aduerty que ledit Prince auoit attenté contre son Estat, & s'estoit efforcé de prendre ses villes, ce qu'il ne pouuoit croire : mais pour en estre plus certain, sa Majesté prioit le Roy Nauarre de luy enuoyer ledit Prince, autrement qu'il seroit contraint de l'enuoyer querir. A quoy le Roy de Nauarre fit responce qu'il se tenoit si asseuré de la fidelité de son frere enuers le Roy, & de son innocence, qu'il aymeroit mieux mourir que d'attenter à l'Estat du Roy, & auoir pensé ce que ses ennemis luy imposoient : & que s'il croyoit que la voye de Iustice fust ouuerte, il ne feroit difficulté de luy mener son dit frere, ce qu'il ne pouuoit faire voyant ses ennemys auoir l'authorité à la Cour, & abuser des forces de sa Majesté. Le Prince de Condé s'excusa aussi d'y aller, pour les raisons qu'auoit allegué ledit Roy de Nauarre. Incontinent le Roy fust conseillé de les asseurer par autres lettres de venir vers luy sans crainte, & qu'ils ne pourroient estre plus seurement en leurs propres maisons, ny en autre lieu où ils peussent aller. La Royne Mere du Roy, leur donna la mesme asseurance. Et le Cardinal de Bourbon leur frere fust enuoyé pour les amener : & furent si viue-

Lettres du Roy au Roy de Nauarre, pour luy enuoyer le Prince de Condé.

Responce du Roy de Nauarre.

Excuses du Prince de Condé.

Asseurance données à l'vn & à l'autre par le Roy & la Royne Mere.

LIVRE SECOND.

ment sollicitez d'aller à la Cour, que le Roy de Nauarre promeit qu'il iroit, & meneroit son frere seulement auec leur train, qui n'estoit pas ce que demandoient leurs seruiteurs, & les Protestans, & partisans de leur maison, qui s'offroient en fort grand nombre de les accompagner & seruir en toutes choses, pourueu que le Roy de Nauarre se declarast, l'asseurans qu'il auroit plus de force que ceux de Guise. Et combien que le Roy de Nauarre eust assisté à plusieurs presches publicqz que Theodore de Beze auoit faits à Nerac, si est-ce qu'il ne voulut pas se declarer contr'eux: tellement que tous ceux qui luy offroient seruice commençoient d'eslors à se retirer. Aussi estoit-il à craindre que le Roy de Nauarre en monstrant de se deffier & s'accompagner des forces des Protestans, ne se rendist desagreable & odieux à leurs Majestez, qui n'eust pas esté le moyen de iustifier le Prince son frere. Mais les partisans du Roy de Nauarre, de la maison de Bourbon, & les Protestans qui estoient pour lors en France, s'abusoient de penser estre les plus forts aux Estats, d'autant que le Duc de Guise & ses freres ayans de leur costé la plus-part de la Noblesse, le Clergé, & les villes presque de tout le Royaume, auoient donné si bon ordre par tous les Gouuernemens, ports, & passages, qu'il estoit impossible aux Protestans de faire aucunes assemblées, ny de passer d'vn lieu en autre qu'ils n'eussent esté surprins, & descouuerts: toutesfois le Prince de Condé eust

Ils se resoluent d'y aller auec leur train.

Le Roy de Nauarre ne se veut point declarer contre ceux de Guise & pourquoy.

L'ordre que ceux de Guise donnerent aux Estats.

M ij

bien peu eschapper, & se retirer en quelque maison forte: aussi le Roy de Nauarre n'estoit pas responsable de sa personne, & auoit iuste occasion au subiect de ceux de Guise, (puis qu'il auoit ceste deffiance d'eux) de n'aller à la Cour. Et ce d'autant plus que la Princesse de Condé sa femme luy auoit mandé, qu'elle estoit certainement aduertie que l'on auoit resolu, s'il y venoit, de le prendre prisonnier, luy faire son procés, & le faire mourir, le coniurant, d'autant qu'il voudroit esuiter la mort, de ne se hazarder d'entreprendre le voyage de la Cour, pour quelque occasion que ce fust: Et elle mesme alla en personne pour l'en destourner, ce qu'elle ne peut faire: Car ledit Prince respondit à tous ceux qui le vouloient diuertir de ce voyage, qu'il s'asseuroit tant sur les promesses du Roy & parole de la Royne sa Mere, & en la iustice de sa cause, qu'il ne pensoit pas qu'il luy en peust aduenir mal. Aussi est-il croyable qu'il n'estoit pas aduerty des informations que le Mareschal de sainct André auoit apportées de Lyon, par lesquelles l'on vouloit monstrer qu'il estoit Chef de l'entreprinse faite sur ladite ville de Lyon. En ce temps le Duc de Guise craignant, peut-estre que la ville de Meaux assignée pour tenir les Estats, ne fust si propre qu'il estoit necessaire pour la seureté du Roy & la sienne, fust d'aduis de la changer à celle d'Orleans; ce qui fust par luy prudemment fait, tant pour rompre les coniurations & pratiques

Le Prince de Condé auoit iuste subiect de n'aller point à la Cour.

Aduis de la Princesse de Condé à son mary.

Informations du Mareschal de Sainct André contre le Prince de Condé.

L'assignation pour l'assemblée des Estats changée de Meaux à Orleans.

LIVRE SECOND. 93

des Protestans qui estoient en fort grand nombre à Meaux, que pour empescher les desseins des autres qui y pouuoiét venir, s'ils sçauoient le lieu assigné: Outre ce que la ville d'Orleans estoit forte, & presque au milieu de tout le Royaume pour y enuoyer s'il estoit besoin, & receuoir aduertissemens de tous costez. Car le bruit auoit couru que tous les Protestans se mettoient en armes, & mesmes qu'ils s'estoient voulu saisir de ladite ville d'Orleans, ayans le Baillif de la ville nommé Groslot pour chef, l'vn des plus grands Protestans qui fust en tout le pays. Et à fin de s'asseurer encores mieux, & empescher qu'il n'arriuast aucun inconuenient pour le lieu, ceux de Guise furent aussi d'opinion que le Roy passast par la ville de Paris accompagné de plusieurs Seigneurs & Cheualiers de l'Ordre, des deux cens Gentils-hommes de sa maison, & de toutes ses gardes, tant de cheual que de pied, & de tous les officiers, chacun en bon equipage, & auec cela deux cens hommes d'armes: ce qui estonna fort les Protestans, voyans sa Maiesté si bien accompagnée; laquelle estát arriuée en la ville d'Orleans, plusieurs des premiers & plus grands Seigneurs du Royaume (horsmis le Connestable, & les neueus de Chastillon) s'y trouuerent aussi tost: & faut remarquer en cest endroit que les Gouuernemens baillez au Duc de Montpensier, & au Prince de la Roche sur Yon son frere, auoient pour Lieutenans (comme aussi la plus-part des autres Gouuerneurs) ceux que le Duc de Guise auoit nommez, comme les Sieurs

Le Roy passe par Paris fort accompagné pour estonner les Protestans.

Lieutenans donnez aux Gouuerneurs, inuention de ceux de Guise.

M iij

de Chauigny d'vne part: & de Sipierre d'autre: lequel estant arriué à Orleans au commencement d'Octobre auec lettres patentes portans mandement de luy obeir, d'abord auec quelque pretexte commença à desarmer les habitans, & fit loger les garnisons és maisons suspectes de la nouuelle opinió, & par ce moyé s'asseura de la ville: & quand bien les Protestás eussét voulu, ils n'eussent peu rié executer. De sorte qu'il n'y auoit rien où ceux de Guise n'eussent bien pourueu, pour coupper le chemin à ce qu'eussent peu attenter leurs ennemis, & à se rendre maistres des Estats. Le Roy fit son entrée en ladite ville d'Orleans le dixhuictiesme Octobre, & fut receu auec les solemnitez accoustumées aux nouueaux Roys. La Royne fit aussi son entrée le iour mesme. Toutesfois le Duc de Guise, ny ses freres, ne se trouuerent, ny à l'vne ny à l'autre desdites entrées, pour oster la ialousie qui pouuoit estre aux Princes du sang, & le suiet à leurs ennemis de les calomnier: non qu'ils eussent crainte que l'on les tuast, comme l'on leur en auoit donné quelques aduertissemens, ce qui n'estoit pas aisé à faire: aussi ne s'estonnoient ils point, & ne laissoient de se monstrer & trouuer en public en tous lieux. Le dernier iour d'Octobre, arriuerent le Roy de Nauarre & le Prince de Condé en ladicte ville d'Orleans, seulement auec leurs seruiteurs & trains ordinaires. Et apres auoir salué le Roy & la Royne sa Mere, le Roy dit au Prince de Condé qu'il auoit aduertissement de plusieurs entreprinses qu'il auoit faites contre sa per-

Habitans d'Orleans desarmez, & garnisons logees aux maisons suspectes.

Entrée du Roy en sa ville d'Orleans.

Et celle de la Royne, où le Duc de Guise ne se voulust point trouuer, & pourquoy.

Le Roy de Nauarre & le Prince de Condé vont saluer le Roy.

LIVRE SECOND. 95

sonne & son Estat, qui estoit l'occasion de l'auoir mandé, pour estre esclarcy de la verité d'vne chose de telle importance, & contre son deuoir de suiet & parent. Lors le Prince doüé de grand courage, & qui disoit aussi bien que Prince & Gentilhomme qui fust en France, ne s'estonna point, ains deffendit sa cause deuant le Roy auec beaucoup de bonnes & fortes raisons, mais elles ne le peurent garantir que dès lors il ne fust constitué prisonnier & mis és mains de Chauigny Capitaine des Gardes, qui le mena incontinent en vne maison de la ville, laquelle fut aussi tost fort bien grillée, & flanquée de quelques canonnieres & fortifiée de soldats, combien que le Roy de Nauarre supliast humblement le Roy de luy bailler son frere en garde, ce qui luy fut du tout refusé. Et mesmes le Roy de Nauarre n'estoit gueres plus asseuré que ledit Prince de Condé, parce qu'il se voyoit esclairé de fort prés, & enuironné de la garde, & de plusieurs compagnies de gens de pied qui estoient en la ville. Au mesme temps Carrouges fut enuoyé vers Madame de Roye sœur de l'Admiral & belle mere du Prince de Condé, pour visiter ses papiers, & la faire mener prisonniere à sainct Germain en Laye, comme ayant eu part a la coniuration d'Amboise: aussi esperoit on trouuer en sa maison plusieurs memoires qui seruiroient à faire le procés audit Prince. Peu apres son Chancelier ou premier Conseiller appellé la Haye, fut aussi faict prisonnier, comme aussi le Chancelier du Roy de Nauarre nommé

Arresté prisonnier.

Et refusé au Roy de Nauarre son frere.

Madame de Roye belle mere du Prince de Condé, menée prisonniere à sainct Germain en Laye.

Chancelier du Prince de Condé & du Roy de Nauarre prisonniers.

Bouchart, qui fut mené à Meaux auec les autres prisonniers qui auoient intelligence à l'entreprinse de Lyon: & au mesme temps ledit Baillif d'Orleans fut aussi prins, par ce qu'il auoit le bruit d'estre fort factieux en la cause des Protestans, qui estoient en grand nombre en la ville d'Orleans & és enuirons. Cela ce faisoit pour retrancher par la racine la requeste des Protestans, qui auoit esté presentée au Roy par l'Admiral; & pour intimider les Deputez des Prouinces de parler en leur faueur. Aussi auoit-on donné bon ordre que nul ne fust deputé par les Estats, qui ne fust bon Catholique. Et lors que les Deputez arriuoient en la ville d'Orleans, l'on leur faisoit deffences de ne toucher aucunement au fait de la Religion. Et afin que nul ne trouuast estrange, s'il estoit possible, l'emprisonnement du Prince de Condé, l'on disoit à la Cour qu'il auoit esté Chef de la coniuration d'Amboise, ainsi que plusieurs tesmoins l'auoient déposé, mesmement ceux que l'on auoit fait mourir. Dauantage qu'il auoit iuré à Genlis & plusieurs autres qu'il n'iroit iamais à la Messe: & non content de cela, qu'il auoit voulu faire surprendre la ville de Lyon par les pratiques & menées du ieune Maligny, auquel il en auoit donné la charge. Et que par ces moyens il estoit atteint & conuaincu de crime de leze Maiesté diuine & humaine. Et pour rendre la cause plus claire, il fut enuoyé vn Prestre auec son Clerc en la chambre où il estoit prisonnier, pour luy dire la Messe, par commandement du Roy.

Auquel

Et le Baillif d'Orleans.

Pourquoy toutes ces captures.

Deffences aux Deputez des Estats de ne parler de la Religion.

Bruicts qu'on faisoit courir contre le Prince de Condé.

Prestre enuoyé au Prince de Condé, pour luy dire la Messe en sa chambre.

auquel le Prince de Condé fit responce, qu'il estoit venu pour se iustifier des calomnies que l'on luy auoit imposées, ce qui luy estoit de plus grande importance que d'ouyr la Messe, laquelle responce fut fort mal prise, & aussi qu'il ne flechissoit point son grand courage pour estre prisonnier. Et comme vn iour quelques vns de ses seruiteurs & amis, qui auoient licence de le voir & luy parler en presence de sa garde, luy dirent qu'il falloit trouuer quelque bon moyen de l'accorder auec ceux de Guise ses cousins germains, qui luy pourroient faire beaucoup de plaisirs : il respondit, comme picqué de colere, qu'il n'y auoit meilleur moyen d'appointement qu'auec la pointe de la lance. Ceste respôce fut trouuée bien digne de son courage, comme aussi plusieurs autres propos pleins de menaces, desquelles il ne se pouuoit retenir, ce qui irritoit le Roy encores d'auantage & son Conseil. De sorte qu'à l'instant l'on enuoya querir Christofle de Thou President, Bartelemy Faye, & Iacques Violle, Conseillers au Parlement, & Gilles Bourdin Procureur General du Roy, accompagnez du Greffier du Tillet, afin de faire son proces. Les Iuges arriuez, furent au logis où il estoit prisonnier : & luy dirent la charge qu'ils auoient du Roy, en le priant & interpellant de respondre aux obiections. Lors il demanda qu'il luy fut permis de communiquer auec son Conseil, ce qui luy fut octroyé; encores qu'en matiere de crimes, & principalement de le-

La responce qu'il luy fit.

Autre responce dudit Prince, touchant son accord auec la maison de Guise.

Deputez pour l'interroger.

Il demande de communiquer à son conseil, ce qui luy est accordé.

N

ze Majesté, dont l'on le chargeoit, l'on ne soit pas receu de communiquer au Conseil. Aussi tost il enuoya querir Claude Robert, & François de Marillac, Aduocats au Parlement de Paris, par lesquels il fut conseillé de ne pas respondre pardeuant les Commissaires susdits, ains demander son renuoy pardeuant les Princes du sang & Pairs de France, attendu sa qualité. Neantmoins le President luy fit commandement de respondre, auquel le Prince declara qu'il en appeloit. Le iour suiuant qui fut le quinziesme Nouembre, il fut dit par le Conseil, qu'il auoit mal & sans grief appelé; & l'Arrest du Conseil luy estant prononcé, il en appella de rechef : mais d'autant qu'il n'y a point d'appel du Roy seant en son Conseil, par ce que les Arrests rendus au Conseil Priué n'ont autre iurisdiction que l'absoluë declaration de la volonté particuliere du Roy; pour ceste cause ledit Prince appela du Roy mal conseillé, au Roy bien conseillé, à l'exemple d'vn nommé Machetas condamné par Philippes Roy de Macedoine. Et combien que le President luy eust declaré qu'il eust à respondre pardeuant luy, sur peine d'estre atteint & conuaincu des crimes dont il estoit chargé, neantmoins ayant encor appelé, en adherant à son premier appel, & le tout rapporté au Roy, afin que sous sa taciturnité il ne fust condamné comme conuaincu, il fut aduisé qu'il respondroit par deuant ledit Robert son Aduocat : auquel il fut enjoint de demander audit Prince, ce qu'il vouloit dire sur les accusations &

Claude Robert & François de Marillac Aduocats, le conseillent de demander son renuoy.

Plusieurs procedures faites contre luy & ses responces.

Subtile inuention pour le faire respondre.

crimes que l'on luy mettoit fus, & de luy faire figner fa refponce, ce qu'il fit. Or de ladite refponce l'on ne pouuoit rien tirer pour affeoir iugement fur fa condamnation : toutesfois l'on auoit gagné ce point fur luy, qu'il auoit refpondu. Sur cela l'on affembla grand nombre de Cheualiers de l'Ordre, & quelques Pairs de France, auec plufieurs autres Confeillers du Priué Confeil, par l'aduis defquels (ainfi que plufieurs eftimoient) apres auoir veu les charges & informations, il fut condamné à la mort, dont l'Arreft auroit efté figné de la plus grande partie. Cela eftant, ledit Aduocat Robert, qui l'auoit au commencement bien confeillé, fembla auoir fait vne grande faute, & luy auoir fait grand preiudice, de le faire refpondre aux articles que luy auoit propofez le Prefident. Mais il luy fit encore, plus de tort de les luy faire figner, quoy qu'il euft commandement de ce faire : car le Roy ne le pouuoit aucunement contraindre de faire de fon Aduocat fon iuge. Et quant à l'incompetence des autres Iuges, il y auoit quelque apparence par l'ordonnance de Loys XI. parce qu'vn fimple Cheualier de l'Ordre n'eftoit tenu de refpondre par deuant Iuges ny Commiffaires, qui ne fuffent tous de l'Ordre, ou pour le moins commis du corps & chappitre d'iceluy. A plus forte raifon ne pouuoit on proceder contre vn Prince du fang, Cheualier de l'Ordre, lequel par les aciennes Ordonnances, & couftumes en tels cas obferuées, ne pouuoit eftre iugé que par l'affemblée des Pairs de France,

Condamné à la mort.

Faute notable de l'Aduocat Robert.

Priuilege des Cheualiers de l'Ordre.

Princes du fang ne peuuent eftre iugez que par l'affemblée des Pairs de France.

encores qu'il ne fut question que de l'honneur: mais au fait du Prince de Condé: il y alloit de la vie, des biens, & de l'honneur. Et de fait la Cour de Parlement fit responce au Roy Charles VII. l'an mil quatre cens cinquante & huict, que Iean d'Alençon Prince du sang, qui fut condamné à mort, ne pouuoit estre iugé sinon en la presence des Pairs, sans qu'il leur fust loisible de substituer. Et en semblable occasion, sur ce que le Roy Loys XI. demanda, lors qu'il fust question de faire le procés à René d'Anjou Roy de Sicile, la Cour fit mesme responce, l'an mil quatre cens soixante & quinze : & qui plus est, il fut dit que l'on ne pouuoit donner Arrest interlocutoire contre vn Pair de France, quand il y va de l'honneur, sinon que les Pairs soient assemblez. Et mesmes il y a vne protestation faite dés l'an mil trois cens quatre vingts & six, par le Duc de Bourbon, premier Pair de France, au Roy Charles VI. par laquelle il est porté que le Roy ne deuoit assister au iugement du Roy de Nauarre, & que cela n'appartenoit qu'aux Pairs. Et allegue vne pareille protestation faite au Roy Charles V. afin qu'il ne fut present au iugement & condamnation du Duc de Bretaigne Prince du sang. Et où il voudroit passer outre, les Pairs demanderent en plain Parlement acte de leur protestation, ce qui leur fust accordé. Et pour ceste cause Louys IX. ne voulut pas donner sentence au iugement de Pierre Maucler Comte de Bretaigne, ny au iugement de Thomas Comte

Exemples à ce propos.

Arrest interlocutoire ne se peut donner contre vn Pair de France.

Le Roy ne doit assister au iugement d'vn Pair de France.

Plusieurs exemples & raisons à ce propos.

de Flandres, ny Philippes le Long au iugement de Robert Comte d'Artois, tous Princes du fang, & tous atteints de crime de leze Majefté: ains les Arrefts font donnez au nom des Pairs, & non pas du Roy. Et en cas beaucoup moindre, où il n'eftoit queftion que de la fucceffion d'Alphonfe Comte de Poiétiers, entre le Roy Louys IX. & les heritiers dudict Comte, le Roy ne donna point fon aduis ; ny mefmes quand il fuft queftion de l'hommage que deuoient faire les Comtes de Champagne, ce qui fut iugé par les Pairs de France, où le Roy eftoit prefent, mais non pas Iuge : comme il fe peuft voir par l'Arreft qui fuft rendu l'an mil deux cents feize, ou les Pairs de France donnerent leurs Sentences, comme feuls Iuges. Et fans aller plus loin, au procés du Marquis de Saluces, il fuft fouftenu que le Roy n'y deuoit point affifter, par ce qu'il y alloit de la confifcation du Marquifat. A plus forte raifon doncques, eftoit-il befoing que les Princes de France & les Pairs, fuffent affemblez au iugement du Prince de Condé, ou du moins appellez, s'ils n'y poutioient affifter. Et fi ledict Prince n'euft refpondu, ny figné fa refponce, & que feulement il euft perfifté au renuoy qu'il auoit requis, il ne pouuoit eftre condamné. Car j'ay toufiours ouy dire, que le filence des accufez ne leur peut nuire, fi les Iuges ne font tels qu'ils ne fe puiffent recufer ; & principallement, quand l'accufé a demandé fon renuoy,

Le Prince de Condé ne pouuoit eftre condamnés'il euft perfifté au renuoy qu'il demandoit.

offrant de proceder par deuant ses Iuges, & sur le refus à luy fait qu'il aye appelé, comme auoit fait le Prince de Condé. Ceste formalité ne fust pas bien entenduë par le Comte de Courtenay Baron de Dammartin, lequel ayant respondu & procedé volontairement par deuant les Commissaires de la Cour de Parlement, le condamnerent à mourir, & fust executé l'an mil cinq cens soixante & neuf, quoy qu'il fust Cheualier, & prins auec son Ordre. Pour le regard du Prince de Condé, le Roy qui croyoit certainement qu'il auoit voulu attenter à son Estat & personne, & se faire chef de la coniuration d'Amboise, & introduire vne nouuelle Religion en France : ne vouloit receuoir aucunes raisons n'y excuses qu'il alleguast, ny la Princesse sa femme, laquelle solicitoit iour & nuict, & se mettoit souuent à genoux deuant sa Majesté auec infinies larmes, suppliant de luy permettre quelle le veint veoir & parler à luy. Mais le Roy ne se peut tenir de luy dire tout haut, que son mary luy auoit voulu oster sa Couronne & son Estat, & l'auoit voulu tuer. Le Roy de Nauarre qui n'osoit parler à elle, n'estoit pas aussi sans crainte, parce que le bruit estoit pour le moins, qu'il ne bougeroit de prison serrée, s'il n'auoit pis. Et disoit-on, qu'il estoit en grand danger d'estre aussi accusé de crime de leze Majesté : dont l'on dit que la Royne Mere du Roy luy donna aduertissement, & de se preparer à ce qu'il deuoit respondre. De sorte qu'estant mandé par le Roy pour la troisiesme fois pour

Mal entendu du Comte de Courtenay luy couste la vie.

La Princesse de Condé aux pieds du Roy interpellât pour son mary.

Aigre responce du Roy.

Crainte du Roy de Nauarre. Il est mandé par le Roy de le venir trouuer.

LIVRE SECOND. 103

aller parler à sa Majesté, il dit à ses amis qu'il craignoit fort que l'on ne luy fist mauuais party. Mais au contraire le Roy luy vsa de toute douceur, bonnes paroles, & gracieuses remonstrances. Aussi le Roy de Nauarre qui estoit bon Prince, parlant à sa Majesté, adoucit de beaucoup l'aigreur qu'elle pouuoit auoir contre luy. Mais d'autre costé, le Roy qui estoit malade, auoit de si grands accidens, & s'affoiblissoit tous les iours de telle sorte, que l'on n'estimoit rien de sa santé, ny de sa vie. Aussi Dieu le voulut appeller bien tost apres, & le retirer de ce monde en la fleur de sa ieunesse. Et par ce moyen cesserent toutes poursuites contre le Prince de Condé. L'on fit entendre à la Royne Mere du Roy, qu'aprez la mort de son fils, le Roy de Nauarre voudroit aspirer à la Regence de France, durant la minorité du ieune Roy son autre fils, & qu'elle pourroit estre mal-traictee, & demeurer sans authorité. Mais comme il n'y auoit point d'occasion de luy oster, pour estre vne Princesse tres-sage & vertueuse, qui ne vouloit, ny desiroit, que la grandeur de ses enfans, & le repos du Royaume, elle ne se donna pas beaucoup de peine de tels discours : aussi le Roy de Nauarre, qui n'estoit pas fort ambitieux, la supplia de croire qu'il ne pretendoit rien à la Regence, au lieu où elle seroit, & à l'heure mesme luy offrit son fidelle seruice, & celuy de son frere, ainsi qu'il l'en auoit fait prier, la suppliant d'en demeurer asseuree. Lors entre la Royne & luy se moyenna vne bonne intelligence, & par consequent entre la maison de Bour-

Duquel neantmoins il ne receut que douceur & bonnes paroles.

Mort du Roy François II. fait cesser toutes poursuites.

Discours qui se tindrent apres sa mort sur la guerre.

Bonne intelligence entre la Royne Mere & le Roy de Nauarre.

104 MEMOIRES DV SIEVR DE CASTELNAV,

Elle demeure Dame & maistresse.

bon. De sorte qu'elle demeura Dame & Maistresse, auec l'authorité souueraine par tout le Royaume, & celle de la maison de Guise vn peu rabaissee. Ayant sa Majesté fait si bien, & vsé d'vne si grande pruden-

Reconciliation du Roy de Nauarre auec la maison de Guise.

ce, qu'elle reconcilia le Roy de Nauarre auec eux, & les fit embrasser, les priant d'oublier tout le passé, & de viure à l'aduenir comme bons parens & amis: enquoy ceux de Guise recogneurent sa bonté, à laquelle ils se sentoient fort obligez. Et afin que le Roy de Nauarre eust occasion de se contenter, elle

Le Roy de Nauarre Lieutenant General du Roy.

luy promit qu'il seroit Lieutenant General du Roy, ce qu'il estimoit à grand honneur, & dont il demeura bien satisfait. Beaucoup de Catholiques estimerent lors, que si la puissance du Duc de Guise & ses freres eust continué armee de celle du Roy, comme elle auoit esté, les Protestans eussent eu fort affaire:

Bon aduis de ceux de Guise contre les Protestans pour faire qu'il n'y eust qu'vne Religion en France.

car l'on auoit mandé tous les principaux Seigneurs du Royaume, Officiers de la Couronne, & Cheualiers de l'Ordre, pour se trouuer en ladicte ville d'Orleás le iour de Noël, à l'ouuerture des Estats, pour leur faire à tous signer la confession de Foy Catholique, en presence du Roy, & de tout le Chapitre de l'Ordre: ensemble à tous les Conseillers du Conseil Priué, Maistres des Requestes, & Officiers domestiques de la maison du Roy, & à tous les Deputez des Estats. Et la mesme confession deuoit estre publiee par tout ledit Royaume, affin de la faire iurer à tous les Iuges, Magistrats, & Officiers, & en fin à tous les particuliers, de parroisse en parroisse: & à faute de ce faire, l'on y deuoit proceder par saisies, condemnations,

tions, executions, bannissemens, & confiscations. Et ceux qui se repentiroient & abiureroient leur Religion Protestante deuoient estre absouz. Tellement que si le Roy ne fust mort si tost, l'on preuoyoit qu'en peu de temps le mal n'estant encor qu'à sa naissance eust esté bien tost estouffé, & ceux de ceste opinion nouuelle estás reduits à l'extremité eussent eu plus à faire à combattre contre les Iuges, ou à demander pardon, qu'à faire la guerre en la campagne. Mais les hommes ayans ainsi proposé de leur part, Dieu disposa de la sienne tout autrement, par vn nouueau Roy & nouueau Regne en France, qui apporta l'occasion d'autres nouueaux desseins.

<small>L'homme propose & Dieu dispose.</small>

O

SOMMAIRE ET
chefs principaux du contenu en ce troisiesme liure.

LA Royne d'Escosse Doüairiere de France, se retire en son Royaume. Le doüaire qui luy fut baillé, & son embarquement à Calais, soubs la conduite du grand Prieur de France son Oncle. Elle est receüe auec beaucoup d'honneur de tous ceux de son Pays, qui eurent d'entrée tres-bonne opinion d'elle. Le Comte de Mouray, Chef du Conseil en Escosse. Compliment de la Royne d'Angleterre à celle d'Escosse, qui luy rend le reciproque. La Royne d'Escosse recherchee par plusieurs grands Princes. Eloge de la Royne d'Angleterre, en forme neantmoins d'Apologie. Elle auoit toutes les qualitez requises pour regner. Elle s'est guarantie de toutes guerres. Payé ses debtes & amassé des richesses iustement acquises, plus que Prince de son temps. Octroy ou don gratuit, qu'on faict aux Roys d'Angleterre, quel, lequel la Royne refuse de ses subiets. Elle n'a vendu ny tiré argent des Offices de son Royaume. Sa prudence & liberalité, n'estoit point subrette à l'Amour. Recherchee de plusieurs grands Princes estrangers, & son intention en cas qu'elle se voulust marier. Embleme des anciens soubs la figure de Pallas. Pourquoy l'autheur s'arreste à la loüange de cette Princesse. Il fut employé à la recherche que le Duc d'Aniou fit de ladicte Royne. Crime de leze Maiesté de son temps, de parler en Angleterre du droict successif. Nouueau changement en France par le changement de Roy. Le Prince de Condé mis en liberté. Arrest de l'innocence du Prince de Condé, & prisonniers pour la Religion deliurez. Le Chancelier de l'Hospital fauorisoit les Protestans, ce qu'il fit cognoistre par sa harangue. Ordonnance des Estats d'Orleans. Le Royaume grandement endebté en ce temps. Aduis des Deputez des Estats sur les debtes & imposts, reietté. Le Roy de Nauarre refuse la Regence. Requeste des Protestans presentée au Roy. Renuoyee au Parlement. Opinions differentes sur icelle. Edict de Iuillet, quel. Princes & Seigneurs qui estoient, & soustenoient le party des Protestants. Tres-importantes considerations confirmees par l'exemple d'Auguste. Assemblees des Protestans contre l'Edict. Secte Caluiniste plus passionnee & ignorante que la Lutherienne. Requeste des Protestans pour auoir des temples, & à quel dessein. Colloque de Poissi. Euesques, Docteurs & Ministres qui s'y trouuerent. Beze & ses compagnons y sont ouïs. Blaspheme de Beze en cette assemblée, & Remonstrance du Cardinal de Tournon sur ce subiect. Responce des Docteurs Catholiques à la profession de foy des Protestans. Supplications du Clergé au Roy pour l'inciter à perseuerer en la vraye foy. Le Colloque rompu sans accord. Colloque de Ratis-bonne inutile comme celuy de Poissi. Il est deffendu en Moscouie de disputer de la Religion. Le Duc de Sauoye donne exercice libre de Religion aux habitans de la ville d'Engrogne. Esmeute aux fauxbourgs S. Marcel, à cause des Protestans, leurs excez & violences en ladicte Eglise. Les Catholiques prennent leur reuanche. Edict de Ianuier, en faueur des Protestans. Accord entre le Prince de Condé & le Duc de Guise. Edict de Ianuier, verifié aux Parlemens. Presches des Protestans, quels. Protestans d'Allemagne & d'Angletere, pourquoy plus estimez que les autres. La reuerence qu'Alexandre le Grand porta à Iaddus, Pontife des Hebrieux, & exemples à ce propos. Les ceremonies tres-necessaires en l'Eglise. Les nouueautez en la Religion, tres-dangereuses en vne Republique. Ieusnés, prieres, & pardons, donnez pour la manutention de la vraye Religion. Le Roy de Nauarre distrait du party des Protestans. Concile de Trente, publié pour empescher vn Concile National en France. Belles promesses qu'on faisoit au Roy de Nauarre, & raisons apparentes pour luy faire quitter le party des Protestans. Le Nonce & l'Ambassadeur d'Espagne s'entremettent de ceste negociation. Raisons au Connestable pour s'vnir à la maison de Guise. Mauuais aduis des Protestans. Sedition contre eux à Cahors en Quercy. Autres seditions en plusieurs villes du Royaume. Massacre de Vassy, quel, & la cause d'iceluy. Narration de ce tumulte, & les plaintes faictes à la Royne Mere, sur

O ij

ce subiet. Presches tant des Huguenots que des Catholiques sur ce malheur. Lettres de la Royne Mere au Duc de Guise, tendantes à le faire venir à la Cour desarmé. Affection que ceux de Paris porterent à ce Duc, & la bonne opinion qu'ils auoient de luy. Deuotion de ceux de Paris. Declaration sur l'Edict de Ianuier. La Royne Mere fait sortir le Prince de Condé de Paris, & la bonne garnison qu'elle mit dans la ville à la persuasion de ceux de Guise. Le Roy & la Royne Mere, comme forcez de se retirer à Paris, par le Roy de Nauarre. Leuees & commissions secrettes des Catholiques. d'Andelot surprend la ville d'Orleans pour les Protestans, qui leur sert de retraicte. Ministres Protestans emprisonnez à Paris. Edict de Ianuier, reuoqué. Le Prince de Condé se fait chef des Protestans, & grand courage de ce Prince. Grand malheur des guerres ciuiles. Les Protestans se resoluent à la guerre. Eloges des trois freres de Coligny. Le party des Protestans, fortifié de iour en iour de Seigneurs & gens de toutes qualitez. Manifeste des Protestans, & leur protestation, qui est enuoyee à la Royne Mere par le Prince de Condé, & la response que luy fit ladite Dame. Le Duc de Nemours tasche à tirer de la Cour le Duc d'Anjou, pour le faire chef des Catholiques. Massacres en la ville de Sens. Casaques des Huguenots de drap blanc. Liures & plusieurs escrits, tant des Protestans que du Prince de Condé. Edict declaratif & limitatif de l'Edict de Ianuier. Declaration du Roy contre les discours des Protestans. Edict de Ianuier entierement reuoqué. La Gendarmerie, & ceux des Ordonnances, mandez, & commissions deliurees pour leuer gens de pied. Les Protestans s'emparent de plusieurs villes de France. La Mothe Gondrin, Gouuerneur de Valence, tué par les Protestans. Excez, insolences & sacrileges des Protestans. Estonnement à la Cour, pour les villes prises par eux. Lettres de la Royne Mere du Roy au Prince de Condé, pour le faire retourner à la Cour, & celles de la Cour de Parlement de Paris. Declaration du Prince de Condé, pour response aux Lettres du Parlement, & ses offres. Ses Lettres à plusieurs Princes Estrangers. Desseins du Duc de Sauoye contre la France. Comte Palatin pensionnaire de la maison de France, du party des Protestans. Offres du Prince de Condé, conforme aux precedentes, & response de la Royne Mere à icelles. Le Duc de Guise sommé par le Nonce & Catholiques, d'exterminer les Huguenots. Autres protestations des Huguenots, & paroles preignantes contre le Cardinal de Lorraine. Sedition à Francfort entre les Lutheriens & Caluinistes. Les Huguenots s'emparent d'vne partie de la ville de Toulouse: mais ils sont repoussez, S'emparent de la ville de Montauban. Mal traitez à Toulouse. Synode general des Huguenots à Orleans, & ce qu'ils y delibererent. Armée du Roy qui marche contre les Huguenots à Orleans. La Royne Mere confere auec le Prince de Condé, present le Roy de Nauarre. Commandement fait au Prince de Condé de la part du Roy de luy rendre ses villes & à quelles conditions. Responce du Prince de Condé, & condition qu'il demandoit. Il se remet au iugement des Princes estrangers. Sacrileges des Huguenots qui font battre monnoye des Reliques. Abouchement du Roy de Nauarre & du Prince de Condé à Baugency. Trefue de huict iours. Le Prince de Condé s'offre pour ostage des Protestans. Raisons d'iceux sur l'infraction des Edicts. Responce de la Royne Mere. La conference rompuë sans effect. L'armée du Roy recherche le combat: mais l'armée Huguenotte l'éuite à son possible. Blois assiegé par l'armée du Roy, qui se rend à composition, & qui fut neantmoins pillée, quelque ordre qu'on y peut mettre. Tours se rend à composition. Baugency repris par le Prince de Condé, & la garnison taillée en pieces. Bourges se rend au Roy. La ville d'Angers reprise par les Catholiques. Poictiers repris & saccagée, & les grandes insolences exercées par les soldats, tant contre les Catholiques que Huguenots. Armée du Roy en Normandie contre le Comte de Montgomery. L'Autheur enuoyé par le Roy vers le Duc d'Estampes, & le sieur de Martigues, pour ioindre ses forces auec le sieur de Matignon, lesquels obeyrent à ce qui leur fut commandé. Le Duc d'Aumale Lieutenant General en Normandie. Siege de Roüen. Remonstrance de l'Autheur au Parlement de Roüen de la part du Roy. Plaintes du sieur de Boüillon. Embuscade contre l'Autheur, qui est pris prisonnier & mené au Haure. Places reprises en Normandie par l'armée du Roy. Le Comte de Montgomery va au secours de Roüen. Desseins de l'Autheur sur le Haure. Le Vidame de Chartres traitte auec l'Anglois pour luy remettre les villes de Dieppe & du Haure, qui est mis par les Protestans entre les mains des Anglois. Le Comte de Vvarruik dans le Haure. L'Autheur est enuoyé par les Anglois vers le Roy & la Royne Mere & retourne au Haure tousiours prisonnier, sur sa Foy.

Le sieur de Randan blessé à mort. On tasche d'auoir Roüen par composition. Considerations du Chancelier de l'Hospital sur la prise de Roüen. Le Roy de Nauarre blessé à l'espaule. La ville de Roüen prise par force, & pillée nonobstant les promesses & les deffences. Harangue du Duc de Guise à ses soldats pour empescher le pillage d'icelle. Le Comte de Montgommery se sauue. Le pillage dure huict iours. Le Président Mandreuille & de Cros, & le Ministre Marlorat, executez à Roüen. Le Roy de Nauarre meurt à Andely. Le Haure de Grace blocqué du costé de la terre.

LIVRE TROISIESME.

APRES la mort du Roy François II. la Cour & tout le Royaume changerent de face, & les affaires prindrent nouueau ply. Premierement, Marie Stvvart vefue du feu Roy, & Royne d'Efcoffe, qui eftoit lors en la fleur de fa beauté, & de l'aage de dix-huict ans, fentoit bien de quelle confequence luy eftoit la perte du Roy fon Seigneur & mary, ayant efté amenée ieune hors de fon Royaume, lequel eftoit en la puiffance de fes fuiets & de la Royne d'Angleterre, pluftoft que de la fienne. Apres auoir mis quelque relafche à fon ennuy, voyant qu'elle ne pouuoit demeurer à la Cour, ny en France, autrement que comme vne ieune Doüairiere, fans faueur ny credit. Meffieurs de Guife fes oncles luy confeillerent de s'en retourner en fon Royaume d'Efcoffe; tant pour affeurer fon Eftat, & y viure auec plus d'authorité, fe faifant cognoiftre à fes fuiets, que pour y reftablir fa Religion : & que par mefme moyen elle s'approcheroit de l'Angleterre, dont elle eftoit la plus proche heritiere. Ce que la Royne Mere du Roy trouua fort bon, & expedient de

La Royne d'Efcoffe & Doüairiere de France fe retire en fon Royaume.

s'en deffaire. Surquoy luy ayant esté baillé vn grand & honorable doüaire, comme le Duché de Touraine, le Comté de Poictou, & autres terres, sans ses pensions, apres qu'elle eust faict ses Adieux, & donné ordre à son partement, vn de mes freres fut enuoyé à Nantes, pour faire passer à Calais deux Galleres, de celles que le Grand Prieur de France son oncle auoit amenées l'année auparauant de Marseille : esquelles il entreprint de la faire passer, contre les desseins que l'on disoit que la Royne Elizabeth auoit de la surprendre, ou d'empescher son passage. Mais ceste crainte ne l'empescha de s'embarquer à Calais, où elle fut accompagnée fort honorablement iusques au bord de la mer par les Ducs de Guise, & de Nemours, & plusieurs autres Seigneurs & Gentils-hommes de la Cour. Et le Duc d'Aumalle, Grand Prieur General desdites Galeres son conducteur, le Marquis d'Elbeuf, le Sieur d'Anuille à present heritier de la maison de Montmorency, & Mareschal de France, de Strossy, la Noüe, la Guiche, & plusieurs autres, tous pour lors affectionnez à la Royne d'Escosse, & à la maison de Guise, la suiuirét iusques en son Royaume, où le huictiesme iour aprés son embarquement elle arriua, ayant eu la veüe & quelque apprehension de l'armée d'Angleterre, qui estoit en mer, soit pour la prendre, ou pour luy empescher le passage : ce qui estoit tres mal-aisé, par-ce que les Galeres nauigent beaucoup plus legerement, que les vaisseaux ronds : Aussi elle print terre sans aucun danger

Le doüaire qui luy fust baillé.

Elle s'embarque à Calais sous la conduite du Grand Prieur de France son oncle.

Seigneurs qui l'accompagnerét en son voyage.

Elle prent terre sans danger en Escosse.

danger à la rade du Petitlit, vn matin, lors qu'elle n'estoit nullement attenduë de ses suiets, & se fit conduire & porter en sa maison de sainct Iames, autrement appellée le Cauignet, au fauxbourg de l'Islebourg: où soudain elle se mit au lict, & y demeura vingts iours ou enuiron, pendant que les Comtes, Barons, & Seigneurs de son Royaume, la furent trouuer, ordonnant de ses affaires & de l'Estat de son pays, & comme on luy faisoit tout l'honneur & le seruice qu'elle pouuoit desirer: elle s'efforçoit de se rendre aggreable, & de côtenter autant qu'il luy estoit possible aussi bien les petits que les grands. Et donna d'entrée si bonne opinion d'elle à ses suiets que l'Escosse s'estimoit heureuse d'auoir la presence de sa Royne, qui estoit des plus belles & plus parfaites entre les Dames de son temps: Ayant rallié tous ses suiets qui estoient diuisez en factions, & se voyant en plaine & paisible possession, la pluspart des François se retirerent les vns apres les autres. Le Duc d'Aumale s'en retourna par mer auec les Galeres, & le Grand Prieur & Mareschal d'Anuille passerent par l'Angleterre, desireux de voir la Royne, son Royaume & sa Cour, où ils receurent beaucoup d'honneur, & tous les Seigneurs & Gentils-hommes François qui les accompagnoient: le Marquis d'Elbeuf fut le dernier qui partit d'Escosse, où le Comte de Mouray, frere bastard de ladite Royne demeura comme principal chef de son Conseil, auec quelques autres Seigneurs Escossois. La Royne d'Angleterre enuoya

Elle est receüe auec beaucoup d'honneur de tous ceux de son pays.

Qui eurent d'entrée tres-bonne opinion d'elle.

Les François se retirent peu à peu.

Seigneurs de France qui au retour passerent par l'Angleterre pour voir la Royne & sa Cour.

Le Comte de Mouray chef du conseil en Escosse.

P

se conioüir auec elle de son arriuee en Escosse, luy offrant toutes les amitiez d'vne bonne parente, & demonstrant estre bien aise de la voir en mesme Isle, où elles regneroient toutes deux en bonne & parfaite vnion, comme si elle eust oublié toutes les querelles passées par le moyen du Traicté fait au Petitlit. Et me souuient que la Royne Elizabeth disoit lors (ce qu'elle luy escriuit aussi, que toute l'Isle seroit enrichie & decorée de sa venuë, & de sa beauté, vertu, & bonne grace, qui estoient toutes honnestetez, peut estre fort esloignées du cœur. La Royne d'Escosse de sa part n'oublia aussi rien, pour donner bonne response & faire pareils offres à la Royne d'Angleterre. Ces commencemens d'amitiez furent nourris & entretenus quelques temps par Ambassadeurs, honnestes lettres, & presens reciproques. Mais en fin l'ambition qui rarement abandonne l'esprit des Princes, & particulierement ceux qui sont si voisins, & qui ne permet qu'ils soient longuement en repos, fraya le chemin à l'enuie. Et comme la Royne d'Escosse estoit douée d'infinies perfections, & de grande beauté, elle fut recherchée à ceste occasion de plusieurs gráds Princes, comme de celuy d'Espagne, qui n'auoit lors que dix-sept ou dix-huict ans, de l'Archiduc d'Austriche, & de plusieurs Princes d'Italie. Cela apporta incontinent de la ialousie à la Royne Elizabeth d'Angleterre, quelque demonstration qu'elle luy fit de la vouloir aymer cóme sa sœur, & plus proche parente. Et ainsi ces deux Roynes en vne mesme

Compliment de la Royne d'Angleterre à celle d'Escosse.

Qui luy sont rendus au reciproque par la Royne d'Escosse.

Mal heur de l'ambition, semence de diuision.

La Royne d'Escosse recherchée de plusieurs grands Princes.

LIVRE TROISIESME. 115

Isle commencerent à se prendre garde & espier les actions l'vne de l'autre. Mais la Royne d'Angleterre, comme elle auoit vn plus grand Royaume, aussi auoit elle plus de prosperité en toutes ses affaires, cóme elle a cótinué iusques a present: non que cela luy vint de grádes superfluitez, ny dons immenses qu'elle fist, car elle a tousiours esté gráde mesnagere, sans toutesfois rien exiger de ses suiets, cóme ont fait les autres Roys d'Angleterre ses predecesseurs, n'ayant rien eu en plus grande recómandation que les repos de ses peuples, qui se sont merueilleusemét enrichis de son Regne. Ceste Princesse ayát toutes les grandes qualitez qui sont requises pour regner long temps comme elle a fait, quelque bon esprit qu'elle eust, toutesfois n'a iamais voulu rien decider ny entreprédre de son opinion, mais a tousiours remis le tout à son Cóseil. Et pourroit-on dire de son regne ce qui aduint au temps d'Auguste, lors que le téple de Ianus fut fermé à Rome par la paix vniuerselle qu'il auoit de son téps: ainsi la Royne d'Angleterre s'estant garentie de toutes guerres, en les reietát plustost sur ses voisins que de les attirer & nourrir en son Royaume, cóseruoit par ce moyen ses suiets en fort gránd repos, & si elle a esté taxée d'auarice, c'est à tort, pour n'auoir pas fait de grandes liberalitez, lesquelles apportent non seulemeut de l'enuie à ceux à qui elles sont conferées, quand il y a de l'excez, mais aussi bien souuent du blasme à ceux qui les exercent sans raison, si le dó n'est charitable ou necessaire. La-dite Royne ayant entieremét aquité toutes les deb-

Eloge de la Royne d'Angleterre, en forme neátmoins d'Apologie.

La Royne d'Angleterre grande mesnagere.

Elle auoit toutesfois qualitez requises pour regner.

Comment elle s'est guarentie de toutes guerres.

Qu'elle n'estoit point auaricieuse.

Paye ses debtes.

P ij

tes de ſes predeceſſeurs & donné ſi bon ordre à ſes finances, qu'il n'y a aucun Prince de ſon temps qui ait amaſſé tant de richeſſes ſi iuſtemét acquiſes comme elle a fait, ſans impoſer aucū nouueau tribut ou ſubſide: qui eſt vne raiſon ſuffiſante pour monſtrer que l'auarice ne l'a point cómandée, comme on luy en a voulu donner le blaſme. Auſſi a elle eſté huict ans ſás demander l'octroy & don gratuit, que l'Angleterre à de couſtume de faire de trois en trois ans à ſon Roy: & qui plus eſt l'an mil cinq cens ſeptáte ſes ſuiets le luy ayant offert ſans le demander, elle non ſeulement les remercia ſans en vouloir rien prédre, mais auſſi les aſſeura qu'elle ne leueroit iamais vn eſcu ſur eux que pour entretenir l'Eſtat, ou lors que la neceſſité le requeroit. Ce ſeul acte merite beaucoup de loüange, & luy peut apporter le nom de bien liberalle. Dauantage elle n'a point vendu ny tiré d'argent des offices de ſon Royaume, que la plus-part des Princes mettent au plus offrant, choſe qui corrompt ordinairement la Iuſtice, la police, & toutes loix diuines & humaines. Et outre ce qu'elle a maintenu ſes ſuiets en paix & en repos, elle a fait faire vn grand nombre de vaiſſeaux, qui ſont les forterreſſes, baſtions & remparts de ſon Eſtat, faiſant tous les deux ans faire vn grand nauire de guerre, & font eſtat tels vaiſſeaux de ne trouuer rien en la mer qui leur puiſſe reſiſter. Voila les baſtimés & Palais que la Royne d'Angleterre a commencé depuis ſon aduenement à la Couronne, & leſquels elle continuë. Elle a encor vne autre ſorte de prudente liberalité, qui eſt de ne rien eſpargner pour ſçauoir des nou-

LIVRE TROISIESME. 117

uelles des Princes estrangers. Et à cela de particulier, qu'elle preste plustost gratuitement, que d'emprunter à aucuns changes ou interests. Et si l'on l'a voulu taxer faulsement d'auoir de l'amour, ie diray auec verité que ce sont inuentions forgées de ses malueillans, & és cabinets des Ambassadeurs, pour desgouster de son alliance ceux ausquels elle eust esté vtile. Et si elle eust aymé le Cóte de Leycester, comme l'on a voulu dire, & qu'elle eust oublié l'amour de tous ses autres suiets, & des Princes estrangers qui l'ont recherchée, qui l'eust empeschée d'espouser ledit sieur Cóte de Leycester? veu que presque tous les Estats de son Royaume, & mesmes les Roys & Princes ses voisins l'en ont requise, & luy en ont fait instance, ou de se marier à tel autre de ses suiets qui luy plairoit. Mais elle m'a dit infinies fois, & longuement auparauant que ie fusse resident auprés d'elle, que pour sa vie elle ne se voudroit marier qu'à vn Prince de grande & illustre maison & tige Royale, & non moindre que la sienne, plus pour le bien de son Estat, que par affection particuliere. Et que si elle pensoit que l'vn de ses suiets fust si presomptueux que de la desirer pour femme, elle ne le voudroit iamais voir, mais cótre son naturel qui ne tenoit rien de la cruauté, elle luy feroit vn mauuais tour. De sorte qu'il n'y a point d'apparence de croire qu'elle n'aye tousiours esté aussi chaste que prudente, comme le demonstrent les effects. Ce qui en donne bonne preuue, est la curiosité qu'elle a eüe d'apprendre tant de sciences & langues estrá-

Prestoit plustost gratuitement que d'emprunter à interests.

Qu'elle n'estoit point subiecte à l'amour.

Recherche de plusieurs Gráds Princes estrangers.

Son intention au cas qu'elle se voulust marier.

L'oisiueté c'est l'oreiller où se repose le vice: au contraire le trauail acquiert toute vertu.

P iij

geres, & a tousiours esté si employée aux affaires de son Estat, qu'elle n'eust peu oisiuement vacquer aux passions amoureuses, qui n'ont rien de cómun auec les lettres; comme les anciens ont sagement demonstré quand ils ont fait Pallas Deesse de sagesse, vierge & sans mere, & les Muses chastes & pucelles. Toutesfois les Courtisans disent que l'honneur, & principalement des femmes, ne gist qu'en la reputation, qui rend ceux là heureux, qui la peuuent auoir bonne. Et si ie me suis laissé transporter à la loüange de ceste Princesse, la cognoissance particuliere que i'ay euë de ses merites, me seruira d'excuse legitime, dont le recit m'a semblé necessaire, à fin que les Roynes qui viendront apres elle, puissent auoir pour miroir l'exemple de ses vertus, si ces memoires (contre mon intention) estoient vn iour mis en lumiere, remettant en autre lieu à parler du contract de mariage que i'ay fait passer par vne fort solemnelle Ambassade, auec François Duc d'Anjou, & les visites & grandes amitiez qu'il a demonstrées à ladite Royne d'Angleterre. A quoy i'ay eu l'honneur d'estre employé des premiers, par le commandement de la Royne Mere du Roy, incontinent apres que la pratique de Henry fils de France son frere aisné, à present Roy, fut delaissée: où il fut aduisé, que pour le bien des Royaumes de France & d'Angleterre, celuy des enfans de France qui seroit le plus esloigné de la Couronne, seroit le plus propre pour estre marié auec la Royne d'Angleterre, qui cependant tient non seulement ses suiets, mais

Emblesme des anciens sous la figure de Pallas.

Pourquoy l'autheur s'est arresté particulierement à la louange de cette Princesse.

Il fut employé des premiers à la recherche que le Duc d'Anjou faisoit de ladicte Royne.

Elle tenoit ses subiects & tout le monde en haleine sur l'expectation d'vn successeur.

LIVRE TROISESME. 119

auſſi la Chreſtienté en expectatiõ de ce qu'elle veut faire, ne voulant en façon que ce ſoit, durant ſa vie, declarer aucun ſucceſſeur à ſa Couronne: auſſi toutes les nations du monde regardent pluſtoſt le Soleil leuant, que le couchant. Et pour ceſte cauſe fut arreſté aux Eſtats tenus en Angleterre, au mois de Mars mil cinq cens quatre vingts & vn, qu'il ne ſe parleroit point des ſucceſſeurs, ny de droit ſucceſſif à la Couronne, pour qui que ce fuſt, ſur peine de trahiſon, & crime de leze Majeſté. Mais ie laiſſeray en ceſt endroit ce qui eſt des affaires d'Angleterre, pour reprendre le fil de l'hiſtoire de la France, & les choſes aduenuës vingt ans auparauant le traicté dudit mariage, ſelon la cognoiſſance que i'ay eüe, tant des vnes que des autres. Pour retourner doncques au lieu ou i'ay fait la digreſſion, lors de la mort du Roy François ſecond, auquel ſucceda Charles neufieſme ſon frere, par ce nouueau changement en tout le Royaume, la maiſon de Guiſe particulierement auoit occaſion de porter beaucoup de deüil, parce que leurs ennemis ſe rehauſſoient & fortifioient de tous coſtez, pour voir leur appuy au Roy de Nauarre, ce leur ſembloit, & le Prince de Condé eſchappé du peril & hazard qu'il auoit couru, par la plaine liberté en laquelle il fut remis, & des-lors le Roy de Nauarre & luy furent touſiours fort bien ſuiuis: qui ſont mutations que l'on void preſque ordinairement naiſtre au changement des Roys. Toutesfois la Royne Mere du Roy, pour obuier aux inconueniens qui pouuoient arriuer, comme

Crime de leze Maieſté de ſon temps de parler en Angleterre du droict ſucceſſif.

Nouueau changement en France par le changement de Roy.

Le Prince de Condé mis en liberté.

Prudence de la Royne Mere, pour faire vn contrepois des Princes du ſang à la maiſon de Guiſe.

nous auons dit, auoit moyenné quelque reconciliation entre eux & ceux de Guise, & auoit mis en credit le Roy de Nauarre, & le Cardinal de Bourbon, & donné bonne esperance au Prince de Condé, à fin de tenir comme vn contre-pois des Princes du sang, à la maison de Guise. Et qu'au milieu de ces maisons jalouses & enuieuses l'vne de l'autre, le Gouuernement luy demeurast, comme à la Mere du ieune Roy. En quoy elle fit paroistre vn traict Politique de Royne, & bonne mere bien aduisée, ne voulât laisser tomber le Roy son fils & le Royaume en autre Gouuernement que le sien, où deslors elle vsa de telle prudence & authorité, que chacun commença à la craindre & luy deferer toutes choses. Et lors le Prince de Condé, obtint lettres du Roy addressées à la Cour de Parlement pour estre purgé du crime duquel il auoit esté accusé & eut vn Arrest d'innocence. Et tous les autres prisonniers pour le mesme fait, & detenus pour la Religion Protestante, bien tost apres furent eslargis, & tous les defauts donnez contre les Protestans, reuoquez. Le Connestable qui estoit venu à la Cour aparauant la mort du Roy François second, accompagné de ses enfans & neueux de Chastillon, & de plusieurs Seigneurs & Gentilshommes ses amis, qui faisoient le nombre de plus de sept ou huict cens cheuaux, auoit bien aidé pour asseurer le Roy de Nauarre & ledict Prince de Condé, contre la puissance de la maison de Guise. Les Protestans lors commencerent à se ressentir des poursuites faites

Et faire que le Gouuernement luy demeurast.

Arrest de l'innocence du Prince de Condé.

Prisonniers pour la Religion deliurez. Le Connestable vient en Cour tres bien accompagné.

Asseure le Roy de Nauarre contre la puissance de la maison de Guise.

contre

contre'ux: car outre la faueur qu'ils esperoient du Roy de Nauarre, & du Prince son frere, ils auoient esperance que le Chancelier de l'Hospital, qui auoit succedé à ceste charge par la mort du Chancelier Oliuier, fauoriseroit leur party. Ce qu'il fit cognoistre en la harangue qu'il fit à l'ouuerture des Estats d'Orleans, où ayant touché en General & en particulier toutes les calamitez publiques, il parla fort contre les abus qui se commettoient en tous Estats, & principalement en l'Ecclesiastiq, ce qui auoit donné occasion aux Protestans de vouloir introduire vne nouuelle Religion: sans toutesfois entrer en la matiere, ny au merite de la doctrine. Ce qui fut cause que chacun pensant à la reformation desdits abus, l'on fit plusieurs belles & loüables Ordonnāces, que l'on appelle les Ordonnances des Estats d'Orleans, & particulierement pour retrancher les venditions & trafiques des benefices, & aussi pour supprimer les Offices érigez depuis le regne du Roy Loüys douziesme. Mais les Estats qui ne sçauoient pas encores le fonds des finances, trouuerent fort estrange que le Roy fut endebté de quarante & deux milions six cens & tant de mil liures, veu que le Roy Henry II. venant à la Couronne, auoit trouué en l'Espargne dix sept cens mil escus, & le quartier de Ianuier à receuoir outre le proffit qui venoit du rachapt des Offices. Et si n'estoit deu que bien peu aux Cantons des Suisses, que l'on n'auoit pas voulu payer, pour continuer l'Alliance auec eux. Toutes ces grandes debtes furent faictes en moins de dou-

Chancelier de l'Hospital fauorisoit les Protestans.

Ce qu'il fit cognoistre par sa harangue à l'ouuerture des Estats d'Orleans.

Ordonnances des Estats d'Orleans.

Le Royaume grandement endebté en ce temps.

Grande debtes & imposts en douze ans.

Q

ze ans, pendant lesquels on leua plus d'argent sur les suiets que l'on n'auoit fait de quatre vings ans aparauant, outre le domaine qui estoit presque tout vendu. Plusieurs des deputez furent d'aduis que l'on deuoit contraindre ceux qui auoient manié les finances depuis la mort du Roy François premier, à rendre copte, & repeter les dons excessifs faits aux plus grands. Mais cela fut pour lors rabatu, parce que ceux qui estoient coptables estoient trop puissans, & par consequent c'estoit se remettre en danger de quelque nouueau trouble, si l'on les vouloit rechercher. Mais l'on aduisa de faire le meilleur mesnage qu'il seroit possible, en retenant vne partie des gages des officiers pour ceste année là. L'on retrancha de plus toutes les despéces de la venerie, & de plusieurs autres offices, qui sembloient estre inutiles, car il y auoit lors en la maison du Roy plus de six cens officiers de toutes qualitez : mais d'autant qu'il n'y auoit gueres plus d'vn an que les officiers du Royaume auoient payé le rachapt de leurs Offices, que l'on appelle confirmation, il fut arresté qu'il n'en seroit rien payé par l'aduenement du nouueau Roy à sa Couronne; en recompence aussi de ce que la moitié de leurs gages leur estoient retranchez, parquoy il ne fut besoin de reconfirmation ny nouuelles lettres. Plusieurs deputez des Estats furent aussi d'auis qu'il falloit eslire le Roy de Nauarre pour Regent en France, parce que le Roy Charles neufiesme n'estoit pour lors aagé que de dix à vnze ans, mais le Roy de Nauarre peu ambitieux,

Aduis des deputez des Estats à ce propos reietté, & pourquoy.

Plusieurs retranchemens.

On faict grace de la confirmation des offices, mais en retranchant la moitié des gages.

Le Roy de Nauarre refuse la regence.

dit à ceux qui le vouloient inciter à telle chose, que c'estoit à la Royne Mere du Roy d'auoir le Gouuernement du Roy & du Royaume; ioint aussi que le Connestable, le Duc de Guise, le Chancelier de l'Hospital, de Moruillier Euesque d'Orleans, du Mortier, de Monluc Euesque de Valence, & plusieurs autres bien versez aux affaires d'Estat, & qui estoient du Conseil n'estoient pas de cét aduis : cela fut cause que les deputez ne voulurent pas insister d'auantage sur ce point. De sorte qu'aprés que l'on eust ordonné beaucoup de choses tres-vtiles & necessaires pour la conseruation du Royaume, les Estats furent clos, & les Deputez licentiez. Alors l'on iugeoit que toute la France seroit paisible, & sans crainte d'aucuns ennemis, & esperoit-on vn heureux succés de toutes choses: Quant à la requeste des Protestans, qui auoit esté presentée six mois auparauant à Fontainebleau par l'Admiral, il n'en fust point parlé ausdits Estats, encore que ce fust l'vn des poincts principaux, pour lesquels ils auoient esté assemblez, comme il a esté dit par-cy deuant. Aussi ceux de Guise auoient donné fort bon ordre qu'il n'y eust pas vn député qui ne fust Catholique, ou s'il y en auoit quelques vns, c'estoit en petit nóbre, ou bien ne s'osoient manifester. Ioint aussi que les poursuites rigoureuses que l'on auoit faites en tous les endroicts du Royaume contre les Protestans les auoient si fort escartez & estonnez, qu'il n'y auoit personne qui osast parler ny

Les Estats clos & les Deputez licentiez.

Les Estats d'Orleans assemblés principalement pour lé faict des Protestás, mais il n'en fut point parlé.

des Protestans ny de leur requeste: tellement que l'Admiral de Chastillon, & ceux qui les fauorisoient voyans qu'il n'y auoit personne qui parlast pour eux, n'oserent s'en formaliser. Mais quelque temps apres que les Protestans eurent cogneu que ceux de Guise n'auoient plus tant d'authorité au Conseil, & que le Roy de Nauarre & le Prince de Condé, le Chancelier de l'Hospital, & autres dudit Conseil, estoient mieux vnis auec la Royne Mere du Roy, ils commencerent à reprendre courage, & se r'alier en leurs assemblées, en esperance que le temps leur seroit fauorable pour reprendre leurs premieres erres, & se remettre au chemin de leur requeste, & demander des Temples & l'exercice de leur Religion. Ils s'addresserent de rechef à l'Admiral qui estoit Conseil & partie en ceste affaire, lequel en communiqua auec le Roy de Nauarre, & le Prince de Condé, & tascha à son possible de leur persuader pour leur grandeur & bien du Royaume, de fauoriser la requeste desdits Protestans. Lors il fust aduisé qu'elle seroit presentée au Roy, ce qui fust faict, & à l'instant sa Majesté la renuoya en son Conseil Priué: Et pour autant que la chose estoit de grande consequence, il fust aduisé par ledit Conseil, de renuoyer ladite requeste à la Cour de Parlement, pour estre bien pesée & meurement consideree auec tous les Princes du sang, Pairs de France, & Conseillers du Priué Conseil, afin que d'vn commun aduis & consentement l'on don-

Les Protestans reprennēt courage.

Requeste des Protestans presentée au Roy.

Renuoyée au Parlement.

LIVRE TROISIESME. 125

naſt ſur icelle quelque bonne reſolution : Ceux de Guiſe, & tous les Catholiques n'en eſtoient pas faſchez, s'aſſeurans que la Cour de Parlement reietteroit ceſte requeſte : d'autant que la plus grande partie, eſtoient fort bons Catholiques. Et meſme le Chancelier de l'Hoſpital, l'Admiral, & autres du Priué Conſeil, fauoriſans ladite requeſte, ſçauoient bien que ſi elle eſtoit accordée au Priué Conſeil, elle ſeroit reiettée par la Cour de Parlement, en laquelle ſe deuoit admettre la publication & authorité des Edicts : Neantmoins l'on craignoit que l'authorité des Princes & grands Seigneurs du Priué Conſeil, qui fauoriſoient les Proteſtans, ne donnaſt courage aux Conſeillers de la Cour de Parlement, qui euſſent voulu aduancer ladite requeſte, leſquels n'euſſent oſé l'entreprendre ſi librement ſans l'appuy du Conſeil Priué, & des plus grands. Ladite requeſte fut debatuë d'vne part & d'autre à la Cour de Parlement par pluſieurs iours du mois de Iuin & Iuillet mil cinq cens ſoixante & vn : où les plus ſçauans & grands eſprits s'efforcerent de bien dire, tant ceux dudit Parlement que du Priué Conſeil, Et ſe trouuerent de cinq ou ſix opinions differentes : Les vns eſtoient d'aduis que la requeſte deuoit eſtre reiettée : & les Edicts faits contre les Proteſtans demeurer en leur force & vertu. Les autres iugeoient que les peines des Edicts qui eſtoient capitales, fuſſent ſuſpendües iuſques à la deciſion du Concile general. Aucuns

Où elle fut debatuë de part & d'autre.

Opinions differentes ſur icelle.

Q iij

disoient qu'il estoit plus expedient d'en r'enuoyer la cognoissance aux Iuges Eclesiastiques, auec deffences de faire assemblées, ny en public, ny en particulier, en armes ny sans armes. Il y en auoit d'autres qui estimoient que l'on leur deuoit permettre de s'assembler és maisons particulieres pour l'exercice de leur Religion, sans estre inquietez ny recherchez : On rapporta à ce suiet les Edicts faicts par les Empereurs en la primitiue Eglise, sur le different des Catholiques & des Arriens, Nestoriens, & autres sectes, & les Edicts faits en Allemagne pour faire l'Interim, & appaiser les Catholiques & les Protestans si esmeus les vns contre les autres. Mais à la fin les auis d'vn chacun estans recueillis, l'on fit vn Edict, lequel depuis fut appelé l'Edict de Iuillet, par lequel estoient faites deffences expresses de s'iniurier ny mal faire sous ombre de Religion, & aux Prescheurs & Ministres d'esmouuoir les peuples à sedition, sur peine de la hart, & pareilles deffences sous mesmes peines, de faire assemblées en public ny en particulier, & de ne faire exercice d'autre Religion que de la Catholique, Apostolique & Romaine, remettant la cognoissance du faict de la Religion aux Iuges ordinaires de l'Eglise, horsmis ceux qui seroient liurez au bras seculier, encores le tout par maniere de prouision, iusques à la decision d'vn Concile general. Et pour le passé l'Edict portoit vne generale abolition. C'est Edict estant publié és Cours de Parlement esmeut beaucoup d'esprits qui estoiét contraires aux Protestás, beaucoup

Edict de Iuillet quel.

LIVRE TROISIESME.

de Politiques toutesfois estimoient cóme les affaires estoient disposées qu'il estoit necessaire pour auoir la vraye paix: Car cóme le Pilote qui se voit en danger, se doit accómoder au temps & aux véts, & reculer le plus souuent en arriere, ou téporiser, pour esuiter le peril de la fortune, afin qu'aprés la tépeste il puisse paruenir au port. Aussi doiuét les sages Princes, & prudés Conseillers s'accómoder aux saisons, dissimuler & cháger les Edicts au besoin, & faire en sorte que l'Estat demeure en son entier s'il est possible. Ce que la loy ancienne souuent alleguée par le Chancelier de l'Hospital portoit en peu de mots, *Salus populi suprema lex esto*: aussi le dernier but de la loy n'est point seulemét l'obseruation de la mesme loy, ains le salut & conseruation des peuples & des Estats. Et semble mesmes que toutes les loix diuines tendent à ceste fin, & cóbien que toutes nos actions doiuent butter à la gloire & à l'honneur de Dieu, il est certain que sa puissance qui est toute parfaite & immuable d'elle mesme, ne peut estre augmentée par sacrifices ou loüanges des plus grands saincts, comme elle ne peut diminuer par les blasphemes des meschans, qui ne sçauroient offencer Dieu de leurs paroles, ains plustost s'offencent & ruinent eux mesmes. De sorte que tout le bien & le mal que font les hommes, n'est que pour les hommes mesmes, & n'en reuient rien à Dieu. Aussi voit-on souuent ces mots en la loy diuine, fay cecy ou cela, & il t'en prédra bien. Et si les Republiques estoient peries, les loix diuines & humaines

Le bon Pilote s'accommode au temps, aussi faict vn sage Gouuerneur.

Loy ancienne alleguée par le Chancelier de l'Hospital, quelle.

Le bien & le mal que font les hómes n'est que pour eux, & n'en reuient rien à Dieu.

128 MEMOIRES DV SIEVR DE CASTELNAV,

Confideratiõs à ce propos.

ne feruiroient plus de rien. Si l'on veut dire que l'Eſtat du Royaume de France n'euſt pas eſté ſubuerty, quand l'on euſt continué les pourſuittes & condamnations contre les Proteſtans, ſans leur permettre le changement de Religion, peut-eſtre eſt-il vray, mais neantmoins le Royaume n'euſt pas laiſſé de tomber aux dangers, où depuis il a eſté, pour auoir penſé bien faire en continuant ces rigueurs contre leſdits Proteſtans, attendu qu'vne grande partie des Seigneurs & de la Nobleſſe du Royaume tenoient ce party, &

Princes & Seigneurs qui eſtoient & ſouſtenoiẽt le party des Proteſtans.

fauoriſoient la Religion nouuelle, comme le Roy & la Royne de Nauarre, le Prince & la Princeſſe de Condé, l'Admiral de Chaſtillon, d'Andelot ſon frere, Colonel de toute l'infanterie Françoiſe, le Cardinal de Chaſtillon, tous freres, & auoient leſdits Proteſtans le Duc de Nemours Pair de France, le Duc de Longueuille pour amis; Et le Chancelier de l'Hoſpital leur eſtoit du tout fauorable, & pluſieurs Eueſques que le Pape excommunia. Outre ce les autres Magiſtrats, menus Officiers, & peuples de toutes qualitez, qui inclinoient à ceſte Religion eſtoient en beaucoup plus grand nombre que l'on ne penſoit; d'autrepart les Princes & peuples voiſins horſmis l'Eſpagne & l'Italie eſtoient preſque tous Proteſtans, comme la plus grande part de l'Alemagne, l'Angleterre, l'Eſcoſſe, Dannemark, Suede, Boheme, la meilleure partie des ſix Cantons des Suiſſes, & les Ligues des Griſons. Ie ſçay que pluſieurs bien

exercez

exercez aux affaires d'Eſtat diront que pour ſauuer vn corps, il faut coupper les membres inutiles, & pourris. Cela eſt vray, quand il n'y a que les iambes ou les bras, ou quelque autre membre moins important, ſi pourry & gaſté qu'il infecteroit le reſte du corps, s'il n'eſtoit couppé. Mais quand la maladie eſt venuë au cœur, au foye, au ceruëau, ou autres parties nobles & principales, il n'eſt plus queſtion en ce cas d'vſer de ſections. Et ne faut pas pour guerir le ceruëau incurable coupper la teſte, arracher le cœur, où le foye, & faire mourir tout le corps. Au contraire il faut s'accommoder au patient & à ſa maladie, & y apporter diuers remedes, par diette, medecines, & tout ce que l'on pourra, ſans auancer ſa mort. Doncques puiſque l'on n'auoit rien peu gagner en France contre les Lutheriens par le feu & par la mort, & autres condamnations trente ans durant, mais au contraire qu'ils s'eſtoient multipliez en nombre infiny, il eſtoit expedient de tenter autre voye, & eſſayer ſi l'on gagneroit quelque choſe de plus par la douceur: comme fit Auguſte enuers Cinna, auquel il ſauua la vie, l'ayant conuaincu de l'auoir voulu tuer, ce qui ſucceda bien à l'Empereur, car depuis il n'y euſt perſonne qui vouluſt entreprédre de conſpirer contre luy. Voyla ce ſemble les raiſons pour leſquelles l'Edict de Iuillet fuſt fait, lequel toutesfois n'eſtoit que prouiſional, aprés y auoir employé des plus doctes & grands perſonnages & des plus aduiſez du Royaume: ce que i'ay bien voulu toucher en ceſt

Belle remarque & tres importate côſideration.

Confirmée par vne riche comparaiſon.

Et par l'exemple d'Auguſte.

R

endroit, pour en faire iuger la necessité, & qu'il ne faut pas que les gens qui n'ont esté nourris qu'aux escoles, blasment temerairement les Princes & Gouuerneurs qui manient les affaires d'Estat, principalement à l'aduenement d'vn ieune Roy, comme le nostre estoit lors, & plusieurs esbranlez aux factions. Cest Edit estant fait, aucuns des Protestans commencerent à respirer & reprendre courage, & quelques vns de ceux qui n'osoient auparauant dire mot, se descouurirent sans aucune crainte, disputans franchement de la Religion de part & d'autre, sans exception de lieux. Et quoy qu'il fust defendu par l'Edit de faire assemblées en public n'y en particulier pour le fait de la Religion, neantmoins les Protestans ne se peurent abstenir de s'assembler en des maisons, où l'on baptisoit, faisoit la Cene, les mariages, & prieres à la façon de Geneue, fort differente de la confession d'Ausbourg, qu'aucuns proposerent qu'il seroit meilleur d'admettre en France, si la necessité y estoit, que de bailler entrée à la Secte Caluiniste & aux Ministres de Geneue, que l'on disoit auoir beaucoup plus d'ignorance & de passion que de Religion. Bien tost après les assemblées furent si grandes, que les maisons particulieres, qui auoient accoustumé de les receuoir ne les pouuoient plus contenir. Toutefois il y auoit encores bien peu de Ministres, qui se voulussent descouurir, & la plusart estoient paures gés, ignorans & grossiers, & qui n'auoient autre sçauoir ny doctrine que leurs Catechismes & leurs prieres,

Assemblées des Protestans contre l'Edit.

Secte Caluiniste plus passionnée & ignorante que la Lutherienne.

Ministres, paures ignorans & grossiers.

imprimées à Geneue; parce qu'il n'y auoit autre proffit que le danger de perdre la vie, & les biens s'ils en eussent eu, & les plus doctes & habiles auoient esté chassez, ou faicts mourir. C'est pourquoy ceux qui estoient demeurez, comme plus fins & aduisez, enuoyoient deuant les plus grossiers, pour voir quel il y faisoit. Et deslors que quelque sçauant Ministre venoit, tous les Protestans couroient & le suiuoient comme vn Prophete. Trois mois aprés, ils presenterent vne autre requeste au Roy, pour auoir des Temples fondez, comme ils disoient, pour oster l'opinion à beaucoup de Catholiques des paillardises, que l'on auoit publié se faire és assemblées priuées, qui estoit bien vne partie du pretexte. Mais en effect les Protestans esperoient que ces Temples leur estans octroyez, chacun y couroit à l'enuy. Il sembloit à quelques vns que la Royne Mere du Roy inclinoit à leur faueur; parce qu'elle escoutoit volontiers l'Admiral, & ceux qui luy parloient pour le bien de l'Estat, & le repos du Royaume, comme c'estoit vne Princesse qui ne refusoit de prester l'oreille à tout ce qui pouuoit accroistre la grandeur de ses enfans, & la paix en France: Aussi que pour lors on luy disoit qu'il n'estoit question que de reformer seulement quelques abus, qui auoiét pris accroissemét en l'Eglise Catholique par souffrance: & mesmes l'on pensoit que la Duchesse de Sauoye, & Madame d'Vzez luy auoient donné quelque impression de la nouuelle opinion.

Autre requeste des Protestans pour auoir des Temples.

A quel dessein ils les demandoient.

Que la Royne Mere n'a iamais consenty aux opinions nouuelles des Protestans.

R ij

Mais si elle les a escoutées, elle n'y a iamais donné son consentement, & n'a rien voulu faire changer n'y innouer que par conseil, ny consentir à la requeste des Protestans: ouy bien aux assemblées publicques, par souffrance & conniuence des Magistrats, qui estoient en partie de la Religion Protestante, ou qui n'osoient, ou ne vouloient s'y opposer. En ce

Colloque de Poissy.

temps fut aduisé de faire le Colloque de Poissy, composé des Euesques de France, & des Ministres des Protestans, pendant que les deputez des Estats qui estoient à Pontoise cherchoient les moyens d'acquiter le Roy. Là fust requis que l'Edict de Iuillet fust cassé & aboly, & qu'il fust conuoqué vn Concile, pour decider les poincts contentieux de la Religion, où le Roy presideroit, & que la iurisdiction fust ostée aux Euesques, & renduë au Roy. La Royne demanda aussi que le Gouuernement qui luy estoit laissé par le consentemét mesmes du Roy de Nauarre, & de tous les Princes & Seigneurs du

Le Gouuernemét de la Royne Mere emologué par les Estats.

Conseil, fust emologué par les Estats. Il fust respondu que c'estoit contre la loy Salique, & ancienne coustume du Royaume: Toutesfois puisque c'estoit par le consentement du Roy de Nauarre, des Princes du sang, & du Conseil, il fut emologué. L'on tint encores quelques propos de faire rendre cópte des finances à ceux qui les auoient maniées du temps du Roy Henry II. & François II. Et pour le regard de la Religion, vn nómé Pierre Vemeil, qui se faisoit appeller Martyr, comme en ce temps chaque Ministre changeoit de nom, & vn Ministre Italien que

LIVRE TROISIESME. 133

l'on enuoya querir à Zurich sous la foy publique, d'Espina, la Rosiere, Marlorat, Merlin, Morel, Malo, & plusieurs autres Ministres, qui estoient en reputation, se trouuerent audit Poissy, où ils demanderent que le Roy y presidast & que la dispute fust vuidée par la parole de Dieu, & pureté de l'Euangile. D'autrepart estoient les Docteurs, Despéce, de Xaintes, & autres de la Sorbone, & plusieurs Euesques pour les Catholiques. Pierre Martir, & Theodore de Beze voulurent vser de grádes & viues persuasions à la Royne Mere du Roy, pour l'induire à se ranger de leur costé: Mais cela ne seruit qu'à la rédre plus constante à suiure & tenir la Religion Catholique, sans faillir vn seul iour d'aller à la Messe auec le Roy. Il y eust aussi plusieurs propos familiers, qui furét tenus entre le Cardinal de Lorraine, & Theodore de Beze, que l'on a depuis imprimez; & toutesfois desguisez & supposez en telle sorte, que ledit Cardinal se trouueroit Lutherien: car il est dict qu'il n'approuue point la transsubstanciation: à quoy il ne pensa iamais, cóme il a bien faict cognoistre en plusieurs Sermós qu'il a faits, & mesmement en la harangue qu'il fist en pleine assemblée audict Poissy, où le Roy estoit present, laquelle depuis fust imprimée. En fin Theodore de Beze assisté de douze Ministres fust ouy en pleine assemblée du Conseil Priué, & de ceux qui estoiét mandez de tous les endroits du Royaume, le Roy & la Royne sa Mere presens. Il discourut fort amplemét & disertement (cóme aussi il estoit eloquent) de la Religion Pro-

Ministres qui se trouuent à Poissy.

Euesques & Docteurs Catholiques.

Discours familiers du Cardinal de Lorraine auec Theodore de Beze falsifiez.

Beze & les autres Ministres ouys au Colloque de Poissy.

R iij

134 MEMOIRES DV SIEVR DE CASTELNAV, testante, sans estre nullement interrompu, iusques à ce qu'il se hazarda de dire en telle compagnie, que le corps de Iesus-Christ estoit autant esloigné de l'Hostie, cóme le ciel de la terre. Alors les Euesques & Seigneurs Catholiques cómencerent fort à murmurer: ce nonobstát le Roy permit qu'il eust entiere audience. Mais ayant acheué, le Cardinal de Tournó, tant pour la dignité qu'il auoit, que pour son aage, auec le zele de la Religion Catholique, & pource qu'il auoit tousiours manié les affaires d'Estat, print la parole, & l'adressant au Roy, dit qu'il ne pouuoit plus ouyr tát de blasphemes cótre l'honeur de Dieu, & son sainct Euangile, en suppliant le Roy au nom de tous les Prelatz qui estoient presentz, de ne croire en des propos si scádaleux: au cótraire que sa Majesté ne se deuoit iamais departir d'vn seul point de la Foy Catholique, où tant de Roys ses predecesseurs auoient honorablemét & heureusement vescu, & y estoiét morts constámment. Le iour d'aprés, Theodore de Beze escriuit touchant le propos qu'il auoit tenu du Sainct Sacrement, & de l'Hostie, voulant adoucir son stile par vne declaration, qui fut depuis imprimée auec sa harangue, & neátmoins il persista en ce qu'il auoit dit. Aprés la premiere sessió tous les Prelats Catholiques & Docteurs de Sorbonne, pour lors assemblez, resolurent de faire responce à la confession des Protestans, portée par leur harangue, & toucherent seulement les deux poincts principaux, à sçauoir l'article concernant le Sacrement de l'Autel, & de l'Eglise Catholique

Blaspheme de Beze en ceste assemblée.

Remonstrance du Cardinal de Tournon, sur ce subiect.

Responce des Docteurs Catholiques à la profession de Foy des Protestans.

LIVRE TROISIESME. 135

& fut faite la responce par le Cardinal, à la seconde *Le Cardinal de Lorraine respond à Beze en la seconde Session.* session de Poyssi, le Roy present, & ceux qui auoient oüy la harangue des Protestans. Alors les Cardinaux, & deputez du Clergé s'aprochans du Roy. Le *Supplications du Clergé au Roy pour l'inciter à perseuerer en la vraye foy.* supplierent pour le meilleur conseil que l'on luy peust donner, de continuer en la vraye foy de l'Eglise Catholique & Religion de ses predecesseurs. Theodore de Beze supplia qu'il pleust à sa Majesté luy donner audience pour respondre sur le champ à tout ce qu'auoit dit le Cardinal de Lorraine; ce que le Roy ne voulut faire, mais fut remis à autre iour, à fin que persóne ne s'offensast, ou fust esmeu d'adherer aux propos des Protestans. L'on aduisa vn lieu *Ministres oüis separement.* ou l'on pourroit oüir les Ministres hors de la grande assemblée, & où le Roy & la Royne peussent estre presens: où peu apres l'on s'eschauffa si bien en la dispute, que l'ardeur surpassa la raison de part & d'autre, qui fut cause que le Roy diminua le nom- *L'assemblee diminuee iusques au nombre de cinq de chasque costé.* bre iusques à cinq de chasque costé; & fut dit qu'il y auroit vn greffier de chasque part, pour escrire ce qui seroit resolu par commun consentement des deux parties. Mais aprés auoir bien disputé l'espa- *Le Colloque rompu sans aucun accord.* ce de trois mois, il fut impossible d'accorder entre eux vn seul article, de sorte que le Colloque fut rompu le vingtcinquiesme Nouembre suiuant. Le Cardinal de Lorraine auoit enuoyé querir des Ministres Alemans, pour les faire disputer auec ceux de France sur l'article de la Cene, qui estoit le plus important, & par ce moyen donner plus d'authorité à l'Eglise Catholique par leur discorde. Le sembla-

136 MEMOIRES DV SIEVR DE CASTELNAV,

Colloque de Ratisbonne inutile comme celuy de Poyssi.

La Religion ne doit estre iamais reuoqué en doute.

ble estoit aduenu vingt ans auparauant au Coloque de Ratisbonne. Qui fut par l'authorité de l'Empereur Charles cinquiesme, entre quelques Docteurs Catholiques & Protestans, autant d'vne part que d'autre. Ce qui ne seruit de rien, sinon de reuoquer en doute la Religion des vns & des autres, & mettre ceux qui les oyoient, & plusieurs peuples en deffiance de leur foy. Car il est bien certain que tout ce qui est mis en dispute engendre doute. Aussi est-ce vne faute bien grande de vouloir mettre sa Religion en doute, de laquelle l'on doit estre entierement asseuré. Voila pourquoy non seulement

Il est deffendu en Moscouie de disputer de la Religion.

les Princes Musulmans & infideles, mais d'auantage le Duc de Moscouie qui est vn grand Monarque, & qui est Chrestien, a defendu de disputer aucunement de leur Religion. Aussi fut-il deffen-

Le mesme estoit entre les Hebrieux.

du estroictement entre les Hebrieux de disputer de la Loy de Dieu, & permis seulement de la lire. Et ne faut pas douter que toutes les heresies ne soiét prouenuës des disputes trop curieuses de la Re-

La Religion Chrestienne est entenduë par foy & humilité.

ligion Chrestienne. Laquelle ne se peut bien entendre que par foy & par humilité, accompagnées de la grace de Dieu, parce qu'il y a choses contraires au sens humain, & qui surpassent la raison naturelle. Au contraire les disputes ne cherchent que les argumens, auec trop de subtilitez & surprises, qui ne s'a-

Le Duc de Sauoye donne exercice libre de Religion aux Protestans de la vallée d'Engrogne.

puient que sur la raison humaine. Cependant que l'on disputoit à Poyssi quelqu'vn apporta la nouuelle, que Philbert Duc de Sauoye ayant eu du pire contre les Protestans de la vallée d'Engrogne, auoit

esté

LIVRE TROISIESME. 137

esté contraint de leur permettre l'exercice de leur Religion. Aprés la dispute de Poissy tous les Catholiques portoient impatiemment de voir que contre l'Edict de Iuillet les Protestans fissent assemblées publiques, preschans & baptisans en diuers lieux, mesmement aux fauxbourgs de Paris, qui fut cause que les Prestres irritez de celà s'assemblerent en l'Eglise Sainct Medard, au fauxbourg sainct Marcel de Paris ; & si tost que le Ministre eust commencé de prescher, ils sonnerent les cloches le plus fort qu'ils peurent, de sorte que les Protestans qui estoient en fort grand nombre en vn iardin prés du Temple, ne pouuoient rien entendre : qui fut cause que deux ou trois de l'assemblée des Protestans allerent par deuers les Prestres pour les faire taire, ce qu'ils ne peurent obtenir, & de là vindrent aux paroles, & aux prinses, dont il y en eust vn qui mourut. Les Prestres incontinent fermerent leur Eglise, & montans au clocher sonnerent le tocsin pour esmouuoir le peuple Catholique, qui accourust soudain au lieu où se faisoit le Presche. Mais les Protestans s'y trouuerent les plus forts, & auec grand violence rompirent les portes de l'Eglise, où ils trouuerent vn des leurs battu & blessé à la mort, ne se pouuant mouuoir, lequel ils auoient enuoyé dire aux Prestres qu'ils cessassent de sonner les cloches : irritez de celà ils pillerent l'Eglise, & abbatirent & rompirent les images, en menaçant de mettre le feu au clocher, si les

Esmeute aux aux fauxbourgs sainct Marcel, à cause des Protestans.

Excez & violences d'iceux en l'Eglise sainct Marcel.

S

Prestres ne cessoient de sonner le tocsin : il y eut plusieurs Prestres blessez, & quelques autres emprisonnez par les Sergens & Cheualier du Guet : le iour d'aprés les Catholiques bruslerent les bancs & sieges des Protestans, & vouloient brusler la maison où se faisoit le presche, s'il n'y fut arriué des officiers de la Iustice, & des forces pour les empescher : Qui fut cause que la Royne Mere du Roy, ayant fait acheminer à sainct Germain vn nombre de personnages des plus suffisans du Royaume & de tous les Parlements, pour auec le Conseil Priué du Roy faire quelque bon Edict, & trouuer remede au mal qui croissoit, & à l'alteration qui estoit entre les Catholiques & Protestans. Il en fut fait vn le dix-septiesme de Ianuier, portant qu'il seroit permis aux Protestans de faire l'exercice de leur Religion hors les villes seulement, & sans aucunes armes; auec inionction à tous de se comporter modestement, & à tous les Magistrats & Officiers du Roy, de tenir la main à l'execution dudit Edict, lequel n'estoit aussi que prouisional, non plus que l'Edict de Iuillet faict auparauant. En ce mesme temps la Royne Mere du Roy cherchant tousiours plus de moyen d'adoucir les aigreurs qui estoient de tous costez, fit vn accord entre le Prince de Condé, & le Duc de Guise, lequel fait en presence du Roy, des Princes, & de tous les plus Grands Seigneurs, le Duc de Guise declara qu'il

Les Catholiques prennent leur reuanche.

Edict de Ianuier en faueur des Protestans.

Accord entre le Prince de Condé & le Duc de Guise.

n'auoit iamais incité le feu Roy à faire mettre le Prince de Condé prisonnier, & se donnerent quelques raisons l'vn à l'autre, dont ils demeurerent ou feignirent estre contens, & à l'instant s'embrasserent, promettans de s'aymer comme parens: tellement qu'il ne restoit plus que le Cardinal de Lorraine à accorder auec le Prince de Condé: Mais d'autant quil ne faisoit pas profession des armes comme les autres, il ne falloit pas tant demeurer sur la reputation, ny sur le point d'honneur qu'auec les gens de guerre, qui font profession d'employer la vie pour defendre l'honneur: Neantmoins le Prince de Condé demeuroit tousiours auec ressentiment contre le Cardinal de Lorraine, pensant qu'il estoit cause du danger qu'il auoit couru. Cependant l'Edict fut verifié & publié és Parlemens, aprés trois Iussions, & tres-exprés mandemens. Alors les Ministres prescherent plus hardiment qui çà qui là, les vns par les champs, les autres en des iardins, & à descouuert, par tout ou l'affection ou la passion les guidoit, & où ils pouuoient trouuer du couuert, comme és vieilles sales & masures, & iusques aux granges; d'autant qu'il leur estoit defendu de bastir Temples, & prendre aucune chose d'Eglise. Les peuples curieux de voir chose nouuelle, y alloient de toutes parts, & aussi bien les Catholiques que les Protestans, les vns seulement pour voir les façons de ceste nouuelle doctrine, les

Aigreur dudict Prince de Condé contre le Cardinal de Lorraine.

Edict de Ianuier verifié aux Parlemens.

La curiosité de voir les façons d'vne nouuelle Religion fort dangereuse.

S ij

autres pour l'apprendre, & quelques autres pour cognoistre & remarquer ceux qui estoient Protestans. Ils preschoient en François, sans alleguer aucun Latin, & peu souuent les textes de l'Euangile, & commençoient ordinairement leurs Sermons contre les abus de l'Eglise, qu'aucun Catholique prudent ne voudroit defendre. Mais de là ils entroient pour la plus-part en inuectiues, & à la fin de leurs presches faisoient des prieres, & chantoient des Pseaumes en rythme Françoise, auec la musique, & quantité de bonnes voix, dont plusieurs demeuroient bien edifiez, comme desireux de chose nouuelle, de sorte que le nombre croissoit tous les iours. Là aussi se parloit de corriger les abus, & d'vne reformation, de faire des aumosnes & choses semblables belles en l'exterieur, qui occasionnerent plusieurs Catholiques de se ranger à ce party. Et est croyable que si les Ministres eussent esté plus graues & plus doctes, & de meilleure vie, pour la plus-part, ils eussent eu encores plus de suitte. Mais ils voulurent du premier coup blasmer toutes les ceremonies de l'Eglise Romaine, & administrer les Sacremens à leur mode, sans garder la modestie qu'obseruent encores auiourd'huy plusieurs Protestans, comme ceux d'Allemagne & d'Angleterre, qui ont encores leurs Euesques Primats, & leurs Ministres qui ont prins & retiennent le nom de Curez, Diacres & Soubs-

Presches des Protestans, quels.

Discours qu'on tenoit au sortir du Presche.

Ce qui empescha l'accroissement des Protestans en France.

LIVRE TROISIESME. 141

Diacres, Chanoines, Doyens, & portent les surplis & Ornemens de l'Eglise Catholique, auec les robbes longues. Ce qui les fait plus estimer, que les Protestans de France, de Geneue, d'Escosse, & autres, qui soubs pretexte de Religion plus reformée couurans leurs passions, se sont prins mesmes aux choses qui ne leur nuisoient point, mais seruent à retenir les peuples en vne honneste reuerence, & plus grande modestie à l'endroit des Ecclesiastiques. Aussi la plus-part de ceux qui regrettent la Messe, & l'exercice de la Religion Catholique, és endroits d'où les Princes l'ont chassée, ne peuuent encores quitter les habits des gens d'Eglise, auec les ceremonies que les Chrestiens ont si long temps gardées, & lesquelles ont retenu les peuples en deuotion & admiration tout ensemble, auec beaucoup d'obeissance à leurs Euesques, Suffragans, Curez, Abbez, Prieurs, & autres qui ont charge en l'Eglise. Qui fust la cause pourquoy les Leuites furent sequestrez des peuples, & reuestus d'ornemens, qui tesmoignoient la reuerence qui estoit deüe à leur office, & leur grand Pontife auoit vn habit fort riche, & de grande Majesté. De sorte que Iaddus Pontife des Hebrieux n'eust aucun meilleur moyen que de se vestir de son habit Pontifical, pour destourner l'armée d'Alexandre le Grand, lequel ayant veu le Pontife en tel habit, s'agenoüilla deuant luy, & luy accorda tous les priuileges, exemptions, & prerogatiues qu'il demanda. Com-

Protestãs d'Allemagne & d'Angleterre, pourquoy plus estimez que les autres.

Les ornemens Pontificaux incitent à honneur & reuerence.

La reuerence qu'Alexandre le Grand porta à Iaddus Põtife des Hebrieux.

S iij

bien qu'Epheſtion l'en vouluſt empeſcher. L'on dit que le Pape Vrbain en vſa de meſme auec ſon habit Pontifical, pour empeſcher la fureur d'Attila. Et François Souderin Eueſque de Florence, voyant les peuples de ceſte ville ſi cruellement acharnez au ſang & à la vie les vns des autres, & qu'il eſtoit impoſſible de les apaiſer, print auſſi ſon habit Epiſcopal, & ſe preſenta à eux, leur faiſant des remonſtrances, auſquelles, & à la dignité de leur Eueſque reueſtu en ceſte ſorte, cederent leurs querelles, & chacun ſe retira en ſa maiſon. Or eſt il certain qu'Alexandre le grand, duquel l'ambition ſurpaſſoit les cieux, pour conqueſter d'autres mondes, n'euſt pas ployé les genoux deuant le Pontife, ny la fureur d'Attila, qui fut eſtimé le plus cruel & barbare Capitaine de ſon aage, ny la rage & cruauté d'vn peuple acharné de ſon propre ſang & de ſa patrie n'euſſent pas ſi toſt eſté apaiſez, ſi ces Pontifes euſſent eſté reueſtus d'habillemens communs comme les Miniſtres de France. Leſquels, combien que par belle apparence ils diſent & preſchent qu'il faut oſter & corriger les abus, & comme le bon & diligent Iardinier émonder les arbres de chenilles & de branches mortes, & en couper quelquefois des viues pour auoir plus de fruict & de bois, ſi eſt ce pourtant qu'il ne faut pas couper l'arbre par le pied, & n'y laiſſer que la racine: Ainſi ne faut il pas pour amender les abus que ces Reformez diſoient eſtre en l'Egliſe, en retrancher tout à faict la ſainéteté, l'ornement & les ceremonies, & s'attacher à la malueillance des

Autres exemples à ce propos.

Bonne raiſon contre l'opinion des Miniſtres.

LIVRE TROISIESME. 143

habits, pour en abatre l'honneur & le seruice, & la renuerser entierement. Aussi est il impossible que le menu peuple de long temps contenu en l'obeïssance par sa loy & coustume, esleue son esprit plus haut que sa portée; A l'infirmité duquel nos peres se sont tres-sagemét accommodez, les contenans auec l'vsage de ces solemnitez extérieures en la crainte de Dieu, & obeïssance de leurs Princes & superieurs, estant loisible, voire necessaire, de s'accommoder aux habits & ceremonies, quád il n'y a rien qui soit contre la loy diuine & de nature. En ces temps, comme plusieurs choses se faisoient, ou par exemple, ou par imitation, ou par volonté de mieux faire. Les Euesques, & Docteurs, Theologiens, Curez, Religieux, & autres Pasteurs Catholiques, commencerent à penser en ces nouueaux prescheurs si desireux & ardens d'aduancer leur Religion, & dés lors prindrent plus de soin de veiller sur leur troupeau, & au deuoir de leurs charges, & aucuns à estudier és sainctes lettres à l'enuy des Ministres Protestans, qui attiroient les peuples de toutes parts: & craignans que lesdicts Ministres n'eussent l'aduantage sur eux par leurs presches, & par iceux attirassent les Catholiques, ils commencerent aussi à prescher plus souuent que de coustume, en aduertissant les Auditeurs de se garder bien des heresies des nouueaux dogmatisans, sur peine d'encourir la haine de Dieu, en se departant de sa vraye Eglise. Et ceux qui estoient plus Politiques, preschoient à haute voix qu'il n'y auoit rien plus dangereux en vne republique que la

Les ceremonies tres necessaires en l'Eglise.

Le Pasteur ne doit pas dormir quand le loup est dans la bergerie.

Les Predications plus frequentes que de coustume.

Les nouueautez en la Religion tres dangereuses en vne Republique.

nouueauté de Religion, nouueaux Ministres, nouuelles loix, nouuelles coustumes, nouuelles ceremonies, nouueaux Sacremens, & nouuelle doctrine; toutes lesquelles choses tiroient apres elles la ruyne des Estats, auec vne effrenée desobeyssance enuers Dieu & les Princes : parquoy il n'y auoit rien si asseuré que de suyure l'ancienne Religion, l'ancienne doctrine, les anciennes ceremonies, & les anciennes loix, publiées & gardées depuis les Apostres : & remonstrant aux peuples que depuis quinze ou seize cens ans tous les Chrestiens auoient tenu la Religion Catholique que les Protestans s'efforçoient d'arracher & renuerser, & qu'il n'estoit pas possible que tant de Roys, Princes, & grands personnages, eussent erré si longuement, & fussent priuez de la grace de Dieu, & du sãg de Iesus-Christ, qui seroit blasphemer contre sa bonté & l'accuser d'iniustice. D'auantage les Iesuistes, tous les Mandians & autres Religieux, qui preschoient aussi plus qu'auparauant, alloient par les villes, villages, & maisons des particuliers, admonester vn chacun de la doctrine des Protestans. Et les Euesques enuoyoient querir des pardons & Iubilez à Rome, pour faire ieusner les peuples, & les conuier à prier pour la manutention de la vraye Eglise Catholique, & plusieurs ne se pouuoient tenir de dire qu'il falloit empescher les Protestans de prescher, puisque la Iustice n'en tenoit conte. Toutes ces choses empescherent beaucoup les desseins des Ministres, qui ne preschoient qu'en crainte : de là commença à naistre

L'antiquité tousiours la plus certaine.

Ieusnes, prieres & pardons, ordonnez pour la manutention de la vraye Religion.

LIVRE TROISIESME. 145

à naiſtre & s'enraciner vne plus gràde hayne qu'auparauant, entre les Catholiques, & les Proteſtans, toutesfois ceſte année là ſe paſſa ſans violence, horſmis ce qui aduint aux fauxbourg ſainct Marcel, côme i'ay dit, ce qui fuſt aſſoupy par l'authorité des Magiſtrats. Mais depuis que les Catholiques furēt aduertis que le Roy de Nauarre auoit eſté diſtraict du party des Proteſtans, & leur eſtoit plus contraire que fauorable, & qu'il eſtoit vny auec ceux de Guiſe, le Conneſtable, & le Mareſchal de ſainct André, ils commencerent à ſe tenir plus aſſeurez qu'auparauant. Ceſte reconciliation & amitié du Roy de Nauarre auec ceux de Guiſe, auoit eſté maniée fort dextrement, meſmement par le Cardinal de Ferrare, qui eſtoit venu en France comme Legat du Pape, à fin de publier le Concile de Trente, penſant par ce moyen empeſcher le Concile National que la plus-part de la France demandoit, où l'on craignoit qu'il ne fuſt arreſté quelque choſe au preiudice de l'Egliſe Catholique & Romaine; auſſi qu'il tenoit grande quantité de benefices en France. L'on voyoit clairement que les party des Proteſtans, ne prenoit pied & accroiſſement, que par la diuiſion des Princes & Grands Seigneurs. C'eſt pourquoy quelques vns deſireux de les voir reünis enſemble, dirent au Conneſtable, au Duc de Guiſe, & Mareſchal de ſainct André, que le Roy de Nauarre & le Prince de Condé à l'inſtance, & ſuſcitation des Proteſtans, leur vouloient faire rendre compte des finances de France qu'ils auoient ma-

Le Roy de Nauarre diſtrait du party des Proteſtans.

Reconciliation du Roy de Nauarre auec ceux de Guiſe, par qui maniée.

Concile de Trente publié pour empeſcher vn Concile Nationnal en France.

Le party des Proteſtans ne prenoit pied que par la diuiſion des Princes.

T

niées sous le Roy Henry, & le Roy François II. & repeter les dons excessifs à eux faicts, à quoy s'ils ne remedioient, leurs maisons en seroient ruynées : & que le moyen d'empescher cela, seroit tirer le Roy de Nauarre de leur costé, en luy persuadant que le Pape auoit tant faict auec le Roy d'Espagne, qu'il luy rendroit le Royaume de Nauarre, pourueu qu'il tint entierement le party de la Religion Catholique, qu'il ne pouuoit delaisser sans la perte euidente du Royaume de France, où il n'auoit pas petit interest, comme premier Prince du sang, aprés le Roy & ses freres, lesquels venans à mourir, il seroit exclus de la Couronne s'il n'estoit Catholique, comme l'auoient esté si long temps les Roys de France, sans qu'aucun d'iceux eust varié en aucune chose de l'obeyssance de l'Eglise Romaine ; à quoy on luy alleguoit l'exemple du Pape Iules II. qui auoit osté le Royaume de Nauarre à Pierre d'Albret ayeul paternel de la Royne de Nauarre sa femme, l'ayant excommunié & exposé la conqueste de Nauarre au Roy d'Espagne, encores qu'il fust Catholique. A plus forte raison estoit-il à craindre que le Pape ne le desclarast, s'il demeuroit en la Religion Protestante, & chef d'icelle, indigne de la Couronne de France. Au contraire se declarant Catholique, ou le Royaume de Nauarre luy seroit rendu, ou baillé pour recompense le Royaume de Sardaigne ; & par mesme moyé le Royaume de Frāce luy demeureroit asseuré, si le Roy & ses freres venoient à mourir : & si la Royne, qui auoit le Gou-

Inuentions pour attirer le Roy de Nauarre du costé de la maison de Guise.

Belles promesses qu'on faisoit au Roy de Nauarre.

Et raisons apparentes pour luy faire quitter le party des Protestans.

uernement, luy defereroit autant en toutes choses, que si luy mesme auoit la Regence: ioint que ce luy seroit vn grand-honneur d'estre Lieutenant General. Ces propos & plusieurs semblables furent tenus au Roy de Nauarre par personnes qui auoient beaucoup de credit auprés de luy, & confirmez par le Nonce du Pape & l'Ambassadeur d'Espagne, qui s'entendoient l'vn auec l'autre, cognoissans la facilité de ce Prince, qui estoit vaillant & de bon naturel, mais trop facile à estre persuadé: d'autre costé il luy faschoit d'estre contrerollé par l'Admiral de Chastillon, & autres Protestans de la Cour, qui le vouloient par trop reformer & contraindre: Cela fut en partie cause de le faire incliner du costé des Catholiques; joint aussi que la doctrine des Protestans ne luy estoit pas trop agreable; combien qu'il fust à toutes heures solicité par les Ministres, de ne se mesler auec ceux de Guise. Disans qu'ils luy auoient voulu oster la vie & l'honneur, auec plusieurs autres persuasions, par lesquelles l'on vouloit aussi empescher le Connestable de se liguer auec la maison de Guise, ce qui ne peut auoir lieu. Car d'autre costé, l'on luy persuadoit qu'il ne pourroit trouuer meilleur appuy en sa vieillesse & pour sa maison, que ceux de Guise, qui luy cederoient par mesme moyen le droit de la Comté de Dammartin. Et pour lors il n'y auoit pas grande affection entre la Royne Mere du Roy, & le Connestable, pour auoir eu quelque mescontentemét l'vn de l'autre, accompagné de paroles assez aigres. En fin cette amitié &

Le Nonce & l'Ambassadeur d'Espagne s'entremettent de cette association.

Le Roy de Nauarre facile à estre persuadé.

Autres persuasions du party contraire.

Raisons du Connestable pour s'vnir à la maison de Guise.

T ij

148 MEMOIRES DV SIEVR DE CASTELNAV, confederation de ceux de Guise, du Connestable, & Mareschal de sainct André auec le Roy de Nauarre, fut si sagement conduite, qu'en peu de iours ils ne furent tous qu'vne mesme chose. Et quelques vns pour lors eurent opinion qu'ils eussent bien voulu que la Royne Mere du Roy n'eust pas eu le Gouuernement, laquelle neantmoins l'a tousiours prudemmét conserué. Lors les partisans, seruiteurs, & amis de toutes ces maisons, ainsi vnis donnerent vn mauuais coup aux Protestans, lesquels firent vne lourde faute: car estans paisibles en l'exercice de leur Religion, ils se voulurent mesler trop auant des affaires d'Estat, & proposer qu'il falloit faire rendre compte à ceux qui auoient manié les finances, comme s'ils eussent esté Thresoriers, ou Recueurs. Ce qui n'estoit pas aisé à faire à telles personnes, qui auoient fait tant de seruice à la Courone, & auoient beaucoup d'amis & seruiteurs, & qui auoient plusieurs enfans, qui n'eussent pas eu moins d'esgard à leur conseruation, & de leur maison, qu'à l'Estat du Royaume. Or le bruit de ceste confederation estant publié, les Catholiques commencerent de mespriser les Protestans auec paroles desdaigneuses, & les voyans sortir des villes pour aller aux fauxbourgs, & villages, où se faisoient les presches, & retourner moüillez & crotez, se mocquoient d'eux, & les femmes n'estoient pas exemptes que l'on n'en fit des comptes, soit qu'elles fussent guidées de Religion, ou d'amour & affection de voir leurs amis qui se trouuoient en telles assemblées. Et lors s'il se

Ils s'vnissent en fin tous ensemble.

Mauuais aduis des Protestans.

Les Catholiques se mocquent des Protestans.

LIVRE TROISIESME. 149

mouuoit quelque dispute pour la Religion, elle estoit soudain accompagnée de colere & mespris, & de là on venoit aux mains, où les Protestans estoient le plus souuent battuz; aussi estoient-ils en moindre nombre que les Catholiques. Et sans la crainte des Magistrats, ils eussent eu encor pis: car les Catholiques ne pouuoient supporter leurs presches & assemblees. Et de fait le seiziesme iour de Nouembre, mil cinq cens soixante & vn, en la ville de Cahors en Quercy, les Protestans s'estans assemblez en vne maison pour faire leurs Presches, & prieres, les Catholiques les voyans par les fenestres commencerent à murmurer, & les appeller Huguenots, & parce que c'estoit vn Dimanche, les artisans qui n'auoient que faire, s'assemblerent deuant la maison en grand nombre, & apres plusieurs iniures ietterent des pierres contre les fenestres; & cóme les choses s'esmeurent de part & d'autre, on mit le feu aux portes, & y eut quelques vns frappez & tuez. L'vn des Magistrats alla pour faire retirer les peuples, où il fut blessé, & y eut en fin beaucoup de desordre. Le Roy en estat aduerty, enuoya commission à Montluc pour en faire Iustice, lequel en fit pendre quelques vns de part & d'autre des principaux Autheurs de la sedition. Neantmoins les Ministres ne desisterent point de prescher, & les Protestans y allerent à grandes trouppes, sans aucune crainte & consideration de l'exemple de ce qui estoit suruenu à Cahors. Il aduint en plusieurs autres villes du Royaume, comme Sens, Amiens,

Sedition contre les Protestans à Cahors en Quercy.

Les principaux chefs de la sedition executez.

Autres seditions en plusieurs villes du Royaume.

T iij

Troyes, Abbeuille, Thoulouse, Marseille, Tours, autres desordres, où il y eut aussi des Protestans tuez par leur insolence; & y eut de la faute de part & d'autre. Depuis, ce que l'on a appellé le massacre de Vassi, qui auint au mois de Mars ensuiuant, fut plus remarqué que tout ce qui estoit aduenu à Cahors & autres lieux, que l'on disoit estre folies, ayant le mal esté augmenté & plus aigry par la presence du Duc de Guise, lequel apres la confederation receut lettres & prieres du Roy de Nauarre, pour s'aduancer d'aller à la Cour auec bonne compagnie, à fin de se rendre les plus forts auprés du Roy : ledict Duc ayant donques pour cest effect aduerty ses amis & seruiteurs, & donné charge au Comte de Rokēdolf de leuer quelques Cornettes de Reistres, partit de sa maison de Ioinuille auec le Cardinal de Lorraine, quelques Gentilshommes leurs voisins & seruiteurs. Et le premier iour de Mars qui estoit vn Dimanche, il alla disner à Vassi, ou les Officiers, qui alloient deuant, trouuerent que les Protestans y faisoient leur presche en vne grange prés de l'Eglise. Et y pouuoit auoir enuiron six ou sept cens personnes de toutes sortes d'aages. Lors, comme m'a souuent dit le Duc de Guise, aucuns de ses Officiers, & autres qui estoient allé deuant, curieux de voir telle assemblée & nouuelle forme de prescher, sans autre dessein s'approcherent iusques à la porte du lieu, où il s'esmeut quelque noise auec parolles d'vne part & d'autre. Aucuns de ceux de dedans, qui gardoient la porte, ietterent des pierres, & di-

Massacre de Vassi, quel.

Cause d'iceluy.

Six ou sept cens personnes tuez en ce massacre. Narration de ce tumulte.

LIVRE TROISIESME. 151

rent des iniures aux gens du Duc de Guise, les appellant Papistes & Idolatres. Au bruit accoururent les Pages, quelques Gentils-hommes & autres de sa suitte, s'estans eschauffez les vns & les autres auec iniures & coups de pierre: ceux de dedans sortirent en grand nombre, repoussans ceux de dehors. Ce qu'estant rapporté au Duc en se mettant à table, & que l'on tuoit ses gens, il s'y en alla en grande haste: où les trouuant aux mains à coups de poings, & de baston, s'approchant du lieu où se faisoit le Presche, luy furent tirez plusieurs coups de pierres, qu'il para de son manteau: & lors se voulant aduancer plus prés de la grange, tant pour se mettre à couuert, que pour appaiser ce desordre, il se fist plus grand: dont il aduint, (comme il disoit) qu'à son grand regret quelques vns de ceux qui estoient audit Presche furent blessez & tuez, dequoy chascun faisoit diuerse interpretation. Cest accident estonna la Cour, & plus les Protestans par toute la France; lors le Prince de Condé, l'Admiral, le Chancelier de l'Hospital, & autres qui tenoient le party, en firent des grandes plaintes à la Royne Mere du Roy. Les autres excusoient le cas, comme estant aduenu par inconuenient, & sans estre premedité. Il y eust de là plusieurs Ministres Protestans, qui preschoient ce faict estre vne impieté la plus grande & cruelle du monde. Au contraire les Predicateurs Catholiques soustenoient que ce n'estoit point de cruauté,

Plaintes faictes à la Royne Mere sur ce massacre.

Presches des Ministres sur ce subiect.

152 MEMOIRES DV SIEVR DE CASTELNAV,

Reparties des Predicateurs Catholiques & exemples à ce propos.

la chose estant aduenuë pour le zele de la Religion Catholique : & alleguoient l'exemple de Moyse, qui commanda à tous ceux qui aymoient Dieu, de tuer sans exception de personne tous ceux qui auoient plié les genoux deuant l'image d'or, pour luy faire honneur, & aprés qu'ils en eurent tué trois mil, il dit qu'il leur donnoit sa benediction, & la Prelature de tout le peuple, pour auoir consacré leurs mains au sang de leurs freres pour le seruice de Dieu. Et que Iehu Roy de Samarie fit mourir pour mesme zele deux Roys & cent douze Princes de leur sang, & fit manger aux chiens la Royne Iezabel, & ayant faict assembler tous les Prestres Idolatres, faignant estre de leur Religion, il les fit tous tuer dans le Temple par le commandement de Dieu : dequoy il receut sa benediction, & ses enfans heritiers du Roy iusques à la quatriesme generation, pour auoir vangé l'honneur de Dieu. Toutesfois ceux qui en parloient plus politiquement estimoiét que cest inconuenient aduenu audit Vassy apporteroit beaucoup de maux, attendu que l'assemblée n'estoit faite que suiuant les Edicts, esquels il n'y auoit point de reuocation, & que tels discours de part & d'autre faits par les Ministres & Predicateurs estoient semences de sedition, qu'il falloit reprimer. En ce mesme temps la Royne Mere du Roy fut aduertie par le Prince de Condé, que le Duc de Guise & le Connestable venoient à Paris armez &

Lettres de la Royne Mere au Duc de Guise pour venir à la Cour desarmé.

fort accompagnez. Ce qui occasionna sa Majesté d'escrire audit Duc de Guise afin qu'il vint à la Cour,

LIVRE TROISIESME. 153

Cour auec son train ordinaire, seulement, & manda le semblable au Roy de Nauarre, le priant de mander au Duc qu'il laissast les armes. Quoy qu'il en fust il arriua à Paris le vingtiesme iour de Mars fort accompagné. Lors on recogneut vne tresgrande affection que ceux de Paris luy portoient, car en premier lieu les Principaux de la ville allerent au deuant de luy pour se conioüir de sa venuë, & entrant dans la ville, tout le peuple monstra vne grande resioüissance, auec quelques particulieres allegresses, qui ne furent faites ny aux Princes du sang, ny au Connestable. Ce qui luy donna beaucoup de contentement, & d'esperance à ceux de sa maison d'accroistre leur puissance. Et la pluspart du peuple disoit qu'il ne faisoit rien par ambition, ains pour le seul zele de la Religion Catholique, ce qu'ils ne disoient pas des autres: chose qui luy augmentoit aussi la malueillance de ses ennemis & enuieux, occasion pourquoy il leur fit dire qu'ils ne luy fissent pas tant d'apertes demonstrations d'amitié, & leur faisoit mesmement signe des mains qu'ils se teussent. Aussi le peuple de Paris estoit lors, & a tousiours esté autant zelé à la Religion, qu'autre de tout le Royaume de France, dedans lequel il se voyoit beaucoup d'alteration en la Religion. Ce qui estoit remarqué des estrangers, & de toute sorte de gens, & que si tost que la Messe estoit dicte, en beaucoup de lieux l'on fermoit les Eglises: au contraire à Paris elles estoient ouuertes tout le iour auec grande deuotion d'vn chacun, qui oyoit la Messe iusques à

Affection de ceux de Paris au Duc de Guise.

Opinion qu'ils auoient de luy

Deuotion de ceux de Paris.

V

midy, & se faisoient plusieurs vœux & assemblées le reste du iour esdites Eglises auec offre de cierges & autres dons, aussi en icelle il y a beaucoup d'hospitaux, & grand nombre de Religieux & conuents dont le nombre croist tous les iours. Et entre toutes celles de France, ceste ville se promettoit d'estre bien gardée, & qu'elle seroit exempte de presches, comme elle fut, & à tousiours esté, depuis la declaration faite quelques iours apres sur l'Edict de Ianuier. Et d'autant que le Prince de Condé auoit aussi quelques gens à sa deuotion en ladite ville de Paris pour conforter le party des Protestans, & qu'il y auoit danger euident que les Partisans Catholiques ne se iettassent sur les Protestans, le Preuost des Marchans alla trouuer la Royne Mere du Roy à Monceaux, pour la prier qu'elle y enuoyast le Roy de Nauarre: lequel y alla, & estant arriué ne peut persuader le Prince de Condé son frere de sortir hors de la ville. Sur ce, il escriuit à la Royne qu'elle luy fit expres commandement de se retirer, ce qu'elle fit, & pour l'induire encor dauantage luy enuoya le Cardinal de Bourbon son frere. Alors l'on ordonna de bonnes & fortes garnisons à Paris, de peur qu'elle ne fust surprinse: le tout par le Conseil de ceux de Guise, lesquels s'en allerent au mesme temps à Fontainebleau ou estoit la Cour, auec le Roy de Nauarre, le Connestable, & le Mareschal de sainct André, auparauant que le Prince de Condé y peust arriuer, par ce que son intention estoit de se faire le plus fort aupres du Roy, & de la Royne sa Mere.

Declaration sur l'Edict de Ianuier.

La Royne Mere fait sortir le Prince de Condé de Paris.

Bonnes garnisons dans Paris par le Conseil de ceux de Guise.

LIVRE TROISIESME. 155

Et d'autant que Fontainebleau n'estoit qu'vne maison de plaisir sans aucunes murailles ny fossez, le Roy de Nauarre remóstra au Roy & à la Royne sa Mere, que leurs Maiestez n'y pouuoient demeurer seurement, & pour ceste occasion qu'il estoit expedient de retourner à Paris: ce qui fut fort disputé & debatu, d'autant que l'on disoit à la Royne que le Roy, elle, & tous ses enfans se mettroient du tout en la puissance de ceux de Guise, lesquels tacitement comme aucuns vouloient dire, prendroient toute l'authorité, laquelle leur seroit conseruée & maintenuë par ceux de Paris. Dauantage, l'on conseilla à la Royne Mere du Roy, de ne se mesler des querelles du Prince de Condé, auec le Duc de Guise: & fut conclu par le Roy, qu'il ne falloit bouger de Fontainebleau: Mais pensant que celà venoit du Conseil, qui n'estoit pas fauorable aux desseins du Roy de Nauarre, de ceux de Guise, & du Connestable, aprés que la chose fut quelque temps contestée de part & d'autre, le Roy de Nauarre dit à la Royne, que pour le rang qu'il tenoit au Royaume, comme premier Prince du sang, il ne pouuoit accorder ny consentir que le Roy demeurast audict Fontainebleau, la suppliant de faire condescendre sa Maiesté auec le Conseil du Connestable, & autres Principaux Officiers de la Couronne, de mener le Roy à Paris. Alors leurs Maiestez ne pouuant mieux, eurent recours à quelques larmes. Et ainsi le Roy de Nauarre estant du tout conseillé dudict

Plusieurs aduis si le Roy & la Royne deuoient aller à Paris, & l'opinion qu'on auoit de ceux de Guise.

Le Roy & la Royne Mere comme forcez de se retirer à Paris par le Roy de Nauarre.

V ij

Connestable, du Duc de Guise, & Mareschal de sainct André, emmena toute la Cour à Paris. Lors le Prince de Condé, & l'Admiral de Chastillon, & ceux de leur party, ayans failly leur dessein, & se voyans pressez recoururent à leurs forces, & à trouuer moyen de se loger de peur de tomber entre les mains de leurs ennemis, qui faisoient des leuées, & faisoient bailler commissions aux Capitaines & gens de guerre Catholiques : & n'ayant pas les moyens autrement de resister ny se mettre en campagne, ils surprindrent la ville d'Orleans par la diligence & bonne conduite de d'Andelot Colonnel de l'Infanterie Françoise, lequel fit entendre aux habitans aprés auoir gagné les portes, que ce qu'il faisoit estoit pour le seruice du Roy, & la conseruation particuliere de leur ville : en laquelle il y auoit grand nombre de Protestans, ausquels l'on faisoit entendre qu'ils estoient ruynez & perdus, s'ils ne tenoient la main à l'entreprinse ; & leur disant qu'il estoit pour maintenir les Edicts de la paix : auec ces pretextes il se fit le plus fort ; & de vray il entretint quelque temps les Edicts & la paix entre les Catholiques & les Protestans. Ainsi ceste ville là fut vne retraicte, à tous les Protestans : ce qui leur vint fort à propos, parce qu'elle est forte d'assiette, & aussi bien située que ville de France. En ce mesme temps le Connestable par le consentement & l'authorité du Roy, de laquelle il se fortifioit tousiours, fit brusler les maisons hors la ville de Paris, où les Protestans faisoient leurs Presches & assemblées : cho-

Leuées & commissions secrettes des Catholiques.

D'Andelot surprent la ville d'Orleans pour les Protestans.

Qui leur sert apres de retraicte.

LIVRE TROISIESME. 157

se qui fut tres-agreable aux Catholiques, & principalement au peuple de Paris, qui ne laissa pierre sur pierre. Alors tous les Ministres, Surueillans, & tous les chefs des Protestans sortirent de la ville : aucuns d'iceux furent tuez par le peuple, ou emprisonnez par la Iustice, laquelle toutefois ne leur vsa d'aucune rigueur ny punition, aussi n'auoyent-ils presche que par l'authorité des Edicts. Plusieurs autres Ministres Protestans qui n'estoient point Ministres de ladite ville furent aussi emprisonnez pour estonner les autres, & les reduire par ce moyen à la Religion Catholique : A laquelle plusieurs si reduisirent, ou feignirent vouloir abandonner la Protestante, voyans qu'il n'y auoit pas grande seureté aux Edicts faicts en faueur desdicts Protestans. Ce nonobstát en plusieurs autres endroicts de la France, les Ministres ne laisserent pas de continuer les Presches, iusques à ce que la guerre fut declarée, & l'Edict de Ianuier reuoqué. Et d'autant que plusieurs Seigneurs qui s'estoient móstrez Protestans, craignoient qu'estans escartez les vns des autres, ils ne fussent en danger, non seulement de perdre l'exercice de leur Religion, mais aussi les biens & la vie : cela les fist r'alier ensemble, en ladite ville d'Orleans, en laquelle estoit le Prince de Condé, & auec luy l'Admiral de Chastillon, d'Andelot, le Prince Porcian, le Comte de la Rochefoucaut, le sieur de Piennes, de Soubise, de Moüy, sainct Fal, Desternay, & plusieurs autres, qui firent ledict Prince de Condé leur chef, ce que volontiers il ac-

Maisons hors la ville de Paris bruslées par le commandemét du Connestable.

Ministres Protestans emprisonnez.

Edict de Ianuier se reuoque

Le Prince de Condé se faict chef des Protestans.

V iiij

cepta, tant pour eftre de fon naturel ambitieux, &
pour auoir moyen de fe vanger de fes ennemis,
qu'auffi pour la crainte qu'il auoit de tomber en
leurs mains. Lors il efcriuit au Conneftable qu'il le
prioit de ceffer de tourmenter les Proteftans, &
faire enuers le Roy que les Edicts faicts pour eux
auec grande cognoiffance de caufe, fuffent entretenus; mais cela ne luy feruit de rien. Aucuns des
plus Politiques penfoient que les Edicts ne fe deuoient reuoquer, voyant que les Proteftans
auoient vn Chef, Prince du fang, fans lequel ils
n'euffent peu rien faire, parce que la Nobleffe
& ces Seigneurs qui auoient pris ce party, n'euffent
pas voulu fuiure l'Admiral, quoy qu'il fuft de
grande experience, lequel auffi ne s'y fuft pas
embarqué s'il n'euft cogneu le Prince de Condé
d'vn tel courage, qu'il fuft pluftoft mort que
de flechir en aucune chofe, & changer, comme il auoit monftré en fa prifon. Ceux qui auoient
traicté la confederation entre le Roy de Nauarre, ceux de Guife, & le Conneftable, penfoient
que ceftuy-cy retireroit fes neueux de Chaftillon,
& le Roy de Nauarre, le Prince de Condé fon
frere, & ne pouuoient croire que les deux freres, & l'oncle & les neueux fe fiffent la guerre:
mais entre les autres calamitez que la guerre ciuile
tire aprés foy, elle porte ce mal-heur d'armer les peres contre les enfans, & les freres contre les freres, &
principalement quand il y va du faict de la Religion, & que l'ambitiõ domine la raifon, lors il n'y a

Les Proteftans ne pouuoient rien fans vn Chef, Prince du fang.

Courage du Prince de Condé.

Grand mal-heur des guerres ciuiles.

LIVRE TROISIESME.

plus aucun parentage ou alliance qui soit respectée. Ainsi les Seigneurs & la Noblesse Protestante conclurent, que puis qu'ils auoient vn Prince du sang pour leur chef, qui viuroit & mourroit auec eux, il leur falloit mettre le tout à la fortune, & au hazard de la guerre : voyans aussi qu'ils auoient l'Admiral principal Officier de la Couronne, & digne chef de party, pour les bonnes & grandes qualitez qu'il auoit en luy. Et d'autant qu'il auoit quelque apparence de tenir sa Religion plus estroitement que nul autre, il tenoit en bride comme vn Censeur les appetits immoderez des ieunes Seigneurs & Gentils-homes Protestans, par vne certaine seuerité qui luy estoit naturelle & bien seante. Et d'Andelot son frere, combien qu'il n'eust pas tant d'experience, estoit tenu neantmoins fort vaillant, & hazardeux, & auoit beaucoup de creance auec les soldats. Et pour le regard du Cardinal de Chastillon leur frere, il auoit esté dés sa ieunesse nourry au maniment des grandes affaires, & estoit tres-grand Courtisan, qui aymoit & faisoit plaisir & caresse à la Noblesse. Qant au Prince Portian, il estoit ieune, prompt, volontaire, & toutesfois bien suiuy : comme estoient les sieurs de Rohan de Bretaigne, de la Rochefoucaut, de Genlis, de Montgommery, de Granmont, de Soubise, de Mouy, de Piennes, & plusieurs autres Seigneurs, ausquels se ralioient de toute parts, quantité de leurs parens, amis & seruiteurs, tant Capitaines soldats,

Les Protestans se resoluent à la guerre.

Austerité & seuerité de l'Admiral de Chastillon, qui luy estoit toutesfois bien seante.

D'Andelot fort vaillant & hazardeux.

Et le Cardinal son frere fort experimenté au maniment des grandes affaires.

Le party des Protestans se fortifie de iour en iour de Seigneurs & gens de toutes qualitez.

160 MEMOIRES DV SIEVR DE CASTELNAV,
qu'artisans, & plusieurs mesmes de la maison du Roy, & de la Cour, ce qui accreust tellement le nombre des Protestans, qu'ils eurent moyen de faire vne armée, mais non pas telle que celle des Catholiques, qui auoient le Roy pour eux, & la plus-part des villes. Or lesdicts Protestans pour donner bonne impression de leurs armes, firent dés lors publier vne declaration, comme ils auoient esté contraints de les prendre, tant pour le tort que l'on faisoit au Roy, à Messeigneurs ses freres, & à la Royne sa Mere qui estoient comme captifs, que parce que l'on auoit empesché à Paris l'execution de l'Edict de Ianuier ; & protestoient n'auoir autre but deuant les yeux en la confederation qu'ils auoient faicte de prendre les armes, & iuré inuiolablement de mourir tous ensemble, que pour l'honneur de Dieu, la liberté du Roy, de ses freres, de la Royne sa mere, & pour la cóseruation des Edicts. Et pour tout ce que dessus, ils tenoient le Prince de Condé apres le Roy pour leur Chef, & promettoient de luy obeyr & employer leurs vies & leurs biens, sans souffrir aucunes voleries, meurtres, assassinats, saccagement d'Eglises, ny aucunes iniures publiques. Ceste protestation ainsi faicte fut enuoyée au Roy par le Prince de Condé, auec ses lettres, & à la Royne sa Mere, au Roy de Nauarre, & au Connestable. La Royne tesmoignant trouuer mauuais que l'on dist, que le Roy & elle eussent esté forcez contre leurs volontez d'aller à Paris ; & qu'ils fussent comme prisonniers, pour adherer aux particulieres volontez

Declaration ou manifeste des Protestans.

Et leur Protestation.

Le Prince de Condé escrit à la Royne Mere, & luy enuoye sa protestation.

LIVRE TROISIESME. 161

volontez de ceux de Guise, du Conestable & du Mareschal de sainct André, & que l'on publiast, que lesdits sieurs eussent pouuoir de faire faire au Roy de Nauarre tout ce qui leur plaisoit: escriuit audit Prince de Condé par le Baron de la Garde, de la bonne affection qu'elle luy auoit tousiours portée, & du regret qu'elle auoit de voir les choses en telle extremité, luy promettant que si à ce coup il se monstroit bon seruiteur & parent du Roy, elle ne l'oublieroit iamais, ny le deuoir qu'il monstreroit à la conseruation de l'Estat, & à appaiser les troubles, dont il se faisoit Chef d'vne part: voyant bien que de l'autre le Connestable, & Mareschal de S. André, prenoient beaucoup de licence auec ceux de Guise, pour s'animer peut estre par trop contre les Protestans, en quoy elle n'auoit pas du tout esté creüe desdits sieurs, qui auoient des passiós particulieres: mais que pour le seruice du Roy & le bien du Royaume, il falloit tout oublier. Et si l'on auoit dit du Duc de Nemours, qu'il auoit voulu tirer Henry Duc d'Anjou frere du Roy de la Cour, pour le faire Chef des Catholiques, que c'estoit chose qui n'auoit point esté approuuée, encores que Rigneroles pour lors Escuier dudict Duc de Nemours, eust esté prisonnier pour ce suiet. La Royne n'oubliant aucunes raisons, pour persuader au Prince de Condé, qu'il ne se deuoit embarquer legerement au dessein de se faire Chef des Protestans. En quoy il sembloit à quelques vns qu'elle voulust fauoriser son party, mais il est croyable que comme sage & prudente

La résponce que luy fit ladite Dame.

Le Duc de Nemours auoit tasché de tirer le Duc d'Anjou de la Cour, pour le faire chef des Catholiques.

Les desseins de la Royne Mere ne tendoient qu'à la conseruation du Roy, de ses freres & de l'Estat.

X

Princesse, elle recherchoit par tous les moyens qui luy estoient possibles, la conseruation du Roy, de ses freres, & de l'Estat, craignant sur toutes choses la touche des guerres ciuiles. En ce mesme temps quelques vns en la ville de Sens qui retournoient du presche par l'insolence du mal qui alloit tousiours croissant furent tuez, & y eust quelques maisons pillées, par des soldats & autres gens armez en ladicte ville. De sorte que l'on disoit que le faict de Vassy n'estoit rien au regard de cestuy-là de Sens, dont les Protestans vouloient imputer la faute au Cardinal de Lorraine, qui en estoit pour lors Archeuesque. Le Prince de Condé se plaignoit grandement à la Royne de cest accident, l'appellant massacre & grande cruauté, à quoy la Royne se trouuoit bien empeschée, de pouuoir satisfaire, & reparer le mal aduenu : Et lors ledict Prince de Condé, entierement resolu de ne se departir de la foy & promesse qu'il auoit donnée aux Protestans, de viure & mourir auec eux, dit qu'il ne falloit plus rien esperer que de Dieu & des armes. Ainsi chacun se resolut, & apresta pour la guerre de part & d'autre. Les Protestans donc que nous appellerons cy aprés Huguenots, du nom que nous auons dit leur auoir esté donné à la conspiration d'Amboise, ayans prins ce nom le voulurent honorer de tout le courage que les François ayent iamais eu à combattre leurs plus grands ennemis: & firent faire lors des casaques de drap blanc

Massacres en la ville de Sens.

Plaintes du Prince de Condé à ceste occasion.

Les Catholiques & Huguenots se resoluët à la guerre.

Casaques des Huguenots de drap blanc.

LIVRE TROISIESME. 163

pour toute leur caualerie, qui eſtoit vne marque fort aiſée à cognoiſtre, aucuns des principaux chefs en auoient de velours, mais bien peu. Et pour donner plus de couleur aux raiſons qu'ils diſoient auoir de prendre les armes, faiſoient ſouuent publier & imprimer des petits liurets, par leſquels ils ſe plaignoient de la ſuſdicte captiuité du Roy, & confederations faictes contre ſa Majeſté, de l'infraction des Edicts, des meurtres, & maſſacres (ainſi les appelloient-ils) faicts en pluſieurs lieux, de la neceſſité en laquelle ils eſtoient reduicts, & autres ſemblables proteſtations, plaines de paroles fort aigres & picquantes contre ceux de Guiſe, monſtrans par leurs paroles & diſcours, grande affection enuers le Roy & la Royne ſa Mere. Et principalement le Prince de Condé qui eſcriuiſt auſſi lors à toutes les Egliſes des Huguenots, afin qu'ils donnaſſent ordre que leur armée n'euſt faute des choſes neceſſaires pour la deffence de la Religion. Mais d'autre part pour oſter l'occaſion, audict Prince & à ſes partiſans de prendre les armes; le Roy fiſt publier vn nouuel Edict declaratif & limitatif de l'Edict de Ianuier; par lequel ſa Majeſté vouloit & entendoit que l'Edict de Ianuier fuſt entretenu par tout le Royaume, excepté ſeulement en la ville de Paris. Et par autres lettres patentes ſadicte Majeſté declara comme les Huguenots ne deuoient prendre occaſion de ſe rebeller ny prendre les armes, ſous couleur que le Roy & la Royne eſtoient priſonniers

Les Huguenots font imprimer pluſieurs liurets, & plaintes qu'ils faiſoient.

Le Prince de Condé eſcrit à toutes les Egliſes des Huguenots.

Edict declaratif & limitatif de l'Edict de Ianuier.

Declaration du Roy contre les diſcours des Huguenots.

X ij

auec ses freres, tant de ceux de Guise, que du Connestable : faisant ample declaration du contraire, & qu'ils estoient en plaine & entiere liberté pour deffendre l'Estat, auec l'ayde de leurs bons suiects & seruiteurs, tant ceux qui estoient prés de leur personne, qu'autres qui en estoient plus esloignez. Laquelle declaration sembloit monstrer que la confederation faicte entre le Roy de Nauarre, le Connestable, & Duc de Guise, n'estoit point tant pour le fait de la Religion, que pour la conseruation de l'Estat : c'est pourquoy beaucoup de Catholiques qui n'auoient autre but que de maintenir leur Religion, & pensoient auparauant que la confederation ne visast que là, commencerent à se refroidir, ce qui fust cause que l'Edict de Ianuier fust entierement reuoqué, à fin que tous bons Catholiques s'employassent plus volontiers à la conseruation du Royaume, quand ils verroient qu'il seroit question de la Religion, seulement, pour laquelle chacun prendroit de bon cœur les armes. Cependant à fin de ne perdre temps l'on manda la gendarmerie, & ceux des Ordonnances, de se tenir prests pour le quinziesme du mois de May; & se deliura plusieurs Commissions pour leuer des gens de pied, & furent faicts nouueaux Capitaines de tous aages & qualitez; ce que voyans les Huguenots, commencerent à s'emparer des villes de Blois, Poictiers, Tours, Angers, Baugency, Chalon sur Saosne, Mascon, la Rochelle, Roüen, Ponteau de mer,

Refroidissemēt des Catholiques, & pourquoy.

Edict de Ianuier entierement reuoqué.

La gendarmerie & ceux des Ordonnances mandez.

Commissions deliurées pour leuer gens de pied. Les Huguenots s'emparent de plusieurs villes de France.

Dieppe, le Haure de Grace, Bourges, Montauban, Castres, Montpelier, Nismes, Castelnaudarry, Pezenas, Beziers, Agen, la forteresse de Maguelone, Aiguesmortes, le pays de Viuarés, les Sceuenes, Oranges, Pierre Latte, Mornas, & presque de tout le Comté Venaissin autour d'Auignon, Lyon, Grenoble, Montelimar, Romans, Vienne, Cisteron, Gap, Tournon, & Valence, où la Mothe Godrin Gouuerneur fut tué par les Huguenots; qui s'emparerent de plusieurs autres villes, places fortes, & Chasteaux, comme ils les peurent surprendre par diuerses inuentions & stratagemes où ils spolierent toutes les Eglises, & rompirent les images, & les ietterent par terre auec grande animosité: dequoy le Prince de Condé tesmoigna estre fort fasché, d'autant que cela contreuenoit à la protestation qu'il auoit faicte & ses partisans auec luy, & que c'estoit vne occasion aux Catholiques de grand mescontentement, qui les encourageroit à prendre les armes ouuertement, & auec plus de passion. Qui fut cause qu'il fist publier en toutes les villes, que l'Edict de Ianuier y fust entierement gardé, mais les courages estoient tellement animez qu'ils auoient lasché la bride à toute sorte de desordre & de licence, sans aucune conduite ny raison. Or la prinse de tant de villes, où les Huguenots commandoient à discretion, estonna fort la Cour, & les Catholiques voyans que c'estoit chose tres-difficile de les en chasser, sans faire de grandes despences, pour y

La Mothe Gondrin Gouuerneur de Valence tué par les Huguenots.

Excez, insolences, & sacrileges des Huguenots.

Au grand regret du Prince de Condé.

Estonnement à la Cour pour les villes prises par les Huguenots.

X iij

mener des armees, & respandre beaucoup de sang, auec la ruyne euidente du Royaume, comme s'il eust falu de nouueau reconquester telles places, par le moyen desquelles ils tenoient en suiection les Catholiques, & les desarmoient encores qu'ils fussent en beaucoup plus grand nombre que les Huguenots. Cela occasionna la Royne, par meur & prudent Conseil, mesmement du Chancelier de l'Hospital, & des confederez, craignant que le Roy ne se trouuast à la fin despoüillé de son Estat, estant toutes choses reduites à l'extremité de la guerre ciuile, d'escrire au Prince de Condé, pour le prier de venir à la Cour, où elle esperoit que toutes choses se pacifieroient à son contentement & pour le bien du Royaume. La Cour de Parlement de Paris luy escriuist semblablement, luy faisant responce aux lettres qu'il leur auoit enuoyées, & le certifiant qu'ils auoient donné Arrest de son innocence, pour le desir qu'ils auoient de luy faire seruice, & le voir bien content auprés du Roy: & que pour le regard de l'Edict de Ianuier, il n'estoit que prouisionnal, pour appaiser les troubles, & iusques à ce que l'on vist que les affaires s'en porteroient mieux, ce qui n'estoit point aduenu. Quant au faict de Vassy ils auoient Commission du Roy pour en informer & faire la Iustice, comme ils esperoient faire, si bien qu'il auroit occasion de s'en contenter. Et la conclusion estoit pour

Lettres de la Royne Mere au Prince de Condé pour le faire retourner à la Cour.

Et celles de la Cour de Parlement de Paris.

Conclusion d'icelles.

LIVRE TROISIESME. 167

l'exhorter à se remettre auec le Roy, duquel il estoit si proche parent. Mais telles remonstrances n'eurent pas beaucoup de vertu enuers luy, d'autāt qu'il estimoit que le Parlement estoit du tout passióné contre les Huguenots : ce qui les affoiblissoit fort, attendu aussi que tous les autres Parlemens, Baillifs, Seneschaux, & autres Iuges & Magistrats suiuoient entierement ce qui leur estoit enioint & mandé par ladite Cour de Parlement de Paris : pour responce, le Prince fit derechef vne declaration, qui fut publiée, pleine de protestations & doleances, telles & plus grandes que les precedentes. Neantmoins il offroit de se retirer en sa maison, pourueu que ceux de Guise, le Connestable, & Mareschal de sainct André, se retirassent aussi de la Cour, laissans les armes, & le Roy, la Royne & Messeigneurs ses freres en liberté, cependāt qu'il garderoit a sa Maiesté, les villes saisies par les Huguenots. Il escriuit aussi à l'Empereur Ferdinand, au Duc de Sauoye, & au Comte Palatin, à fin qu'il leur pleust s'interposer en ceste affaire, comme bons amis & alliez de la maison de France, & induire les vns & les autres à quelque bonne vnion : où du moins pour se iustifier enuers eux de la necessité, où il disoit que luy & tous les Huguenots de France estoient reduits. Mais il estoit mal aysé d'esteindre vn feu qui estoit trop allumé entre ceux d'vn mesme sang, & d'vne mesme patrie, où chacun vouloit mettre le bon droict de son costé. Et aussi que ces Princes estrangers, entre autres ceux de la maison d'Austriche, ne

Les autres Parlemens & iurisdictions de France suiuent le Parlement de Paris.
Declaration du Prince de Condé pour responce aux lettres du Parlement. Ses offres.

Lettres du Prince de Condé à plusieurs Princes estrangers.

demandoient pas mieux, que de voir ce grand Estat de France, si fort & si puissant se ruiner par ses propres mains. Le Duc de Sauoye sentoit aussi encores le dommage qu'il auoit eu par la France, où il eust plustost attizé le feu que de l'estouffer, sçachant bien qu'elle auroit plus de perte en vn an par les guerres ciuiles qu'en vingt contre ses voisins, qui en estoient plus forts & plus asseurez. Car il est certain que la ruine & perdition d'vn Estat est la conseruation & accroissement des autres, & nul ne perd en ce monde icy que l'autre ne gagne, & de la corruption de beaucoup de choses se fait la generation. Il est vray que le Cote Palatin, que i'ay de ce temps là cogneu fort passionné pour les Huguenots, auoit quelque volonté, s'il eust peu de moyenner vn accord, mais en faueur desdits Huguenots: encores qu'il fust pensionaire de la maison de France, de laquelle il auoit receu & les siés de grádes faueurs. Mais il estoit d'autrepart suspect aux Catholiques, car il auoit abádonné la Religion Luterienne receüe par l'Interin d'Allemagne, pour prendre la Caluiniste, dont il se rendoit fort partisan en toutes choses. Donc les Huguenots de France se sentans forts de tant de villes & forteresses, qu'ils auoient prises, estimerent qu'il seroit aisé de se defendre, ou au moins se pourroient maintenir; combien que le Prince de Condé offrist tousiours de se retirer en sa maison, pourueu que ceux de Guise, le Connestable, Mareschal de sainct André fissent le semblable: ce qu'ils offrirent aussi au Roy de faire par plusieurs fois, pourueu que l'Edict de

La maison d'Austriche bien aise de nos diuisions.

Desseins du Duc de Sauoye contre la France.

Comte Palatin passionné pour les Protestans.

Pensionnaire de la maison de France.

Offres du Prince de Condé conformes aux precedentes.

LIVRE TROISIESME. 169

dict de Ianuier fust reuoqué, & que nul ne demeurast auec les armes, sinon du vouloir & consentement de sa Maiesté & du Roy Nauarre. La Royne Mere du Roy leur fit responce que le Roy ny elle ne commandoient pas à ceux de Guise de se retirer: aussi n'en auoient ils par grande volonté, tant pour maintenir leur credit & puissance, que pour estre sommez & interpellez par le Nonce du Pape & tous les Catholiques de maintenir la Foy & vraye Religion contre les Huguenots, & essayer de les exterminer auant qu'ils fussent plus forts. Si tost que les Huguenots eurent copie de la requeste, ils firent publier leur responce toute pleine de protestations, comme ils auoient fait auparauant, auec belles paroles, toutefois piquantes contre le Cardinal de Lorraine disants qu'il contreuenoit à la promesse qu'il auoit faicte vn an auparauant à vn Prince de l'Empire, auquel il auoit dit qu'il trouuoit toutes bonnes choses & salutaires en la confession d'Ausbourg, & conformes à la Religion Catholique: offrans tousiours de garder au Roy les villes occupées par eux, qui se monstreroient en toutes choses bons & fideles suiets. De sorte que chacun se vouloit couurir & ayder du manteau Royal. Aucûs disoient que les propos que le Cardinal de Lorraine auoit tenu à ce Prince de l'Empire touchant la confession d'Ausbourg, estoit vn subtil moyen, qu'il vouloit inuenter, pour diuiser les Lutheriens d'auec les Caluinistes de France, & les mettre en querelle les vns contre les autres: aussi estoient ils en

Responces de la Royne Mere a icelles.

Ceux de Guise sommez par le Nonce & par les Catholiques de exterminer les Huguenots.

Autres Protestations des Huguenots & parolles piquantes contre le Cardinal de Lorraine.

Inuention du Cardinal de Lorraine pour diuiser les Lutheriens d'auec les Caluinistes.

Y

grande dispute, laquelle n'est pas encores vuidée. Et s'ils eussent esté bien vnis, & leurs forces conioinctes, ils eussent bien donné des affaires aux Catholiques. Mais ils ont tousiours esté si contraires, qu'au mois de May mil cinq cens soixante & deux, les Protestans de la confession d'Ausbourg se ietterent sur les François, qui auoient leurs Ministres & leurs presches à part, en la ville de Francfort, & n'y eust moyen d'appaiser la sedition, qu'au prealable les Magistrats, & la plus grande partie des bourgeois qui tenoient la confession d'Ausbourg, n'eussent chassé les Caluinistes. En ce temps les Huguenots de Thoulouse se voyans trop foibles pour se saisir de la ville, comme ils auoient deliberé ; & craignans d'estre mal traictez des Catholiques, trouuerent moyen d'attirer és enuirons d'icelles, quelques soldats des Monts-Pirenées, qui se disoient bandolliers, lesquels auec l'intelligence qu'ils auoient des Huguenots entrerent en la ville, & la surprindrent : puis ils se saisirent de la maison de ville, où estoient les poudres & artillerie, & tindrent en leur puissance vne grande partie de ladicte ville : Mais n'ayans peu se rendre tout à faict maistres d'icelle ny du chasteau, les Catholiques prindrent courage, s'assemblerent, vindrent aux armes, & combatirent trois ou quatre iours contre les Huguenots, où plusieurs furent tuez de part & d'autre, & quelques maisons bruslées. Et les Huguenots estant aduertis que Montluc approchoit auec vne ar-

Sedition à Fracfort entre les Lutheriens & Caluinistes.

Les Huguenots s'emparét d'vne partie de de la ville de Toulouse, mais ils sont repoussez.

Livre Troisiesme. 171

mée se retirerent la nuict du Ieudy deuant la Pentecoste, & de là surprindrent & gagnerent la ville de Montauban, laquelle ils ont depuis tousiours tenüe. Ceux qui demeurerent en la ville de Thoulouse, furent mal traictez, car ils furent tous tuez, pendus, ou prisonniers. En fin les Huguenots animez & bien resolus, se voyans hors d'esperance de paix, firent assembler leur Synode general en la ville d'Orleans, où il fust deliberé des moyens de faire vne armée, d'amasser de l'argent, leuer des gens de tous costez, & enroller tous ceux qui pourroient porter les armes. Puis ils firent publier ieusnes & prieres solemnelles par toutes leurs Eglises, pour éuiter les dangers & persecutions qui se presentoient contre eux. Lors la Royne Mere craignant que la personne du Roy, & de ses autres enfans fussent en danger, ou que ceux qui estoient auprés du Roy se retirassent en leurs maisons, (comme ils en auoient faict courir le bruit, disans que sa Majesté fauorisoit les Huguenots, & empeschoit tant qu'elle pouuoit que l'on leur fist la guerre) se resolut de laisser partir l'armée qui estoit toute és enuirons de Paris, en laquelle il y auoit plusieurs compagnies nouuelles de gens de pied, & la caualerie pouuoit estre de dix-huict cens, ou deux mil cheuaux, auec vne grande trouppe de Seigneurs & Gentils-hommes volontaires en fort bon equipage. Et ainsi l'armée du Roy s'achemina bien gaillarde, & conduitte par de bons Chefs, & commen-

Ils s'emparent de la ville de Montauban.

Huguenots mal traictez à Toulouse.

Synode general des Huguenots à Orleans, ce qu'ils y delibererent.

Ieusnes & prieres solemnelles publiées par leurs Eglises.

Armée du Roy qui marche côtre les Huguenots à Orleans.

Y ij

172 MEMOIRES DV SIEVR DE CASTELNAV,
ça à marcher en bataille aussi tost qu'elle fust à cinq ou six lieües de Paris, pour tirer vers Orleans. Les Huguenots d'autre costé, qui estoient en ceste ville auec le Prince de Condé leur Chef pouruoyoient à leurs affaires le mieux qu'ils pouuoient, chacun d'vne part & d'autre monstrant beaucoup de resolution. L'on ne parloit que de donner la bataille: le Prince de Condé, qui a tousiours eu plus de courage que de force, se prepare de sortir d'Orleans, & se mettre en campagne. La Beauce se trouue auec deux armées pour luy ayder à faire la recolte. La Royne Mere du Roy voyant les armes au milieu du Royaume qui n'en promettoient que l'entiere desolation, cherche le moyen de parler au Prince de Condé, present le Roy de Nauarre; ce qu'elle fist au commencement du mois de Iuin, en vn village prés de Talsy, où se pensa donner la bataille: & aprés plusieurs Conferences sur le bien de la paix & repos du Royaume, & pour faire poser les armes de part & d'autre, la conclusion du Prince de Condé, fut que l'Edict de Ianuier seroit gardé inuiolablement, sans exception ny limitation. Et que ceux de Guise se retireroient en leur maisons, comme il offroit de faire de sa part, ce que la Royne eust bien voulu pour euiter à plus grand inconuenient. Mais pour lors le Conseil & toute l'authorité ne gisoit qu'aux armes: & ce qui en estoit le pis, ceux qui les auoient en main de part & d'autre n'auoient pas grande volonté de les quitter, aussi le Roy de Nauarre par le

La Royne Mere confere auec le Prince de Condé, le Roy de Nauarre present.

Il est bien mal aisé de prendre vn bon Conseil quand l'authorité depend des armes.

LIVRE TROISIESME. 173

Conseil de ceux de Guise ne voulut accorder ny l'vn ny l'autre de ces poincts. Tellement que ceste entreueüe ne seruit d'autre chose que d'aigrir d'auantage les affaires. Chacun s'estant retiré, & les armées estant prés l'vne de l'autre, Villars fust enuoyé de la part du Roy au Prince de Condé, auquel il porta commandement de poser les armes, & luy rendre les villes que luy & ses partisans tenoient : & ce faisant le Duc de Guise & ses freres, le Connestable, & Mareschal de sainct André se retireroient en leurs maisons, & que l'Edict de Iuillet seroit maintenu de point en point, & seroit pardonné aux Huguenots d'auoir prins les armes contre le Roy. Le Prince de Condé fist responce qu'il estoit prest de ce faire, pourueu que l'on restablist les choses en l'estat qu'elles estoient auparauant la venuë de ceux de Guise à la Cour, & que l'Edict de Ianuier fust obserué, & le Cardinal de Ferrare (que les Huguenots disoient entretenir les diuisions) & les autres confederez se retirassent, sauf le Roy de Nauarre : que la Royne Mere du Roy & ledict Roy de Nauarre eussent le Gouuernement libre auec ceux de leur Conseil, & qu'il pleust au Roy de publier & assembler vn Concile National, auquel il estoit prest d'assister, s'il plaisoit à sa Maiesté, mais pour le regard du pardon d'auoir prins les armes, il disoit n'en estre point de besoin, voulant soustenir que c'estoit pour le seruice du Roy, comme aussi les villes qu'ils tenoient n'e-

Commandement faict au Prince de Condé de la part du Roy de luy rendre ses villes, & à quelles conditions.

Responce du Prince de Condé.

Conditiõ qu'il demandoit.

stoient que sous son obeyssance: offrant de les quitter & faire retirer les Huguenots, moyennant les conditions cy dessus proposées, lesquelles il remettoit, (comme il auoit desia mandé) au iugement de l'Empereur, des Princes de l'Empire, du Roy d'Espagne, des Roynes d'Angleterre & d'Escosse, des Seigneurs & Cantons des Suisses, & de la Republique de Venise. Et pour mieux iustifier sa cause, il disoit aussi, que s'il estoit question de reuoquer l'Edict de Ianuier il y falloit proceder par les voyes ordinaires, & auec meure deliberation; veu qu'il estoit question de la Religion, qui est la chose du monde en tous Estats la plus importante, & sans entrer au merite de la Religion, il n'y auoit aucune apparence, auant que l'Edict fust reuoqué, de tuer, massacrer, & emprisonner les Huguenots & faire piller leurs maisons, comme l'on auoit fait és villes de Vassi, Sens, & Paris, és vnes par commandement du Duc de Guise, és autres du Connestable: veu mesmement que l'on ne trouuoit point, ny ne mettoit-on en fait qu'ils eussent en aucune chose contreuenu à l'Edict: Nonobstant toutes ces choses il persistoit en ses offres & conditions; Mais tout cela n'estoient que belles paroles, sans venir aux effects, car se deffians entierement les vns des autres, nul ne se fust voulu desarmer le premier; ainsi Iules Cesar qui auoit le Gouuernement des Gaules, & auoit vne grande armée, escriuoit au Senat

Il se remet au iugement des Princes estrangers.

Comment on deuoit reuoquer l'Edict de Ianuier, & à quelles conditions.

Pas vn ne vouloit mettre les armes bas.

qu'il estoit prest de laisser les armes, pourueu que Pompeius les laissast aussi, & vinssent tous deux comme personnes priuées à pourchasser la recompense de leurs seruices. Vn autre ancien Capitaine Romain disoit que la guerre estoit iuste à ceux ausquels elle estoit necessaire, les Huguenots disoiét la mesme chose. Le Roy de Nauarre & les côfederez que l'on appelloit l'armée du Roy apres toutes ces entreueuës & pour-parlers, conseillerent de faire sortir des villes tous les Huguenots, & leur faire commandement d'en vuider. D'autre part les Huguenots, qui tenoient beaucoup de villes, prindrent toutes les reliques des Eglises, & ce qu'ils peurent trouuer esdictes villes, & és villages, où ils estoient les plus forts, & en firent battre de la monnoye au coing du Roy, disant que c'estoit pour le seruice de sa Majesté. De là commencerent toutes sortes de sacrileges, voleries, assassinats, parricides, paillardises, incestes, auec vne licence desbordee de mal faire, de part & d'autre. Il y eut quelques villes qui racheterent leurs reliques des Huguenots, lesquels faisoient aussi fondre les cloches pour faire de l'Artillerie, aucuns d'eux ne se proposoient pas moins que de marcher droit à Paris, & pressoient fort de donner la bataille; mais l'Admiral ne vouloit en façon du monde hazarder ce peu de gens qu'il auoit, qui fut cause qu'ils se meit seulement sur la defensiue. Lors la Royne Mere du Roy chercha de nouueau de parlementer auec le Prince de Condé; & le Roy de Nauarre, luy escriuit plus

La guerre est iuste à ceux ausquels elle est necessaire.

Sacrileges des Huguenots qui font battre monnoye des reliques.

Grands desordres & abominations de part & d'autre.

gracieusement qu'il n'auoit de coustume. Et pour l'induire plus facilement à s'aboucher eux deux, ledit Roy de Nauarre fit vn rollé de ceux qu'il meneroit auec luy, qui estoient tous Gentilshommes, & ses plus fauoris, comme fit le Prince de Condé, desquels apres estre conuenus, le lieu fut ordonné à Baugency, que le Prince de Condé bailla pour cest effect audict Roy, à la charge de le luy rendre si la paix ne se pouuoit conclure : & lors ils firent vne trefue de huit iours. En ce second abouchement le Prince de Condé demanda derechef que le Cardinal de Ferrare Legat du Pape & les cófederez se retirassent, hormis le Roy de Nauarre, & promit de demeurer entre les mains de la Royne Mere du Roy, & dudit Roy de Nauarre, pour ostage de ce qui seroit promis par les Huguenots, qui offriroient de faire toutes choses pour le bien de la paix, leurs consciences sauues. Lors se trouuerent auec le Prince de Códé, l'Admiral, le Prince Porcian, d'Andelot, Rohan, la Rochefoucault, Genlis, & Grammont, lesquels firent la reuerence à la Royne Mere, qui les receut fort gracieusement, & entendit bien volontiers toutes leurs raisons : par lesquelles ils remonstroient leur innocence, & l'equité de la cause qui les auoit induits de prendre les armes : dont les principales occasiós estoiét l'infraction des Edicts, & les massacres de ceux qui alloient au presche suiuant l'Edict de Ianuier. La Royne leur fit plainement responce, qu'il estoit impossible d'entretenir deux Religions en France. Et d'autant que les Catholiques

Abouchement du Roy de Nauarre & du Prince de Condé à Baugency.

Trefue de huict iours.

Le Prince de Condé s'offre pour ostage des Protestans.

Raisons des Seigneurs Protestans fondees sur l'infraction des Edicts.

Responce de la Royne Mere.

LIVRE TROISIESME. 177

tholiques estoient beaucoup les plus forts, il ne falloit pas esperer que l'Edict de Ianuier peust demeurer en vigueur. Le Prince de Condé, & les Seigneurs qui estoient auec luy, contesterent fort sur cela, offrans de se bannir plustost du Royaume, pourueu que l'Edict fust gardé, ce qu'ils disoient pour bailler plus de force & de iustice à leurs causes & raisons de prendre les armes. Et lors la Royne Mere du Roy, pour essaïer toute sorte de remedes à vn dáger si proche & si grand, accepta aussi tost leurs offres, ce qui les estóna fort: car ils ne pensoient pas que sa Maiesté leur portast si peu d'affection, qu'elle peust voir le Prince de Condé & tant de Noblesse bannie de France. Lors ils respondirent que c'estoit la pratique & le dessein des confederez, à quoy neantmoins ils n'auoient donné conseil ny opinion, car ils ne pensoient pas que les Huguenots deussent faire telles offres. Mais le seul but de la Royne estoit de voir le Royaume paisible, & le Roy Maistre en quelque sorte que ce fust: occasion pourquoy sa Maiesté promettoit au Prince & à ses partisans toutes les seuretez qu'ils voudroient demander, leur remonstrant aussi qu'ils n'auroient, ny les forces, ny les moyens de resister aux Catholiques. Or apres plusieurs disputes & raisons deduites de part & d'autre, sans pouuoir rien conclure pour le bien de la paix, le Prince de Condé auec sa compagnie se departit de ses offres. Neantmoins il fut sommé par la Royne Mere de se souuenir de ses promesses pour le bien du Roy & du Royaume, à laquelle

Le Prince de Condé & Seigneurs Huguenots surpris en leurs offres.

La conference rompuë sans effet.

Z

pour responce il fit des excuses que l'on luy auoit enuoyé des lettres interceptes, escrites par les confederez du Cardinal de Lorraine, par lesquelles l'on luy mandoit, que la Royne Mere & le Roy de Nauarre, n'auoient autre desir que d'abolir & exterminer la Religion des Huguenots, & que les forces du Roy estoient assez grandes pour ce faire, d'auantage qu'ils estoient fort odieux. L'on apporta en mesme instant vn petit mot intercepté audict Prince de Condé, que l'on escriuoit au Roy de Nauarre, par lequel les confederez l'aduertissoient que sur tout il ne fust point parlé de l'Edict de Ianuier : mais que l'on parlast de rendre les villes vsurpées pas les Huguenots, & que s'il vouloit faire vn acte digne de luy, il fist retenir le Prince de Condé son frere ; soit que la lettre fust veritable ou supposée, cela feit perdre toute esperance d'accord : Et dés lors les Huguenots se deffierent grandement de la Royne, disans qu'elle estoit du tout partiale, & gagnée par la maison de Guise : Par ce moyen le Prince de Condé & les associez demanderent de se retirer en leur camp, comme ils firent. Quoy voyant l'armée du Roy resolut de ne perdre plus de temps, ains de combattre, ou aduancer quelque chose, l'Admiral entendant ceste deliberation des Catholiques, ne fut pas d'auis que l'on hazardast ce peu de gens qu'ils auoient, veu qu'ils esperoient plus grandes forces, & que par ruses & stratagemes en temporisant, ils renuoyroient l'ar-

Lettre Interceptée escrite au Roy de Nauarre, faict perdre toute esperance d'accord.

L'armée du Roy recherche le combat, mais l'armée Huguenotte l'euite à son possible.

LIVRE TROISIESME. 179

mée du Roy sans faire aucun effect: Laquelle voyant que l'armée Huguenotte ne vouloit en façon quelconque venir au combat, alla mettre le siege deuant la ville de Blois, qui fist mine de se vouloir deffendre, mais estant l'artillerie poinctée sur le bord du fossé, en deux volées de canon fist bresche au portail, & dedans la courtine, dont les assiegez & habitans de ladicte ville furent si estonnez, qu'en moins de trois heures ils leuerent la main pour parlementer: le sieur Dalluye Secretaire d'Estat & moy allasmes pour traicter de la composition; mais les pauures habitans estonnez & esperdus ne sçauoient sinon demander misericorde auec telle condition que l'on voudroit, parce que quelques Huguenots, qui auoient tenu la ville, incontinent qu'ils ouyrent tirer l'artillerie s'enfuirent, tant par la porte de Vienne, que du long de la leuée: Et presque aussi tost entrerent par la bresche de la courtine, le Roy de Nauarre, le Duc de Guise, le Grand Prieur, & quelques Gentilshommes, pour garder que la ville ne fust pillée & saccagée. Mais comme les choses estoient desia en grande alteration, & ces noms de Huguenots & Papistes portoient auec eux vn mespris, & vne haine si grande, qu'ils se traittoient comme mortels ennemis, les soldats estans entrez de tous costez en la ville chacun en print où il peut, quelque ordre & commandement que l'on eust sceu faire, & qui ne trouuoit

Blois assiegé par l'armée du Roy.

Qui se rend à composition.

Pillée neantmoins quelque ordre qu'on y peust mettre.

Z ij

à piller & à prendre, y viuoit à discretion. Incontinent aprés la ville de Tours qui n'auoit pas des garnisons suffisantes, & n'estoit pas meilleure que Blois s'estonna ; & ceux qui estoient dedans pour les Huguenots, n'auoient pas moins de crainte des Catholiques qui estoient en la ville, que de l'armée du Roy. Qui fut cause qu'ils enuoyerent vers le Roy de Nauarre, pour dire que volontiers ils se rendroient à composition, ce qui fut accepté. Alors fut despesché le sieur de Beauuais Nangy, pour aller faire la composition, & auec luy quelques gens de pied, & deux cens cheuaux. Ceste ville fust bien aise de se remettre en l'obeyssance du Roy, où les habitans tuerent & noyerent quelques Huguenots, pour les outrages qu'ils en auoient receus, & le regret qu'ils auoient d'auoir veu ruyner leurs Eglises. Le Prince de Condé pour reuanche reprint la ville de Baugency, où la plus-part des soldats que le Roy de Nauarre y auoit laissez en garnison furent tuez : l'armée du Roy qui se fortifioit cependant de tous endroicts, alla remettre le camp auquel i'estois, deuant la ville de Bourges, en laquelle commandoit Ivoy auec nombre de gens de guerre : lequel endura la batterie & les approches, & en fin fut contraint de parlementer & rendre la ville par composition, laquelle luy fut gardée, & tout ce qui auoit esté promis aux assiegez, dont la plus-part se mirent en l'armée du Roy, & mesmement ledict sieur d'Iuoy, les autres s'en allerent en la

Tours se rend à composition.

Baugecy repris par le Prince de Condé, & la garnison taillée en pieces.

Bourges se rend au Roy.

ville d'Orleans. Quant à la ville d'Angers, ceux qui l'auoient prinse s'estoient retirez à Orleans, pour se ioindre à l'armée du Prince, & y auoient seulement laissé bien peu de Soldats, auec les Huguenots du pays, qui auoient promis de garder la ville : Mais ils ne tenoient pas le Chasteau, qui est l'vn des meilleurs & plus forts de la France, & qui commande entierement à ladicte ville. Le Duc de Montpensier, qui estoit pour lors dans Chinon, enuoya querir le Capitaine dudict Chasteau, & trois ou quatre des principaux habitans de la ville, le plus secrettement qu'il peut, où ils aduiserent du iour pour enuoyer des forces, qui furent conduittes & commandées par Puigaillard, lequel entra de nuict audict Chasteau, & de là en la ville, vn matin que tous les Caliques auoient le mot du guet de se mettre en liberté; où ils vserent de tant de dexterité & diligence qu'ils reprindrent leur ville, & y tuerent plusieurs Huguenots; autres y furent executez par iustice, & leurs maisons abandonnées à la mercy des soldats, & habitans Catholiques. En mesme temps le Mareschal de sainct André print la ville de Poictiers, en laquelle il entra par le Chasteau, & y fut tué plus de Huguenots qu'en aucune des autres, parce qu'ils estoient là en grand nombre, toutesfois il s'en sauua beaucoup. Et la ville fust saccagée, où les Catholiques n'eurent guere meilleur marché que les Huguenots; car plusieurs filles & femmes y furent traictées à la discretion des soldats, sans gran-

La ville d'Angers reprise par les Catholiques.

Les Huguenots qui estoiét dedans executez par iustice. Poictiers repris & grand nombre de Huguenots tuez en icelle.

La ville saccagée, & les grádes insolences exercées par les soldats, tant entre les Catholiques que Huguenots.

de exception d'aage ny de Religion. La ville de Poictiers auoit esté prinse par quelques Gascons & bandoliers, seulement trois mois auparauant, par le moyen des Huguenots habitans d'icelle : où ils auoient vescu à discretion sur les Catholiques, saccageans & ruynans toutes les Eglises. Le Grand Prieur de France, qui estoit allé voir Madame de Neuers Comtesse de sainct Paul, à present vefue du feu Duc de Longueuille, & le sieur de Matignon Lieutenant du Roy en la basse Normandie, en ce temps se ioignirent ensemble, pour s'opposer aux desseins du Comte de Montgommery, qui tenoit la campagne en ce pays là, & se retirerent en la ville de Cherebourg, d'où ils firent sçauoir au Roy que s'il luy plaisoit de m'enuoyer vers le Duc d'Estampes Gouuerneur de Bretaigne, & de Martigues son neueu, pour leur commander d'amener leurs forces, de gens de pied & de cheual, attendu que la Bretaigne estoit la Prouince de France moins trauaillée des Huguenots, & ioindre celles qu'y pourroit amasser le sieur de Matignon auec les leurs, ce seroit le moyen de defaire le Comte de Montgommery, qui tenoit la basse Normandie en suiection, & se preparoit pour aller à Rouen, & de reprendre les villes que les Huguenots y auoient tenuës. Doncques incontinent aprés la composition de Bourges, le Roy me despecha pour aller trouuer lesdicts Duc d'Estampes & de Martigues, auec grande priere & commandement, veu que les affaires

Armée du Roy en Normandie contre le Comte de Montgomery.

L'Autheur enuoyé par le Roy vers le Duc d'Estampes & le sieur de Martigues pour ioindre ses forces auec le sieur de Matignon.

LIVRE TROISIESME. 183

n'estoient pas grandes en Bretagne, d'amener leurs forces, comme il auoit esté aduisé. Ce qu'ils offrirent fort volontiers de faire, & tout ce qui leur seroit commandé pour le seruice du Roy. Et aussi tost s'acheminerent par la basse Normandie, où le Grand Prieur qui estoit de la maison de Guise, lequel auoit laissé ses amours pour reprendre les armes, & Matignon qui auoit les forces dudict pays, s'assemblerent auec eux: de sorte qu'estans les plus forts, ils hasterent le Comte de Montgommery de s'aller ietter dedans Roüen, parce que les Hugenots lesquels y commandoient à discretion, craignoient le siege deuant ceste ville, comme celle qui leur importoit entierement, & qui incommodoit beaucoup la ville de Paris, à l'occasion du grand trafic & commerce qui est entr'elles: comme aussi la pluspart des nations de l'Europe ont de grandes correspondances en ladite ville de Roüen, l'vne des plus riches, & plus marchandes de toute la France. Ceux du Parlemement s'estoient retirez à Louuiers, ou ils tenoient leur seance, mais leurs plus grandes occupations estoient à condamner les Huguenots, confisquer leurs biens, & les faire mourir quand ils les pouuoient attraper, comme rebelles. De sorte que ceux dudict Parlement, & ceux qui tenoient la ville, faisoient du pis qu'ils pouuoient, auec grande animosité les vns contre les autres. Le Duc d'Aumale fut fait Lieutenant general en toute la Normandie, à l'occasion que le

Lesquels obeyrent à ce qu'il leur fut commandé.

La ville de Roüen l'vne des plus marchandes de la France.

Estranges miseres qui ariuent aux guerres ciuiles.

Le Duc d'Aumale Lieutenant general en Normandie.

Duc de Boüillon, pour lors ieune Seigneur, & Gouuerneur de ladite Prouince fauorisoit le party des Huguenots en tout ce qu'il pouuoit, combien qu'il tesmoignast vouloir tenir vn certain milieu, pour estre estimé politique, de ne se mesler ny d'vne part ny d'autre. Mais en matiere de guerres ciuiles, il faut tenir vn party asseuré, car de toutes sortes de nations, du temps mesmes des Romains ceux là ont esté mesprisez qui en ont vsé autrement, & par la neutralité on ne se defait de ses ennemis & n'acquiert on point d'amis. Or le Duc d'Aumale ayant eu le commandement d'assieger la ville de Roüen, commença par le fort saincte Catherine, qu'il ne peut prendre, il demeura neantmoins auec ses trouppes, pour tenir la ville en suiection, attendant qu'il eust plus de gens de guerre, ou que le camp du Roy tournast de ce costé-là. Ie fus aussi enuoyé deuers luy, pour sçauoir quelles forces il demanderoit: puis i'allay vers le Parlement, pour leur dire qu'ils ne fussent pas si violens à faire mourir les Huguenots qui tomboient en leurs mains. Et de là ayant passé à Caen, où estoit le Duc de Boüillon, pour aller encor trouuer le Duc d'Estampes, de Martigues, le grand Prieur, & Matignon, pour leur commander de la part du Roy, de donner bon ordre aux affaires de la Normandie : & s'il estoit possible d'empescher les Anglois d'entrer au Haure de Grace, & à Dieppe, & autres villes qui leur estoient promises en ceste Prouince. Ie demeuray vne nuit à Caen auec ledict sieur de Boüillon, lequel me parla

Aux guerres ciuiles il faut tenir vn party asseuré.

Siege de Roüen.

Remonstrance de l'autheur au Parlement de Roüen de la part du Roy.

LIVRE TROISIESME. 185

de l'affection qu'il auoit de faire seruice au Roy, faisant toutefois beaucoup de plaintes de la defiance
que l'on auoit de luy, & de ce que Matignon, & les
Lieutenans du Roy en la Normandie ne luy obeis-
soient point, & ne le recognoissoient en aucune
chose: ce qu'il me prioit de dire à sa Majesté quand
ie la verrois, & en attendant, de luy escrire par vn
courrier qu'il despecheroit ce iour là. Cependant
i'auois laissé quelques harquebusiers & gens de cheual, auec mon train à deux lieües de Caen, sur le chemin, que ie deuois reprendre le lendemain pour
aller trouuer lesdicts Duc d'Estampes & de Martigues, dequoy estant ialoux ledict Duc de Boüillon,
& que ie ne retournois pas trouuer le Roy; & d'a-
uantage qu'il y auoit quelques prisonniers entre les
mains de ceux du Parlement de Roüen, qui luy
auoient esté refusez, fit aduertir de ses amis, & plusieurs Huguenots, de me faire vne embuscade,
pour me prendre prisonnier: A quoy ayant donné
ordre toute la nuit, il me pria de disner encores le
lendemain auec luy, mais ie partis du matin pour
reprendre ma trouppe, & fis vne grande traicte ce
iour là, auquel ne m'ayant peu attraper, ils firent
toute diligence d'aduertir lesdits Huguenots, & autres qui leur estoient fauorables, & quelques troupes
qui alloient trouuer le Comte de Montgommery,
pour me couper chemin: ce qu'ayant fait, de plusieurs endroits, il me chargerent en vn lieu estroit,
auec ce peu de gens que i'auois, de sorte que mon
cheual ayant esté tué, moy blessé & porté par terre,

A a

Plaintes du Duc de Boüillon.

Embuscade contre l'au-theur.

ie fus prins prisonnier par la pratique dudict Duc de Boüillon, qui s'en est toutesfois depuis voulu excuser, disant qu'au contraire il auoit voulu empescher l'entreprise. Ie fus mené au Haure de Grace la nuict ensuiuant par mer, ou d'arriuée l'on me menaça de mauuais traictement, parce que le Duc d'Aumale & ceux du Parlement de Roüen, qui estoit à Louuiers, faisoient (comme ils disoient) plusieurs cruautez contre aucuns de la Noblesse qui s'estoient retirez là. Neantmoins ie receus beaucoup de faueur de Beauuois la Nocle, qui y commandoit, & fut mis en garde és mains du jeune de la Curée, qui me fit bon traictement. Cependant ie trouuay moyen d'enuoyer vers le Duc d'Estampes, & de Martigues, que j'aduertis de tout ce que ie leur eusse peu dire moy-mesme : lesquels estans ioints auec Matignon, & les forces de la basse Normandie, assiegerent & reprindrent sainct Lo, Vire & autres places, & en chasserent toutes les forces des Huguenots, qui estoient esparses, & faisoient mille maux. Le Comte de Montgomery en ce mesme instant arriua par mer au Haure de Grace, pour s'aller mettre dedans Roüen, & ne fut que deux iours à y aller, auec ce qu'il peut mener, le long de la riuiere en plusieurs bons vaisseaux, qui luy furent équipez. Ie trouuay aussi les moyens d'escrire au Roy, à la Royne sa Mere, au Roy de Nauarre, au Duc de Guise, & au Connestable, de tout ce qui se passoit audict Haure, par l'entremise d'vn de mes gardes, & vn Sergent Major, appellé le Capitaine la

L'autheur pris prisonnier & mené au Haure

Places reprises en Normandie par l'armee du Roy.

Le Comte de Montgomery va au secours de Roüen.

Rose, lesquels i'auois gagnez, qui m'asseuroient ne desirer rien tant, que de pouuoir partir de là, auec quelque bon pretexte, pour faire seruice au Roy, & eus beaucoup de grandes deliberations auec eux, pour voir quels moyens il y auroit d'auoir vne porte, & faire vne entreprinse audit Haure de Grace. Comme nous traictions de ces affaires, ie receus lettres de leurs Majestez qui me manderent que ie leur ferois vn tres-grand seruice, si ie pouuois traicter quelque chose auec Beauuois, & les Gentilshommes qui estoient retirez en ceste ville de plusieurs endroits de la Normandie, pour la faire remettre en l'obeïssance du Roy, sans la mettre entre les mains des Anglois. Mais ledit Beauuois auec les Principaux qui estoient en la ville, me dirent qu'ils ne pouuoient venir à aucune composition, sans en aduertir premierement le Prince de Condé, & l'Admiral. Cependant ils me proposerent que si ie pouuois faire rendre certains prisonniers qu'ils me demandoient, qui estoient entre les mains des Ducs de Guise, & d'Aumale, & du Parlement de Rouën, ils me mettroient en liberté, & escriroient au Roy & à la Royne l'occasion qui les auoit meus de se retirer en ceste ville là, laquelle ils conserueroient pour le seruice de leurs Majestez, & pour le bien du Royaume. Dequoy ayant trouué moyen d'aduertir leursdites Majestez, ils m'escriuirent incontinent que ie fisse tout ce que ie pourrois pour les aller trouuer, ce qui me fut accordé, tant par ledict sieur de Beauuois, qui par les princi-

Desseins de l'autheur sur le Haure.

Il tasche de gagner le Gouuernemẽt de la ville pour le seruice du Roy.

On luy permet d'aller trouuer le Roy.

Aa ij

paux du Haure, qui tesmoignoient desirer quelque bon accord. I'allay donc trouuer leurs Majestez, le Roy de Nauarre, & le Connestable, ausquels ie fis quelques ouuertures des choses que demandoient ceux qui estoient retirez audict Haure, toutesfois peu raisonnables. Neantmoins pour le desir que la Royne Mere du Roy auoit, que ceste ville ne fust mise entre les mains des Anglois, lesquels auoient capitulé auec le Vidasme de Chartres, qui estoit en Angleterre de la part du Prince de Condé, & des Huguenots, pour auoir de l'argent, moyennant lequel ils auoient promis de liurer ledict Haure, Dieppe, & quelques autres places de Normandie : ie fus aussi tost despeché pour retourner leur porter vne sincere volonté du Roy, & des conditions raisonnables, auec la seureté de la vie, des biens, & des Estats, de tous ceux qui estoient en ladite ville, tant Bourgeois que autres qui y commandoient, & mesmes pour le sieur de Cros, qui en auoit esté Gouuerneur. Le lendemain aprés que ie fus de retour au Haure de Grace, les Mareschaux des logis, & Fourriers de l'armée d'Angleterre arriuerent pour marquer les logis, & le premier qu'ils firent, fut à la Tour, & aux principaux bastions, tesmoignás assez qu'ils se vouloient rendre les maistres de ceste place, en laquelle les François qui y commandoient au lieu d'en estre faschez, se resiouyssoient de leur venüe, me disans qu'ils n'auoient pas faute d'amis estrangers : & comme le Roy, & les confederez, & chefs de son ar-

Le Vidasme de Chartres traicte auec l'Anglois, pour luy remettre les villes de Dieppe & du Haure.

Le Haure mis par les Huguenots entre les mains des Anglois.

mée auoient fait faire des leuées de Reiſtres & Lanſquenets, par les Comtes Ringraff & de Rokandolf,
ils m'aſſeuroient qu'ils auoient eu nouuelles, que
d'Andelot auroit ſéblablement des Reiſtres & Lanſquenets, & qu'ils mettroient tant d'eſtrangers en
France, qu'il ſeroit mal-aiſé de les en chaſſer, quand
l'on voudroit. Quatre ou cinq iours apres le Com- *Le Comte de*
te de Vvaruik frere aiſné du Comte de Leyceſter, & *Vvaruik An-*
Grand Maiſtre de l'artillerie d'Angleterre arriua *Haure.*
auec cinq à ſix mil hommes de pied Anglois, &
deux à trois cens cheuaux, & force ieunes Gentils-
hommes de ceſte nation, tous leſquels & ledict
Comte de Vvaruik eſtoient de ma cognoiſſance. Ie
les vis deſbarquer & loger, & en moins de trois
iours ſe faire maiſtres de ladicte ville & en mettre
dehors les François, auſquels ils baillerent quelques
armes, poudres, & munitions, pour s'aller mettre
dedans Roüen auec le Comte de Montgommery,
qui s'eſtoit entierement aſſeuré de ladicte ville, &
auoit fait rompre les Egliſes, pour prendre les Reliques, & mis toutes choſes à la mercy des ſoldats
ramaſſez de pluſieurs endroicts, & mal policez, qui
prenoient des Catholiques tout ce qu'ils auoient,
les chaſſoient, ou rançonnoient à diſcretion. Et
comme i'eſtois priſonnier des François ſur ma foy,
& auec beaucoup de liberté, ie me trouuay auec eux
auſſi priſonnier des Anglois : y eſtant les François
ſans aucune authorité. Mais ayant beaucoup de co- *L'Autheur ren-*
gnoiſſance auec le Comte de Vvaruik (lequel me *Anglois vers le*
traicta bien) & pluſieurs deſdicts Anglois, pour *ne Mere.*

Aa iij

les affaires que i'auois traictées en Angleterre, il desira que ie fisse encores vn autre voyage sur ma foy, pour dire à leurs Majestez, qu'entrant dedans le Haure de Grace, il n'auoit autre commandement de la Royne d'Angleterre sa Maistresse, que de faire seruice au Roy, & à son Estat, le voyant si affligé & en l'extremité de guerres ciuiles. Ie ne voulus pas accepter ceste charge en ceste façon, mais bien offris-ie audict Comte de Vvaruik, d'aller deuers le Roy, & luy dire comme il s'estoit entierement saisi de la forteresse du Haure de Grace, & que i'en auois veu sortir les François, fors Beauuois, & quelque peu de sa suitte, qui n'y auoient plus aucun commandement : & que si ledict sieur Comte pretendoit quelque chose du Roy, ie ferois volontiers le voyage, & luy en rapporterois les nouuelles. Sur cela ie pris l'occasion, estant tousiours prisonnier sur ma foy, de retourner à la Cour, & en nostre armée, pour faire entendre à leurs Majestez, ce que i'auois veu, & aux chefs de l'armée. Et comme i'estois allé auec des paroles de la part du Comte de Vvaruik, sçachant bien qu'elles ne seruiroient de rien que pour faciliter ma liberté, ie fus semblablement redepesché de la Cour, auec autres paroles, qui ne pouuoient que contenter ledict Comte, & la Royne d'Angleterre sa Maistresse; &

Il retourne encores au Haure estant tousiours prisonnier sous sa foy.

aussi pour luy remonstrer que ny ayant encores que peu de temps, qu'il s'estoit faict vne bonne paix, auec le feu Roy Henry, par le moyen du traicté de Casteau-Cambresis, ladicte Royne d'Angleterre

LIVRE TROISIESME. 191

n'auoit point d'occasion de s'en departir enuers le Roy Charles IX. son fils, estant Prince ieune, qui ne l'auoit point offencée : & que d'auantage elle decherroit de son droit de Calais par le traicté fait audit Cambresis, si elle faisoit la premiere quelque innouation de guerre. Or cela, comme i'ay dit, n'estoient que paroles & discours, car la guerre s'eschauffoit de tous costez de la France : & les leuées que faisoit d'Andelot en Allemagne s'auançoient fort, tant des dix cornettes de Reistres, qui faisoient enuiron deux mil six cens cheuaux ; que de douze enseignes de Lansquenets, qui faisoient trois mil-hommes de pied, sous la conduitte du Mareschal de Hessen, qui estoit vn pauure soldat. L'armée du Roy s'auançant, alla mettre le siege deuant Roüen, & au fort saincte Catherine, qui fust prins aprés quelque batterie, lors que ceux de dedans estoient à disner, faisans mauuaise garde, ce que quelques vns des nostres ayant recognu, firent signe aux soldats, lesquels au mesme temps monterent, & donnerent l'espouuente à ceux de dedans, qui s'enfuirent en la ville : il y eust peu de perte, sinon de Randan, qui y fust blessé aux iambes d'vne grenade, dont il mourut, ayant la charge de Colonnel de l'Infanterie Françoise, en la place de d'Andelot ; le Roy se vint loger dedans le fort. Le camp reserra lors la ville de si prés, que n'estant point fortifiée d'heure en autre ils couroient le hazard d'estre prins : neantmoins ils se monstroient resolus

Prise du fort saincte Catherine par l'armée du Roy.

Le sieur de Randan blessé à mort.

192 MEMOIRES DV SIEVR DE CASTELNAV,
& opiniastres. L'on fist vne batterie à la tour du co-
lombier, qui estoit vne tour ronde & d'assez bonnes estoffes: quelques rauelins & flancs furent rompus & leuez par nostre artillerie, qui estoit fort prés
du rampart: le fossé fust percé & prins, & aussi tost
nos soldats y furent logez. Le Roy & toute la Cour,
du Mont saincte Catherine voyoit battre ceste ville, des plus riches de son Royaume. Il y auoit quelques pieces au long du coustau dudict Mont saincte Catherine, qui battoient en courtine tout du
long de ladicte ville: & de là se voyoient tous ceux
de dedans, & leurs ouurages, reparations, retranchemens, & les trauerses qu'ils faisoient pour se
sauuer de l'artillerie qui les endommageoit fort.
Neantmoins l'on ne desiroit pas prendre ceste ville par force, s'il estoit possible de l'auoir par composition, pour la crainte que l'on auoit de la voir
saccager sans remede, comme elle fust depuis par
l'opiniastreté de ceux de dedans. Vn peu deuant
la prinse de la ville, ie fus encores r'enuoyé au Haure de Grace, mais voyant que c'estoit chose inutile de parler d'y faire aucune composition, ie trouuay moyen de me faire liberer entierement de ma
foy, en faisant rendre quelques prisonniers, apres
auoir recogneu tout ce qui se pouuoit de la place,
& de l'ordre que tenoient les Anglois: lesquels s'e-
stonnoient de voir Rouen serré de si prés, qu'il eust
esté prins vingt iours plustost qu'il ne fut, si l'on
n'eust esperé d'y faire quelque composition, comme l'on en chercha tous les moyens, ayant souuent
ouy dire

Batteries qui se faisoient contre la ville de Rouën.

On tasche de l'auoir à composition.

ouy dire au Duc de Guise, qu'en vingt quatre heures il eust prins la ville d'assaut, si le Roy eust voulu: mais le Chancelier de l'Hospital insistoit tousiours qu'il ne falloit forcer, & que c'estoit vne mauuaise conqueste que de conquerir sur soy mesme, par armes: & que si ceste ville estoit pillée, Paris s'en ressentiroit, & les estrangers qui y auoient leurs biens en demanderoient la raison au Roy. L'on enuoya le Capitaine des Gardes Escossoises, & le sieur d'O, deputez pouruoir s'il se pourroit faire quelque accord: mais ceux de dedans demeurerent resolus en leur opiniastreté. Le Roy de Nauarre Prince vaillant, & ialoux de l'honneur plus que de la vie, estant dedans le fossé fut blessé en l'espaule droite, dot il mourut ainsi que ie diray cy-apres. Le Duc de Guise voyant l'obstination des assiegez, & principalement du Comte de Montgomery, lequel fit paroistre autant d'opiniastreté que de courage, m'enuoya par plusieurs fois des tranchees, & mesme du fossé, deuers le Roy, la Royne sa Mere & leur Conseil, qui estoient au Mont saincte Catherine, pour leur dire que s'ils vouloient, la ville seroit prinse en moins de deux ou trois heures ; ce qu'il ne vouloit faire sans leur bien exprés commandement, à quoy leurs Majestez reculoient tant qu'il estoit possible, esperans tousiours de faire quelque composition. Mais comme les obstinez se perdent à la fin, & voyant que l'on perdoit temps, il fut resolu aprés leur auoir donné vn faux assaut, où il demeura quelques Lansquenets sur le haut du fossé, & auoir

Considerations du Chancelier de l'Hospital sur la prise de Rouën.

Le Roy de Nauarre blessé à l'espaule.

L'opiniastreté de ceux de Rouën, cause par aprés de leur ruine.

B b

mis le feu à la mine, de les prendre par force, comme il fut fait : car ayant le Duc de Guise gagné & saisi le rauelin d'vne porte, & logé plusieurs enseignes dedans le fossé, où il y auoit quantité de ieunes Seigneurs auec luy, entre lesquels le Duc de Neuers & plusieurs autres de la Noblesse, y furent tuez ou blessez, estans main à main auec ceux de dedans, ils furent incontinent contraints d'abandonner le rampart qui fut entrepris. Quoy voyant le Duc de Guise, lequel estoit prest d'executer sa promesse de prendre la ville en peu de temps, quand il seroit ordonné, enuoya derechef deuers le Roy pour sçauoir sa volonté : Mais sa Majesté remit les choses à la victoire, priant & commandant s'il estoit possible, que la ville ne fust point pillée, au contraire que l'on fist tout ce qui seroit possible, pour contenir les Capitaines & soldats, par quelques promesses d'honneur & de bien-faits, & d'vne paye franche, s'ils s'abstenoient du pillage : lors le Duc de Guise fit vne harangue aux Capitaines & soldats sur le haut du rampart, où i'estois present, les priant & admonestant tous de considerer qu'ils estoient François ; & que c'estoit l'vne des principalles villes du Royaume, où plusieurs estrangers auoient tous leurs biens ; que ce seroit vne tres-mauuaise condition, qu'ils les perdissent par l'opiniastreté de ceux qui y commandoient, que la victoire de se commander estoit plus grande, que celle qu'ils pouuoient remporter

La ville de Roüen prise par force.

Et pillée, nonobstant les promesses & les deffences.

Harangue du Duc de Guise à ses soldats pour empescher le pillage.

sur leurs ennemis, que ce seroit chose indigne de soldats bien disciplinez de ruyner & saccager la ville de son souuerain contre sa volonté, & en sa presence, & qui le trouueroit fort mauuais, & au contraire recognoistroit leur obeyssance en ceste occasion, parquoy il prioit d'affection les Seigneurs, Capitaines, & soldats, de ne se desbander point, n'entrer en aucunes maisons, ne piller ne prendre aucune chose sur les habitans, & n'exercer point de cruautez contre les vaincus, d'auantage il leur fit entendre qu'il estoit aduerty que les gens de guerre s'estoient retirez au vieil marché, & aux Chasteaux, où il faudroit combattre. Et aprés auoir autant qu'il peut persuadé vn chacun, il les pria de luy faire ceste promesse, qui luy fust donnée generalement; aussi promit-il de faire donner vne paye franche ausdicts Capitaines & soldats. Ainsi nous entrons dedans la ville auec peu de resistance, les assiegez fuyent, la ville est incontinent pleine de gens de guerre, qui tous se desbandét, vont au pillage, rompent & saccagét les maisons, prennent vn chacun à rançon: les Courtisans y accourent du Mont saincte Catherine, qui sont les plus aspres à la curée, chacū lors se loge à discretion, quelque commandement que le Duc de Guise fit à ceux qui auoient authorité, d'entrer és maisons, de tuer & chasser les soldats, & les ietter par les fenestres, pour les garder de piller & saccager, ce qui ne fust possible. La nuict estant proche chacun qui peut en auoir en print, & toute l'armée se logea dedās la ville. Le Comte de Mont-

Tous luy promettent de ne point piller: mais ils n'en feirent rien.

Le Comte de Montgommery se sauue.

Bb ij

gommery se sauua dedás vne galere qui estoit en la riuiere, de celles qui auoiét mené la Royne d'Escosse en son Royaume: & ayát promis liberté aux Forçats, il passa par dessus la chaisne, qui fust rompuë & faussée, au hazard de la Galere, & des hommes qui estoient dedans; les autres assiegez se sauuerent aussi en autres vaisseaux, quelque deuoir que ceux qui estoient commis, tát sur la riuiere, que sur les bords d'icelle, auec quelques pieces d'artillerie, fissét pour les empescher de passer. Il y eust quelques soldats qui estoient demeurez dedans la ville, qui furét pris prisonniers, bien peu de tuez, trois ou quatre des principaux de la ville furent pendus, entre autres le Président Mandreuille, le sieur de Cros, qui auoit baillé le Haure de Grace, & le Ministre Marlorat. Ainsi ceste grande ville pleine de toutes sortes de richesses, fut pillée l'espace de huict iours, sans auoir esgard à l'vne ny à l'autre Religion; nonobstát que l'on eust dés le lendemain de la prise fait crier sur peine de la vie, que chasque cópagnie, & enseigne, de quelque nation qu'elle feust, eust à se retirer au camp, & sortir de la ville; A quoy fort peu obeyrét, horsmis les Suisses, lesquels ont tousiours gardé & gardent encores gráde discipline & obeyssance, qui n'emportérét autre butin que quelque peu de pain & choses pour manger, chaudrons, pots, & autres vtésiles & vaisselles pour leur seruir en l'armée: mais les François se fussent fait tuer, plustost que de partir, tant qu'il y eust dequoy prendre. La Cour se logea dedans la ville, ou il fust aduisé de faire porter le

Le Président Mandreuille de Cros & le Ministre Marlorat executez à Roüen.
Le pillage dure huict iours.

Les Suisses fort obeyssans à leurs chefs.

LIVRE TROISIESME. 197

Roy de Nauarre pour voir s'il y auroit moyen de trouuer quelque remede à sa blesseure; de laquelle, côme l'on deliberoit de le faire porter du long de la riuiere, il mourut à Andely, le 17. Decembre, 1562. & fut fort regretté de la Cour, & de toute l'armée, ayât esté l'vn des plus vaillans & meilleurs Princes de son temps, comme en ceste race & maison, il ne s'en est point veu d'autres. Aprés la mort du Roy de Nauarre l'on aduisa aux autres affaires qui estoiét presque en tous les endroits du Royaume, & ausquelles il falloit plus promptement remedier: comme d'assieger le Haure de Grace où estoient les Anglois, pour ne laisser ceste nation prendre pied en France, à l'occasion des grandes pretensions qu'ils y ont eües au temps passé. Ainsi il fust côclud d'y enuoyer le Comte Ringraff, auec vn Regiment de trois mil Lansquenets, & quatre Cornettes de Reistres, qui faisoient douze cens cheuaux; à fin de resserrer les Anglois en la ville, & les autres de ceste nation, qui estoient à Dieppe, & autres endroits de la Normandie: & de leur retrancher les moyens d'auoir des viures du pays, & autres commoditez qui se trouuent en lieu si fertile. Et parce que ie cognoissois ceste place, de laquelle ie ne faisois que sortir de prison, ie fus mandé pour estre quelque temps auec ledict Comte Ringraff, auec six compagnies de gens de pied, chacune de deux cens hommes, & cens cheuaux François, comme ledict Comte l'auoit requis: lequel estoit l'vn de mes plus grands amis, & auoit infiniment desiré que ie demeurasse auec luy, & fist

Le Roy de Nauarre meurt à A   de

Le Roy assiege le Haure de Grace.

Bb iij

loger mes cheuaux auec ses Reistres, & les gens de pied auec ses Lansquenets, & encores quelques enseignes Françoises qui estoient en Normádie nouuellement leuées, furent ordonnées de demeurer auec luy pour clorre ledict Haure de Grace, & tenir les Anglois qui y estoient en telle suiection, qu'ils ne peussent sortir ny receuoir aucune commodité de la terre. L'vn des Regimens de Lansquenets demeura depuis en l'armée du Roy, laquelle aprés la prinse de Roüen l'on aduisa d'employer à ce qui seroit le plus necessaire ; & en premier lieu pour coupper chemin à celle des Huguenots, lesquels se fortifioient de tous les costez de la France, auec les estrangers, Lansquenets, & Reistres, que d'Andelot auoit leué sous la charge & conduite du Mareschal du Landgraue de Hessen, pour ioindre les forces qu'auoit le Prince de Condé, qui se promettoit d'assieger la ville de Paris : chose de fort grande entreprinse, & encores de plus difficile execution, comme il se verra cy aprés, par les choses qui s'en sont ensuiuies.

Et le faict bloquer du costé de la terre.

SOMMAIRE DES
chefs & poincts principaux contenus en ce IIII. liure.

LA Cour retourne à Paris pour donner ordre aux affaires du Royaume. Escarmouche notable entre les François & les Anglois, où Bassompierre fut blessé & pris prisonnier. Guerre par toute la France. Challons & Mascon repris sur les Huguenots. Huguenots de Cabrieres, Merindol, & autres villages, mis à mort par les Catholiques. Parlement de Prouence suspendu à cette occasion. Baron de Cursol depuis Duc d'Vzez, reprime les seditions du Languedoc. Le Comte de Sommeriue pour les Catholiques prent les armes contre son pere & Gouuerneur de la Prouince, qui estoit Huguenot. Cisteron & Oranges prises par les Huguenots, reprises apres par les Catholiques, & cruautez exercées en icelle contre les Huguenots. Pierre-late & Mornas, reprises sur eux. Le Baron des Adrets Huguenot, reprent les villes que le Comte de Suse auoit prises. Ses cruautez contre les Catholiques & contre la Foy promise. Homme preserué de la mort comme par miracle à la prise de Mornas. Montbrison prise par le Baron des Adrets. Arrest de la Cour de Parlement de Paris contre les Huguenots d'Orleans. Gabaston executé à mort pour tenir le party des Huguenots. Catholiques executez à mort par les Huguenots à Orleans, dequoy la Cour de Parlement de Paris prend sa reuanche sur ceux de cette secte. Les Reistres & Lansquenets font la monstre sur les vieux Rolles, au grād interest du Roy. Pretexte des Huguenots pour les leuees qu'ils auoient faictes des estrangers. L'Autheur empesche deux leuees de tres grande importance en Angleterre. Le Roy escrit aux Princes Allemans pour empescher la leuee des Huguenots. Responce du Prince de Condé à l'Arrest du Parlement de Paris. Lettres du Prince de Condé à l'Empereur & aux Princes d'Allemagne sur la Iustice de ses armes. Cisteron assiegé par Sommerives & Mouuans, contraint de l'abandonner. Pezenas repris par le Mareschal de Ioyeuse, Montbrison, Negreplisse & Maguelonne. Perte des Catholiques deuant Nismes, & le siege de Montpellier leué. Armee des Reistres en France pour les Huguenots: qui prennent Pluuiers, Estampes, la Ferté, & Dourdan. Conference de la Royne Mere auec les Huguenots. Offres & demandes du Prince de Condé, & responces à icelles. Genlis se retire du party des Huguenots, lesquels s'en allerent en Normandie, & pourquoy ils abandonnerent le siege de Paris. L'armee du Roy les poursuit. Aduis du Prince de Condé voulant retourner à Paris contredit par l'Admiral. Baubigny tente la ville de Dreux, mais il est contraint de se retirer. Gallardon pris & forcé par les Huguenots. Les Chefs de l'armee du Roy resolus à combatre, qui envoyent l'Autheur demander permission à leurs Majestez, lequel retourne vers eux auec pouuoir de faire ce qu'ils iugeroient plus à propos. Les fautes qui furent faictes de part & d'autre auparauant le combat. Bataille de Dreux. Ordre de l'armee du Roy, de combien d'hommes elle estoit composee, & de combien celle du Prince de Condé. Le Duc de Guise sans charge en l'armee, & pourquoy. Faute du Prince de Condé en cette bataille. Combat des trouppes du sieur d'Amuille contre celles du Prince de Condé, & de l'Admiral & Prince Porcian contre celles du Connestable, qui furent presque toutes defaictes en ceste bataille. Le Duc de Guise auec sa trouppe defaict les gens de pied des Huguenots. Les Reistres du Prince de Condé en fuite, & luy pris prisonnier. Le Duc de Guise sans aucune charge emporte l'honneur de la victoire. Le Connestable pris prisonnier, & le Mareschal S. André pris & tué. La bataille dura cinq heures. Le Duc de Neuers & autres Seigneurs blessez au Combat. Nombre des morts. Feux de ioye & processions à Paris pour la victoire. Le Connestable mené prisonnier à Orleans chez la Princesse de Condé: Et le Prince de Condé chez le Duc de Guise: lequel rend compte au Roy de tout ce qui s'estoit passé en la bataille, & loüe chacun des Seigneurs selon son merite & sa valeur. Le Roy le remercie & luy donne la charge de Lieutenant General en son armee. L'Admiral est le Chef de l'armee des Huguenots. Il prent Selles en Berry, S. Agnan, & Montrichart. L'armee du Roy prent

d'autre

d'autre costé Estampes & Pluuiers. Le Prince de Condé mené au Chasteau Donzain, & tasche à se sauuer. Preparatifs pour le siege du Haure. Estrange desolation au Pays de Normandie. Gergeau & Suilly pris par l'Admiral. Querelle entre le Mareschal de Vielleuille & le sieur de Villebon. Le Mareschal de Vielleuille retiré de Roüen, & le Mareschal de Brissac enuoyé en sa place. Pardon General à ceux qui se voudroient retirer d'auec l'Admiral. Autre declaration du Roy aux Princes d'Allemagne, & responce de l'Admiral à icelle. La Royne Mere escrit à l'Admiral, & la responce qu'il luy fit. Il est repoussé de deuant Eureux. Pont l'Euesque se rend au Prince Porcian. Caen se rend à composition aux Huguenots, mais elle n'est pas tenuë. Mouy & Colöbieres prennent Honfleur & Bayeux. S. Lo, Vire, & autres villes prises par le Comté de Montgommery. La Royne d'Angleterre secourt l'Admiral d'argent. Declaration de ceste Princesse. Le Duc de Guise assiege Orleans contre l'aduis de plusieurs. Le Mareschal de Brissac assemble les principaux Gentils-hommes de la Prouince pour prendre conseil. Aduis & resolution de ce conseil, & celuy du Mareschal de Brissac, auec le discours qu'il tint en ceste assemblee. L'Autheur est choisi de luy pour porter ce conseil, & son opinion au Roy, lequel auec la Royne & son conseil sont de mesme aduis que ledit sieur Mareschal. L'Autheur va de la part du Roy trouuer le Duc de Guise, qui faict attaquer le fauxbourg du Portereau, & le prend d'assaut. Le bon ordre qu'il donne à toutes choses, & sa liberalité aux soldats blessez. Il assemble son conseil pour faire responce au Roy. Aduis de ce conseil, & la responce du Duc de Guise. L'Autheur retourne vers le Roy, pour luy faire le rapport de la conclusion de ce conseil, qui fut approuué par leurs Maiestez, & de là s'en retourne vers le Mareschal de Brissac, pour l'aduertir de ceste resolution. Le Duc de Guise assasiné par Poltrot, & l'histoire de cest assassin. Liure contre ceux qu'on pensoit autheurs de cest assassinat, auquel les Huguenots font responce. Mort du Duc de Guise. Poltrot tiré à quatre cheuaux. L'Estat de grand Maistre donné au fils aisné du Duc de Guise. Vienne en Dauphiné prise par le Duc de Nemours: qui faict vne entreprise sur la ville de Lyon, laquelle est descouuerte. Deffaicte des trouppes du Baron des Adrets par le Duc de Nemours. Ceux d'Annonay deffaicts, & leur ville prise & saccagee. Le Baron des Adrets prattiqué par le Duc de Nemours, & gagné pour le party Catholique. Il est pris prisonnier par les Huguenots, & enuoyé à Nismes. Trefues accordees d'vne part & d'autre. Abouchement du Prince de Condé & du Connestable. Bonnes considerations de la Royne-Mere, pour faire la paix, laquelle fut concluë, & conditions d'icelle. Quels Parlements refuserent la verification de l'Edict. Villes nommees aux Bailliages & Seneschaussees, pour l'exercice de la Religion pretenduë Refformee. Edict pour la vente des biens d'Eglise.

LIVRE QVATRIESME.

OR mon fils, la ville de Roüen estant prinse, le Roy de Nauarre mort, & le Connestable, qui commandoit à l'armée, ayant donné ordre d'y laisser des garnisons, remparer les bresches & murailles rompuës, & remis les Catholiques & ceux du Parlement, en leurs sieges & maisons; la Cour & le camp s'acheminerent vers Paris, tant pour conseruer ceste ville, que pour donner ordre à toutes les affaires du Royaume. Le Comte Ringraff se voulant loger à Grauille deuant le Haure de Grace, ville qui estoit bien munie d'artillerie, il en sortit six ou sept mil Anglois, & deux cens cheuaux à la portée & faueur de ladicte artillerie, cherchans les aduantages, comme s'ils eussent voulu donner vne Bataille; ce que voyant ledict Comte Ringraff, & que desia il estoit fort aduácé pour se loger, ny ayát plus moyen de se retirer, fit attaquer l'escarmouche, qui de part & d'autre s'eschauffa, & se fit de telle sorte qu'il ne s'en est point veu de plus grande de nostre temps. Ie vis lors les Lansquenets aussi bien

La Cour retourne à Paris pour donner ordre aux affaires du Royaume.

Escarmouche notable entre les François & les Anglois.

Cc ij

que les Fráçois faire tout ce qui estoit possible, non en vne escarmouche, mais en vn grand combat, auquel le Comte Ringraff se trouua si empesché, qu'il commanda aussi tost de faire venir ses Reistres, lesquels se meslerent courageusement parmy les Anglois, qui estoient à la porte de la ville, de laquelle l'artillerie incommodoit fort nos gens. Bas-

Bassompiere Colonnel des Reistres, blessé & prisonnier.

sompiere Lieutenant Colonnel des Lansquenets dudict Comte, entre autres y fut blessé, & prins prisonnier auec plusieurs François. Ledict Comte s'estant retiré & logé prés de la ville, commença de reserrer les Anglois de plus prés, qui faisoient neantmoins tous les iours quelques sorties, comme aussi de nostre costé se faisoient nouuelles entreprises, &

Grands desordres par toute la Normandie, qui est ruinée par l'vn & l'autre party.

en conseruant la Normandie des Anglois, elle estoit doublement trauaillée par les Reistres & Lansquenets, qui ruynoient le pays, & desesperoient vn chacun, tant la Noblesse que le Tiers Estat, dont la plus grande partie estoient contraints d'abandonner leurs maisons. En ce mesme temps

Guerre par toute la France.

la guerre se faisoit par tous les endroicts de la France, Tauannes Lieutenant pour le Roy en Bourgogne en l'absence du Duc d'Aumale, re-

Challons & Mascon reptis sur les Huguenots.

print sur les Huguenots Challons, & Mascon, que Montbrun tenoit, lequel se deffiant de ses forces se retira vne nuict auparauant que Tauannes fust arriué, & mena ses soldats en la ville de Lyon, que tenoient les Huguenots, tellement que la Bourgogne en demeura exempte. Mais en Prouence & Dauphiné il se fit de grands

LIVRE QVATRIESME. 205

meurtres, tant des Huguenots, que des Catholiques, car outre l'animosité qui estoit entr'eux, ces peuples là sont farouches & belliqueux de leur nation, & des premiers qui s'estoient departis il y a trois cents ans de l'Eglise Catholique & Romaine, sous le nom de Vaudois, lesquels on disoit alors estre sorciers : mais il se trouua qu'ils estoient plustost Huguenots : depuis le Baron de la Garde auec le sieur de Cepede premier President de Prouence, l'an mil cinq cens cinquante cinq, mena quelques soldats à Cabrieres, Merindol, & autres villages, qui en firent mourir quelques vns, dont les Huguenots d'Alemagne, & les Cantons des Suisses firent plainte au Roy Henry II. & à ceste cause ledict President & tout le Parlement de Prouence fut suspendu, iusques à ce qu'il se fust iustifié, & la cause renuoyée au Parlemét de Paris pour en cognoistre. Cela fut cause de faire multiplier les Huguenots sous les Rois Héry & Fráçois II. mais apres les meurtres de Vassi & de Sens, les Catholiques se licencierent vn peu plus sur les Huguenots de Prouence, où il en fut tué en diuers lieux. Cóbien que le Baron de Cursol, depuis fait Duc d'Vzez, Cheualier d'honneur de la Royne Mere du Roy, tenant le party des Huguenots, & de leur Religion, eust aucunement reprimé les seditions, si est-ce que comme il fut party du pays, les Catholiques reprindrent les armes sous la conduite de Sommeriue, fils aisné du Comte de Tende, lequel print les armes contre son pere Gouuerneur de Prouence, qui fauorisoit

Grands meurtres, tant de Catholiques que de Huguenots, tant en la Prouéce qu'en Dauphiné.

Vaudois Heretiques.

Huguenots de Cabrieres, Merindol, & autres villages mis à mort par les Catholiques.

Parlement de Prouence suspendu à cette occasion.

Baron de Cursol depuis Duc d'Vzez reprime les seditions de la Prouence.

Le Comte de Sommeriue pour les Catholiques prent les armes contre son pere & Gouuerneur de la Prouence, qui estoit Huguenot.

Cc iij

& tenoit le party des Huguenots; lesquels s'assemblerent sous la côduite de Mouuans, & prindrent la ville de Cisteron, ayans auparauant prins celle d'Oranges: ou Sommeriues, comme l'on disoit, fut persuadé par le Vicelegat d'Auignon neueu du Pape, de s'acheminer, voyant que ladicte ville d'Oranges estoit grande & malaisée à garder, & qu'elle seroit plus facile à prendre, comme elle fut, y ayant esté tué grand nombre de Huguenots, par les Catholiques, qui se voulurent venger des iniures, pilleries, & dommages, qu'ils auoient receu d'eux: & en ietterent quelques vns par les fenestres, & pendirent les autres par les pieds. Peu de temps apres le Comte de Suse, qui s'estoit ioint auec Sommeriues en Prouence reprint Pierrelatte, & Mornas au Comté Venayssin: ce qui estonna fort les Huguenots de ce pays là, qui voyoient le traictement faict à la ville d'Oranges, laquelle pensoit estre exempte de l'obeyssance du Roy & du Pape. Lors le Baron des Adrets, qui auoit esté Capitaine en Piedmont auec le Mareschal de Brissac, sortit de Lyon auec quelques compagnies, vers le commencement du mois de Iuillet; & alla rechercher le Côte de Suse, qui vouloit assieger Vaureaz tenu par les Huguenots: & eut quelque auantage sur ledict Côte, qui se retira auec la plufpart de ses gens. Qui fut cause que le Barô des Adrets reprint les villes que le Comte de Suse auoit ostées aux Huguenots au Côté Venayssin; & entr'autres Mornas, où enuirô deux cens Catholiques, qui auoient composé de rendre la ville, s'estoient reti-

La ville de Cisteron prise par les Huguenots, & celle d'Orâges.

Reprise par les Catholiques, massacres & cruautez exercées en icelle contre les Huguenots.

Pierrelatte & Mornas repris sur eux.

Baron des Adrets pour les Huguenots.

Qui reprent les villes que le Comte de Suse auoit prises.

LIVRE QVATRIESME. 207

rez au Chasteau, estimans que la capitulation leur seroit tenuë de sortir la vie & les bagages sauues: Neantmoins sans auoir esgard à la foy iurée & publique, le Baron des Adrets les fit cruellement precipiter du haut du Chasteau, disant que c'estoit pour venger la cruauté faicte à Oranges. Aucuns de ceux qui furent precipitez & iettez par les fenestres, où il y a infinies toises de haut, se voulans prendre aux grilles, ledit Baron des Adrets leur fit couper les doigts, auec vne tres grande inhumanité. Il y eut vn desdits precipitez, qui en tombant du haut en bas du Chasteau, qui est assis sur vn grand rocher, se print à vne branche, & ne la voulut iamais abandonner; Quoy voyant luy furent tirez infinis coups d'harquebuse & de pierre sur la teste, sans qu'il fust possible de le toucher. Dequoy estant esmerueillé ledict Baron luy sauua la vie, & reschapa comme par miracle. I'ay esté voir le lieu depuis auec la Royne Mere du Roy estant en Dauphiné, celuy qui fut sauué viuoit encores là auprés. Le mesme Baron des Adrets quelque temps aprés assiegea & print Montbrison en Forests, & en fit precipiter encores cinquante, disant pour toutes raisons, que quelques vns des siens auoient esté tuez en capitulant pour la reddition de la ville. Et là on remarqua plus de cruauté qu'és lieux precedents. Et à la verité il sembloit que par vn iugement de Dieu elles fussent reciproques tant d'vn costé que d'autre, & Orages fut estimée le fondement de celles qui se faisoient au Dauphiné de sang froid par les Huguenots. Bref,

Cruauté du Baron des Adrets exercee sur les Catholiques contre la foy promise.

Homme preserué de la mort comme par miracle à la prise de Mornas.

Il prent aussi Montbrison où il exerce d'autres cruautez plus qu'auparauant.

toutes choses estoient reduites à l'extremité. Ledict Baron des Adrets y fit bien parler de luy, & son nom fut cogneu par toute la France. Ainsi la guerre ciuile estoit comme vne rage, & vn feu qui brusloit & embrasoit toute la France. En ce temps, la Cour de Parlement de Paris, sur des lettres patentes enuoyées par le Roy le vingt-cinquiesme Iuillet, declara ceux qui tenoient la ville d'Orleans, rebelles & coulpables de crime de leze Majesté, horsmis le Prince de Condé, comme estant iceluy detenu & arresté prisonnier des Huguenots. En vertu de cest Arrest, l'on prenoit tous ceux de la Religion que l'on attrapoit portant les armes, & procedoit-on contr'eux criminellement, comme coulpables de leze Majesté. Et d'auantage la Cour de Parlement condamna & fit executer à mort Gabaston, Lieutenant du Capitaine du Guet, pour s'estre monstré trop partisan des Huguenots. Cela & la condamnation du Ministre Marlorat, & autres qu'on fit mourir par iustice, en plusieurs villes reprinses par l'armée du Roy, irrita fort les Huguenots de la ville d'Orleans, qui iurerent de s'en venger: & prindrent par forme de represaille, vn nommé Georges de Selue, que l'on disoit aller en Espagne, Sapin Conseiller au Parlement de Paris, & l'Abbé de Gastines. Pour le regard dudit Selue, il fut rendu pour le sieur de Lusarche, que l'on tenoit prisonnier à Paris pour la Religion. Mais le Conseiller Sapin auec l'Abbé de Gastines, & le Curé de sainct Paterne d'Orleans, furent pendus; ce qui estonna & esmeut

La guerre ciuile vn feu qui brusloit toute la France.

Arrest de la Cour de Parlement de Paris contre les Huguenots d'Orleans.

Gabaston executé à mort pour tenir le party des Huguenots.

Prisonniers de part & d'autre.

Quelques vns executez par les Huguenots publiquement.

meut fort la Cour de Parlement, & les Catholiques qui portoient les armes pour le Roy, voyans la hardiesse des Huguenots contre les suiets de sa Majesté : & n'y auoit Catholique qui ne craignist d'estre traicté de mesme façon, s'il tomboit entre leurs mains. La Cour de Parlement pour reuenche en condamna aussi quelques autres à estre pendus, à la poursuitte du President le Maistre, de qui le Conseiller Sapin estoit neueu. Alors l'on cogneut la necessité qu'il y auoit de garder la foy, & n'vser de telles violences, possible enuers les innocents, autant que côtre les coulpables; car sans adiouster malheur sur malheur, la France estoit assez trauaillée des estrangers, qui marchoient pour les vns & les autres, & desquels on se fust bien passé : Car il est certain que les forces du Roy estoient suffisantes pour faire teste aux Huguenots, & peu à peu les reduire en son obeissance, sans appeller tant d'estrangers, attendu qu'il y auoit pour lors en France cent Catholiques pour le moins contre vn Huguenot; ioint aussi que la pluspart des Reistres & Lansquenets qui estoient au seruice du Roy estoient Huguenots, & mesmement le Comte Ringraff, qui m'a souuent dit que la guerre ciuile luy desplaisoit fort en France : encores qu'il y eust beaucoup de proffit, comme de faire la monstre sur les vieux rolles. A quoy se sont depuis accommodez les Reistres & Lansquenets, aussi bien que les Suisses; où toutefois il n'y a que les Colonels & les Capitaines qui ayet du guain, & c'est chose à quoy le Prince qui

La Cour de Parlement prent sa reuenche sur ceux de cette secte.

Les forces du Roy bastantes sans appeller les estrangers.

Les Reistres & Lansquenets font la monstre sur les vieux rolles, au grand interest du Roy.

Dd

se sert de ces nations doit bien prendre garde : car à la fin il n'a qu'vne moitié de gens de guerre en effect, & les autres en papier, & faut payer ceux qui sont retournez dés la premiere monstre en Allemagne ou en Suisse. D'auantage c'estoit vne chose fort perilleuse, que d'appeller des estrangers de Religion contraire, & enuoyez par les Princes d'Allemagne, qui ne demandoient que l'entretenement de nos guerres ciuiles, aussi bien que les Anglois & Espagnols. Aussi les Huguenots prenoient ce pretexte & s'excusoient de la leuée de Reistres & Lansquenets qu'auoit amené d'Andelot, sur ce que l'on auoit fait venir toutes sortes d'estrangers pour les exterminer. Et puis dire en cest endroit, que comme l'on ne peut croire ce que l'on ne desire point, les Chefs de l'armée du Roy ne pouuoient croire que ledit d'Andelot peust faire ceste leuée, dont neantmoins i'auois aduerty le Roy, la Royne, & le Roy de Nauarre, deslors que i'estois prisonnier au Haure de Grace, comme ayant veu ceux qui s'estoient trouuez à la capitulation. Et il est certain que les Anglois ne se fussent iamais hazardez de faire descente en la Normandie, s'ils n'eussent premierement esté asseurez de la leuée que faisoit ledict d'Andelot, de laquelle la pluspart de l'argent estoit venu d'Angleterre. Et depuis ce temps là toutes les practiques & leuées que les Huguenots ont fait en Allemagne, ils les ont premierement commencées audict Angleterre, où i'en ay empesché deux de tres-grande importance, pendant que i'y

Chose dangereuse d'appeller des estrangers de Religion contraire.

Pretexte des Huguenots pour la leuée qu'ils auoient faicte des estrangers.

Les leuées des Huguenots en Alemagne ont commencé en Angleterre. L'Autheur y en empesche deux de tres-grande importance.

LIVRE QVATRIESME. 211

ay esté Ambassadeur: l'vne fust l'an mil cinq cens soixante & dix-huict, qu'auoit promis de mener le Duc Casmir, & de ne sortir iamais de France qu'il n'y eust mis toutes choses à l'extremité. L'autre fust quand le Prince de Condé vint en Angleterre, lors que la Fere estoit assiegée, pensant y auoir de l'argent pour faire marcher les Reistres & Lansquenets qu'il auoit errez & retenus: mais ie fis en sorte auec la Royne d'Angleterre & ses principaux Conseillers, que l'amitié du Roy fut preferée à celle de son suiect, & à la passion de ceux qui auoient precipité le Roy de Nauarre en ceste guerre, dequoy ie parleray Dieu aydant en son ordre, & retourneray à ce que le Roy & les Chefs de son armée, ne creurent pas assez tost que d'Andelot peust amener des Reistres & Lansquenets, & qu'il peust les passer, comme il fit. Raison pour laquelle le Roy fust conseillé d'enuoyer en Allemagne, & escrire à l'Electeur Palatin pensionnaire de France, au Landgraue de Hessen, & autres Princes affectionnez aux Huguenots, qu'ils n'eussent à les secourir; parce qu'ils estoient rebelles & Sacramentaires, qui ne cherchoient autre chose que la ruyne des Huguenots de la Germanie & confession d'Ausbourg, contraires en plusieurs choses à la confession de Geneue, qui fut cause que les Huguenots incontinent firent publier pour la iustice de leur cause, la necessité qui les auoit contraints de prendre les armes, & appeler des estrangers à leur ayde, pour deffendre leur Religion & leurs vies, & entrete-

Le Roy escrit aux Princes Allemans pour empescher la leuée des Huguenots.

Dd ij

nir les Edicts du Roy, sans entrer au different de la confession d'Ausbourg, Et particulierement le Prince de Condé fit publier vne responce contre l'Arrest du Parlement de Paris, par lequel il estoit excepté du nombre des Huguenots, que ledict Parlement auoit declarez rebelles ; disant que par son innocence les autres de sa suitte estoient iustifiez du crime de leze Majesté : en recusant toutesfois les Presidens & Conseillers du Parlement, qu'il disoit estre passionnez, & partisans de ceux de Guise, lesquels auoient faict faire exception de sa personne, à fin de le mettre en defiance de ceux qui l'auoiét esleu pour Chef; veu qu'en plusieurs autres lettres patétes, il n'auoit nullement esté excepté, faisant aussi declaration, qu'il n'auoit prins les armes que pour le seruice du Roy, & de la Royne sa Mere, & pour leurs libertez : appellant leurs Majestez en tesmoignage, & plusieurs lettres qu'ils luy auoient escrites, pour le prier d'employer ses armes pour les enfans de France, & leur Mere, voyant la confederation faicte par ceux de Guise, & le Connestable, & leurs partisans, qui tenoient les premiers lieux par toute la France, & aux Parlements ; lesquels il disoit se monstrer plustost parties formelles des Huguenots, que Iuges équitables : attendu mesmement qu'ils auoient enuoyé Chambon & Faye Conseillers, pour luy faire entendre que la Cour de Parlement ne tiendroit aucun traicté de paix faict auec les Huguenots : & persistoit au surplus aux protestations par luy faictes. Peu aupara-

Responce du Prince de Condé à l'Arrest du Parlement de Paris.

LIVRE QVATRIESME. 213

uant le Prince de Condé auoit aussi enuoyé à l'Empereur Ferdinand, & autres Princes d'Allemagne, pour leur faire entendre qu'il n'auoit pas prins les armes sans grande & iuste occasion : à fin que tous les Princes esträgers, qui sont ialoux de leurs Estats, & de l'obeyssance que doiuent les suiets à leur Prince souuerain, n'estimassent que luy & ceux qui portoient les armes de son party fussent rebelles au Roy : voulant par là se iustifier le plus qu'il pourroit enuers vn chacun. Or le Landgraue de Hessen qui estoit bien asseuré des autres Princes d'Allemagne, qui ne vouloient pas abandonner les Huguenots, donna à d'Andelot toute la faueur qu'il luy fut possible ; & marcha auec les Reistres & Lansquenets, & à l'instant il y eut quelques Princes d'Allemagne, qui enuoyerent vers les Reistres qui estoient sous le Comte de Rokandolf, qui auoit auparauant esté au ban Imperial, pour leur faire dire que s'ils ne se retiroient, ils y seroient aussi mis. Cela fut cause que quelques vns se retirerent vers le Prince de Condé, & les autres continuerent au seruice du Roy. En ce temps-là Sommeriue assiegea la ville de Cisteron, que Mouuans fust contraint d'abandonner, & se retirer la nuict à Grenoble, & en toute la Prouence il ne demeura pas vne seule ville aux Huguenots, contre lesquels on exerça des cruautez plus grandes qu'en nulle autre Prouince. Aussi ceste contrée est la plus meridionale de France, où les esprits sont fort passionnez & vindicatifs. Le sieur de Ioyeuse, à present Mareschal de

Lettres du Prince de Condé à l'Empereur & aux Princes d'Allemagne sur a iustice de ses armes.

Cisteron assiegé par Sommeriue, & Mouuans, contraint de l'abandonner.

Les Prouençaux vindicatifs.

Dd iij

214 MEMOIRES DV SIEVR DE CASTELNAV, France, & lors Lieutenant General pour le Roy au Gouuernement de Languedoc, reprint Pezenas vers le mois d'Aouſt. Et peu aprés la prinſe de Montbriſon, Negrepeliſſe mit auſſi le ſiege deuant Montauban, qui ne peut eſtre prins; ſur cela l'on aſſembla les forces de Prouence & de Languedoc, pour aſſieger Montpellier, tenu par les Huguenots; où fuſt enuoyé ledit ſieur de Ioyeuſe, pour commander à l'armée : mais il ne fut pas pour lors iuſques audict Montpellier, eſtant aduerty que d'Acier frere puiſné du Baron de Curſol, à preſent Duc d'Vzez, bon Catholique & grand ſeruiteur du Roy, auoit de grandes forces & ſuffiſantes, pour deffendre la ville, voire meſme pour tenir la campagne : & auſſi que les habitans dudit Montpellier offroient de garder leur ville, où les Huguenots ruynerent les faux-bourgs, & toutes les Egliſes d'icelle. Alors Ioyeuſe reprint la fortereſſe de Maguelonne par compoſition, & alla mettre le ſiege deuant Montpellier. Ce qu'ayant entendu le Baron des Adrets, y alla, diſant qu'il aſſiegeroit les aſſiegeants, auſquels il donna beaucoup de peine. Mais incontinent il fut rapellé à Lyon par les habitans de la ville, qui craignoient d'eſtre aſſiegez. Aprés qu'il fut retiré à Lyon, les Catholiques de Prouence voulurent aller au ſiege de Montpellier auec Sommeriue & le Comte de Suſe, leſquels penſans aſſieger la ville de Niſmes, y eurent grande perte; cela fuſt cauſe que le ſiege de Montpellier fut

Pezenas repris par le Mareſchal de Ioyeuſe.

Siege mis en vain deuant Montauban.

Maguelonne priſe & Montpellier aſſiegé.

Perte des Catholiques deuant Niſmes.

Siege de Montpellier leué.

leuë; mais ie retourneray au cœur de la France, pour dire qu'entre les riuieres de Seine & de Loyre, les Huguenots auoient perdu & perdoient beaucoup de villes, semblablement en Bourgogne, Picardie, Bretaigne, & Normandie; qui fut cause que plusieurs Gentils-hommes & soldats Huguenots se retirerent au camp du Roy, où ils furent bien recueillis, & obtindrent lettres de pardon, d'auoir porté les armes contre sa Majesté, auec entiere restitution en leurs biens, honneurs & offices. Quelques-vns aussi qui tenoient le party Catholique s'en allerent vers les Huguenots, lesquels auoient de grandes intelligences en l'armee du Roy, & ne se faisoit rien à la Cour, dont ils ne fussent aduertis; & de ces gens là, il s'en faut plus donner garde que des ennemis declarez. Aussi sont-ils peu estimez, & ne peuuent éuiter le nom de traistres & espions, qui n'ont ordinairement le cœur de se declarer fidelles pour vn party, ny pour l'autre. Le Roy enuoya derechef lettres patentes pour estre procedé contre ceux qui auoient prins les armes & ses villes, comme rebelles à sa Majesté. Et y eust lors de grandes deliberations, de reprendre lesdictes villes que tenoient les Huguenots, qui ne les pouuoient deffendre, & tenir la campagne, sans secours estranger; car en l'armée du Roy il y auoit vne fort bonne Infanterie, & grand équipage d'artillerie, mais tous ces desseins furent rompus par la venuë des Reistres que d'Andelot amenoit

Les Huguenots perdent plusieurs villes, à cause que plusieurs laissent leur party.

Les neutres du temps des guerres ciuiles sont ordinairement traistres ou espions.

Armee des Reistres en France pour les Huguenots.

pour les Huguenots, lesquels s'estants ioints près d'Orleans, enuiron le mois de Nouembre, firent deliberation d'aller mettre le siege deuant Paris, où le Connestable, & le Duc de Guise allerent incontinent pour asseurer les habitans de la ville, qui estoient en grande crainte. Or d'Andelot ayant esté laissé en ladicte ville d'Orleans auec bonne & forte garnison, l'armée des Huguenots suyuans leur deliberation, s'achemina droit à Paris: & apres auoir pris en passant sans resistance, les villes de Pluuiers, Estampes, la Ferté, & Dourdan, se vint camper à Arcueil soubs Paris: pour lequel asseurer, le Duc de Guise, s'alla loger hors la ville & aux faux-bourgs, où furent faicts des retranchemens pour loger les gens de pied, & y mit-on si bonne garde, que ceux de Paris furent vn peu moins estonnez. Toutesfois l'on aduisa prudemment de ne rien hazarder contre des gens qui ne mettoient leur esperance qu'au hasard d'vne bataille, & deuant la principale ville du Royaume, mais pluftoft de parlementer auec eux, pendant que le secours des Espagnols & Gascons se ioindroit à l'armée du Roy. Et afin que l'on print plus d'asseurance, tant d'vne part que d'autre, le Connestable alla comme ostage au camp des Huguenots: cependant l'Admiral passoit au port à l'Anglois, pour parler à la Royne Mere du Roy: laquelle luy dict resolument, qu'il ne falloit point esperer l'Edict de Ianuier, ny changement de la Religion Catholique: qui fut cause que l'Admiral

Qui designent de mettre le siege deuant Paris.

Ils s'y acheminent, prennent Pluuiers, Estaples, la Ferté, & Dourdan.

On parlemente auec eux pour gagner le têps.

LIVRE QVATRIESME. 217

miral s'en retourna sans rien faire; & depuis encores l'on parlementa aux faux-bourgs sainct Marcel. Le Prince de Condé offrit lors de laisser l'armée, pourueu que leur Religion fust entretenuë dedans les villes, où elle estoit exercée publiquement deuant la guerre, & és autres villes, que l'on ne recherchast plus les Huguenots au fait de leurs consciences, & qu'ils eussent main-leuée de leurs biens, & tous iugemens & sentences contre eux donnez fussent rescindez, qu'ils peussent auoir & tenir offices & charges honnorables, comme les Catholiques ; & qu'il fust permis à tous Gentils-hommes d'auoir exercice de leur Religion en leur maisons, & aux Conseillers du Priué Conseil, quand ils seroient à la suitte de la Cour, que le Roy aduouast les deniers prins en ses receptes par les Huguenots, & les Reliques qu'ils auoient fonduës estre pour son seruice. Que le Concile general fust tenu en toute liberté, sans que le Pape, ny Legat pour luy, y assistast, ou s'il ne se pouuoit faire, que du moins dedans six mois, l'on tint vn Concile National de toute la France auec entiere liberté, que les armes fussent posées tant d'vne part que d'autre, & pour l'armée du Prince de Condé aduouëe auoir esté faicte pour le seruice du Roy. Que pour la seureté de la paix, leurs Majestez iurassent auec tous ceux de leur Conseil Priué, toutes les conditions susdictes. Et cependant que le Connestable estoit pour voir s'il pourroit passer quelques articles, l'on ne perdoit pas temps pour

Conference de la Royne Mere auec les Huguenots.
Offres & demandes du Prince de Condé.

E e

assembler des forces de tous costez, pour empescher par tous moyens les desseins du Prince de Condé, auquel l'on fit responce qu'il n'y auroit point d'exercice de Religion à Paris, ny à la Cour, ny és villes de frontiere, mesmement en la ville de Lyon. Que l'armée du Roy demeureroit, & l'armée dudict Prince seroit licentiée. Que les iugemens qui auoient esté donnez contre les Huguenots ne seroient cassez, ains seulement suspendus. Que les Huguenots ne pourroient auoir offices ny charges publiques, horsmis le Prince de Codé. Et si, l'on ne vouloit pas approuuer que les deniers du Roy, & les reliques prinses par les Huguenots eussent esté employées pour le seruice de sa Majesté. Pédant ce Parlement, & ses allées & venuës, ceux des deux armées, cóme parens, & autrefois amis, & de mesme nation, se voyoient & discouroient ensemble le iour : & les autres bien souuent venoient à quelques cóbats, & escarmouches. Quelques vns desdits Huguenots se retirerent au camp du Roy, ou en leurs maisons; entr'autres Genlis, lequel auoit tousiours esté seruiteur de la maison de Guise, se retira comme à demy mal content du Prince de Condé, & de l'Admiral, & ayant prié vn soir le sieur Dauaret, qu'il auoit tiré de ce costé là, de l'accompagner : il s'en alla auec le mot du guet, sans que ledict Dauaret le voulust suiure; mais rapporta ceste nouuelle, qui estonna fort le Prince; lequel fit soudain changer le mot, combien que Genlis asseurast ledict Dauaret qu'il ne feroit rien contr'eux, ny changeroit de Religion. Au

Et responces à icelles.

Genlis quitte le party des Huguenots.

mesme temps l'armée du Roy fut renforcée des compagnies Espagnoles, & de plusieurs Gascons, qui fut cause que le Prince de Condé, ayant prins conseil de ce qu'il falloit faire: aduisa de se retirer vers la Normandie, où les Huguenots auoient quelques villes qu'ils vouloient asseurer, & y passer l'hiuer, & pour se fortifier de plusieurs de leurs partisans en ladicte Prouince, qui estoient en leurs maisons, & des Anglois que la Royne d'Angleterre promettoit de leur enuoyer, auec quelque somme d'argent, pour le payement de leurs Reistres, qui commençoient fort à se mescontenter, de ce qu'on ne leur pouuoit tenir promesse; ioint aussi que le Roy commençoit à les faire pratiquer. Dauantage, l'on auoit fait vne deliberation d'attaquer le Prince, au mesme lieu qu'il auoit choisy pour combattre deuant Paris, où il estoit en danger de se perdre & toute son armée, s'il y fust demeuré plus long temps. Quoy voyant, & qu'il ne pouuoit auoir la paix aux conditions qu'il desiroit, ny moins forcer les tranchées de Paris, il print resolution le dixiesme de Decembre mil cinq cens soixante & deux de desloger, faisant mettre le feu en la plusspart de leurs logis, en partie pour tesmoignage de l'inimitié qu'ils portoient à ladite ville, à laquelle ils ne peurent faire pis. Son armée estoit d'enuiron huit à neuf mil hommes de pied, & quatre mil cheuaux. Estant deslogé, il se mit en l'arriere-garde auec tout ce qu'il auoit de meilleur & de plus fort, craignant d'estre assailly de l'armée du Roy, comme il en fut

Les Huguenots se retirent vers Normandie.

Pourquoy ils abandonnerent le siege de Paris.

Plusieurs Castrametations & logemens de leur armée.

Ee ij

suiuy de bien prés. Il alla faire son premier logis à Palayseau, & le lendemain à Limours, où il demeura tout le iour, à tenir conseil, faire plusieurs despesches, & attendre nouuelles de ce que feroit nostre armée. Le treiziesme iour dudit mois il alla loger à sainct Arnoul sur le chemin de Chartres, pensant la prendre : mais les portes luy furent fermées, neantmois plusieurs Prestres & Catholiques y furent tuez : & voyant qu'il ne pouuoit prendre ceste ville, pour n'auoir pas vn suffisant attirail ny equipage d'artillerie, il en fit charger la pluspart audit sainct Arnoul sur des chariots. Cependant l'armée du Roy sortit de Paris, & costoyant celle des Huguenots, s'approcha d'Estampes, feignant de la vouloir assieger, ce qui n'estoit pas son dessein, mais de combatre l'armée des ennemis, auant qu'elle fust passée en Normandie, & iointe auec les Anglois, & qu'elle eust receu l'argent que l'on leur apportoit de ce costé. Là dessus les Huguenots se trouuerent bien empeschez, & prirent diuerses deliberations ; l'vne d'aller droit à Chartres, l'assieger, & en promettre le pillage à leurs soldats. L'autre de se loger en lieu aduantageux, pour attendre l'armée du Roy au combat, ce qui ne fut trouué bon des principaux Chefs, voyans que nostre armée auoit eu du renfort, & les suiuoit de si prés. Lors le Prince, duquel le grand courage ne pouuoit plus souffrir qu'on reculast, mit en deliberation de retourner à Paris, disant qu'il le regagneroit le premier, & y trouueroit les tranchees & les

L'armée du Roy les poursuit.

Ils sont bien empeschez en leurs resolutions.

faux-bourgs sans resistance, & qu'il luy donneroit vn second estonnement plus grand que le premier, & fermeroit le retour à l'armee du Roy, laquelle seroit contrainte d'aller prendre vn grand tour pour passer la riuiere, & r'entrer par l'autre costé audit Paris : que cependant il prendroit son aduantaige, sans se retirer deuant ses ennemis. Ceste opinion du Prince de Condé, plus gaillarde & courageuse que raisonnable, l'eust emporté, si l'Admiral n'y eust entierement contredit, en remonstrant que l'armee du Roy auroit bien tost repassé, ou se mettroit entre Orleans & eux, pour leur couper les viures sans difficulté, ou peut estre iroit assieger & prendre ledit Orleans, ou en fin les viendroit enclorre dedans les tranchees, pour auoir Paris en teste d'vn costé, & l'armee du Roy en queue de l'autre. De sorte que l'opinion de l'Admiral l'emportra, attendu mesmement que leurs Reistres & Lansquenets les pressoient pour auoir de l'argent, ausquels ils n'en pouuoient bailler autre que celuy qui leur estoit promis d'Angleterre. Toutes ces choses bien debatuës, & mises en consideration, & que la perte de leur armée estoit la ruyne entiere & euidente de tous les Huguenots de France, lesquels ne se pourroient iamais releuer ; il fut conclud qu'ils iroient droit en Normandie, suiuant leur premiere deliberation. Ioint que sur toutes choses l'Admiral craignoit la perte d'Orleans, comme de leur magasin & retraicte, attendu que l'armée du Roy estoit la plus forte de gens de pied,

Aduis du Prince de Condé voulant retourner à Paris, contredit par l'Admiral.

Ils se resoluent en fin d'aller en Normandie.

E e iij

& qu'il y auoit force artillerie. Alors ils resolurent de marcher droit à Dreux, que Baubigny auoit promis de surprendre, ce qu'il voulut tenter, mais l'effect ne s'ensuiuit pas : au contraire il fut contraint de se retirer plustost qu'il n'y estoit allé. Le seiziesme du mois le Prince de Condé alla loger à Ablie, à deux petites lieües de sainct Arnoul : & de là le dix-septiesme à Gallardon, où l'entrée luy fut refusée par les Catholiques, qui tirerent & tuerent quelques Huguenots : Mais nonobstant la place, qui ne valloit rien, fut prise & forcée, où il eust plusieurs Prestres & Catholiques tuez ; ils y logerent la nuict auec vne grande commodité de viures dont ils auoient bon besoin ; & le soir ils firent pendre vn Greffier de ladicte ville qu'ils disoient auoir esté cause de leur refuser l'entrée, & en vouloient faire mourir d'autres, s'ils ne se fussent sauuez. Ils seiournerent là deux iours, où ils firent vne reueüe de leurs gens de pied, qui se desroboient tous les iours, depuis qu'ils eurent perdu l'esperance de la prinse & pillage de Paris, dont ils auoient esté amusez & entretenus longuement. De là le Prince alla loger en vn village appellé Ormoy, où il se trouua plus prés de nostre armée qu'il ne pensoit, & qui estoit à vne lieue de l'Admiral qui menoit l'auant-garde, laquelle estoit logée au village de Neron, & alla le soir trouuer le Prince, pour ensemble aduiser à leurs affaires, & le lendemain, ils y seiournerent. Cependant l'armée du Roy

Baubigny tente la ville de Dreux: mais il est contraint de se retirer.

Gallardon pris & forcé par les Huguenots.

Les deux armées proches l'vne de l'autre.

ne perdoit pas temps, resolüe de donner la bataille : à quoy le Connestable, le Duc de Guise, & le Mareschal de sainct André, Chefs & conducteurs d'icelle concluoient tousiours, mais ne le vouloient entreprendre sans en auoir le commandement exprés du Roy, de la Royne sa Mere, des Princes, & autres du Conseil Priué, qui estoient auec eux. Occasion pourquoy le quatorziesme du mois, lesdicts Connestable, Duc de Guise, & sainct André me despecherent en grande diligence, pour aller trouuer leurs Majestez au bois de Vincennes, & leur dire que dedans quatre ou cinq iours au plus tard ils estoient à la bataille : ce que les ennemis ne pouuoient éuiter, & que les deux armées ne se rencontrassent ou en la plaine de Dreux, ou du Neubourg. Parquoy lesdicts sieurs demandoient vn comandemét exprés & absolu de leurs Majestez auec leur Conseil, de cõbattre ; & me baillerent chacun vne petite lettre de ceste substãce principale, & créance qu'ils ne vouloient rien hazarder sans ce comandement, à fin que l'on ne reiettast sur eux aucune faute en affaires de telle importance, & estant si prés du Roy, Ie feis ce petit voyage toute la nuict, & arriuay le lendemain de grãd matin au leuer de la Royne Mere du Roy : laquelle m'ayant ouy sur ce suiect, piteux & lamentable, d'estre à la veille de donner vne bataille de François contre François, sa Majesté me dict qu'elle s'esmerueilloit comme lesdicts Connestable, Duc de Guise, & sainct André, estans bons Capitaines, prudens & experimen-

Les chefs de l'armée du Roy resolus de cõbatre.

Lesquels enuoiét l'autheur vers leurs Majestez pour auoir permissiõ de combattre.

La Royne Mere deplore l'Estat de la France.

tez enuoyoient demander conseil à vne femme & à vn enfant, pleins de regret de voir les choses en telle extremité, que d'estre reduites au hazard d'vne bataille ciuile. Alors entra la Nourrice du Roy, qui estoit Huguenote : & au mesme temps que la Royne me menoit trouuer le Roy, qui estoit encores au lit, elle reprint ce propos, que c'estoit chose estrange de leur enuoyer demander conseil de ce qu'il falloit faire pour la guerre; & lors fort agitée de douleur me dit par moquerie. Il faut demander à la Nourrice du Roy, si l'on donnera la bataille. Lors l'appellant, Nourrice dit-elle, le temps est venu que l'on demande aux femmes conseil de donner la bataille, que vous en semble. Lors la Nourrice suiuant la Royne en la chambre du Roy, comme elle auoit accoustumé, dit par plusieurs fois, puisque les Huguenots ne se vouloient contenter de raison, quelle estoit d'auis que l'on leur donnast la bataille; & continua ce propos entre quelques vns qui luy parloient, comme chacun en discouroit alors selon sa passion. A l'instant la Royne me dit en faisant sortir ladite Nourrice, & quelques autres qui estoient en la chambre du Roy, qu'elle ne me pourroit dire pour sa part autre chose que ce qu'elle m'auoit dit, mesmement pour donner conseil à des Capitaines: aussi que l'on ne leur pouuoit rien prescrire de la Cour, & que i'auois veu ce qu'en disoit la Nourrice du Roy, auquel ie presentay les lettres; & s'y trouuerent le Prince de la Roche sur-Yon, le Chancelier, les sieurs de Sipierre, de Vieilleuille depuis Mareschal

Rencontre de la Nourrice du Roy, à laquelle on demande son aduis sur la bataille.

Responce de la Royne Mere aux Chefs de l'armée du Roy.

Mareschal de France, Carnaualet, & quelques autres du Conseil Priué. Et comme ie faisois mon recit de ce qui m'auoit esté commandé par lesdicts Chefs, & pressois pour m'en retourner l'apresdinée, à fin de les resoudre sur le fait de donner la bataille, Losse arriua de la part desdicts Seigneurs auec semblable charge que la mienne. Sur cela y eust plusieurs discours du bien & du mal qui en pourroit arriuer: mais la resolution fut, que ceux qui auoient les armes en main, ne deuoient demander Conseil ny commandement de la Cour; Et à l'heure mesme ie fus renuoyé pour leur dire de la part du Roy & de la Royne, qui leur escriuoient aussi chacun vn mot de leur main, que comme bons & prudens Capitaines & Chefs de ceste armée, ils fissent ce qu'ils iugeroient le plus à propos, de cóbatre ou non, auec tous les auantages qu'ils sçauroient bien choisir. Ie partis à l'instant en poste, & arriuay au village où ils estoient à l'issue de leur disner, ayant laissé Sipierre, & tous ceux qui estoient prés du Roy, en volonté d'estre bien tost aprés moy au Camp, pour se trouuer à la bataille. Losse depuis Capitaine des Gardes du Roy, demeura iusques au soir, & arriua le lendemain à nostre armée sans apporter rien plus que moy de la Cour, d'où l'on remettoit tout en la prudence des chefs de l'armée de faire ce qu'ils verroient necessaire, selon les forces qu'ils auoient en main. Alors ils tindrent conseil, & resolurent de combatre, & d'aller passer la riuiere d'Eure le plus prés de Dreux, & des en-

Losse enuoyé par eux à la Cour sur le mesme subiect.

L'Autheur renuoyé auec responce, portant pouuoir de faire ce qu'ils iugeroient plus à propos.

Lesquels se resoluent à combatre.

Ff

nemis qu'il seroit possible, en certains villages, où noſtre armée ſe logea, pour le lendemain ou le iour ſuiuant donner la bataille. Ce qui aduint contre l'opinion de l'Admiral, qui pour toutes raiſons alleguoit, que l'armée du Roy voyant le progrés du chemin qu'elle auoit fait depuis qu'elle eſtoit partie de Paris, ne ſe mettroit iamais au hazard de donner la bataille; ce qui fut raporté au Conneſtable; mais que le Prince de Condé eſtoit de differente opinion à l'Admiral, diſant que la bataille ne ſe pouuoit éuiter: A quoy il ſe prepara pluſtoſt que ledict Admiral, qui eſtoit fort entier en ſes opinions, comme ie l'ay cogneu ſouuent és affaires que i'ay depuis eües à traicter auec luy, tant pour la paix, que pour licentier par deux fois ſes armées, dont i'ay eu la charge comme ie diray en ſon lieu. Doncques pour reuenir au point de donner la bataille, l'armée du Roy, qui auoit touſiours coſtoyé celle des Huguenots, paſſa l'eau le dix-huictieſme Decembre, & ſe logea auec tout l'auantage qu'elle peut, dont les Huguenots furent aſſez mal aduertis, & y en a quelques vns qui diſent que le Prince de Condé, ny l'Admiral ne firent pas ce qu'ils deuoient faire, ſoit pour donner, ſoit pour éuiter la bataille. Auſſi noſtre armée perdit elle de ſon auantage de cōbattre au bout de la campagne de Beauce & en la pleine de Dreux, attendu que la pluſpart de nos forces conſiſtoient en gens de pied, & celle des Huguenots en plus grand nombre de caualerie, & auoit vn fort

l'Admiral ne peut croire la reſolution de l'armée du Roy à la bataille.

Le Prince de Condé de contraire aduis.

Les fautes qui furent faites de part & d'autre auparauant la bataille.

grand bagage, & leurs Reiſtres trop de chariots. De ſorte que paſſant aux bourg de Trion, comme il ſembloit que ce fuſt leur intention, ils euſſent eſté fort incommodez, à l'occaſion des chemins bas & plus eſtroicts, & plus auant tant d'arbres qui eſtoient de ce coſté. Or le iour du combat eſtant venu le Prince de Condé monta à cheual de grand matin, & premier que l'Admiral qui menoit l'auant-garde, mais ils ne feirent pas grand chemin, qu'ils n'euſſent aduertiſſements, que l'armée du Roy auoit paſſé l'eau de leur coſté, & la voyant en bataille; & qu'elle ne bougeoit, ains les attendoit pour voir leur contenance, ils firent alte, & ſe mirent en bataille à la portée du canon. Le Prince de Condé fit deliberation de charger le premier, eſtimant que ce luy ſeroit auantage: mais il iugea auſſi qu'il luy falloit endurer vn grand eſchec de noſtre artillerie, & que la campagne eſtoit large, de ſorte que venant le premier au combat, il couroit le danger d'eſtre rencontré par le flanc: & toutesfois il fit quelque ſemblant de tourner la teſte vers Trion: ce que voyant le Conneſtable, & que quelques trouppes paroiſſoient, meſmement les Reiſtres du Prince, il leur fit tirer quelque volée de canon, ce qui les eſbranla de telle ſorte, que les Reiſtres ſe voulurent couurir, & prendre le chemin du valon: Celà fit iuger à quelques vns de noſtre armée, qui le rapporterent au Conneſtable, que le Prince vouloit chercher le moyen d'eſuiter la bataille,

Bataille de Dreux.

Le Prince de Condé taſche d'eſuiter le combat.

Ff ij

voyant l'armée du Roy composée de cinq gros bataillons de gens de pied, entremeslez de cavalerie, d'autant qu'elle estoit plus foible à l'occasion des Reistres, que celle du Prince. L'auant-garde conduite par le Mareschal de sainct André, estoit de dixsept compagnies de gens d'armes, vingt enseignes de gens de pied Françoises, & quatorze compagnies Espagnoles, dix enseignes de Lansquenets, & quatorze pieces d'artillerie. Le Connestable, chef de l'armée, menoit la bataille, où il y auoit dix-huit compagnies de gens d'armes, auec les cheuaux legers, vingt deux enseignes de Suisses, & seize compagnies de gens de pied François & Bretons, auec huict pieces d'artillerie. Le Duc de Guise ce iour là, pour plusieurs considerations ne se disoit auoir charge que de sa compagnie, & de quelques vns de ses amis & seruiteurs, aussi que les Huguenots disoient que c'estoit sa querelle, & qu'il estoit le motif de ceste guerre, dont il vouloit oster l'opinion. Il ne laissa toutefois de remporter auec sa trouppe l'honneur de la bataille, par sa prudence & bonne conduite, & pour en parler auec la verité l'armée du Roy estoit d'enuiron treize ou quatorze mil hommes de pied, & deux mil cheuaux, que bons que mauuais. Celle du Prince de Condé estoit de quatre mil cheuaux, & de sept à huit mil hommes de pied. Donques l'armée du Roy estant en bataille, voulut marcher vers celle du Prince, qui nous monstroit le flanc, & se mit à costé de deux villages, nommez Bleinuille, & l'Espi, si proches l'vn de l'autre, que

L'armée du Roy comment composée.

Ordre d'icelle.

Le Duc de Guise sans charge en l'armée, & pourquoy.

Il emporte l'honneur de la bataille par sa prudence & bonne conduite.
De combien d'hommes l'armée du Roy estoit composée.
Et de combien celle du Prince de Condé.

LIVRE QVATRIESME. 229

noſtre armée ny pouuoit marcher d'vn front : qui fut cauſe que la bataille que menoit le Conneſtable, auança l'auantgarde, que menoit le Mareſchal de ſainct André. Le Prince de Condé, qui eſtoit touſ-iours d'opinion de charger le premier, voyant que noſtre armée marchoit droit à luy, fit auſſi tourner ſon armée en la plus grande diligence qui luy fut poſſible, mais non ſans quelque deſordre, comme il aduient le plus ſouuent en telles affaires. De ſorte que l'Admiral, qui menoit l'auantgarde des Hugue-nots, ſe trouua en teſte du Conneſtable & de ſa ba-taille : & le Prince & ſa bataille, à l'oppoſite du Mareſchal de ſainct André, qui menoit l'auantgar-de du Roy. Neantmoins le Prince la laiſſa à la main gauche, & tourna contre le flanc des Suiſſes qui fer-moient la bataille du Conneſtable, laiſſant l'auant-garde du Mareſchal de ſainct André entiere. De ſor-te que le Prince laiſſoit toute ſon infanterie enga-gée, ſans conſiderer qu'eſtant le plus fort de caualerie, il ne deuoit pas charger les gens de pied, comme il en donna le commandement à Moüy, & à Dauaret, qui auoit ſuccedé à Genlis, en les aſſeurant qu'il les ſuiuroit de bien prés, comme il fit de telle furie qu'ils entamerent fort le bataillon des Suiſſes auec les Reiſtres, qui les chargerent en meſme temps : mais leſdits Suiſſes, leſquels firent ce iour là tout ce qui ſe pouuoit deſirer de gens de bien, ſe r'allierent auec grand courage, ſans eſpargner les coups de piques à leurs ennemis. En ce meſ-me temps d'Amuille, auiourd'huy Mareſchal de

Le combat & comment il ſe paſſa en cette bataille.

Faute du Prin-ce de Condé en cette bataille.

Ef iij

France, s'auança auec trois compagnies de gens-d'armes, & les cheuaux legers, ausquels il commandoit, pour faire teste au Prince : mais il fut en mesme temps chargé par les Reistres, où fut tué Montbrun son frere; la Rochefoucaut donna aussi dedans les Suisses, qui les trouua raliez, & où il ne gagna gueres. Cependant l'Admiral auec vne grosse troupe de Reistres, son regiment & la troupe du Prince Portian, marcha droit au Connestable, qui soustint ceste grande charge en laquelle il fit & plusieurs qui estoient auec luy tout ce qui se pouuoit. Quelques autres ne tindrent ferme, voyant qu'il auoit eu son cheual tué, remonté aussi tost par d'Orayson son Lieutenant, qui luy bailla le sien; mais en fin estant rechargé, & fort blessé au visage d'vn coup de pistolle, il fut contraint de se rendre à vn Gentil-hôme François, auquel les Reistres l'osterent, en prenāt sa foy & son espée de force: Et pour en parler en vn mot, la bataille où il commandoit fut presque desfaicte, côbien que les Suisses se r'alliassent tousiours, en faisant teste à toutes les charges qui leur estoient faictes: de sorte que iamais ceste nation ne fit mieux que ce iour là. Les Lansquenets du Prince de Condé, les voyans ainsi assaillis de tous endroicts, se voulurent mettre de la partie : quoy voyans les Suisses, au lieu de s'estonner marcherent droict à eux, & les mirent en fuite : Quelques Cornettes de Reistres & de François s'estans r'alliées, voulurent entreprendre de leur faire encor vne charge, mais ils les

Combat des trouppes du sieur d'Amuille, contre celles du Prince de Condé.

Où Montbrun est tué.

Combat des trouppes de l'Admiral,& du Prince Porcian, contre celles du Connestable.

Le Connestable fort blessé, & pris prisonnier.

La bataille où il commandoit presque desfaicte.

Grande valeur des Suisses en ceste bataille.

LIVRE QVATRIESME.

trouuerent si bien r'aliez qu'ils ne l'oserent entreprendre, & ainsi passerent sans les charger de ce coup là : mais leur firent vne autre entreprinse, en despit de laquelle ils se maintindrent tousiours ensemble, en se retirans vers nostre auantgarde, qui tenoit ferme, sans se mouuoir, ayant ainsi veu mal traicter le Connestable, & l'emmener prisonnier. Lors le Duc de Guise tira enuiron deux cents cheuaux des trouppes, auec quelque nombre de harquebusiers à sa main droicte ; & auec les Espagnols qui suiuoient, alla charger les gens de pied des Huguenots, qu'il deffit entierement, sous la charge de Grammont & de Fontenay. A l'instant le Mareschal de sainct André auec tout le reste de l'auant-garde, s'alla ranger au bout du bataillon des Lansquenets, pour charger les Reistres, & ceux qui se r'alieroient & seroient sur pied, de l'armée du Prince : lesquels voyans telle charge leur tomber sur les bras, & leurs gens de pied desfaicts, se retirerent au grand trot, vers vn bois prochain. Ce que voyant d'Andelot, & leurs Lansquenets, dont il auoit esté le conducteur, s'enfuir au trauers du village de Bleinuille, & assez prés du lieu où le Connestable auoit soustenu la charge, les voulut contraindre de tourner teste à la Caualerie qui les suiuoit ; ce qu'ils ne voulurent faire, & ainsi se seruirent ce iour là plus des pieds & des iambes, que de leurs piques & corselets : ce que voyant d'Andelot,

Le Duc de Guise à la charge auec sa trouppe.

Qui desfaict les gens de pied des Huguenots.

Les Reistres du Prince de Condé en fuite.

& qu'il ne pouuoit rien faire, estant las & malade, comme ie luy ay depuis ouy dire, & ne pouuant retrouuer ny r'alier les siens, s'arresta quelque peu, puis se hazarda d'aller regagner le reste de leur armée, qu'il ne retrouua que le lendemain au matin. Le Prince de Condé & l'Admiral voyans nostre auant-garde entierement victorieuse, & que c'estoit à recommencer, leurs François estans separez & desbandez en diuers endroicts, furent bien estonnez, & de voir leurs Reistres qui prenoient la fuite au grand galop, & leurs François qui les suiuoient de prés. Le Prince qui ne pouuoit se mettre en l'esprit de se retirer, y demeura, & fut chargé & prins du sieur d'Aumale, auquel il se rendit, & donna la foy & l'espée, ayant son cheual blessé, & luy vn peu en vne main. Les Reistres, & les François Huguenots, ayans passé des taillis qui estoient prés de là, en fuyant trouuerét vn petit haut au delà d'vn vallon, où ils s'arresterent, monstrant de vouloir faire teste à nostre auantgarde, qui temporisa vn peu trop à les charger, & à suiure entierement ceste victoire obtenuë par le Duc de Guise sur leur Infanterie, lequel ne s'estant porté que pour vn particulier Capitaine en ceste armée, fit bien paroistre qu'il estoit digne d'vn plus grand commandement, se gouuernant comme vn bon & sage Capitaine, & bien affectionné à la cause pour laquelle il portoit les armes, en prenant sagement le party où il voyoit le plus d'auantage. Toutesfois il y en a qui veulent dire que nostre auant-garde, soit

D'Andelot las & malade, quitte le combat pour aller retrouuer son armée.

Le Prince de Condé pris prisonnier.

Le Duc de Guise sans aucune charge, emporte neantmoins l'honneur de la victoire.

par le

par le retardement du Mareschal de sainct André, ou du Duc de Guise, donna trop de temps à l'Admiral, qui ne le perdoit pas à r'alier tout ce qu'il pouuoit de sa caualerie, comme il fit enuiron quatre cents cheuaux François & ses Reistres; à la teste, desquels il se mit auec le Prince Porcian, la Rochefoucaut, & la plus-part de la Noblesse Huguenote, & les pria tous de retourner au combat. Et ainsi ils marcherent droit au village de Bleinuille, où nostre auant-garde estoit en bataille, foible de caualerie, ce qui aportoit beaucoup d'auantage audit Admiral; lequel se vouloit tousiours auancer pour la rompre, mais le Duc de Guise fit aprocher Martigues, qui estoit auec vn bataillon de gens de pied couuert de la caualerie, où estoient les plus vieux soldats de toutes les bandes, lesquels rompirent le dessein dudict Admiral, qui estoit de deffaire nostre caualerie, comme i'ay dict, laquelle soustint vne si grande & forte charge sous la conduite du Duc de Guise, qu'il ne luy demeura pas cent cheuaux ensemble, mais il fit vne grande diligence de se r'alier: ce que voyant l'Admiral, & que Martigues auec son bataillon de gens de pied, faisoit merueilles de tirer sur sa caualerie, il commença alors à se serrer auec ses Reistres, pour faire la retraitte. Ainsi le Duc de Guise demeura chef en l'armée du Roy, pour estre le Connestable prins prisonnier, & le Mareschal de sainct André aussi prins & tué. Et voyant que l'Admiral se retiroit auec ses Reistres & ses François, essaya de le suiure auec Martigues &

Diligence de l'Admiral pour r'alier son armée.

Autre charge de l'Admiral contre la caualerie du Roy.

Le Duc de Guise chef en l'armée du Roy.

Le Connestable prisonnier & le Mareschal S. André pris & tué.

Gg

ses gens de pied, & fort peu de caualerie: mais il n'y eust moyen qu'il le peust ioindre. Et aussi que la bataille ayant duré plus de cinq heures, les iours estans courts, la nuit suruint, qui osta la veuë & la cognoissance de l'Admiral. Lequel sauua auec sa caualerie quelques pieces de son artillerie, & les bagages, que les Reistres principalement ne veulent iamais abandonner; & s'en alla à la Neufuille, enuiron deux petites lieües du lieu de la bataille, de laquelle l'honneur, le gain, & la place demeurerent au Duc de Guise, auec la plus-part de l'artillerie des Huguenots, horsmis, comme nous auons dit, quelques pieces que sauua l'Admiral auec luy. Voila, Mon fils, comme passa la bataille de Dreux, où la victoire fut bien debatuë d'vne part & d'autre, & en laquelle il n'y eut point d'escarmouches des deux costez, auant que de venir au grands combats. Les deux Chefs y furent prisonniers, & l'on s'y r'allia fort souuent. Aussi y eut il vn grand meurtre de part & d'autre, le Duc de Neuers, y fut blessé, toutefois par vn des siens; d'Annebaut blessé, qui mourut depuis; la Brosse & son fils Giüry y fut tué, & Beauuois son frere y fut blessé. Pour les morts l'on disoit, & ay veu r'apporter au Duc de Guise, qu'il y en auoit huit ou neuf mil sur la place: mais d'autres disét qu'il n'y en auoit pas six; tant y a que la bataille fut fort sanglante: de laquelle les nouuelles furent portées en grande diligence de tous costés par ceux qui n'attendoient pas à en voir la fin, tant d'vne part que

La Bataille dura cinq heures

L'Admiral se sauue auec sa caualerie, quelques pieces d'artillerie & le bagage des Reistres.

La victoire bien debatuë de part & d'autre.

Le Duc de Neuers & autres Seigneurs blessez au combat.

Nombre des morts.

d'autre. L'on auoit r'aporté au Roy & à la Royne sa Mere, & dit par toute la Cour, que la bataille estoit perduë, & le Conneſtable priſonnier & bleſſé, de ſorte qu'il y en auoit de bien eſtonnez à la Cour, ou ſe faiſoient diuerſes deliberations & diſcours. Mais telle nouuelle fut bien toſt tournee en ioye, par l'arriuee de Loſſes qui fit le diſcours à leurs Majeſtez de tout ce qui s'eſtoit paſſé en la bataille ; en laquelle il ne faut pas celer que Biron, alors premier Mareſchal de camp, depuis grand Maiſtre de l'Artillerie, auiourd'huy Mareſchal de France, n'aye r'emporté beaucoup d'honneur, comme il a fait en toutes les batailles qui ſe ſont données és guerres ciuiles. Loſſes ayant eſté ouy auec grande allegreſſe à la Cour, meſlee toutefois de douleur pour la prinſe du Conneſtable, & mort du Mareſchal de ſainct André, & des autres Seigneurs & Gentils-hommes morts ou bleſſez de noſtre coſté, il fallut faire part de ceſte reſioüiſſance à Paris, où il fut commandé de faire feux de ioye, & proceſſions pour rendre graces à Dieu. Le ſemblable fut fait és bónes villes de France, eſquelles on deſpecha force courriers pour leur faire entédre ceſte nouuelle. Cependant le Cóneſtable fut mené en ſi gráde diligence, bleſſé & vieil cóme il eſtoit, qu'il porta preſque le premier ces nouuelles à Orleás, où l'on luy bailla pour hoſteſſe la Princeſſe de Códé ſa niece: laquelle d'autre coſté auoit beſoin de cóſolatió, pour la priſe du Prince ſon mary, lequel demeura hoſte du Duc de

Faux bruits de cette bataille rapportez à la Cour.

Loſſes rapporte à leurs Majeſtez la verité de tout.

Biron acquit beaucoup d'honneur en cette bataille.

Feux de ioye & proceſſions à Paris pour la victoire.

Le Conneſtable mené priſonnier à Orleans chez la Princeſſe de Condé.

Gg ij

Guise son cousin, qui le traicta fort bien: & couchérét enséble le iour de la bataille prés de Dreux, où ledict Duc auoit son logis, & deuiserent de tout ce qui s'estoit passé. Il y eust au matin quelques aduertissements apportez au Duc de Guise, que l'Admiral voulut persuader aux Reistres de retourner le lendemain au côbat, leur disant qu'ils trouueroient le reste de nostre armee en desordre, auec si peu de caualerie, que la victoire leur seroit asseurée: mais les Reistres n'approuuerent pas ce conseil, pour les excuses qu'ils alleguerent, de n'auoir plus de poudre, & qu'ils auoient plusieurs cheuaux blessez, defferrez, & mal repeus, & autres raisons que l'Admiral fut contrainct de receuoir. De sorte que le lendemain, au lieu de retourner combattre, ils prindrent le chemin de Gallardon, laissants quelques pieces de leur artillerie par le chemin. Le iour suyuât au matin le Duc de Guise se trouua seul au châp, & maistre de la place; où il fit tirer quelques coups de canon, pour assembler & appeller vn chacun, & fit mettre les blessez dâs Dreux, & enterrer tous les morts. Puis il enuoya les enseignes gaignées sur les gens de pied, & les cornettes & guidons remportez sur la caualerie, à Paris, pour signal de la victoire qui luy estoit demeurée; & s'arresta quelques iours és enuirons de Dreux, attendant le commandement du Roy. Alors leurs Majestez auec toute la Cour s'acheminerét à Ramboüillet, où ledict Duc fut mandé de s'y trouuer: & y estant allé, accompagné de la plus-part des Seigneurs, Gentils-hom-

Marginalia:
- Et le Prince de Condé chez le Duc de Guise.
- Les Reistres de l'Admiral, refusent de retourner au combat.
- L'Admiral se retire, & laisse en chemin vne parties de son artillerie.
- Le Duc de Guise demeure le maistre du champ.
- Enseignes, cornettes & guidôs portez à Paris.

LIVRE QVATRIESME. 237
mes, & Capitaines de son armée, aprés le disner du
Roy, il se trouua dedans la sale pour faire la reuerence à leurs Majestez, où il leur rendit en public, *Le Duc de Gui-*
& comme en forme de harangue, compte de tout *se rend compte au Roy de tout*
ce qui s'estoit passé en ceste bataille; & commença *ce qui s'estoit passé en la ba-*
par le regret qu'il auoit d'auoir veu tant de braues *taille.*
François, Princes, Seigneurs, & Gentils-hommes
obstinez aux despés de leur sang & de leurs vies, les
vns contre les autres, qui eussent esté suffisans pour
faire quelque belle cóqueste sur les ennemis estran-
gers. Puis il s'estendit amplement à parler de la pru- *Il loüe le Con-*
dence du Connestable, Chef & General de l'armée; *nestable, Ge-*
tant pour l'auoir mis en bataille, auec tous les *neral de l'ar-*
auantages que la nature du lieu luy auoit peu per- *mée.*
mettre, que pour auoir si bien encouragé vn chacun au combat, que les moins courageux s'estoient
resolus d'y bien faire, ausquels il auoit monstré le
chemin, se trouuant par tout suiuant son ancienne
valeur. Aprés il fit le discours de toutes les charges
qui furent faictes par le Prince de Condé, auquel il *Il rend le mes-*
attribua toutes les loüanges qui se peuuent dóner à *me honneur au*
vn Chef d'armée, qui ne vouloit rien commander *Prince de Con-*
dont luy mesme ne prist courageusemét le hazard, *dé.*
& cóme aprés plusieurs recharges, l'vn & l'autre furent à la fin prins prisonniers, & plusieurs braues
Seigneurs, Capitaines, & Gentils-hommes, tuez
ou blessez. Il loüa aussi fort amplement les Suisses:
puis il fit vne digression sur le mal-heur qui estoit *Du Mareschal*
aduenu au Mareschal de saint André, Chef & con- *de sainct André.*
ducteur de l'auant-garde, qui aprés auoir esté prins
Gg iij

fut tué par la mauuaise volonté que luy portoit vn Gentil-hôme. Il n'oublia pas l'Admiral qui auoit esté côtraint de quitter la partie: & loüa fort le Duc d'Aumale son frere, qui y auoit esté porté par terre, & eu vne espaule rompuë; & le Grand Prieur son autre frere, pour auoir vsé de grande diligence, & esté deux ou trois iours à cheual deuant la bataille, tousiours à la teste, ou aux flancs, ou à la queüe des ennemis, où il s'estoit porté aussi vaillamment qu'on eust sceu desirer. Il fit semblablement vn bon recit de d'Amuille, & de Martigues ; mais il parla legerement des Lansquenets, comme ayans peu fait, tant d'vne part que d'autre : & fort sobrement de luy, comme n'estant qu'vn simple Capitaine & particulier en l'armée, auec sa compagnie & quelques Gentils-hômes de ses amis, qui luy auoient fait cest honneur de le suiure & accompagner ce iour là, où aprés la prise dudict Connestable, & la mort du Mareschal de sainct André, le reste de l'armee luy auoit fait cet hôneur de le prier de la commander. Et s'estant ioinct auec eux, & ayant prins leur Conseil, ils auoient tant faict auec la volonté de Dieu, que la victoire, & la place de bataille leur estoit demeurée, & s'estoient maintenus iusques à l'heure, pour attendre ce qu'il plairoit au Roy de leur commander. Et aprés auoir dict, il presenta à sa Majesté vne infinité de ceux qui l'auoient accompagné audict Ramboüillet ; ou le Roy l'ayant remercié du bon seruice qu'il luy auoit fait ce iour là, luy commanda & pria d'accepter la

Et à ses freres.

Valeur du grãd Prieur.

d'Amuille & de Martigues loüez.

Le Duc de Guise parle fort sobrement de luy.

Toute l'armee le prie de la commander.

LIVRE QVATRIESME. 239

charge de l'armée, pendant l'abſence du Conneſta- | Le Roy le remercie & luy donne la charge de Lieutenant General en ſon armée.
ble, & ainſi il fut fait Lieutenant du Roy auec
grand honneur, qui luy fut rendu, tant des gens de
guerre, que de ceux de la Cour, bien qu'il ſe voulut
excuſer de ceſte charge, en ſuppliāt le Roy d'y commetre
quelque Prince de ſon ſang, ou le Mareſchal
de Briſſac. L'Admiral cependant qui auoit pris le
chemin de la Beauce, alla à Dangeau, où il fut auſ- | L'Admiral eſleu Chef de l'armée des Huguenots.
ſi eſleu chef de l'armée des Huguenots, en l'abſence
du Prince de Condé; & là, fit deliberation
d'aller rafraichir ſon armée és villes des pays de | Qui la va rafraichir au pays de Soulogne, & de Berry, & piēt le Puiſet.
Soulogne & de Berry, & print vne petite ville appellée
le Puiſet, qui ſe rendit par compoſition.
Eſtant à Eſpies en Beauce, il eut quelques aduertiſſements
que le Duc de Guiſe le vouloit ſuiure.
Qui fut cauſe qu'il manda à Orleans, pour
r'aſſembler tout ce qui s'y eſtoit allé r'efraichir, puis
s'en alla à Baugency, où il paſſa la riuiere de Loy- | R'aſſemble ſon armée, prent Selles en Berry.
re, & alla au commencement de Ianuier, à Selles
en Berry, qu'il aſſiegea & print par compoſition.
Il alla ſemblablement prendre ſainct Aignan, & | Et prent ſainct Aignan & Mōtrichart.
Montrichart, qui ſont toutes places leſquelles ne
pouuoient tenir, ny ayant que les habitans. Le Duc
de Guiſe d'autre part ayant grande quantité d'artillerie,
& ſon armée eſtant compoſée de gens de pied
du reſte de la bataille, ne pouuoit aller ſi toſt que
l'Admiral, qui n'auoit que de la caualerie. Il print | L'armée du Roy piēt Eſtāpes & Pluuiers.
cependant Eſtampes & Pluuiers, & alla iuſques aux
portes d'Orleans. Au meſme temps le Roy alla à
Chartres, & de là à Bloys, où le Prince de Con-

240 MEMOIRES DV SIEVR DE CASTELNAV,

Le Prince de Condé mené au Chasteau Donzain, & tasche à se sauuer.

dé fut amené, & de là enuoyé au Chasteau Donzain, où il practiqua de se sauuer : ce que toutefois il ne peut executer, & y en eut quelques vns perdus de ceux qui faisoient l'entreprinse : mais auant que poursuiure à parler de ces deux armées, que ie laisseray pour vn peu, ie te diray, mon fils, qu'ayant esté laissé au Haure de Grace auec le Comte Ringraff, dessors que l'armée du Roy partit de Roüen, apres la prinse de la ville, ce que ie m'estois trouué dedans Paris, en l'armée du Roy, & en tout le progrés qu'elle fit iusques apres la bataille,

Preparatifs pour le siege du Haure.

ne fut qu'en poursuiuant ce qui nous estoit necessaire pour assieger ledict Haure, auoir des gens de pied, de l'argent, poudres, & munitions. De sorte que du mesme lieu de Rambouillet ie fus renuoyé audit Haure de Grace, auec l'vn des Regimens de Lansquenets du Comte Ringraff, qui estoit à la bataille, qui fut tout le secours que l'on enuoya lors audict Comte. Lors le sieur de Vieilleville estant fait Mareschal de France par la mort du Mareschal de sainct André, fut enuoyé à Roüen pour y commander, & faire les entreprinses de chasser les Anglois de la Normandie, reprendre le Haure, & Dieppe ; & comme ie passois au pays de Caux auec ledict Regiment de Lansquenets, &

Le Chasteau de Tancaruille se rend à l'Autheur.

prés d'vn Chasteau appellé Tancaruille, que tenoient les Anglois sur la riuiere de Seine, ils eurent quelque espouuentement, pensans que ce fust toute l'armée du Roy, dont ie leur fis courir le bruit, & à l'instant loger là auprés, & au village ge dudit Tancaruille les Lanſquenets, qui fut cauſe de faire parlementer ceux du Chaſteau : ce que ie manday incontinent au Comte Ringraff, qui eſtoit à Montivillier; lequel partit à l'heure meſme pour voir ceſte compoſition, auec ſon Regiment: Le Mareſchal de Vieilleuille partit auſſi au meſme temps de Roüen, & le iour meſme qu'ils arriuerent là place fut renduë des François & Anglois qui eſtoient dedans. Le Roy en eſtant aduerty, m'enuoya vne Commiſſion pour y mettre quelques gés de pied & de cheual, affin de tenir les Anglois reſſerrez de ce coſté là, & aſſeurer la riuiere de Seine iuſques au Haure de Grace, & pour faire le magaſin de viures & toutes choſes neceſſaires audict Tancaruille, pour aſſieger ledict Haure. Car en toute la Normandie il y auoit eu tel deſordre par les armées qui y auoient paſſé & ſeiourné, que toutes choſes y eſtoient deſolées, & tous les pauures peuples au deſeſpoir; où les Catholiques ne faiſoient pas moins de mal que les Anglois & les Huguenots: De ſorte qu'il ne ſe trouuoit rien par les villages ny par les maiſons, qui ne fuſt caché & retiré dedans des carrieres longues & profondes qu'ils ont en ce pays là, où ils ſauuoient tous leurs biens & beſtail & eux meſmes, comme gens ſauuages deſeſperez: De façon que les Reiſtres du Comte Ringraff battoient ordinairement ſept ou huict lieuës de pays, pour trouuer des viures & aller aux fourrages: Mais pour retourner aux deux armées du Roy & des Huguenots, l'Admiral craignant le ſiege d'Orleans

Le Roy luy döne commiſſion pour y mettre garniſō.

Eſtrange deſolation au pays de Normandie.

Hh

242 MEMOIRES DV SIEVR DE CASTELNAV,
persuada aux siens d'y aller, & les fit passer & loger
en la ville, ayant prins en passant Gergeau & Suilly.
Alors le Duc de Guise s'alla loger à quatre lieuës
d'Orleans par le costé de la Sologne, tellement que
ces deux armées se trouuerent voisines : Ledict Duc
pour assaillir, & l'Admiral pour deffendre : mais
aprés auoir demeuré quelques iours en ladicte ville d'Orleans, il persuada à ses Reistres auec grande
peine & difficulté, de reprendre le chemin de la
Normandie pour deux raisons : l'vne pour ne se hazarder & enfermer tous en la ville d'Orleans : l'autre
pour receuoir l'argent qui luy estoit promis d'Angleterre, pour les payer, leur persuadant de laisser
leurs chariots en la ville, qui demeureroient seurement & à couuert; en prendre les cheuaux, pages &
valets, & en faire quelques cornettes; ce qu'ils firent
à la fin, mais tres-mal volontiers. Ceste resolution
faicte, il laissa d'Andelot son frere audict Orleans,
pour la deffence de ceste ville, & aussi qu'il estoit
malade de la fieure quarte. Celà fait l'Admiral print
son chemin vers Trion, & Dreux, au mesme lieu
où s'estoit donné la bataille, où il fit diuers discours
des fautes faictes des deux costez. Le Roy aduerty
du partement & voyage que ledict Admiral faisoit
en Normandie auec tous ses Reistres & François,
despecha lettres en tous les lieux de ceste Prouince,
pour porter tous leurs biens & viures és villes fermées. Et en ce temps, estant suruenu vne querelle
entre le Mareschal de Vieilleuille, & le sieur de Villebon, Baillif & Gouuerneur de la ville de Roüen,

Gergeau & Suilly prises par l'Admiral.

Qui se retire auec son armée en Normandie.

Querelle entre le Mareschal de Vieilleuille & Villebon.

LIVRE QVATRIESME. 243

comme ils difnoient enfemble, le Marefchal de Vieilleuille, coupa le poing au lieu de la iointure d'vn coup d'efpee audict Villebon, comme il vouloit metre la main à la fienne, laquelle luy tomba par terre. Vn iour apres i'allay à Roüen, où i'auois affaire, pour aduifer aux neceffitez de la Normandie, & comme i'auois donné aduis à fa Majefté de ceft accident arriué, elle m'enuoya lettres pour voir ceux du Parlemét & les premiers de la ville, pour leur commander qu'il n'y euft aucunes factions qui peuffent troubler le public. I'auois auffi commandement de fa Majefté, de veoir lefdits Marefchal de Vieilleuille, & de Villebon, & leur dire le defplaifir qu'elle auoit de ceft accident furuenu à l'vn & à l'autre: mais chacun deux voulut reietter le tort fur fon compagnon. Villebon ne parloit que de mettre la vie, & employer tous fes amis, pour auoir fa reuanche. Le Roy pour obuier à l'inconuenient qui pouuoit arriuer de quelque fedition & nouueau remuëment en la ville de Roüen, qui ne commençoit qu'à fe remettre de tant de maux qu'elle auoit foufferts auparauant, aduifa de retirer le Marefchal de Vieilleuille, & y enuoya le Marefchal de Briffac, pour eftre Lieutenant General en toute la Normandie, & luy commit la puiffance & authorité generale de reprendre les villes du Haure, & Dieppe, & faire vne armee pour empefcher les deffeins de l'Admiral en ladite Prouince. Et alors le Roy pour diminuer & rompre les forces des Huguenots, fut confeillé de faire publier vn par-

Le Roy retire de Roüen le Marefchal de Vieilleuille, & enuoye en fa place le Marefchal de Briffac.

Hh ij

don general à tous ceux qui se retireroient d'auec l'Admiral, pour aller viure paisiblemét en leurs maisons. Outre cela sa Majesté fit faire vne declaration particuliere adressante aux Princes d'Alemagne, pour leur faire entendre qu'elle estoit en plaine liberté, la Royne sa Mere, & Messeigneurs ses freres: & en enuoya la copie au Mareschal de Hessen, & à ses Reytremaistres, pour les inciter à se retirer hors du Royaume de France, ou bien de se mettre à son seruice, & de laisser le party qu'ils tenoient de ses ennemis, mauuais suiects, & pertubateurs du repos public, qui les auoient deceus. Ceste declaration estant venüe à la cognoissance du Mareschal de Hessen, & de ses Reistres, aussi tost l'Admiral leur feit entendre qu'elle estoit contrainte & forcée: que le Roy estoit mineur, comme aucuns des autres Princes de son sang, qui l'auoient signée par son commandement, & les autres intimidez, & la Royne sa Mere, par ceux qui les tenoient en suiection. Il escriuit le mesme à l'Empereur Ferdinad, & aux Princes d'Alemagne, pour les aduertir de croire tout le contraire de ce que l'on leur auoit mandé, en les priát plustost de leur ayder, & enuoyer le secours qui leur auoit esté promis, que de l'empescher & garder que les Catholiques ne fissent des leuées en Allemagne. La Royne Mere (côme i'ay dit souuét) tousiours desireuse de trouuer quelque moyen de pacification, escriuit à l'Admiral, de differer son entreprinse d'aller en Normádie pour quelquoiours, durant lesquels l'on pourroit traicter de la paix.

Autre declaration du Roy aux Princes d'Allemagne.

Responce de l'Admiral à icelle.

LIVRE QVATRIESME.

A quoy il respondit, que c'estoit chose qu'il de- *La Royne Mere escrit à l'Admiral, & la reponce qu'il luy feit.*
siroit volontiers, & que pour cest effect il seroit
bon que le Prince, & le Connestable se vissent,
pour traicter de cest affaire; mais cependant qu'il
estoit deliberé de poursuiure sadicte entreprinse, &
comme i'ay dict, estant desia arriué au lieu où s'e-
stoit donnée la bataille, il fit diligence d'acheuer
son voyage: mais il ne peut, comme c'estoit son
dessein, prendre la ville d'Eureux, d'où il fut re- *Il est repoussé deuant Eureux.*
poussé & y perdit quelques gens. En passant, le
Prince Porcian fit vne entreprinse d'aller compo-
ser auec celuy qui estoit au Pont-l'Euesque, qui *Pont l'Euesque se rend au Prince de Porcian.*
le rendit. L'Admiral seiourna quelque iours à Di-
ues, attendant des nouuelles des Anglois, & peu de
temps aprés alla assieger la ville de Caën, de laquel- *Caën se rend à composition, mais elle n'est pas tenüe.*
le du Renoüart estoit Gouuerneur, ou le Marquis
d'Elbeuf, frere puisné du Duc de Guise, s'estoit retiré estant en ce pays là, & vsa de telle diligence,
qu'il l'eut à la fin par composition, laquelle ne fut
tenuë en toutes choses; car les Eglises y furent ruynées, les Reliques saccagées, les Ecclesiastiques prins
& mis à rançon, auec plusieurs Catholiques, qui
furent contraints de contribuer à ce qu'ils auoient
esté cottisez. L'Admiral triomphant de la prinse de
Caën, commença à bastir de plus grands desseins
sur la Normandie, & despecha plusieurs Capitaines, pour faire des entreprinses sur les villes d'i-
celle, & entre autres Moüy & Coulombiers, qui se *Moüy & Coulombiers, qui prennent Honfleur & Bayeus.*
saisirent de Honfleur, & de Bayeus; & Mont-
gommery, lequel comme nous auons dit, auoit

Hh iij

246 MEMOIRES DV SIEVR DE CASTELNAV, fait vn grand rauage en ceste Prouince, fut aussi enuoyé pour reprendre les villes de sainct Lo, Vire, & autres places, ce qu'il feit, auec quelques gens de pied & pionniers Anglois, qui luy furent baillez par l'Admiral, lequel toucha l'argent de la Royne d'Angleterre, que le sieur de Trokmarton (lequel estoit auparauant son Ambassadeur auprés du Roy) auoit apporté, auec autres belles promesses de ce Royaume pour augméter le mal qui estoit au nostre. Ce qui incita l'Admiral, de leur donner le plus de pied qu'il luy seroit possible, à fin qu'ils fussent plus prests à le secourir; s'efforçant de côtenter ledict Trokmarton en tout ce qu'il peut, & fit relire & publier de nouueau la Declaration qu'auoit faite la Royne d'Angleterre, pour monstrer que son intention n'auoit iamais esté autre, que de secourir le Roy son bon frere, contre la violence & desseins de ceux qui le gouuernoient par force, sans vouloir rien entreprendre dedans le Royaume, qui ne fust pour le bien & conseruation de son Estat. Et ainsi par tous moyens ledict Admiral taschoit de faire ses affaires en Normandie, y branquetant tous les villages, leur faisant payer & fournir certaines contributions, & mettre les Catholiques à rançon, pour payer ses Reistres, qui estoient logez au large: lesquels ie laisseray pour retourner au Duc de Guise, qui approcha d'Orleans, & s'alla loger au village d'Oliuet, à demie lieüe de la ville, le cinquiesme Feurier mil cinq cents soixante & trois; où ayant fait refaire le pont en diligence, & celuy

Et sainct Lo, Vire, & autres par le Comte de Montgommery.

La Royne d'Angleterre secourt l'Admiral d'argét, auec promesses pour l'aduenir.

Declaration de la Royne d'Angleterre.

Le Duc de Guise assiege Orleans contre l'aduis de plusieurs.

de sainct Mesmin, & la chaussée des moulins de sainct Samson, il fit son dessein en peu de temps de mettre en liberté le Conestable, & de prédre la ville d'Orleans, contre le Conseil & opinion de plusieurs de la Cour, qui demandoient qu'il allast en Normandie, pour y combatre, ou empescher les desseins de l'Admiral & lequel n'auoit personne qui luy contredist, & fist resistance. Car le Comte Ringraff, qui n'auoit que ses deux regiments de Lansquenets, & les six compagnies qui m'auoient esté baillees auec quelque caualerie, & douze cens Reistres, estoit de l'autre costé au pays de Caux au delà de la riuiere de Seine, & attaché au Haure de Grace, que l'on ne pouuoit abandonner, sans mettre le pays à la mercy des Anglois, qui estoient audit Haure, & à Dieppe, guidez par plusieurs Huguenots qui estoient dedans le pays. Matignon Lieutenant du Roy en la basse Normandie, & à present Mareschal de France, estoit d'autrepart bien empesché par l'Admiral, lequel auec ses Reistres estoit maistre de la campagne; comme aussi par le Comte de Montgommery. Ce qui faisoit bien mal au cœur au Mareschal de Brissac, Lieutenant General par toute la Normandie, lequel estoit contrainct de demeurer à Roüen, pour n'auoir ny hommes, ny argent, ny moyen de sortir de la ville, & trouuoit ce commandement bien different de celuy qu'il auoit eu en Piedmont, auec tant d'argent & de braues Capitaines & soldats, & qu'il n'y auoit rien en France, qui luy fust lors espargné; nv ayant ieune Prince, Seigneur, & Gentil-

La Normandie oppressee de toutes parts par les Huguenots.

Desplaisir du Mareschal de Brissac se voyant reduit à ne pouuoir secourir la Normandie.

homme, qui n'allast faire son apprentissage en ceste guerre de Piedmont. Voyant donques le Mareschal de Brissac le piteux commandement qu'il auoit, & le peu de moyen de conseruer sa reputation, & faire seruice au Roy en ceste charge, manda le Comte Ringraff & quelques autres Seigneurs & Gentilshommes, & des principaux Capitaines qui estoient seruiteurs du Roy en Normandie, pour le venir trouuer à Rouën, à fin de prendre conseil & deliberation de ce qu'il falloit faire. Or estans assemblez auec luy, il nous proposa qu'il auoit vn extréme regret d'auoir sur ses vieux iours accepté la charge de Lieutenant General du Roy en Normandie, se trouuant seulement auec la commission, qu'il vouloit renuoyer à sa Majesté, par ce que l'on ne luy auoit tenu aucune chose de ce qui luy auoit esté promis : luy ayant esté dit & asseuré au partir de la Cour, qu'aussi tost qu'il seroit à Rouën, l'on luy enuoyeroit des hommes, de l'argent, du canon, des munitions, des pionniers, & autres choses necessaires, pour reprendre les villes du Haure de Grace, de Dieppe, & autres detenuës, & qui se prenoient tous les iours en la Normandie. Qu'il estoit vn Bourgeois de la ville de Rouën, & non vn Lieutenant du Roy, parce qu'il n'auoit pas seulement deux cens cheuaux, pour recognoistre l'Admiral, lequel faisoit tout ce qu'il vouloit, sans aucun empeschement. Que de tirer le Comte Ringraff auec ses forces du Haure de Grace, où il tenoit les Anglois reserrez, il n'y auoit point d'apparence : tant pour n'estre assez fort

Il assemble les principaux Gentilshommes de la Prouince pour prendre Conseil.

fort pour faire teste à l'Admiral ; qu'aussi ce seroit bailler entierement le pays de Caux aux Anglois, qui auoient six mil hommes dedans ledict Haure de Grace. Et apres auoir le Mareschal de Brissac allegué plusieurs autres raisons accompagnees de la douleur particuliere qu'il auoit de se voir enfermé dedans ladite ville de Rouën, & voir ruiner, prendre, & piller toute la Normandie par ledict Admiral, il demanda conseil d'vn chacun, de ce qui estoit de faire. La plus grande partie fut d'opinion d'enuoyer vers le Roy, tant pour luy remonstrer les maux que faisoit l'Admiral, que pour le grand espouuentement qu'il donnoit à tout le pays : à fin que sa Majesté enuoyast des forces & de l'argent audict Mareschal pour faire vne armee, & se mettre en campagne, auec ce qu'il tenoit pour le Roy, & aller combattre ledict Admiral. Le Mareschal de Brissac ayant entendu l'opinion d'vn chacun, prenant de l'vn & de l'autre ce qui luy sembloit bon, fit la conclusion qu'il auoit prinse (comme il est à presumer) auant que de nous enuoyer querir, qu'il falloit donques en diligence enuoyer vers le Roy, qui estoit à Blois, auec amples instructions & memoires de tout l'estat present de la Normandie & de la necessité où elle estoit reduite, en danger d'estre bien tost plus mal, s'il n'y estoit promptement pourueu : & qu'au lieu qu'il y auoit seulemét six mil Anglois, il y en auroit bien tost douze mil & plus; disant qu'il auoit tousiours entendu dire & reco-

Aduis & resolution de ce conseil.

Celuy du Mareschal de Brissac, & le discours qu'il tint en cette assemblée.

250 MEMOIRES DV SIEVR DE CASTELNAV, gneu, que ceste nation ne demandoit qu'à prendre pied en France du costé des lieux maritimes. Dauantage, que l'Admiral ayant de l'argent d'Angleterre n'auroit pas faute de gens, mesmes d'vn renfort de Reistres, comme il traitoit auec quelques Princes d'Alemagne. Par ainsi qu'il iugeoit (ce qu'à Dieu ne pleust) que s'il n'estoit bien tost pourueu à la Normandie, les Anglois & l'Admiral y auroient la meilleure part, & seroit fort mal aysé de les desloger. Et que pour ceste occasion il ne voyoit autre remede plus prompt, ny forces qui fussent bastantes de deux mois de donner aucun secours à ceste Prouince, si ce n'estoit de l'armee que commandoit le Duc de Guise : estant d'aduis qu'il laissast la ville & le siege d'Orleans, & les entreprinses au milieu de la France, où il se trouueroit tousiours assez de remedes pour ruiner les Huguenots affin d'aller chasser les Anglois principaux ennemis du Royaume, & l'Admiral de Normandie : lequel estant deffait auec ce qui luy restoit de Reistres, & le Prince de Condé prisonnier, les Huguenots estoient perdus pour iamais, & demeureroient sans Chef, & les Anglois, auec la honte & le repentir, d'auoir mis le pied en France. Et fit auec ceste resolution plusieurs beaux discours trop longs à reciter, selon son experience au fait des armes. Apres cela il me voulut choisir pour porter ce conseil & son opinion au Roy, & au Duc de Guise, auec instruction & amples memoires. Ceste despeche ainsi resoluë fut faite tout le reste du iour & de

Il est d'aduis qu'on quitte le siege d'Orleans.

L'autheur est choisi de luy pour porter ce conseil & son opinion au Roy.

LIVRE QVATRIESME. 251
la nuit, & le lendemain au matin ie fus pressé de partir par ledit Mareschal, apres m'auoir dit plusieurs choses de bouche, pour dire à leurs Maiestez, & au Duc de Guise, à fin de les porter à ceste resolution. Donques le chemin de Roüen à Bloys n'estant pas fort long, ie fis diligence d'y aller en poste, & trouuay le Roy, la Royne sa Mere, & tout le Cōseil, qui estoit auprés d'eux si preparez à ce que ie leur proposay de la part du Mareschal, qu'ils me dirent estre entieremēt de son opinion: mais qu'il sembloit que ce ne fust celle du Duc de Guise, lequel se vouloit attacher à Orleans de sa seule volonté. Gonnor frere dudict Mareschal de Brissac, qui auoit la superintendance generale des finances, pressoit fort de Conseil & de raisons semblables à celles de son frere, que le Duc de Guise s'acheminast incontinent en Normandie. De sorte qu'à la mesme heure ie fus despeché du Roy & de la Royne sa Mere, par l'aduis de tout le Conseil qui estoit auprés d'eux, pour aller trouuer le Duc de Guise, qui faisoit ses approches à Orleans. Et comme il n'y a que quatre postes i'y arriuay deuant son disner; & incontinent aprés il s'en alla voir son infanterie, qui estoit à deux cens pas du faux-bourg du Portereau, sur les deux costez du droict chemin, qui l'attendoit sans faire aucun bruit, suiuant le commandement qu'elle en auoit receu. Là ie proposay au Duc de Guise le plus briefuement qu'il me fut possible la Commission que i'auois. Mais il ne me respondit autre chose, sinon

marginalia: Le Roy, la Royne & son Conseil, de mesme aduis que le Mareschal de Brissac.

marginalia: L'Autheur va trouuer le Duc de Guise de la part du Roy.

Ii ij

252 MEMOIRES DV SIEVR DE CASTELNAV,
que i'eſtois le fort bien venu, & que nous aurions
du temps à parler, & reſoudre ſur vne affaire de telle
importance, puis me fit bailler vn bon cheual de
ſon eſcurie, & me commanda de le ſuiure, & de
bien conſiderer les gens de pied qui eſtoient en ceſte
armée, les meilleurs (diſoit-il) qu'il euſt iamais
veu, & d'auſſi bons maiſtres de Camp & Capitaines
qu'il y en euſt en France; & entr'autres Martigues
leur Colonnel, qui eſtoit plain de valeur & de courage.
Au meſme temps il met pied à terre au milieu
de ſes trouppes, parle à quelques Capitaines &
Commiſſaires de l'artillerie, prend ſes armes &
fait mettre à la teſte de ſon infanterie quatre couleurines traînées ſeulement par les pionniers: puis
donna droit au faux-bourg du portereau, qui n'e-
ſtoit fortifié que de quelques gabions, faſcines, &
tonneaux; où il fit tirer vne volée deſdictes couleurines, & au meſme temps donner quelques enſeignes; leſquelles au meſme inſtant, fauſſent les
portes, renuerſent tous les gabions, & tonneaux,
& entrent dedans le faux-bourg; où il y auoit quelques Lanſquenets & François, qui auoient promis
à d'Andelot, de garder & deffendre ledict Portereau; mais les vns ſe retirerent fuyans & iettans
les armes par terre pour entrer en la ville; les autres
qui n'alloient ſi toſt y furent tuez & taillez en pieces: autres prins priſonniers, laiſſans tous ce qu'ils
auoient en leurs logis, qui fut tout prins & gagné
par les gens de pied du Duc de Guiſe; lequel fit aſſez grande diligence, & d'entrer peſle-meſle pour

Qui faict attaquer le faux-bourg du Portereau.

Et le prét d'aſſaut.

Il taſche d'entrer peſlemeſle auec ces fuyans dans la ville.

LIVRE QVATRIESME.

gagner la porte de la ville, & entrer dedans auec les fuyards, qui ayderent à fermer la porte à leurs compagnons, & leurs ennemis tout ensemble, & tiroient fort & ferme du portail, & de plusieurs endroicts de la ville sur les nostres, qui auoient gagné le faux-bourg. Lors le Duc de Guise me dict, qu'il auoit ouy dire autrefois que l'on prenoit des villes, & y entroit-on pesle-mesle quand il y auoit vn espouuentement tel que celuy-là, & qu'il n'en auoit iamais veu vn plus grand, ayant toutefois bien fermé leur porte, sans nous espargner la poudre. Aussi tiroient-ils force harquebusades, & quelques pieces, qui faisoient beaucoup de dommage aux nostres, & où ledict Duc mesmes n'estoit pas hors de danger, qui fut cause de le faire descendre de cheual, & entrer és premieres maisons à la main gauche, qui regardoient vers la porte : de laquelle ceux de la ville tiroient iusques à son logis, où il demeura iusques enuiron sur les cinq heures du soir à voir tout ce qui se passoit, entendant quelques prisonniers sur l'estat de la ville, & de ce que faisoit d'Andelot, qu'ils dirent auoir la fiéure quarte ce iour là. Lors il dit en riant, que c'estoit vne bonne medecine pour la guerir. Et s'enquit du Connestable & d'autres particularitez, seló qu'il pensoit apprendre quelque chose; Puis il me dict, ie voudrois que le Mareschal fust icy pour vne heure; i'estime qu'il prendroit contentement de nos gens de pied, & qu'il auroit regret de les voir partir d'icy, sans mettre Monsieur le Connestable en liberté, & des-

Les habitans resistent courageusement.

Le Duc de Guise s'informe de l'estat de l'ennemy.

Ii iij

254 MEMOIRES DV SIEVR DE CASTELNAV, nicher le magasin & premiere retraicte des Huguenots. Acheuant ce propos, il sortit de ce logis & alla recognoistre ce qu'il peut de la ville, de leurs fortifications, & des lieux par où il la voudroit prendre ; puis il assit ses gardes, & ordonna à vn chacun ce qu'il auoit à faire pour la nuict, leur asseurant qu'il seroit le lendemain de bon matin auec eux, pour aduiser du surplus : & donna luy mesme de sa main de l'argent à quelques soldats blessez, come c'estoit ordinairement sa coustume, & ainsi auec la nuict il se retira à son logis, qui estoit à vne lieüe de là : & en retournant me dict, nous parlerons demain pour faire responce au Roy & à Monsieur le Mareschal de Brissac. Le lendemain de grand matin il m'enuoya querir, estant desia prest à monter à cheual, pour aller au Portereau & retourner à son entreprinse ; où il employa tout le iour à commander & ordonner tout ce qu'il auoit à faire pour la prinse de la ville, & à preparer des batteaux pour passer la riuiere, & faire sa baterie, auec esperance que la ville ne tiendroit pas long temps aprés. Le troisiesme iour au matin sur les huit heures, il enuoya querir tous les principaux Seigneurs, & Capitaines, qui auoient charge en son armee, & pour auoir plus d'espace entra au iardin, où il me donna charge en leur presence de dire, sans oublier aucune chose, la commission que m'auoit donnee le Mareschal de Brissac, par l'aduis de ceux qui estoient seruiteurs du Roy en Normandie ; & le commandement que m'auoient fait leurs Majestez,

Le bon ordre qu'il donne à toutes choses.

Sa liberalité enuers les soldats blessez.

Il assemble son Conseil pour faire responce au Roy.

L'Autheur fait vn recit en ceste assemblée de la commission qu'il auoit du Roy & du Mareschal de Brissac.

LIVRE QVATRIESME. 255

qui approuuoient l'opinion dudit Mareschal: Ce que ie recitay de point en point, auec toutes les raisons qu'il m'estoit commandé de dire au Duc de Guise, & à tous ceux qui estoient auec luy. Et apres m'auoir attentiuement escouté, demanda l'aduis à tous les Seigneurs & Capitaines qui estoient pre- sens, & les fit opiner par ordre, commençant aux plus jeunes; il n'y en eut pas vn, qui ne trouuast en apparence ce Conseil du Mareschal, & ce commandement du Roy tres bon, d'aller incontinent combattre l'Admiral. Et apres les auoir tous oüys, le Duc de Guise commença de parler en ceste façon, Messieurs, nous auós tous entendu le bon Conseil de Monsieur le Mareschal de Brissac, par la bouche de Castelnau, & l'opinion de tous les bons seruiteurs du Roy qui sont auec luy; ensemble l'estat auquel sont de present les affaires en la Normandie, & les actes d'hostilité qui faict iournellement l'Admiral auec ses Reistres, & ce qui luy reste de cauallerie de la bataille: toutes choses à la verité dignes de grande consideration; & le commandement expres que le Roy nous donne là dessus, de partir d'icy auec ceste armée, pour nous aller opposer à l'Admiral & à ses desseins, qui seroient de subiuguer le pays de Normandie, & en bailler vne bonne partie aux Anglois, anciens ennemis de la Couronne de France, & qui ont tousiours cherché de faire leur profit de nos diuisiós, dont il n'est besoin d'alleguer les exemples cogneus à vn chacun, & est bien croyable que la necessité d'argent en

Aduis de ce Conseil.

Responce du Duc de Guise.

laquelle est reduit l'Admiral pour payer son armée & ses Reistres, auec la passion de sa cause, luy fera oublier le deuoir de sujet enuers son Roy & sa patrie; & en l'opinion & au iugement de vous autres, tres-sages & bons Capitaines qui estes icy assemblez, Ie recognois bien que vous voulez du tout, cóme tres-obeissans, vous conformer au commandement du Roy, & aduis tres-prudent du Mareschal de Brissac, le plus sage & experimenté Capitaine de France, apres Monsieur le Connestable; & de ma part ie craindrois tousiours de faillir en mon opinion, mesmement pour cótredire à tát de sages Capitaines, & au commandement du Roy: mais i'ay aussi souuent ouy dire, & apprins par experience, que sur nouueau accident il faut prendre nouueau remede. Chose qui me fera plus libremét dire ce qui me semble en ceste affaire, sans me laisser emporter d'aucune affection particuliere. Premierement, ie treuue qu'en apparence le Cóseil de Monsieur le Mareschal de Brissac est fort bon, de vouloir persuader au Roy que sa Majesté enuoye son armee pour deffaire celle de l'Admiral, remettre la Normandie en liberté, & en chasser les Anglois le pluftost qu'il sera possible, & garder qu'ils ne prennent plus de pied, & ne dónent plus d'ayde & d'argent aux Huguenots, & confesse que leur conseruation, ou leur ruine, depend de l'Admiral & de son armee. Mais de partir si soudain, pour le penser trouuer & sa cauallerie en lieux desaduantageux, comme Castelnau m'en a fait le raport, & laisser

LIVRE QVATRIESME. 257

ser l'entreprinse d'Orleans, ville si estonnee & à demy prinse, c'est chose qui me semble hors de propos, veu aussi que l'Admiral ne sera pas si mal aduerty, (attendu qu'il en a de sa faction à la Cour, & par toute la France,) qu'en moins de vingt quatre heures l'on ne luy mande ce qui aura esté conclu contre luy : sur quoy il pouruoira diligemment à ses affaires pour se mettre & sa caualerie en lieu de seureté, & commode pour chercher ses aduantages : & faut considerer que l'armee du Roy, qui tient Orleans de bien pres, est composée de gens de pied seulement, que depuis la bataille toute la caualerie s'est allé refraichir, & remettre en estat de faire seruice; & lors qu'il a esté question d'employer cent cheuaux apres auoir passé la riuiere de Loyre, i'y ay eu assez affaire, la plus part estant volontaires, & bien souuent i'ay presté ceux de mon escurie & de ma maison; aussi at-on iamais veu vne armee toute de gens de pied aller chercher vne armee de gens de cheual, ayant tant de plaines à passer, comme celle de la Beauce, celle de Dreux, & celle du Neufbourg: en l'vne desquelles l'Admiral attendra l'armee du Roy, en son option de combattre, ou de hazarder mil ou douze cents cheuaux, pour les sabouler parmy les gés de pied, voir s'il les pourra entamer, pour donner dessus tout le reste. Ou bien quand il n'aura volonté de combattre, il leur coupera les viures, & leur fera endurer de grandes incómoditez en quelque mauuais logis; & en vn mot pour partir d'Orleans, quand bien ce seroit chose forcee, il faut

Raisons sottes pour dissuader d'aller trouuer l'Admiral & quitter le siege.

K k

six ou sept iours à desloger, à faire cuire du pain, ordonner aux Commissaires des viures de faire leurs estapes, & le chemin qu'il faut tenir, enuoyer querir, & faire ferrer les cheuaux de l'artillerie, bailler quelque argent aux soldats, dont la pluspart ont besoin, & qui sont sans souliers, & pendant ce temps là l'Admiral estant aduerty s'acheminera, pour se trouuer en l'vne des trois pleines susdites, esquelles s'il ne veut tenter la fortune de combattre, il passera auec toute sa cauallerie, à cent ou deux cens pas de l'armee du Roy, la laissera aller en Normandie, retournera à Orleans, passera aupres de Paris, donnera aux habitans vn estonnement, en danger de brusler les fauxbourgs, espouuenter tous ces quartiers, rançonnera chacun à discretion, peut estre ira droit à Blois prendra la ville, ou du moins en fera desloger le Roy, & par consequent se fera maistre de la campagne tout le long de la riuiere de Loyre, & y asseurera Orleans & les places qu'il y a & au pays de Berry : & en somme fera la plus part de ce qu'il luy plaira sans aucun empeschement. Alors l'on dira ou est l'armee du Roy? où va le Duc de Guise pourquoy a-t'il laissé l'entreprinse d'vne ville qu'il pouuoit prendre en dix iours, abandonner le Portereau & ce qu'il auoit prins sur les ennemis, pour entreprendre de passer l'armee du Roy en Normandie, laquelle a moitié chemin, il faudra faire retourner bien harassee, sans auoir rien fait qui soit à propos. Parquoy ie prie vn

LIVRE QVATRIESME.

chacun, de ne prendre en mauuaise part mon opinion du tout cótraire, à celle de Mr de Brissac, & faut à mon aduis prendre Orleans auant que partir delà, & asseurer toute la riuiere de Loyre & le Berry. Lors cóme tous les Seigneurs & Capitaines qui estoient en ce lieu, auoient esté d'opinion contraire, à l'heure mesme ils demeurerent tous de celle du Duc de Guise: lequel fit incontinent vne digression & assez ample discours, sur l'estat & malheur des guerres ciuiles; disant que le Mareschal s'y trouueroit bien plus empesché qu'aux guerres de Piedmót, où il n'auoit eu qu'vn ennemy en teste, ayant toutes les commoditez d'hommes & d'argent, que pouuoit produire la France. Puis il pria ceux qui estoient en ce Conseil, de prendre bien son opinion, & ne desloger d'Orleans, s'il estoit possible, que la ville ne fust prinse. Que tousiours il estoit d'auis qu'on allast chercher l'Admiral en Normádie, où la part qu'il tourneroit, pour le combattre: Toutefois qu'il y falloit marcher auec aduantage, pour vaincre, s'il estoit possible, & non pour estre vaincu, & pour cet effet qu'il estoit d'opinion que dans peu de iours le Roy feist donner le rendez vous à toute la gendarmerie & arriereban de France, à Baugency & és enuirons où a Estampes, comme il seroit aduisé, pour le mieux. Et que pareillement il fust mandé à tous ceux de la Noblesse de France depuis l'aage de dixhuit & vingt ans iusques à soixante, sans aucune legitime excuse que de maladie, de se trouuer tous à faire, non pas profession de leur foy, mais de leur affection enuers le

Le Conseil change d'aduis & suit l'opinion du Duc de Guise.

Autre discours du Duc de Guise sur la difference des guerres ciuilles d'auec les estrangeres.

Ses aduis au Roy pour l'acheminement de la guerre contre les Huguenots.

Kk ij

Roy, & que tous ceux qui luy voudroient estre bōs suiects prinssent les armes, & combatissent auec sa Majesté pour la deffence de sa Couronne. Que pareillemēt toutes les forces qui estoiēt esparses en diuers endroicts par le Royaume, fussent ramassées cōme celles qu'auoient mandées, les Ducs de Montpensier, de Nemours, Montluc, & toutes les compagnies des gens de pied & de cheual qui estoient à la solde du Roy. Et que sa Majesté estant accompagnée de la Royne sa Mere, des Princes de son sang, qui estoient à la Cour, & tout le Conseil commanderoit en personne à son armée, laquelle aprés auoir faict monstre, il feroit marcher droit ou seroit l'Admiral, auec trente mil hommes de pied, & pour le moins dix-mil cheuaux : dont il se pourroit faire deux armées, desquelles la moindre seroit trop forte pour le combattre & deffaire ; de telle sorte que luy ny ceux de sa factiō ne s'en pourroiēt iamais relleuer : Et que lors l'on diroit estre la cause & l'armée du Roy, & non celle du Duc de Guise, respondant aussi à ceux qui pouuoient obiecter que sa Majesté estoit trop ieune, disant qu'il prendroit sur sa vie de le faire cōmander, & le mettre & loger tousiours en lieu si asseuré qu'il ne courroit non plus de hazard, ny tout son Conseil, que s'ils estoient à Paris : Et qu'il esperoit par ce moyen qu'auant que l'Esté fust passé, le Roy seroit aussi paisible en son Royaume, & exempt de guerres ciuiles qu'il fut iamais. Tout ce que dessus estant proferé par ledit Duc de Guise, pleut grandement à tous les Seigneurs,

Ses promesses pour la seureté de la personne du Roy & de son Conseil.

LIVRE QVATRIESME. 261

Capitaines, & autres qui estoient en ce Conseil : où aucun ne repliqua rien, sinon qu'il leur sembloit se deuoir faire ainsi. Sur cela ie fus redespeché vers le Roy, où estant arriué : soudain sa Majesté me voulut entendre en presence de la Royne sa Mere, du Cardinal de Bourbon, du Prince de la Roche-sur-Yon, & du Conseil : Chacun pensoit que ie deusse apporter le partement du Duc, pour aller auec l'armée en Normandie. Mais ayant rapporté le contraire au Roy, & tout ce qui s'estoit passé és opinions des Seigneurs, Gentils-hommes, Capitaines, & autres, desquels ledict Duc auoit prins l'aduis, & sa conclusion susdicte, elle fut incontinent approuuée de leurs Majestez, & des Princes du sang, & du Conseil, où il n'y eust pas vn de ceux qui estoient auec le Roy qui y contredist. Occasion pourquoy leurs Majestez luy despecherent au mesme instant Rostin, tant pour luy communiquer les autres affaires du Royaume, que pour en auoir son aduis. Ce mesme iour ie fus despeché en Normandie, pour faire entendre au Mareschal de Brissac, ce que ie r'emportois de mon voyage, & luy dire qu'il aduisast auec les forces qui estoient en Normandie, de conseruer & defendre le pays le mieux qu'il seroit possible, & empescher l'Admiral & sa caualerie, d'y faire vn plus grand progrés, attendant que le Roy y enuoyast son armée, ou peut estre il iroit en personne selon le Conseil du Duc de Guise. De façon que l'Admiral ne pourroit là ny ailleurs trouuer lieu de seureté, qu'il ne fust combatu & deffait,

L'Autheur retourne vers le Roy pour luy faire le rapport de la conclusion de ce Conseil.

Qui fut approuuée par leurs Majestez.

L'Autheur renuoyé vers le Mareschal de Brissac l'aduertir de cette resolutiõ.

Kk iij

262 MEMOIRES DV SIEVR DE CASTELNAV, & que ce seroit le vray moyen de mettre la fin à toutes les guerres ciuiles de la France. Ie n'auois pas encores esté vne heure & demie auec le Mareschal de Brissac, qu'il arriua en diligence vn cheuaucheur d'Escuyrie qui auoit couru iour & nuict, portant la nouuelle d'vne grande blesseure qu'auoit euë le Duc de Guise, en retournant le iour d'apres que ie l'eus laissé en son logis, resolu la nuict mesme d'assaillir les Isles. Il estoit accompagné de son Escuyer qui marchoit deuant luy, & de Rostin monté sur vn mulet, lors qu'vn ieune soldat qui se disoit Gentil-homme du pays d'Angoulmois appellé Iean de Meré, dit Poltrot, estant peu auparauant party de Lyon, lors occupée par les Huguenots, vint trouuer le dict Duc, feignant de se rendre à luy pour seruir sa Majesté en son armée, s'estant donc mis au seruice de ce Prince, qui receuoit volontiers ceux qui le recherchoient, & qui l'auoit fort bien traité, il espia toutes les occasions d'executer sa detestable entreprinse. L'on disoit que ce Poltrot auoit esté nourry quelque temps en Espagne, dont il parloit le langage, & c'estoit quelque temps auparauant tenu au seruice de Soubise, ou quelques vns vouloient dire qu'il auoit premedité son entreprinse, bien que par sa confession il l'aye deschargé : & qu'estant parti de Lyon il fut trouuer l'Admiral qui s'en seruit comme d'vn espion, & luy bailla de l'argent pour achepter vn cheual, quoy que ce soit, il suiuit le Duc de Guise iusques au dix-huictiesme Feurier mil cinq cens soixante & deux, qu'il luy tira

Le Duc de Guise assassiné par Poltrot.

Histoire de cet assassinat.

LIVRE QUATRIESME. 263

en l'espaule de six ou sept pas vn coup de pistolle chargée de trois balles empoisonnées. Incontinent qu'il eust fait le coup, il essaya de se sauuer par les taillis, desquels y a quantité en ce pays là ; Mais ayant cheuauché toute la nuict en crainte, pour la grande trahison, qu'il auoit commise, & estant luy & son cheual fort las & harassez, il descendit en vne grange prés du lieu d'où il estoit party ; & le lendemain ayant esté treuué endormy par le Seurre principal Secretaire du Duc, il fut prins & mené en prison, où estant accusé par coniecture, il confessa le fait : Et fut mené en presence de la Royne Mere deux ou trois iours aprés, où il fut interrogé : Quelque temps aprés, il fut publié vn petit liure, par lequel l'on chargea l'Admiral, la Rochefoucaut Feuquieres, Theodore de Beze & Soubise, auquel les Huguenots firent responce par forme d'apologie, disans que ledict Poltrot auoit prins ce conseil de soy mesme, sans en demander aduis à personne. Aussi l'Admiral s'en est tousiours voulu purger, disant, l'acte estre meschant, encores qu'il dist que pour son particulier il n'auoit pas grande occasion de plaindre la mort du Duc de Guise, lequel finit ses iours de ceste blessure le mecredy vingtquatriesme dudit mois, aprés auoir esté malade sept iours auec de grandes douleurs & conuulsions. Ce fut vn acte le plus meschant que ce Poltrot eust peu commettre, car le soldat merite la mort, qui seulement aura voulu toucher le baston duquel son Capitaine l'auroit voulu chastier. Et ceux qui sçauoient quel-

Remarquable iugement de Dieu.

Liure contre ceux qu'on pensoit fauteurs de cet assassinat.

Les Huguenots y font responce, & veulent que ce soit vn coup du Ciel.

Mort du Duc de Guise.

que chose de ceste entreprinse eussent eu plus d'honneur de l'en destourner que de le cóforter en sa mauuaise voloté, comme fit le Consul Fabritius, auquel s'addressant vn iour le Medecin de Pyrrhus, luy offrit de l'empoisonner s'il luy vouloit donner vne somme d'argent; mais au contraire Fabritius voyant la perfidie d'vn tel homme, le fit prendre, & l'enuoya pieds & mains liez à son maistre, lequel auoit gagné trois grandes batailles sur les Romains. Et combien que quelques vns ayent pensé que ce Poltrot eust beaucoup fait pour les Huguenots, si est-ce que cét acte a esté cause d'autres grands maux qui s'en sont depuis ensuiuis, lesquels l'Admiral a sentis pour sa part, comme ie diray en son lieu; & a ceste mort apporté vn changement à toutes les affaires de la France. L'armée toutesfois vouloit poursuiure l'entreprinse, & fut faite vne plateforme sur le pont pour tirer en la ville: Mais le Roy, la Royne sa Mere, & tous les Catholiques demeurerent fort estonnez, côme aussi la ville de Paris, qui luy fit des funerailles fort honorables, & en laquelle ledict Poltrot fut executé & tiré à quatre cheuaux. La Royne Mere du Roy mostra lors le ressouuenir qu'elle auoit de ses seruices, & l'affectió qu'elle portoit à sa memoire, & à toute sa maison, faisant pouruoir Henry Duc de Guise son fils aisné de l'Estat de Grád Maistre de Fráce, & du Gouuernemét de Champagne, que tenoit son pere, & a fait depuis tout ce qu'elle a peu pour ceste maison. Or il fut aduisé sur les occurrences qui se presentoient,

de

Preud'homie & magnanimité de Fabritius.

Cette mort apporte vn changement à toutes les affaires de la France.

Poltrot tiré à quatre cheuaux.

L'Estat de grád Maistre donné à son fils aisné.

LIVRE QVATRIESME. 265

de regarder ce qui estoit le meilleur pour l'Estat du Roy, du Royaume, & de l'armee, qui auoit perdu quatre de ses Chefs en peu de temps: sçauoir le Roy de Nauarre qui estoit mort au siege de Rouen, le Connestable prins prisonnier, le Mareschal de sainct André tué à la bataille de Dreux, & le Duc de Guise tué deuant Orleans: chose fort remarquable, que tous les Chefs de part & d'autre de ces deux armees sont à la fin morts violemment, sans qu'il en soit eschapé aucun, cóme on verra cy apres. Laissant l'armee au Portereau, & les affaires de la Cour & du Royaume, sur le point de nouueau changement, ie ne veux obmettre que le Duc de Nemours, lequel auoit vne armee en Dauphiné, ioignant ses forces auec celles de Bourgogne, Auuergne, & Forests, alla assieger & prendre la ville de Vienne, auec les Catholiques qui estoient dedans. Apres la prinse de laquelle il s'approcha de Lyon, où Soubise commandoit pour les Huguenots, d'autant qu'ils ne s'osoient plus fier au Baron des Adrets. Là il y eut plusieurs escarmouches aux approches; où l'vn des habitans de la ville nommé Marc Herbin promettoit au Duc de Nemours de le faire entrer en la ville, moyennant quelque somme qu'il demandoit: De laquelle ne retirant que des promesses, il aduertit Soubise de l'entreprinse, lequel disposa si bien les garnisons, habitans, & gens de guerre, qui estoient en la ville qu'ils en laisserent entrer quelques vns de l'armee dudict Duc de Nemours qui furent presques tous tuez; ce que voyans le Duc, & qu'il auoit

Tous les Chefs des deux armees morts de mort violente.

Vienne en Dauphiné prise par le Duc de Nemours.

Qui fait vne entreprise sur la ville de Lyon.

Laquelle est descouuerte par celuy mesme qui la conduisoit.

L l

esté trompé, & qu'il falloit trois camps pour assieger ladite ville, à cause de sa scituation, qui est sur le bord de deux grandes riuieres, le Rosne & la Saosne, & vne citadelle qui commande aux deux riuieres, fut contraint de laisser son entreprinse, apres auoir deffait & mis en route quelques enseignes de gens de pied, & quelques cornettes de caualeries, que le Baron des Adrets menoit à Lyon pour leur secours. Ceste defaicte estonna fort toutes les villes scituees sur le Rosne, & donna beaucoup de courage aux Catholiques du pays de courir sus aux Huguenots. En ce mesme temps ceux qui tenoient la ville Dannonay en Viuarois que les Huguenots auoient prinse sur les Catholiques, sortirent de ladite ville, pour aller surprendre sainct Estienne en Forests, ce qu'ils firent: mais comme ils s'amusoient au pillage, ils furent surprins par sainct Chaumont ou il y en eut beaucoup de tuez, & de là il retourna prendre ladite ville Dannonay, deuant que les Huguenots qui estoient dedans en fussent aduertis, qui furêt fort mal traictez de tous sexes & aages l'espace de deux iours : & fut la ville pillée, tant par les soldats, que par les Catholiques qui y estoient encores. Mais ayans nouuelle que le Baron des Adrets marchoit en diligence pour auoir la reuanche, ils trousserent bagage & abandonnerent ladicte ville Dannonay, aprés auoir gasté les grains & viures qui restoient en icelle, de peur que leurs ennemis ne s'en peussent preualoir. Le Baron des Adrets estant aduerty que sainct Chaumont s'estoit retiré

Defaicte des troupes du Baron des Adrets par le Duc de Nemours.

Ceux Dannonay defaicts & leur ville prise, & saccagée.

auec ſes troupes, rebrouſſa chemin, & s'en alla pour aſſieger la ville de Vienne, où eſtoit vne grande partie des gens & de l'armée du Duc de Nemours ; lequel cognoiſſant l'humeur dudict Baron, & ſçachant qu'il n'auoit pas tant d'affection à la Religion des Huguenots (comme il monſtra depuis) qu'à ſon proffit particulier ; ſoit qu'il veiſt qu'il n'y auoit plus de Calices ny Reliques à prédre, ou qu'il ſe faſchaſt de ce party, ſoit pour acquerir reputation du coſté des Catholiques, ou bien pour ſe venger des iniures qu'il auoit receües des Huguenots, ledict Duc le cognoiſſant pour Capitaine, & qui auoit beaucoup de credit & reputation, penſa que c'eſtoit le plus ſeur & expedient pour le ſeruice du Roy, de le gagner, que de le combattre par force : Ce qu'il fit ſi dextrement, auec belles promeſſes, & douces paroles, comme c'eſtoit vn Prince fort perſuaſif, & qui a touſiours ſceu attirer les hommes par ſon gentil naturel, que depuis les Huguenots n'ont eu en ce pays là vn plus grand ennemy que ce Baron, qui comença deſlors à pratiquer contre les Huguenots ; leſquels comme fort vigilants en leurs affaires, en furent aduertis, auſſi ont ils touſiours eu des eſpions par tout. Qui fut cauſe que Mouuans, eſtant ledict Baron des Adrets allé en la ville de Valence, le print priſonnier, par l'aduis du Cardinal de Chaſtillon, & du ſieur de Curſol, depuis fait Duc d'Vzez, l'enuoya à Niſmes, où il fut en bien grand danger : & à peine en fuſt-il eſchapé, ſinon par le moyen de la paix, en vertu de laquelle il fut

Le Baron des Adrets pratiqué par le Duc de Nemours, & gagné pour le party Catholique.

Les Huguenots vigilãs en leurs affaires.

Le Baron des Adrets pris priſonnier & enuoyé à Niſmes.

Ll ij

eslargy. Mais pour retourner à l'armée que nous auons laissée au Portereau deuant Orleans, & à l'Admiral, qui faisoit tout ce qu'il pouuoit en Normandie, pour y auancer ses affaires ; chacun ayant diuerses affections par le Royaume, les vns de poursuiure la guerre, les autres de faire la paix ; la Royne Mere du Roy, qui ne respiroit que le bien du Roy & de l'Estat, voyant comme i'ay dit, les trois principaux Chefs de l'armée du Roy morts, & le quatriesme prisonnier, fut conseillée de rechercher les moyens de faire la paix, où elle ne fut pas difficile à persuader. A ceste occasion trefues furent accordées d'vne part & d'autre. La Princesse de Condé fut voir la Royne à sainct Mesmin, où elle fut fort bien receuë auec beaucoup de belles promesses. Et fut arresté vn Parlement, qui se tint dedans l'Isle aux bœufs prés de la ville d'Orleans, où furent menez le Prince de Condé, & le Connestable, qui disoit ne pouuoit souffrir que l'on remit l'Edict de Ianuier : mais il se trouua d'autres moyens par ceux qui estoient du tout desireux de la paix, disans qu'autrement l'Estat estoit en danger de se perdre. Le Prince de Condé demanda d'entrer à Orleans, pour en conferer, à condition aussi que le Connestable iroit en l'armée du Roy. Ce qui fut accordé auec suspension d'armes d'vne part & d'autre. Qui fut sagement aduisé par la Royne Mere du Roy, lassée de voir la France si affligée de guerre ciuile, en laquelle les victorieux perdoient autant & plus quelquefois que les vaincus. Et combien que le

Trefues accordées d'vne part & d'autre.

Abouchement du Prince de Condé & du Connestable.

Suspensiõ d'armes.

Bonnes considerations de la Royne Mere pour faire la paix.

Roy eust vne puissante armée, & moyen de la faire encores plus grande, si est-ce qu'ayant perdu les Chefs, il n'en pouuoit pas recourir de semblables. Au contraire les Huguenots auoient encores l'Admiral, auec vn grand nombre de caualerie, auec plusieurs villes: d'auantage l'on craignoit qu'il ne s'approchast d'Orleans pour le secourir, où s'il eust eu la victoire, il eust mis le Roy & le Royaume sous la puissance des Huguenots, qui auoient lors vne grande part aux finances du Roy, sans qu'il luy fust possible receuoir la moitié de ses deniers & subsides, ny les faire tenir au tresor de l'Espargne, estát sa Majesté endebtée de plus de cinquáte millios: mais ce qui trauailloit encor autant & d'auantage le Roy & son Conseil, estoient les Anglois saisis du Haure de Grace, qui se preparoient d'amener vne plus forte armée en France pour y prendre pied à la ruyne & entiere desolation du Royaume, comme leur dessein a tousiours esté sur diuerses pretentions, depuis qu'ils en ont esté chassez. C'estoit au moins leur esperance, en nourrissant nos diuisions, de s'emparer de la Normandie, comme ils auoient fait pendant les querelles des maisons d'Orleans & de Bourgogne. Tant y a qu'il n'y auoit personne au Conseil du Roy, qui ne fust d'opinion que l'on fist la paix. Long temps auparauant le Cardinal de Lorraine estoit allé au Concile de Trente, lequel fut si fasché de la mort du Duc de Guise, & du Grád Prieur ses freres, qu'il ne se trauailloit d'autre chose; & beaucoup de Catholiques, qui auoient tant

La France estoit lors grádement endebtée.

Tous sont posttiz à la paix.

souffert en si peu de temps ne demandoient pas moins la paix que les Huguenots, les vns & les autres fort lassez de la guerre. Pour ces causes, aprés toutes choses bien pesees & debatuës de part & d'autre. La Royne, le Prince de Condé, le Connestable, d'Andelot, & ceux qui des deux parts furent appellez à ce traicté, resolurent la paix, aprés auoir aduerty l'Admiral des conditions d'icelles, qui estoient telles. C'est à sçauoir que tous Gentils-hommes Protestans ayans haute Iustice, ou fiefs de Haubert, pourroient faire exercice de leur Religion en leurs maisons auec leurs suiects. Qu'en tous les Bailliages & Seneschaussees il y auroit vne ville assignée aux Huguenots pour l'exercice de leur Religiõ, outre les villes esquelles l'exercice se faisoit auparauant le septiesme iour de Mars, qui fut le iour que l'Edict fut conclu: Sans toutefois qu'il fust permis aux Huguenots d'occuper les Eglises des Catholiques, qui deuoient estre restituez en leurs biens, auec toute liberté de faire le seruice diuin, comme il se faisoit auparauant les guerres. Qu'en la ville & Preuosté de Paris, il ne se feroit aucun exercice de la Religion reformée, que l'on appelloit pour lors ainsi; & neantmoins que les Huguenots y pourroient aller auec seureté de leurs biens, sans estre recherchez au faict de leurs consciences. Que tous les estrangers sortiroient de la France le plustost que faire se pourroit; & toutes les villes que tenoient les Huguenots seroient remises en la puissance du Roy. Que

La paix & conditions d'icelle.

tous suiets de sa Maiesté seroient remis en leur biens, estats, honneurs, & offices ; sans auoir esgard aux iugemens rendus contre les Huguenots depuis la mort du Roy François second, qui demeureroient cassez & annullez, auec abolition generale octroyee à tous ceux qui auoient prins & porté les armes. Que le Prince de Condé, & tous ceux qui l'auoient suiuy, seroient tenus & reputez comme bons & loyaux suiets du Roy : & qu'ils ne seroient recherchez pour les deniers & finances de sa Majesté par eux prinses durant la guerre ; ny pour les monnoyes, poudres, artilleries, démolitions faites par le commandement du Prince de Condé, ou des siens à son adueu. Que tous prisonniers tant d'vne part que d'autre, seroient eslargis sans payer aucune rançon, fors & excepté les larrons & voleurs. Deffendu à tous de quelque religion qu'ils fussent de s'iniurier, ny reprocher les choses passees, sur peine de la hart : ny de faire aucun traicté auec les estrangers, ny leuer aucuns deniers sur les suiets du Roy. Que l'Edict seroit leu, publié, & enregistré en tous les Parlemens du Royaume. Voila les principales clauses de cest Edict, sans toucher à quelques autres que chacun peut voir, estant l'Edict publié & imprimé. Mais la derniere clause, que l'Edict seroit verifié en tous les Parlements, estoit la plus importante, & sans laquelle l'Edict fut demeuré illusoire & sans effect : car l'execution d'iceluy dependoit principalement des Magistrats, qui n'eussent eu aucun esgard à l'Edict, si les Parlemens ne l'eussent verifié, attendu mefmement la minorité du Roy, & la mort du Roy de Nauarre. Ioint auffi qu'ils s'en trouuoit qui ne le pouuoient goufter en forte quelconque, comme ceux qui faifoient eftat de s'enrichir des defpoüilles d'autruy, & ne demandoient qu'à pefcher en eau trouble, efperans que les confifcations leur demeureroient. Et entre ceux qui eftoient plus pouffés du zele de Religion, les Parlemens de Paris, Roüen, Thouloufe, Bordeaux & Prouence tenoient les premiers rangs, qui firent plufieurs remonftrances auant que de le verifier, eftimans qu'il feroit bien toft rompu: car l'Edict precedent fut de mefme, parce qu'il n'eftoit que prouifional, & iufques à ce qu'autrement y fuft pourueu; & de fait il aduint ainfi. Cependant l'Admiral qui eftoit en la baffe Normandie, où il auoit pris plufieurs villes, & reduit les Catholiques en mauuais eftat, fut aduerty par le Prince de Condé, que la paix eftoit accordée, & qu'il laiffaft la Normandie pour fe trouuer à la conclufion des articles; ce qu'il fit, comme il m'a dit depuis, auec regret, pour la grande efperance qu'il auoit apres la mort du Duc de Guife, d'auancer mieux fes affaires qu'il n'auoit fait auparauant: & pour le moins fi le Prince de Condé euft vn peu attendu, d'auoir entierement l'Edict de Ianuier. Mais voyát que c'eftoit fait, il partit de Caën le quatorziéme de Mars auec fa caualerie, & s'achemina par Lifieux où l'on luy ferma les portes: De là il voulut aller à Bernay, où l'on luy vouloit faire le mefme, mais à la fin il y entra: Et continuant fon chemin il paffa à Falaize,

Quels Parlements refuferent la verification de l'Edict.

L'Admiral quitte la Normandie auec regret.

LIVRE QVATRIESME. 273
Falaize, & de là à Mortagne, où les habitans refuserent à ses Mareschaux des logis & Fourriers, d'y faire les logis, & se voulurent mettre en deffence; mais nonobstant ils furent pillez & saccagez, & plusieurs Prestres tuez. Ledict Admiral estant arriué à Orleans le vingtroisiesme de Mars auec son armée, trouua l'Edict de la paix resolu, signé, & scellé, il y auoit cinq ou six iours; dequoy il monstra d'estre marry, remonstrant plusieurs raisons au Prince de Condé, comme il s'estoit par trop hasté, attendu qu'ils n'auoient eu, & ne pourroient iamais auoir plus grand moyen d'auācer leur party & Religion, veu que les trois Chefs de l'armée des Catholiques estoient morts, & le Connestable prisonnier. Il fit plusieurs discours sur ce fait, & que l'on pourroit donner beaucoup de mescontentement à ceux qui n'auoient esté appellez à dire leur aduis sur vne paix de telle importance. Mais Le Prince de Condé luy respondit à tout ce qu'il pouuoit alleguer, & qu'il s'asseuroit de beaucoup de bonnes esperances que l'on luy auoit données, & de n'estre moins auprés du Roy & de la Royne sa Mere, que le feu Roy de Nauarre son frere: & qu'il pourroit à lors obtenir quelque chose de mieux. De sorte qu'ayant contenté ledict Admiral, il le mena trouuer la Royne Mere du Roy, où il y eut plusieurs conferences de tout ce que l'on pourroit faire pour le bien de la France. Par ainsi l'Edict de la paix demeura en la sorte qu'il auoit esté aresté, & y eut quelques villes nommées és Bailliages & Seneschaussées

Il se pleint au Prince de Condé de s'estre trop hasté de signer la paix.

L'Edict du mois de Mars aresté. Villes nōmées aux Bailliages & Seneschaussées pour l'exercice de la Religion Pretenduë.

M m

274 MEMOIRES DV SIEVR DE CASTELNAV, chauſſées, pour l'exercice de la Pretendue Religion des Huguenots. Au mois de May enſuiuant le Roy fit vn autre Edict pour faire vne vente du temporel de l'Egliſe, iuſques à cent mil eſcus de rente, par la permiſſion du Pape, auec pouuoir aux Eccleſiaſtiques de les racheter ſi bon leur ſembloit, & aprés furent mis les eſtrangers hors du Royaume.

Edict pour la vente des biens d'Egliſe.

Fin du IIII. Liure.

SOMMAIRE ET
poincts principaux contenus en ce V. Liure.

Necessité de la paix & de l'Edict de Mars. Misere des guerres ciuiles, & les mal-heurs dont elles sont cause. Elles aneantissent toute Religion. Fruicts de la paix, & belle comparaison à ce propos. Ambassadeur d'Angleterre entretient les diuisions en France. Office d'un Ambassadeur, quel. Ambassadeur Anglois passionné pour l'Admiral, gaigne la Royne sa maistresse pour son party. Raisons qu'il met en auant pour le persuader à ce faire. Armée des François deuant le Haure contre les Anglois, qui font sortir tous les François du Haure. Ils sont sommez par le Connestable, & ses remonstrances. Responce des Anglois qui abandonnent leurs tranchées. Richelieu tué d'un coup d'harquebuse. Description particuliere de ce siege. Lettres des Anglois interceptes. Contagion au Haure parmi les Anglois. Les grandes incommoditez qu'ils souffroient faute d'eau. Le Comte de Vvaruic parlemente. Sortie des Anglois. Trefues de part & d'autre. Discours du Connestable au deputé des Anglois. Reddition du Haure par les Anglois, & articles de ceste redition. Ostages des Anglois, quels. Secours d'Angleterre pour ceux du Haure, mais trop tard. Embarquement des Anglois sortans du Haure. Sarlabos entre dans la ville, & en demeure Gouuerneur. Le Roy refuse de voir les Ambassadeurs d'Angleterre. Trokmarton Ambassadeur d'Angleterre, arresté comme prisonnier, lequel on enuoye à sainct Germain en Laye. Foix Ambassadeur de France comme prisonnier en Angleterre. Smyth autre Ambassadeur d'Angleterre arresté comme prisonnier. Il tasche neantmoins de moyenner la paix entre les deux Royaumes. Le Roy se faict declarer Maieur à Rouen. Cheute dangereuse de la Royne Mere, laquelle s'employe pour faire la paix auec l'Angleterre. Smyth Ambassadeur est mis en liberté. La Doüairiere de Guise & ses enfans, demande Iustice de la mort de son mary contre l'Admiral. Execrable impieté d'vn homme qui arrache la saincte Hostie des mains d'vn Prestre, lequel fut bruslé à la place Maubert. Mort du Mareschal de Brissac. Ambassades des Princes estrangers, pour l'obseruation des Decrets du Concile de Trente, & supplications qu'ils feirent pour rompre la paix. La responce qu'on leur feit. Deputez des Estats de Bourgongne & leurs demandes. Secte des Deistes & Trinitistes à Lyon. Festins magnifiques à Fontainebleau. Ceux de la Royne Mere. Tournoy, & le subiect d'iceluy. Tragi-comedie fort artistement representée. Tour enchantée, & qui deuoit mettre fin aux enchantemens d'icelle. Voyage du Roy & de la Royne Mere par toute la France. Entrée du Roy à Sens & à Troyes. Paix entre la France & l'Angleterre, & conditions d'icelle. L'Autheur enuoyé en Angleterre, & pourquoy. La responce que luy feit la Royne d'Angleterre, & l'artifice de ceste Princesse. L'Autheur disne auec la Royne, qui se pleint des deportemens des ostages François, & sur tout de Nantoüillet. Presens que la Royne d'Angleterre, feit à l'Autheur, laquelle enuoye au Roy l'Ordre de la Iartiere. Le Cardinal de Lorraine faict nouuelle instance pour la mort de son frere le Duc de Guise. Poursuittes en Cour de Rome contre la Royne de Nauarre, & son Royaume interdit. Le Roy prent son party. La Ligue pour extirper les Heresies de la Chrestienté commence à Nancy. Ambassades des Princes estrangers pour rompre le traitté d'Orleans, & la responce que le Roy leur feit. Publication du Concile de Trente refusé par les Parlemens, & pourquoy. Leurs Majestez continuent leur voyage par la France. Plusieurs reglemens faicts en Dauphiné & en Languedoc, & l'Ordre que le Roy, & la Royne Mere, donnerent par toute la France. La Royne Mere faict faire vne Citadelle à Lyon. Poursuittes du Roy d'Espagne pour la conseruation de la Religion Catholique, & pourquoy il se monstroit si passionné. Raisons de ceux qui vouloient la guerre. Sousleuement vniuersel des Catholiques. Milord Honsdon Ambassadeur extraordinaire en France, & pourquoy enuoyé. Le Duc & Duchesse de Sauoye visitent leurs Maiestez à Roussillon. Deffences de ne faire

Presche à dix lieuës à la rõde de la Cour. Edict de Roussillon quel, & articles importans d'iceluy. Plusieurs remuëmens par le Royaume. Plaintes des Catholiques & Huguenots, & reglemens sur ce suiect. Le Roy recherche l'alliance de la Royne d'Angleterre, & depute l'Autheur pour cet effect. Il visite la Royne d'Escosse de la part du Roy & de la Royne Mere, & luy faict ouuerture de l'alliance du Duc d'Anjou. Beautez & perfections de la Royne d'Escosse, recherchée de plusieurs Princes. La Royne d'Angleterre luy procure soubs main la recherche du fils du Comte de Lenox. Loy de Henry VIII. Roy d'Angleterre, touchant sa succession, & à quel dessein, l'autheur a charge de la Royne d'Escosse, de la deffendre aux Parlemens tenus contre elle en Angleterre. Les principaux Seigneurs Escossois persuadent à leur Royne l'alliance du Milord d'Arlay, laquelle en demande à l'Autheur son opinion, & il en escrit au Roy, & à la Royne Mere, leur responce. Il est deputé par elle vers leurs Maiestez pour son mariage. Feinte de la Royne d'Angleterre sur iceluy. L'autheur est encore renuoyé en Angleterre & en Escosse. Discours que luy tint la Royne d'Angleterre sur les mariages qu'on luy proposoit. Artifice de la Royne d'Angleterre feignant d'estre marrie de ce qu'elle desiroit le plus. Mariage de la Royne d'Escosse auec le Milord d'Arlay. Mescontentemẽs de la Royne d'Angleterre contre la Royne d'Escosse, cause de la guerre. L'Autheur retourne en Angleterre pour les mettre d'accord, & les remontrances qu'il feit à la Royne d'Escosse. Il remet les deux Roynes en bon accord par l'interuention du Roy & de la Royne Mere. Ingratitude du Roy d'Escosse, enuers la Royne sa femme. Sa cruauté à l'endroit d'vn sien Secretaire. La Royne d'Escosse prise prisonniere par ses suiects. Mort tragique du Roy d'Escosse. La Royne d'Escosse fugitiue en Angleterre, ou la Royne la faict arrester prisonniere. On la veut priuer de ses pretensions à la Couronne d'Angleterre. Le Prince d'Escosse prisonnier entre les mains de ses subiects.

Mm iij

Liure Cinquiesme.

Pres la publication de la paix & de l'Edict, qui fut le septiesme iour de Mars mil cinq cens soixante & deux, combien qu'il depleust fort à beaucoup de Catholiques, de voir vn tel changement de Religion Romaine authorisé par ordonnance du Roy; si est ce qu'il furent contraints de s'accommoder au temps, & ceder à la necessité, laquelle n'estant point suiecte aux loix humaines, auoit reduit à ce point les affaires de France: veu qu'vne annee de guerres ciuiles luy auoit apporté tant de malheurs & calamitez, qu'il estoit presque impossible que par la continuation elle s'en peut releuer. Car l'agriculture, qui est la chose la plus necessaire pour maintenir tout le corps d'vne republique, & laquelle estoit auparauant mieux exercee en France qu'en aucun autre Royaume, comme le iardin du monde le plus fertile, y estoit toutefois delaissee & les villes & villages en quantité inestimable, estans saccagez, pillez, & bruslez, s'en alloient en deserts: & les pauures laboureurs chassez de leurs mai-

Necessité de la paix & de l'Edict de Mars.

Misere des guerres ciuiles.

LIVRE CINQVIESME. 279

fons, fpoliez de leurs meubles & beftail, prins à rançon, & volez auiourd'huy des vns, demain des autres, de quelque Religion ou faction qu'ils fuffent, s'enfuyoient comme beftes fauuages, abandonnans tout ce qu'ils auoient, pour ne demeurer à la mifericorde de ceux qui eftoient fans mercy. Et pour le regard du trafic qui eft fort grand en ce Royaume, il y eftoit auffi delaiffé, & les arts mecaniques: car les marchans & artifans quittoient leurs boutiques & leurs meftiers pour prendre la cuiraffe ; la Nobleffe eftoit diuifee; & l'Eftat Ecclefiaftique opprimé : n'y ayant aucun qui fut affeuré de fon bien, ny de fa vie. Et quand à la Iuftice, qui eft le fondement des Royaumes & Republiques, & de toute la focieté humaine, elle ne pouuoit eftre adminiftree, veu que où il eft queftion de la force & violence, il ne faut plus faire eftat du Magiftrat ny des loix. Enfin la guerre ciuile eftoit vne fource inefpuifable de toutes mefchancetez, de larrecins, voleries, meurtres, inceftes, adulteres, parricides, & autres vices enormes que l'on peu imaginer, efquels il n'y auoit ny bride ny punition aucune. Et le pis eftoit qu'en cefte guerre, les armes que l'on auoit prinfes pour la deffence de la Religion, aneantiffoient toute Religion & pieté, & produifoient comme vn corps pourry & gafté, la vermine & peftilence d'vne infinité d'Atheiftes : Car les Eglifes eftoient faccagees & demolies, les anciens Monafteres deftruits, les Religieux chaffez, & les Religieufes violees ; & ce qui auoit efté bafty en quatre cens ans, eftoit deftruit

Et les malheurs dont elles font caufe.

Elle aneantiffent toute Religion.

en vn iour, fans pardonner aux fepulchres des Roys & de nos peres. Voylà, mon fils, les beaux fruicts que produifoit cefte guerre ciuile, & tout ce qu'elle produira quand nous ferons fi mal-heureux que d'y rentrer, comme nous en fuiuons le chemin.

Les fruicts de la paix. Donques par le moyen de la paix, l'artifan qui auoit delaiffé fon meftier pour fe faire brigand & voleur, retournoit à fa boutique ; le marchand à fon commerce, le laboureur à fa charruë, le Magiftrat en fon Siege ; & par confequent chacun en fon Office iouïffoit d'vn repos auec vne grande douceur, aprés auoir gouſté l'amertume & le fiel de la guerre ciuile, qui n'auoit efté de cent ans en France plus cruelle.

Belle comparaifon à ce propos. Or tout ainfi qu'vn fage Medecin, pour guerir vn malade qui eft trauaillé d'vne fieure ardente, le fait repofer premierement ; ainfi eftoit-il neceffaire de donner relafche à la France, en oftant les guerres ciuiles ; affin de guerir l'Eftat de tant de maladies, vlceres, & cruelles douleurs dont il eftoit accablé : ce que i'ay bien voulu toucher en paffant, pour refpondre à ceux qui vouloient donner blafme à la Royne Mere du Roy, & à ceux du Confeil qui eftoient pour lors, d'auoir accordé l'Edict de Pacification, & à la Cour de Parlement de l'auoir veriffié. Mais les moins paffionnez d'vne part & d'autre eftimoient qu'il eftoit neceffaire, tant pour les raifons fufdites, que pour la crainte que l'on auoit des Anglois, lefquels ne fe contentoient pas du Haure de Grace, qu'ils tenoient comme vn heritage de bonne conquefte, ains defiroient & tafchoient

de

LIVRE CINQVIESME.

de s'auancer le plus qu'ils pourroient en France, à la faueur de nos diuisions, lesquelles vn Ambassadeur d'Angleterre nommé Trokmarton, duquel i'ay cy deuant parlé, auoit fomentées & entretenues longuement, par la continuelle frequétation & intelligence qu'il auoit auec l'Admiral, & ceux de son party. Ledict Trokmarton, que i'ay cogneu homme fort actif & passionné, print violemment l'occasion, laissant à part tout ce qui estoit de l'office d'vn Ambassadeur (qui doit maintenir la paix & l'amitié) pour se rendre partial contre le Roy, ne recognoissant que les volontez dudict Admiral: & sceut si bien gagner la Royne d'Angleterre sa Maistresse, & ceux de son Conseil, qu'il la fit entrer en ceste partie, dont elle m'a souuent dit depuis qu'elle s'estoit repentie, mais trop tard. Il n'auoit rien oublié à la persuader sur les belles occasions qui se presentoient par la diuision des François, & d'auantage pour la cause de la Religion, plus importante que toutes les autres; & sur tout pendant le bas aage du Roy. Et que non seulement elle auroit la Normandie, mais la meilleure part du Royaume de France, où les Roys d'Angleterre auoient tant de pretentions, & dont ils auoient perdu la possession par la reünion des François. Dauantage, que les Anglois se pourroiét par ce moyen exempter des guerres ciuiles, qu'ils craignoient s'allumer en leur Royaume pour la mesme cause de Religion, où les Catholiques portoient fort impatiemment que l'on leur eust osté la leur. Pour ces causes donques & autres, la Royne d'Angleterre auoit pris

Ambassadeur d'Angleterre entretient les diuisions en France.

Office d'vn Ambassadeur, quel.

Ambassadeur Anglois passionné pour l'Admiral, & gagne la Royne sa Maistresse pour son party.

Raisons qu'il met en auant pour la persuader de ce faire.

N n

son pretexte de vouloir ayder le Roy son bon frere, disant, estre aduertie qu'il estoit prisonnier, & secourir ceux de sa Religion, suiuant le titre qu'elle disoit porter de Defenderesse de la foy ; desirant auancer la Religion Huguenotte en France autant qu'elle pourroit. Toutefois elle m'a souuent dit, que c'estoit pour ce que la Royne Mere du Roy auoit dit à ses Ambassadeurs, qu'il ne falloit pas esperer que l'on luy rendist iamais la ville de Calais, qui estoit l'ancien patrimoine de la Couronne de France : mais comme ses pretextes estoient en substance autant plains d'iniustice, qu'elle taschoit de les faire paroistre au dehors iustes & saincts ; aussi fut il clairement recogneu que Dieu auoit prins en main la iuste querelle des François : lesquels par le bon soin de la Royne Mere du Roy, firent resolution de dresser vne bonne & forte armee, & mener le Roy, & Henry Duc d'Anjou à present regnant, auec le Connestable, & la plusspart de la Noblesse Françoise, tant de l'vne que de l'autre Religion, deuant le Haure, sans les forces qui y estoient desia sous la conduite du Comte Ringraff. Et n'eurent pas si tost prins ceste deliberation qu'ils vindrent aux effects ; dont la Royne d'Angleterre estant aduertie, incontinent enuoya du secours de viures, artillerie, & munitions, auec commandement de tenir iusques à la restitution de ce qu'elle pretendoit luy estre deu par le traicté de Cambresis, au defaut de la reddition de Calais. L'on tient qu'il y auoit iusques à six ou sept mil Anglois sous la charge du Comte

Principale raison pourquoy elle embrasse ce party.

Armee des François deuant le Haure contre les Anglois.

de Vvaruik, comme i'ay dict cy deuant, lequel deslors qu'il entédit que la paix estoit faicte, commanda que toutes sortes de gens eussent à desloger du Haure, excepté les Anglois naturels. Ce qui fut effectué, quelques plaintes & remonstrances pleines de pitié & compassion que peussent faire les pauures habitans de la ville. Et se saisirét les Anglois de tous les vaisseaux & nauires qu'ils peurét attraper du log de la Normandie, estimans qu'il seroit malaisé au Roy de pouuoir mettre sus vne armee de mer aussi forte que celle d'Angleterre, mesmes en si peu de temps, apres tant de ruines & pertes que si fraischement la France auoit endurees. Et deslors ils se preparerent à tout ce qui estoit necessaire pour bien garder ceste place, en laquelle ayáts esté aucunemét resserrez par les troupes du Comte Ringraff, ils le furent bien d'auátage par la presence du Roy & de l'armee, laquelle le Connestable cómandoit, qui estant logé à Vitanual, dés le lendemain partit de bon matin pour s'en aller aux tranchees, & fit sómer les Anglois de rendre la place, leur faisant remóstrer qu'ils ne la pouuoiét deffendre côtre le Roy & son armee, en laquelle estoient la plusrpart des François de l'vne & l'autre Religion. Et que s'ils attédoient d'estre forcez, ils ne deuoient esperer aucune faueur ny misericorde, dont il seroit marry, pour l'amitié, qu'il auoit tousiours portee à l'Angleterre, enuers laquelle il auoit tousiours procuré vne bonne intelligence auec les Roys ses Maistres ; & bien souuent s'estoit rendu mediateur de la paix & vnion entre eux.

Les Anglois font sortir tous les François du Haure.

Ils sont sommez par le Connestable.

Et ses remonstrances.

Nn ij

ce qu'il desiroit encores faire en cette occasion. Ce sont ses mesmes paroles & remonstrances, ausquelles i'estois present. Sur vne telle nouuelle le Comte de Vvaruik print conseil & aduis des Capitaines, & aprés fit sortir vn nómé Paulet, desia aagé, & Commissaire General des viures : lequel fit responce qu'ils estoient venus en ceste place par le commandement exprés de la Royne leur Maistresse, & estoient resolus d'y mourir tous plustost que la rendre sans son tres-exprés commandement ; vsant au reste de toutes honnestes paroles, & qu'en autre occasion ils desireroient de faire seruice au Connestable ; lequel voyant ceste responce, ne perdit pas temps, comme il n'auoit fait pendant la sommation, pour faire recognoistre vne pallissade que ceux de dedans gardoient soigneusement, comme leur estant de grande importance, & qui ioignoit la porte de la ville. Il commanda deslors de faire vne batterie pour rópre les deffences de la tour du Gay, & le lendemain au matin fit tirer plusieurs coups de canon dedans la porte de la ville, & du long de la courtine: ce qui estóna fort les Anglois, qui voyoiét faire telles approches en lieux si mal-aysez, & loger l'artillerie en des tráchées faites dedás des pierres & grauois, sans qu'il y eust terre, gabions ou fascines pour se couurir: ce qui est remarquable en ce siege, n'estát lesdictes tráchées couuertes que de quelques sacs de laine, ou de sable moüillé, cóme la marée dónoit de sept en sept heures dans lesdites tráchées, qui estoiét de huict cens pas tout le long du riuage de la

Responce des Anglois.

L'artillerie du Roy logée en lieux fort mal aisez.

LIVRE CINQVIESME. 285

mer, depuis le Bouleuart saincte Adresse, où furét tirees plusieurs pieces de la ville, qui firent grád dómage aux nostres, & n'ay iamais veu tranchées, ny artillerie logée en lieu où il fist plus chaud. En fin les Anglois se sentans pressez, mirent le feu à des moulins à vent, qui estoient prés de leur porte, & abandonnerent la palissade & leurs tranchées, où l'vne des Enseignes Colonelles de d'Andelot, s'alla incontinent loger. Richelieu Maistre de Camp, y fut blessé d'vne harquebusade à l'espaule, dont il mourut depuis, estant vn fort braue Gentil-homme : chacun se rendit fort diligent à bien faire, & mesmes les plus frisez de la Cour desarmez, mesprisans tout peril, se trouuoient souuent aux tranchées. Le Mareschal de Montmorency fils aisné du Connestable, fit esleuer comme vne plate-forme, où il fit asseoir quatre pieces d'artillerie ioignant ladicte palissade ; pour battre en plusieurs endroits de la courtine, qui n'auoit ny fossé au dehors, ny contr'escarpe au dedans qui valussent : Ce qui estonna encor d'auantage les assiegez. Le Mareschal de Brissac qui estoit fort vieil, & incómodé de la goutte, & l'vn des plus sages & experimentez Capitaines de Fráce, alla voir ces ouurages, qu'il estima beaucoup, esmerueillé de voir vn tel estonnement aux Anglois, & qu'ils eussent faict si bon marché de leur palissade & tranchées. Sur le soir sortit vne petite barque du Haure, en laquelle y auoit douze ou quinze personnes, pour aller trouuer l'armée & secours d'Angleterre, auec vne galere qui estoit à la rade, pésant dóner secours à la ville : Mais ils

Les Anglois abandonnent leur tranchées.

Richelieu tué d'vn coup d'harquebuse.

Autre batterie du Mareschal de Montmorency deuant cette place.

N n iij

en furent empeschez à grands coups de canon, & plusieurs pieces pointées pour cest effect ; de sorte qu'ils n'oserent approcher iusques à la portée de l'artillerie. Ce que voyant les Anglois, & que les Frãçois les approchoient de si prés de tous costez, ils iugerent bien qu'en peu de temps le secours de la mer ne leur seruiroit de gueres. Ils voulurent loger des pieces tout au bout de la jettée, mais d'Estree, grand Maistre de l'artillerie, fit grande diligence de loger les canons & couleurines, à fin de faire vne batterie, pour donner incontinent l'assaut ; & vouloit en cela preuenir & deuancer Caillac, qui auoit commandé à l'artillerie auant qu'arriuast ledict d'Estrée, d'autant qu'ils n'estoient pas bien ensemble, toutefois le Connestable les mit d'accord ; de sorte que chacun d'eux s'efforça de faire son deuoir, & firent continuer la tranchée iusques au bout de la iettée des assiegez. Les Mareschaux de Brissac & de Bourdillon, firent aussi toute la diligence qui leur fut possible, d'auancer les ouurages, & ce qui estoit requis pour donner l'assaut, & y demeurerent la plusparr du iour. En mesme temps fut amené au Connestable vn Secretaire de Smyth, Ambassadeur d'Angleterre, auquel son maistre auoit donné commandement d'entrer dedans le Haure par quelque moyen que ce fust, & portoit lettres au Comte de Vvaruik. Mais ceux desquels se fioient ledict Ambassadeur & son Secretaire, & qui luy deuoient donner l'entree au Haure, en donnerent aduertissement à Richelieu qui estoit blessé. Le Secretaire

Description particuliere de ce siege.

Lettres des Anglois interceptes.

LIVRE CINQVIESME. 287

estant trompé & prins, ses lettres furent baillées à l'Aubespine Secretaire d'Estat, homme fort prudent & de grande experience; qui fut d'auis de les enuoyer au Comte de Vvaruik par quelque autre interposé, & en retirer la responce, aprés s'estre enquis fort exactement dudict Secretaire de tout ce qui pouuoit seruir aux affaires du Roy : mais il fut depuis resolu, que ledict Comte de Vvaruik n'auroit cognoissance de ceste lettre; ains d'vne contrefaicte & d'autre stile, pour l'asseurer de la part dudict Ambassadeur, qu'il ne deuoit esperer aucun secours d'Angleterre. Cependant l'on ne perdoit pas vne heure de temps à presser de tous endroicts les assiegez, & sur ces entrefaictes les Prince de Condé & Duc de Montpensier, qui ne vouloient perdre l'occasion de faire seruice au Roy en ce siege, arriuerent au camp, & aussi tost furent aux tranchées, pour n'espargner leurs persones non plus que leurs bons conseils en la prinse de ceste place. Alors d'Estrée commencea de faire la batterie au bouleuert saincte Adresse, & à la tour du Guay. Ce qui fit penser les Anglois en leurs affaires, tant pour se voir serrez de si prés, que pour les incommoditez qu'ils souffroient de la contagion, qui estoit grande parmy eux, & autres maladies, auec vne telle foiblesse de courages, & negligence d'eux mesmes, qu'ils laissoient les corps morts de peste dans les logis sans les enterrer. Et entre les autres maux, ils enduroient vne grande necessité des eaux douces, que l'on leur auoit ostées, & coupé la fontaine de Vitanual. De

Les Prince de Condé & Duc de Montpensier en ce siege, où ils s'efforcent de seruir le Roy.

Contagion au Haure parmy les Anglois.

Et les grandes incommoditez qu'ils souffroiẽt faute d'eau.

288 MEMOIRES DV SIEVR DE CASTELNAV, sorte qu'ils estoient contraints pour la pluspart, de se seruir de l'eau de la mer, & en faire cuire leurs viandes, n'ayans que bien peu de cisternes, qui furent tost espuisées. Ce que voyant le Comte de Vvaruik, & le peu de moyen qu'il auoit de deffendre ceste place, en laquelle il se voyoit forcé en moins de six iours, enuiron la nuict du ieudy, qui estoit le vingtseptiesme du mois de Iuillet mil cinq cens soixante & trois, il escriuit au Comte Ringraff, auec lequel il auoit eu toute l'amitié & les courtoisies qui se peuuent entre gens de guerre, auparauant qu'y arriuast le Connestable; & luy manda que lors qu'il l'auoit enuoyé sommer, il n'auoit point de pouuoir de sa Maistresse pour traicter: mais que depuis il luy en estoit venu vn, en vertu duquel il y entendroit volontiers, s'il plaisoit audict Connestable: lequel aussi tost donna ceste charge au Mareschal de Montmorency son fils aisné. Et ledict Comte de Vvaruik fit sortir vn Gentil-homme du costé du fort de l'Heure, où estoit logé le Mareschal de Brissac, à l'opposite de nos tranchées; lieu suiet à y auoir des escarmouches, parce que les Anglois auoient les sorties de cest endroit plus commodes & auantageuses, que de nul autre. Et ainsi que ledict Mareschal de Montmorency pensoit traicter auec le Gentil-homme Anglois, qu'il auoit mené au camp des Suisses, tout ioignant les tranchées des assiegez, Ils firét de ce costé la vne fort belle sortie, en laquelle ils furent aussi bien repoussez: & où les maistres de Camp, Charry, & Sarlabos, encores à present

Le Comte de Vvaruik parlemente.

Sortie des Anglois.

Gou-

LIVRE CINQVIESME. 289

Gouuerneur audict Haure de Grace, firent fort bié. Et y en eut quelques vns tuez de part & d'autre: incontinent le Gentilhomme Anglois appellé Pellain, accompagné d'vn qui estoit sorty pour parlementer fut mené au Connestable. Et à fin qu'il n'ariuast plus de desordre pendant que l'on traicteroit, furent faites trefues de part & d'autre. Et lors ledict Connestable remonstra audit Pellain, comme les Anglois n'auoient aucun moyen de garder le Haure, & que s'ils ne se hastoient de faire la composition, en bref ils verroient la ville forcee, prise d'assaut, & remise en l'obeissance du Roy; chose qui ne tourneroit qu'à la ruine & confusion des assiegez. Ce que le Connestable disoit ne desirer point tant qu'vne bonne composition, s'ils y vouloient entendre : Ce que entendu par Pellain, il respondit toutes honnestes & gracieuses paroles, en priant le Connestable de remettre ce traicté au lendemain à quoy il móstroit de faire difficulté : neantmoins il l'accorda, à la charge que les François ne cesseroient d'auancer les ouurages de la batterie, & faire tout deuoir à suiure leur dessein. Et ainsi se retirerent auec quelques rafraichissemens & viures, que le Connestable leur fit donner pour ce iour. Le lendemain vingt huictiesme du mois, Pollet, & Horsay, qui auoit esté au seruice du Roy Henry, auec Pellain, sortirent pour venir parlementer auec ledict Connestable, qui estoit à la tranchee de bon matin. Et pour venir à quelque conclusion, les Mareschaux de Montmorency, de Brissac, s'interposerent comme

Trefues de part & d'autre.

Discours du Connestable au deputé des Anglois.

Le Connestable leur faict donner quelques viures & rafraischissemens.

Oo

mediateurs entre le Conneſtable, & les deputez des Anglois; auſquels il tenoit toute rigueur, leur teſ-moignant que s'ils ne ſe haſtoient de faire la com-poſition, il n'eſtoit plus deliberé d'y entendre, auec pluſieurs autres remonſtrances, pleines de l'authori-té que ceux qui ont l'auantage ont accouſtumé de garder, pour faire leur compoſition meilleure, d'où il perſuada & mena ſi chaudement les deputez du Haure qu'il les fit venir à accorder les articles qui s'enſuiuent. A ſçauoir, que le Comte de Vvaruik re-mettroit la ville du Haure de Grace entre les mains du Conneſtable, auec toute l'artillerie, & munitions de guerres appartenantes au Roy & aux habitans de la ville: & pareillement laiſſeroit tous les nauires qui eſtoient en ladicte ville auec tous leurs equi-pages. Pour ſeureté de quoy, ledict Comte de Vvaruik bailleroit quatre oſtages, tels qu'il plairoit audict Conneſtable, & d'auantage que ledict Comte mettroit à l'inſtant, la groſſe tour du Haure entre les mains d'vn nombre de ſoldats François, tels qu'il plairoit au Conneſtable de commander, ſans toutefois qu'ils peuſſent en-trer en la ville ny arborer leurs enſeignes ſur la-dicte tour. Fut auſſi accordé que le Comte feroit garder les portes de la ville, ſans toutefois arbo-rer auſſi aucunes enſeignes: Promettant ledit Com-te, dés le lendemain huict heures du matin faire retirer les ſoldats qui eſtoient dedans le fort, pour en ſaiſir le Conneſtable. Que tous pri-ſonniers prins tant d'vne part que d'autre ſeroient

Reddition du Haure par les Anglois & ar-ticles de cette reddition.

LIVRE CINQVIESME. 291

deliurez sans payer rançon : Que ledict Comte, & tous ceux qui estoient auec luy audit Haure, tant gens de guerre, qu'autres, se pourroient retirer en toute seureté, & transporter ce qui seroit à eux, sans qu'il leur fust donné aucun empeschement. Et que les nauires & vaisseaux qui seroient ordonnez pour transporter lesdits Anglois, pourroient seurement & librement entrer dedans le port & Haure. Les quatre ostages des Anglois furent Oliuier Manere, frere du Comte de Ruteland, Pellan, de Horsay, & Leton. Le Connestable accorda six iours audit Comte de Vvaruik, & à tous ceux qui estoient auec luy, pour desloger & emporter tout ce qui leur appartenoit. Et au cas que la mer & les vents leurs fussent contraires durant lesdits six iours, leur seroit donné le temps necessaire pour se retirer. Ce que dessus estant donc accordé, les deputez des Anglois allerent faire leur recit au Comte de Vvaruik, de ce qu'ils auoient fait. Et au mesme temps le Mareschal de Montmorency alla trouuer le Roy, à Cricquetoc, pour luy porter ces nouuelles, auec lesdits articles, signez dudit Comte de Vvaruik. Le lendemain leurs Majestez s'approcherent plus prés du Haure; où le Connestable les alla rencontrer sur le chemin, qui en fut fort caressé, auec infinis remerciemens de ce bon seruice qui fut fait à temps. Car la Royne d'Angleterre auoit fait embarquer deux mil Anglois en plusieurs bons nauires de guerre, pensant les enuoyer

Ostages des Anglois quels.

Secours d'Angleterre pour ceux du Haure arriué trop tard.

O o ij

pour secourir le Haure; lesquels vindrent surgir à la rade, deux ou trois iours aprés la capitulation. Mais ils trouuerent desia grand nombre des Anglois qui estoient sortis de la ville, ladicte capitulation se deuant effectuer le lendemain; le Comte de Clinton Admiral d'Angleterre parut auec toute l'armée d'Angleterre, qui estoit d'enuiron soixante voiles, & fit grande contenance de vouloir descendre en terre: soudain il fut pourueu à mettre bonnes gardes tant de gens de pied, que de cheual, pour s'opposer à son dessein. Quoy voyant ledict Admiral, cogneut bien que sa Maistresse & luy, auoient esté trop tardifs en leurs affaires: de sorte que ne pouuāt faire autre chose, ce fut à luy de se conformer à ce qui auoit esté traicté auparauant qu'il arriuast. La Royne Mere luy enuoya vn Gentil-homme de la chambre du Roy, appellé Lignerolles, pour sçauoir dudict Admiral s'il voudroit descédre en terre, où il trouueroit leurs Majestez prestes à luy faire bonne reception & faueur, & dóner toute la seureté qu'il pourroit desirer pour ce regard. A quoy ledict Admiral, que i'ay tousiours cogneu sage & modeste en toutes ses actiós, pour auoir traicté plusieurs grādes affaires auec luy, respódit que s'il voyoit occasió propre d'aller baiser les mains de leurs Maiestez, il ne voudroit meilleure asseurance que leurs paroles; & sur cela il se delibera d'aller retrouuer sa Maistresse. Or les Anglois qui estoient au Haure n'auoient pas moindre desir de se retirer, que les Frāçois de les voir desloger, à quoy il fut dóné si bon ordre de tous co-

L'Admiral d'Angleterre conuié par la Royne Mere de descendre en terre.

Responce qu'il feit à Lignerolles, qui luy en portoit la parole.

Embarquemēt des Anglois sortans du Haure.

LIVRE CINQVIESME. 293

ftés, que dés le trentiefme iour du mois chacun eftoit embarqué; horfmis deux ou trois cents peftiferez, reftans de plus de trois mil de leurs compagnons, qui y eftoient morts. Et le Dimanche trentevnief- me Iuillet Sarlabos Maiftre de Camp, entra dedans la ville, auec fix Enfeignes de gens de pied, lequel depuis y a toufiours demeuré Gouuerneur iufques à prefent: & n'euft efté la bleffeure de Richelieu, de laquelle il mourut, il euft eu cefte charge. Alors le Roy & la Royne fa Mere, aprés auoir rendu graces à Dieu de ce bon & heureux fuccez, prindrent refolution auec le Connestable, de donner diuers contentemens aux gens de guerre, tant Capitaines que foldats, qui auoient efté bleffez, & leurs faire donner quelque argent, auec promeffes d'autres bien-faicts, quand l'occafion s'en offriroit. Et propofa la Royne Mere du Roy, de faire vn Hofpital fondé de bonnes rentes & reuenus, pour les foldats eftropiez, & ceux qui le feroient deflors en auant au feruice du Roy. Et fe firent beaucoup de belles deliberations, qui furent bien toft oubliées, aprés que l'armée fut rompuë & feparée, & leurs Majeftez efloignées; qui laifferent le Connestable au Haure de Grace, à fin de donner ordre à toutes chofes. Et de là s'en allerent à fainct Romain, puis à Eftellam, où i'allay les trouuer, pour les prier d'auoir agreable, que ie leur remiffe le Chafteau de Tancaruille, qu'ils m'auoient baillé en garde, & licentiaffe quelque quatre-vingts cheuaux legers que i'auois de refte dedans le pays de Caux, & des

Sarlabos entre dans la ville & en demeure Gouuerneur.

Belles deliberations bien toft oubliées.

L'Autheur veut remettre Tancaruille entre les mains du Roy.

Oo iij

gens de pied qui n'eſtoient plus neceſſaires d'y eſtre entretenus : me voulant retirer de ce pays là le pluſtoſt qu'il me ſeroit poſſible, & me deſcharger des grandes deſpenſes que i'y faiſois, pour leſquelles ie me voyois beaucoup endebté, n'eſtans mes gens trop bien payez. Sur quoy leurs Majeſtez me firent de belles promeſſes, & en meſme inſtant me commanderent auāt que de licétier mes cheuaux legers d'aller ſur le chemin de Roüen, pour rencontrer les deux Ambaſſadeurs d'Angleterre, qui vouloiét s'acheminer vers le Roy ; lequel ne les vouloit nullement voir. L'vn eſtoit Smyth pour Ambaſſadeur ordinaire, l'autre eſtoit Trokmarton ſon predeceſſeur, tous deux commandez par la Royne d'Angleterre de ſe haſter d'aller trouuer leurs Majeſtez audict Haure de Grace : où ledict Trokmarton laiſſoit aller Smyth deuant, pour voir quel il y feroit. Mais l'vn & l'autre y arriuerent trop tard : Et d'autant que Foix, qui eſtoit pour lors Ambaſſadeur du Roy reſident en Angleterre, eſtoit fort eſtroictement obſerué, & quaſi comme priſonnier, le Roy fut conſeillé de faire le ſemblable à l'endroit de Smyth, & de ne receuoir Trokmarton en quelque façon que ce fuſt, mais pluſtoſt le faire arreſter priſonnier, comme celuy lequel ayant eſté cauſe de la guerre auec la Royne ſa Maiſtreſſe, & de rompre le traicté de Cambreſis faict auec elle ; ſe ſeroit encores hazardé de paſſer en France ſans paſſeport ny ſaufconduit du Roy : ſur quoy ſa Majeſté ne le pouuoit receuoir autrement que pour vn priſonnier.

Le Roy refuſe de voir les Ambaſſadeurs d'Angleterre.

Trokmarton Ambaſſadeur d'Angleterre, arreſté comme priſonnier.

LIVRE CINQVIESME. 295

Ce qu'elle me commanda de luy dire, & d'auantage qu'eſtant hay en l'armée du Roy, comme il eſtoit, tant des Catholiques que des Hugnenots, & de tous les peuples de France, il ſeroit en danger de ſa perſonne, s'il n'eſtoit en lieu de ſeureté : luy ayant faict ceſte harangue, comme il eſtoit homme fort colere & paſſionné en toutes ſes actions, il ſe voulut eſleuer, ſe preualant de ſa Maiſtreſſe, & ſe deffendre par pluſieurs raiſons. Mais pour couper chemin à tous ſes diſcours, ie l'enuoyay au Chaſteau de ſainct Germain en Laye auec garde, comme i'en auois eu commandement. Cela faict ie fis entendre à Smyth Ambaſſadeur ordinaire, que pour lors il n'auoit que faire au Roy, & ſeroit en meſme hazard que ledict Trokmarton des peuples & ſoldats de France, qui auoient tant receu d'incommodité des Anglois. Par ainſi, & voyant que Foix Ambaſſadeur du Roy en Angleterre, eſtoit comme priſonnier, il ſeroit meilleur que ie luy baillaſſe quelques gens de cheual pour ſa garde, comme i'auois faict à Trokmarton, qui eſtoit à ſainct Germain en Laye : & que ie l'enuoyerois au Chaſteau de Melun, où il ſeroit en ſeureté. Sur quoy il monſtra moins de paſſion que ledict Trokmarton, diſant qu'il falloit qu'il portaſt la penitence des fautes que l'autre auoit faictes. Et ſoit qu'ils ne fuſſent pas amis (comme il eſtoit ayſé à voir, car ils ne faiſoient pas grande eſtime l'vn de l'autre) ledit Smyth me dict alors, que s'il euſt eſté creu en Angleterre, & que Trokmarton ne luy euſt renuer-

On l'enuoye à ſainct Germain en Laye, auec garde.

Foix Ambaſſadeur de France comme priſonnier en Angleterre. Smyth autre Ambaſſadeur d'Angleterre, areſté comme priſonnier à Melun.

sé ses desseins, le Roy seroit en bonne amitié & intelligence auec la Royne d'Angleterre sa Maistresse, qui eust donné tout contentement & satisfaction à leurs Majestez. Et que comme bien instruit de l'Estat de Frãce & d'Angleterre, il sçauoit bien que ces deux Royaumes ne pouuoient demeurer longuement en guerre, que necessairement ils ne vinssent à quelque bonne paix, pour la grande communication & correspondance qui est entre eux : & sçauoit les moyens, s'il plaisoit au Roy & à la Royne sa Mere, de les rendre en peu de iours en meilleure intelligence auec la Royne sa Maistresse, qu'ils ne furent iamais. Chose qu'il ne voudroit communiquer qu'à leurs Majestez, & plustost par moy que par nul autre, pour l'amitié que ie luy auois porté, & à toute l'Angleterre. Il me dit aussi qu'il estoit aduerty, que le Connestable auoit dit au Roy & à la Royne sa Mere, qu'en peu de iours il leur feroit vne trefue auec la Royne d'Angleterre, qui seroit meilleure que la paix qui estoit auparauant. Ce qu'ayant mandé à leurs Majestez, elles m'escriuirent incontinent de tenir ledict Ambassadeur sur ce propos : & attendant que la paix se peust faire, de commencer de traicter d'vne trefue auec luy, à fin d'éuiter tant de dommages & pertes que les Anglois & François receuoient tous les iours, qui ne tournoient qu'au proffit des Pirates ; estant le commerce arresté, & tous les marchans volez & pillez sur la mer, auec grande perte pour tous les deux Royaumes. Mais ledict Smyth demeura resolu & opiniastre à ne vouloir

L'Ambassadeur d'Angleterre tasche de moyenner la paix entre les deux Royaumes.

LIVRE CINQVIESME. 297
soir parler d'autre chose que de la paix. Dequoy
ayant donné aduis à leurs Majestez, elles m'escriuirent incontinent de luy donner quelque espece de
liberté, regardant toutefois qu'il n'eschapast, comme aucuns donnoient des aduis qu'il en auoit in-
tentió; mais c'estoit chose où il ne pésoit pas. Trok- *Ialousie entre les deux Am-*
marton, qui estoit à S. Germain en Laye tenu assez *bassadeurs.*
estroictement, se scandalisoit fort que l'on voulust
traicter sans luy auec ledict Smyth ; disant qu'il
luy feroit vn iour couper la teste, pour estre entré
seul en ce traicté, sans demander qu'ils fussent con-
ioincts ensemble, disant qu'il sçauoit mieux, comme le dernier party d'Angleterre, l'intention de
leur Maistresse. Mais ledict Smyth, qui estoit
homme resolu & preuoyant, n'en fit pas grand
compte. Au contraire, il demanda d'estre mis en liberté, comme Ambassadeur ordinaire de la Royne
sa Maistresse; & comme sçachant ce qui estoit vtile
pour le bien de la France & de l'Angleterre, il viendroit bien tost aux particularitez necessaires pour le
bien de la paix. Ce qu'ayant mandé au Roy, & à
la Royne sa Mere, ils m'escriuirent par vn courrier,
que ie luy proposasse comme de moy mesme, que
s'il vouloit nous irions à Paris; & de là nous appro-
cherions de la Cour, & pourrions aller iusques à
Meulan, où le Roy estoit, lequel de son retour du
Haure de Grace, s'estoit fait declarer à Rouën Ma- *Le Roy se de-*
ieur à quatorze ans, selon l'ordonnance de Char- *clare Maieur à Rouën.*
les cinquiesme : ce qui donna ialousie au Parle-
ment de Paris, où tels actes auoient accoustumé

Pp

d'estre faits. Ie dis donques audit Smyth, qu'estant prés de leurs Majestez, ie luy procurerois vne fauorable audience; dont il fut fort aise : Neantmoins il me dit (comme nous auions beaucoup de familiarité ensemble) qu'il ne croyoit pas que ie voulusse faire celà sans en auoir commandement, ce que ie ne luy voulus confesser. Ainsi nous nous acheminasmes dés le lendemain matin de Melun, pour aller coucher à Paris, & le iour ensuiuant allasmes coucher à Poissi, où ie receu commandement de demeurer quelques iours auec ledict Ambassadeur ; d'autant que la Royne Mere estoit tombee d'vn fort traquenart qu'elle montoit, si rudement que l'on pensoit qu'elle en deust mourir, comme elle en fut à l'extremité, & lors l'on ne pensa qu'à chercher tous les remedes pour sa guerison, laquelle ayant recouuerte, elle m'enuoya querir, & en la presence du Roy, des Princes du sang, du Connestable, & quelques vns du Conseil, m'ayant enquis des particularitez & discours que i'auois euz auec Smyth, pour la paix ou pour la trefue, dont ie luy feis recit ; elle pria le Roy de luy laisser faire ceste paix auec la Royne d'Angleterre, puis qu'elle estoit venuë à fin de son entreprinse du Haure de Grace, & en auoit chassé les Anglois. Et sur celà ie fus commandé de retourner trouuer ledict Smyth, & l'amener à Meulan ; & regarder s'il y auroit moyen de commencer à mettre quelque chose par escrit. Ce que luy ayant proposé, il me fit

L'Ambassadeur ordinaire d'Angleterre mené à la Cour.

Cheute dangereuse de la Royne Mere.

La Royne Mere s'employe pour faire la paix auec l'Angleterre.

responce, que puis qu'il estoit question d'vne chose de telle importance, apres auoir oüy parler le Roy & la Royne sa Mere, il falloit qu'il en aduertist la Royne sa Maistresse, se promettant de la disposer si bien à la paix, qu'en peu de temps les choses prendroient vne bonne fin. Alleguant aussi, que s'il entroit trop auant sur ceste matiere sans nouueau commandement & sans en donner aduis en Angleterre, & du traictement qu'il auoit receu, il n'estoit pas sans ennemis & enuieux, qui l'en voudroient blasmer. Lors leurs Majestez me commanderent de mettre ledict Smyth en liberté, & luy faire compagnie iusques à Paris, le faire remettre en son logis, & luy rendre ses papiers, qui auoient esté sellez, & faire encores garder Trokmarton à S. Germain en Laye. Et au mesme temps, la Royne Mere du Roy se portant assez bien de sa grande cheute & blesseure, il fut aduisé que la Cour & le Conseil iroient à Paris, pour donner ordre aux affaires de tout le Royaume, à fin d'y establir la paix, & faire plusieurs beaux reglemens & ordonnances auec la maiorité du Roy ; punir plusieurs maluersations, & aduiser sur l'execution des articles du Concile de Trente. Et sur toutes choses d'appointer les Princes & Seigneurs qui pouuoient apporter encores quelques troubles à l'Estat. Enquoy la Royne Mere trauailloit autant qu'il estoit possible pour oster toutes rancunes, à fin de ne r'entrer aux guerres ciuiles, dont tout le Royaume, & prin-

Smyth Ambassadeur d'Angleterre mis en liberté.

La Cour retourne à Paris pour y faire plusieurs reiglemens.

La Royne Mere tasche d'entretenir la paix.

cipalement ceux qui auoient quelque chose à perdre, estoient fort las. En ce mesme temps Anne d'Est Douairiere de Guise, qui a depuis espousé le Duc de Nemours, auec ses enfans & beaux freres, demanderent Iustice de la mort du feu Duc de Guise, contre l'Admiral, qui se vouloit d'vn costé purger, & de l'autre se tenoit sur ses gardes, & donnoit ordre de se deffendre, par le moyen des Huguenots, qu'il auoit presque tous à sa deuotion. Ce que preuoyant leurs Maiestez, commanderent à ceux de Guise d'attendre le temps & l'occasion. Tout le reste de ceste année le Roy auec vne grande Cour demeura à Paris, tousiours remediant à vne occurrence, puis à l'autre, selon qu'elles se presentoient. Ie ne veux obmettre qu'en ce temps là vn miserable & meschant homme osta la saincte Hostie d'entre les mains d'vn Prestre, disant la Messe en l'Eglise saincte Geneuiefue. Chose qui fut trouuée si impie & meschante d'vn chacun, qu'il n'y eust homme si mal conditionné, qui n'en eust horreur : & mesmes les Huguenots confessoient publiquement qu'il auoit merité vne mort rigoureuse. Aussi ne porta-t'il pas longuement ce crime de leze Majesté Diuine ; car le iour mesme il fut executé & bruslé en la place Maubert. Enuiron ce temps là le Mareschal de Brissac, qui auoit esté si long temps Lieutenant du Roy en Piedmont, desia fort vieil & cassé, & retourné malade du Haure de Grace, mourut, & le sieur de Bourdillon fut faict Mareschal de France en sa place. Lors les Ecclesiastiques

La Douairiere de Guise demande Iustice de la mort de son mary contre l'Admiral.

Execrable impieté d'vn homme qui arrache la saincte Hostie des mains d'vn Prestre.

Executé & bruslé à la place Maubert.

Mort du Mareschal de Brissac.

firent grande inſtance enuers le Roy, à ce que les biens de l'Egliſe vendus & alienez auec permiſſion du Pape, pour ſupporter les fraiz de la guerre, ne demeuraſſent entre les mains de ceux qui les auoient achetez, la pluſpart Seigneurs ou Gentilshommes, & à bon marché, ce qui diminuoit beaucoup des decimes ordinaires. Sur ceſte remonſtrance, le Roy leur accorda de rachepter les terres & biens immeubles par eux vendus, pour cent mil eſcus de rente, ſuiuant l'Edict de l'alienation. Or le Roy ſe faſchant du ſeiour de Paris, & de pluſieurs affaires & rompemens de teſte, qui ſont touſiours plus grands en ceſte ville qu'en autre lieu, reſolut d'aller à Fontainebleau ſur le commencement de l'année, tant pour y auoir l'air plus commode, que pour y receuoir les Ambaſſadeurs du Pape, de l'Empereur, du Roy d'Eſpagne, du Duc de Sauoye, & autres Princes Catholiques amis & alliez de la Couronne, qui enuoyoient viſiter ſa Majeſté côme par vn commun accord, la prier de faire obſeruer par toute la France les Articles & Decrets du Concile de Trente; & l'exhorter à demeurer ferme en la Religion Catholique, comme auoient faict tous ſes predeceſſeurs tres-Chreſtiens, dont il portoit le nom; & ne ſe laiſſer eſbranler aux hereſies de ſon Royaume. Ils parlerent auſſi à ſa Majeſté pour faire ceſſer l'alienation des biens de l'Egliſe, du tout preiudiciable à ſon Eſtat, & contre la Loy Diuine: & luy donnerent conſeil de punir, tous ceux qui auoient ruyné, ſaccagé, & deſmoly les Egliſes, por-

Inſtance des Ecleſiaſtiques au Roy.

Ambaſſades des Princes eſtrangers au Roy pour l'obſeruation des Decrets du Concile de Trente.

Pp iij

302 MEMOIRES DV SIEVR DE CASTELNAV, té les armes contre leur Roy, donné entrée aux estrangers dedás son Royaume; & faire punir ceux qui estoient cause de la mort du feu Duc de Guise. Et finalement ils firent à sa Majesté plusieurs propositiõs, pluftost pour l'induire à r'entrer à la guerre, & rompre son Edict de Pacification qu'à le maintenir: Asseurans lesdicts Ambassadeurs, que leurs Maistres donneroiẽt toute faueur & assistance au Roy, pour chasser les heresies de son Royaume, & punir ceux qui en estoient les autheurs. Mais le Roy, la Royne sa Mere, & leur Conseil, qui ressentoient les maux aduenus à la France par le mal-heur des guerres ciuiles, n'auoient pas grand desir d'y rentrer sur les belles promesses desdicts Ambassadeurs; car aussi ne se fioit-on pas en celles de leurs maistres: Mais nonobstant l'on leur donna toutes gracieuses & honnestes responces pleines de remercimens, & telles qu'elles se deuoient donner à des Ambassadeurs en semblables occasions. Et leurs Majestez firent responce qu'vne paix & Edict si solemnellement faicts, par le Conseil & aduis de tous les Princes du sang, & des plus sages du Royaume, ne se pouuoit pas ainsi rompre ny alterer, sans vn grand danger de la recheute, ordinairement plus dangereuse que la premiere maladie. Ce que nous auons esprouué assez souuent depuis ce temps là, sans y trouuer autres remedes que le bien de la paix, & les Edicts faicts pour y paruenir. Il y eust aussi les Estats de Bourgogne, qui remonstrerent au Roy qu'il estoit impossible de

Et autres supplicatiõs qu'ils feirent au Roy tendans à rompre la paix.

La responce qu'on leur feit.

Deputez des Estats de Bourgogne, & leurs demandes.

LIVRE CINQVIESME.

maintenir deux Religions en France: & fur celà fupplierent fa Majefté, par perfonnes enuoyez exprés, qu'il n'y euft point de Téples ny exercice de la Religió pretéduë refformée au pays de Bourgogne pour les Huguenots. La harágue de celuy qui fut enuoyé pour ceft effect, a depuis efté imprimée. En ce mefme téps il y eut à Lyó vne nouuelle fecte de Deiftes & Trinitiftes, qui eft vne forte d'herefie laquelle a efté en Allemagne, Pologne, & autres lieux; fecte tres dangereufe, dont la foy & la doctrine doit eftre reiettée, & laquelle a grandement troublé l'Allemagne, comme il fe peut voir par les hiftoires du temps de l'Empereur Ferdinand. Or quittant ce difcours plus ferieux, puifque i'ay commencé à parler du lieu & fejour de Fontainebleau, ic parleray en paffant des feftins magnifiques, courfes de bague, & combats de barriere qui s'y firent, où le Roy & le Duc d'Anjou fon frere, depuis Roy, firent plufieurs parties, efquelles le Prince de Condé fut des tenans, lequel fit tout ce qui fe peut defirer, non feulement d'vn Prince vaillant & courageux, mais du plus adroict caualier du monde, ne s'efpargnant en aucune chofe, pour donner plaifir au Roy, & faire cognoiftre à leurs Maieftez, & à toute la Cour, qu'il ne luy demeuroit point d'aigreur dedans le cœur. La Royne Mere du Roy, qui n'en voulut pas eftre exépte, fift auffi de tres-rares & excelléts feftins, accópagnés d'vne parfaicte mufique, par des Syrenes fort bien reprefentées és canaux du iardin, auec plufieurs autres gentiles & agreables

Secte des Deiftes & Trinitiftes à Lyon.

Feftins magnifiques à Fontainebleau.

Feftins de la Royne Mere.

inuentions pour l'amour & pour les armes. Il y eut aussi vn fort beau combat de douze Grecs, & douze Troyens, lesquels auoient de long temps vne grande dispute pour l'amour & sur la beauté d'vne Dame, & n'ayans encores peu trouuer l'occasion de combattre pour ceste querelle, laquelle ils desiroient de terminer en presence de grands Princes, Seigneurs, Cheualiers, & de belles Dames, pour estre tesmoins & iuges de la victoire, & sçachans qu'en ce festin il y auoit des personnes de ces qualitez, pour decider ce point dignement, ils enuoyerent demander le combat au Roy par des Herauts d'armes, accompagnez aussi de tres-excellentes voix, qui presenterent & reciterent les cartels, & plusieurs belles poësies, auec les noms & actes belliqueux desdicts Grecs & Troyens qui deuoient combattre auec des dards & grands pauois, où estoient dépeintes les Deuises de chasque combattant : i'estois de ce combat sous le nom d'vn Cheualier nommé Glaucus, comme aussi des autres tournois & parties qui se firent audict Fontainebleau ; & semblablement d'vne tragi-comedie que la Royne Mere du Roy fit iouer en son festin, la plus belle, & aussi bien & artistement representée, que l'on pourroit imaginer : & de laquelle le Duc d'Aniou, a present Roy, voulut estre, & auec luy Marguerite de France sa sœur à present Royne de Nauarre, & plusieurs Princes & Princesses, comme le Prince de Condé, Henry de Lorraine Duc de Guise, la Duchesse de Neuers, la Duchesse d'Vzez, le Duc

Tournoy, & le subiect d'iceluy.

Tragi-comedie fort artistement representée.

de

LIVRE CINQVIESME. 305
de Rets, auiourd'huy Mareschal de Fráce, Villequier & quelques autres Seigneurs de la Cour. Et apres la Comedie qui fut admiree d'vn chacun, ie fus choisi pour reciter en la grande sale deuant le Roy, le fruict qui se peut tirer des tragedies, esquelles sont representees les actions des Empereurs, Roys, Princes, Bergers, & toutes sortes de gens qui viuent en la terre, le theatre commun du monde; où les hommes sont les acteurs, & la fortune est bien souuent Maistresse de la Scene & de la vie. Car tel qui represente auiourd'huy le personnage d'vn grand Prince, demain ioüe celuy d'vn bouffon, aussi bien sur le grád theatre que sur le petit. Le lédemain pour clorre le pas à tous ces plaisirs, le Roy & le Duc son frere, se promenás au iardin apperceurent vne grāde tour enchantee, en laquelle estoient detenuës plusieurs belles Dames, gardees par des furies infernales, de laquelle deux geans d'admirable grandeur estoient les portiers, qui ne pouuoient estre vaincus, ny les enchantemens deffaits, que par deux grands Princes, de la plus noble & illustre maison du monde. Lors le Roy & ledict Duc son frere apres s'estre armez secrettement, allerent combattre les deux geans, qu'ils vainquirent. Et de là entrerent en ladicte tour, où ils firent quelques autres combats, dont ils remporterent aussi la victoire, & mirent fin ausdits enchantemens, au moyen dequoy ils deliurerent les Dames, & les tirerent de là; & au mesme temps la tour artificiellement faite deuint toute en feu. Voilà comme l'on mesloit

L'Autheur recite deuant le Roy le fruict qu'on tire des tragedies.

Tour enchantee & qui debuoit mettre fin aux enchantemens d'icelle.

Qq

auec les affaires de la Cour toutes sortes de plaisirs honnestes: mais nonobstant cela, la haine de ceux de Guise contre l'Admiral, demeuroit tousiours en leurs cœurs, & ne se pouuoit trouuer aucun moyen de les contenter. Sur ce temps arriuerent nouuelles d'Angleterre à Smyth Ambassadeur, que la Royne sa Maistresse & tout son Conseil estoient du tout disposez à faire la paix auec le Roy; & en eut ledict Smyth tout pouuoir auec Trokmarton, auquel parce qu'il n'estoit pas aggreable à leurs Maiestez, ils ne vouloient donner audience, & fut resolu au Conseil qu'il ne seroit point employé en ce traicté. Dequoy ayant donné aduis audict Smyth, auec lequel i'eus quelques conferences pour esbaucher les premiers commencemens de ceste paix, Il me dit qu'il ne pouuoit traicter luy seul, puisque la commission estoit aussi coniointement addressée à Trokmarton. Ce qu'ayant redit à leurs Majestez, ils remirent la chose à vne autre fois; & cependant la resolution fut prinse selon que la Royne Mere l'auoit proiectée, auec les Princes du Sang, & son Conseil, de faire le voyage par toutes les Prouinces du Royaume, pour faire voir le Roy à tous ses sujets, leur commander & enioindre ses volontez comme majeur, & pour appaiser plusieurs diuisions qui estoient encores entre les vns & les autres, & establir par tout vne bonne paix. Le Roy partit donc de Fontainebleau, & s'en alla à Sens, faire son en-

La haine de ceux de Guise contre l'Admiral continuë.

La Royne d'Angleterre disposée à la paix auec la France.

Voyage du Roy & de la Royne par toute la France.

Entrée du Roy à Sens & à Troyes.

tree ; & de là à Troyes en Champagne, où l'on resolut auant que passer plus outre de conclurre la paix auec la Royne d'Angleterre. Ce qui ne se pouuoit faire sans enuoyer querir Trokmarton, qui estoit tousiours prisonnier à sainct Germain en Laye, & le mettre en liberté. Le Roy donc me commanda de l'enuoyer querir par vn Gentilhomme, & dix archers de ses gardes, feignant que c'estoit pour luy faire compagnie, & donner ordre qu'il fust bien traicté, & n'eust point de mal par le chemin; dont il fut fort scandalisé, encores qu'il eust des Maistres d'hostel du Roy ordonnez pour le deffrayer de toutes choses fort honnorablement. Et comme il estoit fort violent, il ne se peut tenir de dire, qu'au traictement qu'il auoit receu, l'honneur de sa Maistresse estoit fort touché. Estant donques arriué, le lendemain leurs Maiestez aduiserent d'ordonner des Commissaires auec ample pouuoir, pour traicter auec eux, qui furent les sieurs de Moruillier, & Bourdin. La paix ainsi estant mise sur le bureau, en peu de iours fut resoluë, & publiee à Troyes le treiziesme iour d'Auril, auec grande allegresse de leurs Maiestez & de toute la Cour. Les plus grandes difficultez qui s'y trouuerent furent pour le regard des ostages que l'on tenoit en Angleterre pour cinq cents mil escus, au defaut de la restitution de Calais, dedans huict ans. Mais le Roy auec iuste raison suiuant la clause du traicté de Cambresis touchant ledict Calais, soustenoit que la Royne d'Angle-

Trokmarton enuoyé querir auec bonne garde.

La paix concluë & resoluë.

Conditions d'icelle.

Qq ij

terre estoit entierement descheüe du droit qu'elle pourroit pretendre audict Calais, pour auoir la premiere enfraint la paix, enuoyant prendre le Haure de Grace, & si elle eust peu, toute la Normandie, durant la minorité du Roy & le mal-heur de nos guerres ciuiles. De sorte que les Commissaires insistoient fort, & soustenoient que les Gentils-hommes François enuoyez par le Roy audict Angleterre auoient perdu entierement le nom d'ostages. Toutesfois pour ne s'arrester à peu de choses, sa Majesté donneroit volontiers six vingts mil escus à ladicte Royne d'Angleterre, si elle vouloit r'enuoyer lesdicts Gentils hommes, sans les appeller ostages de part ny d'autre. Incontinent apres que ladicte paix fut publiée le Roy me depescha pour aller visiter ladicte Royne, & luy faire entendre de qu'elle affection il auoit procedé à l'aduancement de ceste paix, ensemble luy offrir toute ferme & constante amitié, l'asseurant qu'il oublieroit le passé, si elle vouloit proceder sincerement pour l'aduenir enuers luy. I'auois encores vn particulier commandement, que si ie trouuois ladicte Royne d'Angleterre en quelque bonne volonté vers sa Maiesté, de luy dire qu'il sçauoit l'amitié que luy auoit portée le feu Roy Henry son pere, qui l'auoit grandement desirée pour sa belle fille ; ce que ie fis, aprés auoir traicté les affaires de la paix auec le sieur de Foix, qui estoit pour lors Ambassadeur, & de la reddition des Gentils-hommes François que nous

L'Autheur enuoyé en Angleterre.

Memoires & cause de ce voyage.

LIVRE CINQVIESME. 309

ne voulions point appeller oſtages. Eſtant donques arriué, la Royne auſſi toſt me voulut oüyr, & m'ayant donné vne fauorable audience, me demanda qu'elle eſtoit l'affection du Roy, de la Royne ſa Mere, & des François vers elle, & de quelle façon la paix auoit eſté receüe & publiée, où ie n'oubliay rien à luy repreſenter au vray. Lors elle me dit qu'elle auoit meurement conſideré deux choſes: La premiere, le deſir que leurs Maieſtez en France auoient eu & monſtré à l'aduancement de ceſte paix; à quoy elle deſiroit de correſpondre en toutes choſes pour ſa part: mais que ſes Ambaſſadeurs auoient du tout failly en ſon endroit, pour auoir ſuiuy la generalité de leur commiſſiõ, & en vertu d'icelle auoir conclu la paix, ſans luy en donner aduis, ny auoir ſuiuy leurs inſtructions particulieres: La ſeconde, qu'elle ne pouuoit conſentir que les oſtages fuſſent rendus à autres conditions, que celles pour leſquelles ils auoient eſté baillez: choſe qui luy touchoit tant à l'honneur & reputation, qu'elle ne voyoit pas comment elle pourroit ſatisfaire à la volonté du Roy mon Maiſtre, qui auoit prins tous les auantages pour luy. Ce qu'ayant deduit auec pluſieurs raiſons, elle cõclut qu'il luy vaudroit mieux demeurer auec la guerre, deſauoüer ſes Ambaſſadeurs, & leur faire trancher la teſte, pour l'auoir miſe ſans l'aduertir en vn traicté des-honnorable. A quoy il fut fort amplement reſpondu par ledict Foix, & par moy. Mais tout le diſcours de la Royne n'e-

L'Autheur a audience, & la reſponce que luy feit la Royne d'Angleterre.

Qq iij

stoit qu'artifice, dont elle estoit pleine pour nous faire trouuer bonne ladicte paix de sa part, qui luy estoit autant ou plus vtile qu'à nous. En fin voyant que les discours & repliques de part & d'autre ne seruoient plus de rien, elle nous dit auec vn visage fort ouuert, que puisque le Roy, & la Royne sa Mere desiroient tát son amitié, qu'elle ne la vouloit donc mesurer à aucune chose du monde, & accordoit au Roy le traicté : mais qu'elle feroit bien chastier ses Ambassadeurs, lors qu'ils seroient de retour. Et en mesme temps elle commanda que l'on fist publier la paix au Chasteau de Vvindesor, Londres, & autres endroicts du Royaume. Ce qui fut faict le iour de sainct Georges mil cinq cens soixante & trois sur les onze heures du matin, où ladicte Royne marcha accompagnée de tous les Cheualiers de son Ordre, & grande quantité de Seigneurs & Noblesse, iusques à la chapelle dudict Vvindesor, où elle nous pria de l'accompagner pour voir ladicte publication, qui se fit auec les trompettes, tambours, clairons, haubois, & toutes sortes d'allegresses qu'on pouuoit desirer en tel acte. Apres que leur seruice fut acheué, elle enuoya querir Foix & moy, pour disner auec elle en la compagnie desdicts Cheualiers, & beut à la santé du Roy & de la Royne sa Mere, puis nous enuoya la coupe où elle auoit beu, pour luy faire raison. Apres le disner il fust question de parler des Gentils-hommes François, auparauant appellez ostages, qui estoient Moüy,

Artifice de la Royne d'Angleterre.

La paix publiée en Angleterre.

L'Autheur disne auec la Royne.

LIVRE CINQVIESME. 311
Nantoüillet Preuost de Paris, Palayseau, & la
Ferté, lesquels estoient là pour luy estre presen-
tez par moy, à fin d'estre deschargez & mis en
pleine liberté. Ce qu'ayant faict, & requis leur deliurance pour les r'amener au Roy, ladicte Royne Qui se plaint
me tint quelques propos sur la vie, actions, & de- mens des osta-
portemens d'iceux en son Royaume, & comme ges François.
ils s'estoient voulus sauuer (bien qu'ils luy fussent
obligez de les auoir mis sur leur foy) & comme
ils auoient recherché de faire quelques menées,
entre lesquelles elle dit que celles de Nantoüillet
luy estoient les plus des-agreables: parce que non
seulement il s'estoit voulu sauuer comme ses compagnons, mais auoit cherché des pratiques inutiles, & sans apparence d'aucun effect, pour troubler son Estat, mesmes au temps qu'elle luy faisoit le plus de faueur, & qu'il y auoit plus d'esperance de paix que de guerre. Sur quoy elle dit
que quand bien elle accorderoit la plaine & entiere deliurance de Moüy, Palaiseau, & de la Ferté,
en faueur du Roy, elle ne deuoit nullement con-
sentir à celle dudict Nantoüillet, mais plustost le Et sur tout de
mettre en la tour de Londres pour les causes sus- Nantoüillet.
dictes: & à lors luy parla fort aigrement sur beaucoup de particularitez, concluant qu'elle ne le pouuoit laisser aller. A quoy ie repliquay, que ce seroit
rompre les bons commencemens de la paix, ou la
vouloir attacher à vne difficulté de nulle consequence. En fin aprés luy auoir dit ce qui se pouuoit
sur ce suiect, elle consentit à sa liberté, comme à

celle des autres: outre lesquels ie fis encor deliurer quelques cent cinquante prisonniers François, qui estoient en diuerses prisons d'Angleterre, ayans esté prins sur la mer, ou autrement. Ce qu'estant faict, apres auoir esté quelques iours traicté auec toute sortes de faueurs & bonnes cheres de ladicte Royne, qui me fit vn present d'vne chaisne de trois mil escus, & d'vne quantité de chiens & cheuaux du pays, outre ceux qu'elle enuoyoit au Roy; ie pris congé d'elle, apres auoir eu toutes mes depesches, & m'en retournay trouuer le Roy à Bar-le Duc, où se fit le Baptesme du fils aisné du Duc de Lorraine, tenu sur les fons, & nommé Henry par le Roy: & fut aussi Parrain le Roy d'Espagne, pour lequel le Comte de Mansfelt Gouuerneur de Luxembourg le leua sur les fonds, & la Mere dudit Duc de Lorraine fut Marraine. Là ie trouuay le Roy & la Royne sa Mere, contens des bonnes responces & nouuelles de la Royne d'Angleterre; laquelle pour plus grand tesmoignage d'amitié, & du desir qu'elle auoit d'entretenir la paix, prioit sa Majesté de prendre l'Ordre de la Iartiere, qu'auoit eu le feu Roy Henry son Pere. Ce qui fut agreable à sa Maiesté, qui s'enquit beaucoup de ladicte Royne d'Angleterre, & comme elle auoit receu ceste paix, & en quelle deliberation ie l'auois laissée de l'entretenir & garder. Cependant le Roy poursuiuant son voyage, enuoyoit plusieurs personnes qualifiées par les Prouinces, pour l'execution de l'Edict de Pacification: & fit-on suspendre le Parlement de Prouence, d'autant

Presens que la Royne feit à l'Autheur.

Baptesme du fils du Duc de Lorraine.

La Royne d'Angleterre enuoye l'Ordre de la Iartiere au Roy.

LIVRE CINQVIESME. 313

tant qu'il se rendit difficile à l'execution dudict Edict. Le Cardinal de Lorraine nouuellement retourné du Concile de Trente, qui ressentoit tousiours vne douleur incroyable de la mort du feu Duc de Guise son frere, comme faisoient tous les parens, amis & partisans de ceste maison, fit nouuelle instance pour en auoir Iustice. Mais parce que ceux qu'il disoit en estre coulpables estoient forts & puissants, & qu'il estoit impossible pour lors de leur donner contentement sur ce point, sans alterer le repos du Royaume; le Roy ne vouloit entrer en cognoissance de ceste cause; mais bien donnoit tousiours esperance d'en faire la iustice en temps & lieu. Et d'autant que Ieanne d'Albret Royne de Nauarre, auoit tousiours soustenu le party des Huguenots, tant auparauant qu'apres la mort d'Anthoine de Bourbon Roy de Nauarre, son mary, l'on luy dressa des poursuites en Cour de Rome, à la requeste des Commissaires & deputez par le Pape Pie cinquiesme, pour luy faire son procés. Ce qui fut fait par sentence donnee contre elle par defaut & contumace. Et ses païs, terres, & seigneuries furent interdites & exposees au premier conquerant: de mesme que le Pape Iules second en auoit vsé contre feu Pierre d'Albret ayeul paternel d'icelle, qui fut aussi interdit, & chassé de son Royaume par Ferdinand Roy d'Arragon, combien que ledict Pierre d'Albret fust Catholique; excommunié toutesfois, soit qu'il

Le Cardinal de Lorraine faict nouuelle instance pour la mort de son frere.

Poursuites en Cour de Rome contre la Royne de Nauarre. Et son Royaume interdit.

R r

fut affectionné au Roy Loüys douziesme, qui le fut aussi, par le mesme Iules second, ou par autre cognoissance de cause, que ie laisse libre de iuger. Mais le Roy Charles neufiesme resolu pour lors de maintenir la paix en son Royaume, embrassa la protection de la Royne de Nauarre, comme de sa suiecte & proche parente. Et enuoya vers le Pape, pour luy faire entendre le tort que l'on luy faisoit, contre la teneur des traictez & concordats d'entre les Papes & les Roys de France, premiers deffenseurs du sainct siege Apostolique: en priant sa saincteté de mettre au neant lesdits deffauts & contumaces, autrement qu'il se pouruoiroit par les voyes & moyens, desquels les Roys ses predecesseurs auoient vsé en cas semblable. Ce que sa Majesté fit finablement entendre aux autres Princes par ses Ambassadeurs ordinaires. Neantmoins le Pape ne voulut aucunement reuoquer les procedures par luy faites contre ladite Royne de Nauarre. Son successeur en fit de mesme contre la Royne Elizabeth d'Angleterre, la declarant aussi incapable de regner. Ce qui a depuis suscité plusieurs à entreprendre contre elle & son Estat, tant en Angleterre qu'Irlande, meus du zele de la Religion Catholique, ou du pretexte d'icelle. Mais pour retourner au voyage du Roy, leurs Majestez partirét de Bar le Duc pour se treuuer à Nancy le iour de l'Annonciation de nostre Dame mil cinq cents soixante quatre, ou quelques vns voulurent dire que l'on commença à

Le Roy prent le party de la Royne de Nauarre.

Le Pape ne veut point reuoquer ses procedures.

LIVRE CINQVIESME. 315

traicter d'vne saincte Ligue, à fin d'extirper toutes les heresies de la Chrestienté: & de faire cesser en France l'alienation des biens des Ecclesiastiques, & faire punir ceux qui auoient esté cause de tant de malheurs en ce Royaume, specialement sur l'Eglise Catholique; comme aussi les principaux autheurs de la mort du Duc de Guise, entre lesquels ils mettoient le premier, l'Admiral de Chastillon, lequel tous les Catholiques de la France tenoient pour leur principal ennemy, & celuy qui auoit basty les commencemens de ceste guerre ciuile, & contraint le Roy à l'Edict de Ianuier, & à celuy dernierement fait au traicté de la paix à Orleans; auquel tous les Catholiques & Princes voisins & alliez du Roy, mesmement le Pape & le Roy d'Espagne insistoient qu'il ne falloit auoir aucun esgard; offrant par leurs Ambassadeurs qui arriuerent audict Nancy d'ayder à sa Majesté de toutes leurs forces & puissances. Dont le Roy les remercia, & leur respondit, qu'il n'estoit pas possible de casser vn Edict si nouuellement fait pour la pacification des grands troubles & guerres ciuiles de son Royaume. En mesme temps furent publiez plusieurs liures portans les grands preiudices que pouuoit receuoir la France pour les prerogatiues, priuileges, & concordats que les Roys de France auoient de si long temps auec les Papes, qui estoient aneantis par la publication du Concile de Trente, sans entrer aux points & termes de la Religion; qui fut cause en partie que les Cours de Parle-

La Ligue pour extirper les heresies de la Chrestienté commence à Nancy.

L'Admiral de Chastillon principal ennemy des Catholiques.

Ambassadeurs des Princes estrangers pour rompre le traicté d'Orleans.

Responce du Roy.

Publication du Concile de Trente refusée par les Parlemens, & pourquoy.

R r ij

316 MEMOIRES DV SIEVR DE CASTELNAV, mét de France refuserent de publier le Concile, côme le Cardinal de Lorraine & tous les Eclesiastiques de France le desirerent, aussi que par la publication d'iceluy, l'Edict de Pacification, & le repos auquel estoit alors le Royaume eust esté du tout alteré; & d'autāt que le Roy & ses Cōmissaires n'estoient entierement obeys, comme il estoit necessaire pour le bien de la paix: cela fit continuer la deliberation que leurs Majestez auoient prises d'auancer leur visite par toutes les Prouinces du Royaume, à fin d'authoriser les Officiers de la Iustice, & entendre les doleances d'vn chacun, faire executer les Edicts, & cognoistre la volonté de leurs peuples, contre l'opinion en laquelle on nourrissoit les Roys de la premiere lignée, qui ne se monstroient qu'vne fois l'année, & a vne poignée de peuple seulement, pendant que les Maires du Palais disposoient des armes, des finances, & de tous les Estats, Offices, & Benefices: & par ce moyen gagnoient les cœurs des soldats aux despens de leurs maistres, ausquels ils rauissoient leurs Sceptres, & Couronnes. Chose qui est tres-dangereuse à vn Prince, & sur tout à vn Roy de France, où les Princes, la Noblesse, les peuples, & Magistrats, veulent auoir honneste & libre accez à leurs Roys, ce qui leur a tousiours apporté & apportera à l'aduenir l'amitié conioincte auec l'obeyssance de leurs suiects. Donc le Roy partit de Nancy pour aller par la Bourgogne, & premierement à Dijon, où le Duc d'Aumale Gouuerneur, & le sieur de Tauanes Lieutenant General au Gouuernemēt de la Prouin-

Leurs Majestez continuent leur voyage par la France.

Le peuple François desire d'auoir libre accez à son Prince.

LIVRE CINQVIESME.

ce, firét ce qu'ils peurent, pour donner plaisir à leurs Maiestez, soit à courir la bague & autres iouxtes & tournois, & partie qu'ils firent pour rompre en lice; & le Parlement, la Noblesse, & les peuples s'efforcerent aussi d'agréer à leursdictes Maiestez, lesquelles aprés y auoir esté quelque temps partirent pour aller à Lyon, à fin de pouruoir au Dauphiné, & Languedoc, y restablir la Religion Catholique & la Messe qui en auoit esté ostée en plusieurs endroicts, & par mesme moyen ordonner certains lieux pour faire les Presches; & cependant donner commissions pour faire demanteler quelques villes & chasteaux, qui auoient esté les plus seditieux, & plus fauorables aux Huguenots, comme Meaux, & Montauban : & faire la Iustice de plusieurs assassinats commis en beaucoup d'endroicts, où les Magistrats Catholiques remis en leurs estats, auoiét bien souuent quelque dent de prendre la reuenche des Huguenots, qui les auoient mal traictez & chassez de leurs biens. Chose qui estoit assez suffisante, pour r'alumer les feux des guerres ciuiles ; & n'y auoit que l'authorité du Roy, qui y peust remedier. Cependant la Royne Mere donna ordre incontinent que le Roy fut à Lyon, d'y dresser vne bonne & forte citadelle, outre celle qui estoit auparauant. Et combien qu'elle eust vn fort grand desir de faire entretenir la paix, comme elle s'y employoit entierement, si est-ce qu'elle se trouuoit fort combatuë, par les diuerses solicitations que l'on luy faisoit de recommencer la guer-

Chacun s'efforce d'honnorer leurs Majestez passans par la Bourgogne.

Ce qu'elles firent en Dauphiné & en Languedoc plusieurs reiglemens.

Et l'ordre qu'elles donnerent par tout le reste de la Frãce.

La Royne Mere refaict faire vne Citadelle à Lyon.

R r iij

re, pour ne laisser prendre plus de pied aux Huguenots, & leur oster tout exercice de leur Religion, & les moyens de pouuoir iamais reprendre les armes, à fin de reduire entierement tout le Royaume à la Religion Catholique, à quoy la Ligue saincte, de laquelle nous auons parlé cy dessus, donnoit de grands eschecz. D'autre costé le Duc de Lorraine, qui auoit espousé Madame Claude sœur du Roy, la Duchesse de Nemours, mere de plusieurs beaux enfans du feu Duc de Guise, le Cardinal de Lorraine, les Ducs de Guise, d'Aumale, d'Elbeuf, pressoient fort la Royne Mere, pour auoir raison de la mort dudict feu Duc de Guise, & le Roy d'Espagne, mary de la fille aisnée de France sœur du Roy, de laquelle l'on cómença lors à proieter le voyage & entreueüe à Bayonne, à fin d'y faire vne ample conclusion pour la conseruation de la Religion Catholique, luy faisant aussi remonstrer que c'estoit vne grande honte que leurs Maiestez fussent contraintes par vne petite poignée de leurs suiects, de capituler quand il leur plaisoit à leur deuotion : que cependant se perdoit ce grand & glorieux nom de tres-Chrestien Roy de France, que ses predecesseurs luy auoient acquis par si longues années, & auec vne perpetuelle constance de combattre les Heretiques, & maintenir le sainct siege Apostolique en sa gradeur. Et là dessus ie ne veux pas dire qu'il ny eust aussi de l'affection de quelques vns sur les confiscations, ioinctes au ressouuenir que l'on auoit de la mort du Duc de Guise, à l'ambition & aux interests

Poursuites qui luy furent faites, pour auoir raison de la mort du Duc de Guise.

Et au Roy d'Espagne pour la conseruation de la Religion Catholique.

Raisons de ceux qui vouloient la guerre.

LIVRE CINQVIESME. 319

du Roy d'Espagne, qui vouloit oster les moyens au Roy de donner secours aux Pays bas, ja disposé à la reuolte, & à prendre les armes pour le mesme faict de la Religion, comme depuis ce temps-là ils ont continué iusques à ceste heure, auec vne haine mortelle les vns contre les autres: mais bien diray-ie qu'il se parloit deslors de voir vn souseuement vniuersel de tous les Catholiques de France, pour abolir les Huguenots. Que si le Roy & son Conseil ne vouloient leur prester faueur, l'on s'en prendroit à luy mesme, en danger de diminuer son authorité & l'obeyssance de ses suiets. Toutes ces raisons estoient bien fortes pour esmouuoir leurs Maiestez à entrer en la Ligue des Catholiques: mais d'autant qu'il estoit perilleux de casser tout à coup l'Edict de Pacification, il falloit trouuer le moyen peu à peu de diminuer l'effect d'iceluy, par autres Edicts limitez. Or le Roy desireux d'acheuer ce grand voyage par son Royaume; apres auoir donné ordre en la ville de Lyon, & aux affaires plus importantes de la Prouince, & donné fauorable audience au Milord Honsdon, parent de la Royne d'Angleterre, qui estoit venu pour iurer la paix, & porter à sa Maiesté l'Ordre de la Iartiere, auec asseurance de la parfaicte amitié, que ladicte Royne d'Angleterre prometoit de porter à leurs Majestez: s'achemina auec la Royne sa Mere à Roussillon, maison du Comte de Tournon; où le Duc & la Duchesse de Sauoye & de Berry, qu'elle tenoit pour son appanage, & Tante du Roy, les vindrent vi-

Pourquoy le Roy d'Espagne se monstroit si passionné à la guerre.

Sousleuement vniuersel des Catholiques.

Milord Honsdon Ambassadeur extraordinaire en France, & pourquoy enuoyé.

fiter, defquels ils furent fort bien receus. Et comme le Duc de Sauoye eſtoit Prince fort ſage & aduiſé, il ſe rendit ſi agreable à leurs Maieſtez, qu'il fut grandement aymé d'elles. Alors fut faicte vne deffence fort expreſſe, de ne preſcher à dix lieuës à la ronde de la Cour, ſans auoir eſgard à la permiſſion de preſcher en certaines villes portées par l'Edict, qui fut interpreté quand le Roy n'y ſeroit point. Et par vn Edict que l'on appella l'Edict de Rouſſillon, il fut deffendu expreſſement à toutes perſonnes, de quelque Religion, qualité & condition qu'elles fuſſent, de ſe moleſter les vns les autres, ny de rompre & briſer les images, ny toucher aux choſes ſacrées, ſur peine de la vie. Et qu'en certains lieux non ſuſpects, ſeroit faict exercice de la Religion des Huguenots, auec deffenſe aux Magiſtrats, de ne la permettre qu'és lieux ſpecifiez. Outre ce, fut deſſendu aux Huguenots de ne faire Synodes ny aſſemblées, ſinon en la preſence de certaines gens & Officiers du Roy, qui ſeroient tenus d'y aſſiſter: qui eſtoient deux articles de grande importance, pour couper la voye aux conſpirations & monopoles contre le Roy. Pluſieurs de la Religion pretenduë reformée faiſoient diuerſes plaintes, que le cours & exercice de leur Religion eſtoit empeſché; auſſi les grandes chaleurs de ceſte année mil cinq cents ſoixante & quatre correſpondoient aux eſprits violents qui ne ſe pouuoient contenir en repos, ains excitoient diuers remuemens en pluſieurs endroits

Le Duc & Ducheſſe de Sauoye viſitent leurs Maieſtez à Rouſſillon.

Deffence de ne faire preſche à dix lieuës à la ronde de la Cour.

L'Edict de Rouſſillon quel.

Articles importans d'iceluy.

LIVRE CINQVIESME. 321
endroits du Royaume, comme au Païs du Maine, Anjou, Touraine, Auxerrois, Guienne : & venoient de tous costez plaintes des Huguenots à la Cour, qu'ils estoient mal traictez, & que l'on ne leur faisoit point de iustice ; en quoy le Conseil du Roy conniuoit de son costé. Aussi d'autre part plusieurs Catholiques & gens d'Eglise se plaignoient que les Huguenots les empeschoient de iouïr de leurs biens, & les Ecclesiastiques & Curez de faire les fonctions de leurs charges. De sorte que chacun recommençoit à se liguer, comme ne se pouuans plus souffrir, dont ie laisseray plusieurs particularitez à ceux qui en ont escrit bien amplement. Le Roy par le Conseil de la Royne sa Mere, voyant l'aigreur qui s'augmentoit nouuellement, meslee auec l'ambition des plus grands qui entretenoit le mal, ordonna aux Gouuerneurs des Prouinces, Maires & Escheuins des villes, de ne rien dire ny faire aux Huguenots qui chantoient des Psalmes hors des assemblees. Dauantage que l'on ne les forçast au pain benit, ny à tendre deuant leurs portes & fenestres le iour de la feste Dieu, ny de bailler aux Eglises pour les pauures, ou payer les Confrairies. Et fut ordonné qu'aux lieux où il y auroit des Huguenots qui ne voudroient tendre deuant leurs logis, les Commissaires & Capitaines des quartiers, & autres officiers eussent à y suppleer. Voilà vne partie des occupations qu'auoit la Cour, soit d'entendre les plaintes d'vn chacun, & y remedier comme l'on pouuoit, au progrés de ce voyage, durant lequel sa Ma-

Plusieurs remuëmens par le Royaume.

Plaintes des Catholiques & Huguenots.

Reiglemens touchant les Huguenots.

S s

jefté fit assez lõg sejour à Valence, puis en Auignon, & de là fut à Marseille. Pendãt ce temps là ie retournay en Angleterre ou leurs Majestez m'enuoyerent de rechef, apres que le sieur de Cossé, qui depuis a esté Mareschal de France, fut retourné d'y iurer la paix. Outre la charge que j'auois de visiter la Royne d'Angleterre, auec plusieurs offres de complimens pour entretenir & fortifier tousiours l'amitié, le Roy me donna Commission, selon la disposition en laquelle ie la trouuerois, de luy offrir son seruice, & luy proposer le mariage d'eux deux, afin d'effacer pour iamais ces mots qui estoient entre les François & les Anglois, d'anciens ennemis, & les remettre en parfaite & asseuree amitié, par le moyen dudict mariage. A quoy ladite Royne d'Angleterre me fit tous les remercimens & honnestes responces qu'il estoit possible, estimãt ceste recerche à tres-grand honneur & faueur d'vn si grãd & puissant Roy, auquel & à la Royne sa Mere, elle se sétoit infinimẽt obligee. Mais elle y trouuoit vne difficulté, à sçauoir que le Roy tres Chrestien son bõ frere (ce sont ces paroles) estoit trop grand & trop petit: & se voulut intrepreter, disant que sa Majesté auoit vn grãd & puissant Royaume, qu'il n'en voudroit iamais partir pour passer la mer, & demeurer en Angleterre, ou les suiets veulent tousiours auoir leurs Roys, & leurs Roynes, s'il est possible, auec eux. Pour l'autre point, d'estre trop petit, sa Majesté estoit ieune, & elle desia âgee de trente ans, s'appellãt vieille, chose qu'elle a tousiours dit depuis que ie l'ay cogneüe, & dés son aduenement à la Couronne, encore qu'il n'y eust Dame en sa Cour,

Le Roy recherche l'alliance de la Royne d'Angleterre & depute l'autheur pour cet effect.

Sa responce.

Les François & les Anglois veulent tousiours auoir leurs Roys auec eux.

LIVRE CINQVIESME.

qui euſt aucun auātage ſur elle, pour les bónes qualitez du corps & de l'eſprit. Et apres infinis remerciemens, elle dit que le Roy & la Royne ſa Mere y péſeroient auec meure deliberatió: cependāt qu'ils fiſſent eſtat qu'elle prenoit ceſt hóneur en tres-bonne part. Et cóme i'eſtois fort bien veu & traitté de tous les premiers & principaux Seigneurs de ſa Cour, quelques vns me dirēt en confirmant la bonne volonté que leur Royne portoit au Roy, à la Royne ſa Mere, & à la France, que le mariage ne ſeroit pas ſi propre ny cómode de ſa Maieſté, que du Duc d'Anjou, à preſent regnant : parce qu'il pourroit auec moins de difficulté paſſer la mer, & demeurer en Angleterre, que non pas le Roy, qui eſtoit Couronné & ſacré; & que les François auroient auſſi peu de volonté de le laiſſer paſſer en Angleterre, que les Anglois leur Royne en France. Parquoy il leur ſembloit que le mariage de mondit Seigneur d'Anjou ſeroit plus propre que l'autre, & par ce moyen autāt que par celuy du Roy, ſeroit ioincte & vnie l'Angleterre auec la France. Ce que i'eſcriuis à leurs Maieſtez partāt pour aller vers la Royne d'Eſcoſſe, que i'auois auſſi charge de viſiter, & luy reconfirmer l'amitié de leurs Maieſtez, ſçauoir ſi elle auroit beſoin de leur aſſiſtāce: cóme auſſi ſentir ſi elle auroit agreable le mariage dudict Duc d'Anjou frere du Roy, ayant ſi peu eſté auec le feu Roy François, deſirant ſa Maieſté de maintenir touſiours par vne bonne alliance, la ferme & conſtante amitié, qui auoit touſiours eſté auec l'Eſcoſſe, depuis huict cens

On traitte de l'alliance du Duc d'Anjou auec ladite Royne d'Angleterre.

L'autheur viſite la Royne d'Eſcoſſe de la part du Roy, & luy faict ouuerture de l'alliance du Duc d'Anjou.

Sſ ij

ans. Estant donques arriué audict Escosse, ie trouuay ceste Princesse en la fleur de son aage, estimée & adorée de ses suiects, & recherchée de tous ses voisins; en sorte qu'il n'y auoit grande fortune & alliance qu'elle ne peust esperer; tant pour estre parente & heritiere de la Royne d'Angleterre, que pour estre douée d'autres graces, & plus grandes perfections de beauté, que Princesse de son temps. Et parce que i'auois l'honneur d'estre fort cogneu d'elle, tant pour auoir esté nostre Royne, que pour auoir particulieremét esté de ses seruiteurs en France, & l'auoir accompagnée en son Royaume d'Escosse, où ie retournay le premier pour la visiter de la part du Roy, & luy porter nouuelles de ceux de Guise ses parens, i'auois plus d'accez à sa Majesté, qu'vn autre qui luy eust esté moins cogneu & familier. Donques si ie fus bien receu de la Royne d'Angleterre, ie ne le fus pas moins en Escosse, receuant beaucoup d'honneur & faueur de ceste Princesse, laquelle apres m'auoir tesmoigné estre bien aise de ce mien voyage par deuers elle, pour me commettre plusieurs choses dont elle vouloit faire part à leurs Maiestez en France, comme à ses plus chers amis. Elle me dit les recherches que luy faisoient plusieurs Princes, comme l'Archiduc Charles frere de l'Empereur, quelques Princes de la Germanie, le Duc de Ferrare; & encores quelques vns de ses suiects luy auoient voulu mettre en auant le Prince de Condé, qui estoit pour lors veuf, à fin d'vnir la maison de Bourbon en meilleure amitié & intelli-

Beautez & perfections de la Royne d'Escosse.

Recherchee de plusieurs Princes.

LIVRE CINQVIESME. 325
gence auec la maison de Lorraine, qu'elle n'auoit esté iusques alors. Elle me parla aussi d'vn autre party duquel l'on luy auoit ouuert quelques propos plus gráds que tous ceux là, qui estoit de Dom Carles fils du Roy Philippes, & Prince d'Espagne, lequel estoit en quelques termes d'estre enuoyé par son pere aux Pays bas. Et quand ie luy parlay de retourner en France, par l'alliance du Duc d'Anjou frere du Roy, elle me respondit qu'à la verité tous les pays & Royaumes du monde ne luy touchoient au cœur tant comme la France, où elle auoit eu toute sa nourriture, & l'honneur d'en porter la Couronne : mais qu'elle ne sçauoit que dire, pour y retourner auec vne moindre occasion, & peut estre en danger de perdre son Royaume d'Escosse, qui auoit esté auparauant bien esbranlé, & ses suiects diuisez par son absence. Et que grádeur pour grandeur, si le Prince d'Espagne, qui pouuoit estre asseuré s'il viuoit, d'auoir tous les Estats de son pere, passoit en Flandres & continuoit en son dessein, elle ne sçauoit pas ce qu'elle feroit pour ce regard, rien toutefois sans le bon Conseil & consentement du Roy son bon frere, & de la Royne sa Belle Mere : mais toutes ces alliances plaisoient aussi peu à la Royne d'Angleterre les vnes que les autres. Car elle ne pensoit iamais auoir espine au pied, qui luy fust plus poignante qu'vne grande alliance estrangere auec ladicte Royne, craignant par ce moyen qu'elle ne luy mist vn mauuais voisin en son pays, si proche d'Escosse, qu'il n'y a rien qui empesche le

Cösiderations de la Royne d'Angleterre, sur toutes ses alliances.

Sf iij

passage qu'vne petite riuiere, comme ie croy auoir dit cy deuant, qui se passe presque à gué de tous costez, sur laquelle est assise la ville de Vvaruik, qui a esté depuis quelque temps fortifiée. Ce que preuoyant deslors la Royne d'Angleterre ietta les yeux sur vn ieune Seigneur de son Royaume, pour en faire vn present à la Royne d'Escosse, lequel estoit fils du Comte de Lenox, appellé Henry Stuard Milord d'Arlay, que la Comtesse sa mere, qui estoit du sang Royal d'Angleterre, auoit fait nourrir fort curieusement, luy ayant faict apprendre dés sa ieunesse à iouer du Luth, à dancer, & autres honnestes exercices. Ladicte Royne d'Angleterre trouua donques moyen de faire persuader par de grandes considerations à la Royne d'Escosse, qu'il n'y auoit point de mariage en la Chrestienté, qui luy apportast tant de bien asseuré, & d'entrée au Royaume d'Angleterre, dont elle pretendoit d'estre heritiere, que celuy dudict Milord d'Arlay; afin de fortifier le droict de l'vn & de l'autre, estans conioints par mariage auec le bon consentement de la Royne d'Angleterre, & de tous les deux Royaumes (comme les plus sages Anglois & Escossois estimoient estre le bien de tous,) & par mesme moyen oster beaucoup de doutes, qui pourroient auec le temps troubler ces deux Estats si voisins, & en vne mesme Isle; tant pour n'estre point née ladicte Royne d'Escosse en Angleterre, que pource que ledict Milord d'Arlay y estoit né, nourry & esleué. Car le Roy Henry huictiesme auoit voulu faire vne loy par

Elle luy procure sous main, la recherche du fils du Comte de Lenox.

acte de son Parlement (pour frustrer sa sœur aisnée mariée en Escosse, & ses heritiers;) que ceux qui estoient nez hors du Royaume d'Angleterre, n'en pourroient heriter. Mais comme telle Loy n'estoit pas iuste, aussi n'a elle esté approuuée par ledict Parlement : car c'estoit aller contre la nature, de faire vne Loy au peril & dommage de ses plus proches heritiers, pour en auancer d'autres, en degré plus esloigné, comme il entendoit faire en faueur de sa sœur puisnée, mariée premierement en France au Roy Louys douziesme, & aprés estre retournée en Angleterre, à Charles Brandon qui fut faict Duc de Suffolk, fort aymé dudict Roy Henry huictiesme, ainsi que i'ay dit cy deuāt : dequoy l'on s'est souuent voulu ayder contre ladicte Royne d'Escosse durant sa prison; laquelle m'a donné charge depuis de deffendre la iustice de sa cause, és Parlemens qui se sont tenus durant ma legation, ou à la fin il n'a point esté touché iusques à present. Mais plustost m'a asseuré la Royne d'Angletterre par diuerses fois, qu'elle ne luy feroit point de tort à la succession de son Royaume aprés elle, si elle y auoit le meilleur droict. Mais pour ne m'esloigner de ceste pratique d'enuoyer ledict Milord d'Arlay en Escosse, cela fut d'autant plus chaudement executé, que la chose fut deliberée & approuuée, de ceux en qui la Royne d'Escosse auoit plus de creance. Car le Comte de Muray, frere bastard de ladicte Royne, qui manioit toutes les affaires de ce Royaume, auec le sieur de Ledinton, Secretaire d'Estat, & leurs

Loy de Henry VIII. Roy d'Angleterre touchant la succession.

Et à quel dessein.

L'Autheur a charge de la Royne d'Escosse, de la deffendre aux Parlemens tenus contre elle en Angleterre.

MEMOIRES DV SIEVR DE CASTELNAV,

Les Principaux Seigneurs Escossois persuadent à la Royne leur Maistresse l'alliance du Milord d'Arlay.

partifans auoient esté gagnez, pour persuader à leur Maistresse, non seulement de bien receuoir ledit Milord, & le remettre és biens de son pere, mais aussi d'entendre à ce mariage qui luy seroit plus vtile que nul autre, pour paruenir à la Couronne d'Angleterre. Et quand bien elle voudroit derechef se marier en France, ou en Espagne, ce seroit auec tant de despenses & de difficultez, que le Royaume d'Escosse ne seroit bastant pour y fournir. Et aussi que ce seroit apporter vne grande ialousie à la Royne d'Angleterre, laquelle n'en prendroit point dudit Milord d'Arlay, qui estoit son suiet, & de son sang comme ladite Royne d'Escosse; laquelle ie trouuay vne autre fois que ie la fus reuoir ainsi que l'on luy faisoit tous ces discours, & que ledict Milord d'Arlay arriua en Escosse auec peu ou point de moyés, lequel me rechercha tát qu'il peut, pour luy estre fauorable en ses amours, veu l'accez que i'auois de longue-main auprès de ceste Princesse, qui me faisoit l'honneur de ne me rien celer de ce qui luy estoit proposé pour son mariage, mes audiances durant depuis le matin iusques au soir. Ce n'estoit pas toutesfois mon intention de la porter de ce costé, bien que ie recogneusse que ceste pratique alloit si auant qu'il eust esté fort difficile de l'en diuertir: soit qu'elle y eust esté poussée (comme aucuns ont voulu dire, par des enchantemens artificiels ou naturels.) ou par les continuelles solicitations desdicts Comte de Muray, & le Secretaire Ledinton, & autres de ceste faction, qui ne perdoient

doient pas vne heure de temps pour auancer ce mariage. De façon que ladite Royne d'Escosse m'en demandant vn iour mon opinion, me declara fort particlulierement les raisons qui la pourroient mouuoir à le faire, auec le cósentemét du Roy & de la Royne sa belle Mere, s'ils le trouuoiét bon & luy conseilloient, & non autrement: me priant de rece-uoir ceste charge, de leur representer le tout comme si elle y enuoyoit exprés, ce qu'elle ne pourroit faire par personne en qui elle eust plus de fiance. Sur cela ie despechay en toute diligence vn courrier à leurs Majestez, leur escriuant amplement le traicté de cedit mariage, qui s'auançoit tous les iours de telle façon, que mal-aisément la Royne d'Escosse eust peu deslors s'en retirer. Quoy entendans leursdites Majestez me remanderent aussi tost, que puisque les choses estoient en ces termes pour ceste alliance, elles ne l'auroiét pas desagreable, ains la troueroiét beaucoup meilleure que celle de l'Archiduc d'Austriche, du Prince d'Espagne, ou de quelque autre Prince que ce fust, au cas que Dieu n'eust ordonné qu'elle se peust faire auec ledict Duc d'Anjou; & qu'à la verité ils estoient fort proches: & ce que leurs Majestez m'en auoient cómandé, estoit plustost pour la grande amitié qu'elles portoient à ladite Royne d'Escosse, qui auoit esté nourrie auec eux, que pour grande necessité qu'il y eust: & qu'ils estimoient qu'auec l'alliance de ce ieune Seigneur d'Arlay, elle se maintiendroit en parfaite amitié, & son Royaume d'Escosse auec la France. Ainsi don-

Laquelle en demàde a l'Autheur son opinion.

Il en escrit au Roy, & à la Royne Mere.

Leur responce.

Tt

ques estant remis en moy d'vser discretement de ce que m'en escriuoiét leursdites Majestez, pour laisser pluſtoſt aller auant ledit mariage, que de le rópre ou empeſcher; il ne faut pas demander si ie fus bien receu de ces deux amans, puisque i'auois dequoy contenter leurs affections, & ausquelles ie rendois pluſtoſt de bons que de mauuais offices : neantmoins la Royne d'Escoſſe me proteſta souuent n'auoir point de plus grande paſſion qu'au bien de son Eſtat, & à vouloir le conseil de ses amis, entre lesquels elle mettoit le Roy, & la Royne sa belle Mere, pour les plus certains & aſſeurés. Et lors me pria qu'elle me peuſt commettre toute la charge qu'elle pourroit donner à qui que ce fuſt vers leursdites Majeſtez, voire mesme ce qu'elle leur pourroit dire de bouche, si elle les voyoit, touchant ledit mariage, & autres choses de son Eſtat, & de son affection enuers elles & la Couronne de Fráce, qui luy eſtoit auſſi chere que la sienne. Apres dóques l'auoir aſſeurée que leursdites Majeſtez trouueroient bon tout ce qui luy seroit agreable pour ce mariage, elle voulut en auoir derechef par moy leur libre & entier cósentement, & pour ce fait me pria de faire diligéce, & de luy mander comme ie luy auois promis, ou porter la respónce. Or cóbien a eſté commode & vtile ce mariage à l'vn & à l'autre, les effects l'ont teſmoigné depuis. Eſtant licentié auec tout contentement de la Royne & de ce nouuel amát, ie trouuay par le chemin m'en retournát la Royne d'Angleterre, qui alloit viſiter vne partie de son Royaume, laquelle ne m'ôſtroit pas la ioye

La Royne d'Eſcoſſe depute l'Autheur, vers leurs Majeſtez pour son mariage.

Feinte de la Royne d'Angleterre sur ce mariage.

& plaisir qu'elle auoit en son cœur d'entédre que ce mariage s'auáçoit, ains au cõtraire faisoit semblant de ne l'approuuer pas: ce qui l'aduança plustost, que d'y apporter retardement. Or estant arriué à Valence où estoient leurs Majestez apres auoir rendu conte de mon voyage, ie fus redespeché aussi tost vers ces deux Princesses, pour remettre le propos en auant auec la Royne d'Angleterre, du Roy, ou du Duc d'Anjou son frere, lequel seroit tousiours prest à luy offrir son seruice, pour respondre aux effects de son affection, si elle le trouuoit plus à propos pour son contentement & le bien son Estat. Mais i'auois aussi charge de leurs Majestez, que si ie trouuois ladite Royne d'Angleterre disposee (comme l'on disoit) d'espouser le Milord Robert Dudley, qu'elle auoit fait Cõte de Leycester, & auácé pour sa vertu & ses merites, cóme estant des plus accomplis Gentilshommes d'Angleterre, & qui estoit aymé & hónoré d'vn chacun, & que son affection fust de ce costé là, comme estoit celle de la Royne d'Escosse au Milord d'Arlay, ie fisse tout d'vne main au nom de leurs Majestez tout ce qu'il me seroit possible pour auancer ces deux mariages. Estant arriué en Angleterre, la Royne me tesmoigna derechef, qu'elle prenoit à grand honneur & faueur ce soin que leursdites Majestez auoient d'elle, tant pour luy offrir vn si grand party & alliance, du Roy, ou du Duc d'Anjou son frere, que fauoriser l'affection qu'elle portoit à vn sien suiet; duquel elle me parla, pour estre le plus vertueux & accomply Seigneur qu'elle cogneut ia-

L'Autheur est renuoyé en Angleterre & en Escosse.

Discours de la Royne d'Angleterre à l'Autheur, sur les mariages qu'on luy proposoit.

Tt ij

mais. Puis elle me dit que de son naturel elle auoit peu d'inclination à se marier, sinon pour acquiescer à la priere & requeste de ses surects, adioustant que si le Côte de Leycester estoit Prince, & yssu de tige Royale, elle consentiroit volontiers à ce party, pour l'amitié, que toute l'Angleterre luy portoit : mais qu'elle prioit le Roy mon Maistre, de croire que iamais elle n'espouseroit son suiect, ny le feroit son compagnon. En fin elle fit mil remerciemens au Roy, à la Royne sa Mere, & au Duc d'Anjou, de l'affection qu'ils luy portoient, laquelle elle les prioit de luy continuer, & me remercia fort souuent de la peine que i'auois prinse, de la retourner voir, & des bons offices que i'auois faicts, tant en l'auancement de la paix, qu'à bastir ceste grande & particuliere amitié, qui se nourrissoit & augmétoit tous les iours entre la Royne Mere du Roy & elle, lesquelles à la verité i'auois trouué auparauant en assez mauuaise intelligence, par quelques sinistres rapports que l'on faisoit de l'vne à l'autre. Chose qui est fort dangereuse en matiere d'Estat, d'animer les grands les vns contre les autres, soit que l'on les veuille flater, ou les mettre mal ensemble. Ce qui n'apporte que dommage à eux & à leurs Estats, & qui tourne bien souuent à la confusion de ceux qui procurent & font ces mauuais offices. Donques n'ayant fait que demy voyage, ie proposay à ladicte Royne d'Angleterre la charge que i'auois du Roy mõ Maistre, & de la Royne sa Mere, de passer iusques en Escosse, pour aller voir la Royne, tant pour leur

Sinistres rapports, dangereux en matiere d'Estat.

LIVRE CINQVIESME.

rapporter de ses nouuelles, que pour luy faire part de leur bon conseil & aduis, sur ce en quoy elle en pourroit auoir besoin : Mais ie trouuay ladicte Royne d'Angleterre plus froide enuers la Royne d'Escosse qu'auparauant, comme se plaignant d'elle, de luy auoir souftrait vn sien parent & suiect, & de le vouloir espouser côtre son gré. Discours bien esloigné de son cœur, comme i'ay dit cy deuant; car elle faisoit tous ses efforts, & n'espargnoit rien pour auancer ledict mariage, que ie trouuay fait & consommé quand i'arriuay en Escosse : & par ainsi i'eus plustost à me conioüir du succez des nopces, que d'y donner consentement pour leurs Maiestez, ausquelles les deux mariez tesmoignoient estre fort obligez du soin qu'elles auoient d'eux, promettans de vouloir confirmer les alliances plus grandes & fortes, qu'elles n'auoient iamais esté entre ces deux Royaumes. Ce qui fut effectué par ce ieune Roy, qui fust quelque temps apres faict Cheualier de l'Ordre de France, & visité & honoré de quelques presens. La Royne d'Escosse estant deuenüe grosse, la Royne d'Angleterre augmenta ses mescontentemens à cause de ce mariage, ainsi l'alteration croissant entre ces Princesses, elles font estat de se faire la guerre. Lors la Royne d'Escosse a recours à l'alliance de France, pour auoir ayde & secours, d'hommes, de munitions de guerre, & d'argent, & presse violemment pour les auoir. Ce qui estonne fort leurs Maiestez, & tout le Conseil qui ne fai-

Artifice de la Royne d'Angleterre, feignât d'estre marrie de ce qu'elle desiroit le plus.

Mariage de la Royne d'Escosse auec le Milord d'Arlay.

Mescontentemés de la Royne d'Angleterre côtre la Royne d'Escosse, cause de la guerre.

Tt iij

334 MEMOIRES DV SIEVR DE CASTELNAV, soient que sortir de la guerre ciuile, laquelle auoit esté si cruelle en France, & de faire la paix auec la Royne d'Angleterre, qui n'eust pas failly, secourant ladicte Royne d'Escosse, de r'entrer en mauuais mesnage auec nous, & par ce moyen l'on eust renuersé tout le bon commencement d'establir quelque repos en France. Surquoy fut aduisé de me despecher de nouueau vers lesdictes Roynes d'Angleterre & d'Escosse, auec lettres, pouuoir, & instructions, pour les inciter à demeurer bonnes sœurs & amies, en l'amitié desquelles le Roy, la Royne sa Mere, ne desiroient rien plus, que de se lier & conioindre fermement auec remonstrances particulieres à la Royne d'Escosse, & à ses suiects de se garder bien d'entrer en guerre ciuile, qui est la ruyne & destruction de tous Estats; & mesmes de se mettre en mauuaise intelligence auec la Royne d'Angleterre; que c'estoit le meilleur conseil & secours que leurs Majestez, & tout le Conseil de France, tant de la part de l'vne que de l'autre Religion luy pouuoient donner. Mais ceste ieune Princesse qui auoit vn esprit grand & inquieté, comme celuy du feu Cardinal de Lorraine son oncle (ausquels ont succedé la plufpart des choses contraires à leurs deliberations) ne pouuoit s'accommoder auec la Royne d'Angleterre, qui estoit plus puissante qu'elle. Ainsi ce mariage, & ces grandes amours, que nous pensions estre vtiles pour maintenir l'Escosse en paix, & destourner quelque grande alliance de

L'Autheur retourne en Angleterre, pour les mettre d'accord.

Remonstrances qu'il feit à la Royne d'Escosse.

Quel estoit l'esprit de ceste Princesse.

LIVRE CINQVIESME. 335

ce costé là, ne produisoient autre chose qu'vne nouuelle guerre, non seulement entre l'Escosse & l'Angleterre, mais encores vne grande diuision entre les nouueaux mariez, comme il s'est veu depuis en toute leur vie, leur histoire estant fort tragique. Cependant i'vsay de tous moyés possibles pour esteindre le feu de ceste guerre, qui commençoit de s'allumer en Escosse, dont les flames fussent volées iusques en France : & par l'interuention du Roy, & de la Royne sa Mere, ie les mis d'accord : mais bien tost apres ceste paix generale, vne autre guerre particuliere suruint entre ces nouueaux mariez, à l'occasion des ialousies qui se mirent entr'eux, si grandes, que ce ieune Roy d'Escosse, ingrat de l'honneur que luy auoit faict ceste belle Princesse, veufue d'vn si grand Roy, de l'auoir espousé en secondes nopces, suscité par le Comte de Morthon, Milord de Reuen, & autres Escossois, luy tua honteusement en sa presence vn sien Seccretaire appellé Dauid Riccio, Piemontois, auquel à la verité elle auoit donné beaucoup de credit & d'authorité sur toutes les affaires d'Escosse : dont pour luy rendre compte, il ne pouuoit qu'il ne se tint prés d'elle, & le plus souuent en son cabinet, où il fut massacré cruellement de plusieurs coups, tant que le sang en tomba sur ladicte Royne. Spectacle estrange, & assez souuent pratiqué par les Escossois, quand ils se mettent quelque chose de sinistre en l'esprit. Cela fait ils prindrent leur Royne prisonniere, laquelle leur es-

Il remet les deux Roynes en bon accord par interuentiõ du Roy & de la Royne Mere.

Ingratitude du ieune Roy d'Escosse enuers la Royne sa femme.

Sa cruauté à l'endroit d'vn sien Secretaire

La Royne d'Escosse prise prisonniere par se subiects.

chapa grosse du Prince d'Escosse son fils, qui est auiourd'huy. Et lors se recommença nouuelle guerre, où ie fus encores r'enuoyé, pour y trouuer remede. Ce que les autheurs de ce meurtre eussent bien desiré: mais la Royne d'Escosse, ayant eu le pouuoir & l'occasion de les chasser de son pays, ils s'allerent refugier en Angleterre, où ils furent receus & maintenus, iusques à ce que le temps, qui porte tousiours auec soy vicissitude, les remena en Escosse, auec nouuelles guerres. Lesquelles auec la mort tragique de ce nouueau mary, qui fut emporté d'vn caque ou deux de poudre, estant couché au lit de sa femme, en ont en fin chassé ladicte Royne, qui ayma mieux se refugier entre les mains & en la puissance de la Royne d'Angleterre, où elle est encores auiourd'huy, que de plus se remettre en celle de ses suiects: & lors la Royne d'Angleterre estant suppliée par la Royne d'Escosse, de la receuoir comme sa cousine, & luy vser d'hospitalité, enuoya au deuant d'elle à la frontiere, comme elle m'a dict, en intention de la traicter fauorablement: mais qu'aussi tost elle cogneut qu'elle faisoit des pratiques par tout le pays du Nort, pour luy troubler son Estat. Parquoy elle fut contrainte de la mettre prisonniere, où elle est encores, sans pouuoir trouuer moyen d'en sortir, qu'à l'instant il ne suruienne quelque nouuelles difficultez, lesquelles ont pour la pluspart passé par mes mains, comme l'occasion s'est presentée d'y estre employé, & le plus souuent deffendre

Mort tragique du ieune Roy d'Escosse.

La Royne d'Escosse fugitiue en Angleterre.

Elle la faict arrester prisonniere, & pourquoy.

LIVRE CINQVIESME.

fendre l'honneur & la vie de ladite Royne d'Efcoffe, que l'on vouloit priuer pour iamais de toutes fes pretenfions à la Couronne d'Angleterre. Ce qu'elle me difoit & efcriuoit ordinairement luy importer plus que fa propre vie, qu'elle n'eftimoit plus, que pour conferuer ledict Royaume d'Angleterre au Prince d'Efcoffe fon fils. Lequel ie laifferay en fon Royaume nourry & prifonnier entre les mains de fes fuiects, & la Royne fa Mere en Angleterre pour retourner aux affaires de France, en laquelle fe braffoit vn renouuellement de la guerre ciuile par les pratiques de ceux que i'ay nommé cydeuant.

On la veut priuer de fes pretenfions à la Couronne d'Angleterre.

Le Prince d'Efcoffe prifonnier entre les mains de fes fuiects.

SOMMAIRE ET
poincts principaux contenus en ce VI. Liure.

Ettres patentes du Roy pour obseruer l'Edict de Pacification. Grand hyuer en France. Poursuite du Duc de Sauoye pour luy faire rendre ses villes de Piedmont, qu'il a finalement retirées. Grande pestilence. Entreueüe du Roy & de la Royne d'Espagne a Bayonne. Ligue des Princes Catholiques & contreligues des Huguenots. Requeste des Huguenots du Païs bas au Roy d'Espagne, qui en retire les Espagnols, & y enuoye la Princesse de Parme. Le Cardinal Granuelle luy est baillé pour principal Conseiller & Chancelier, qui veut y maintenir l'Inquisition, mais il est contraint de se retirer. Autre instance des Païs bas au Roy d'Espagne. Publication du Concile de Trente aux Païs bas. Les Huguenots se plaignent à l'Empereur. Le Cardinal de Lorraine desarmé entrant dans Paris, par le Mareschal de Montmorency. Notables, ou Estats particuliers de Moulins. Accord entre ceux de Guise & l'Admiral, & du Cardinal auec le Mareschal de Montmorency. La Royne Mere se fortifie de l'aliance de l'Empereur contre les Huguenots, leur desfiance & surquoy fondee. Armee du Duc Dalue au païs bas, & leuee des Suisses en France, mettent les Huguenots en ceruelle. Remonstrance de l'Admiral au Roy sur l'armement du Duc Dalue, mais inutilement. Petit liure des Huguenots, intitulé sacré Concile. Requeste des Huguenots des Païs bas à la Duchesse de Parme. Les mutinez de Flandres s'appellent Gueux, & pourquoy, leurs insolences. On leur accorde des Temples pour prescher contre l'intention du Roy d'Espagne, qui veut que ses Edicts soient gardez. Nouuelles requestes des Huguenots refusees par la Duchesse de Parme. Diuision entre les plus grands du party Huguenot. Armee du Duc Dalue pas-

se par tout sans contredit. Trois Baillages rendus par les Bernois au Duc de Sauoye. Nouueaux remüemens des Huguenots de France à la persuasion de l'Admiral. Ils font imprimer leurs pleintes, leurs protestations. L'autheur enuoyé de la part de leurs Majestez vers le Duc Dalue. La Duchesse de Parme contrainte de luy ceder & de se retirer. Offres du Duc Dalue au Roy au nom du Roy d'Espagne son Maistre, & de la Duchesse de Parme en son particulier. Rencontre notable de l'autheur qui luy faict descouurir l'entreprise & conspiration de Monceaux. On s'en mocque à la Cour & le Chancelier de l'Hospital conuertit ce bon aduis en vn crime. Vn des freres de l'Autheur descouure plus particulierement toute cette menée. Autre aduertissement par vn autre frere de l'Autheur. L'ordre qui fut donné à la Cour pour leur resister. On prent resolution de se retirer à Paris. Gentil stratageme du Connestable pour conduire le Roy seurement à Paris. Les Huguenots deceus de leur esperance, qui font la guerre autour de Paris. Leurs excez & violences. L'autheur va trouuer le Duc Dalue de la part du Roy, pour auoir secours. Et l'equipage qui luy fut donné. Difficulté qu'il eut à la sortie de Paris, & au reste de son voyage iusques à Peronne. La reception que luy fit le Duc Dalue. Les offres & promesses qu'il faisoit au Roy: le tout n'estant neantmoins que mine. Les Huguenots pris de toutes parts, si le Duc Dalue eust donné secours. Les offres du Duc Dalue, toutes contraires à celles qu'on luy demandoit. L'autheur le mande au Roy. La responce qu'il luy fit, & qu'elles trouppes luy furent deliurées, qui se font bien payer, & qui ne firent apres que ce qu'elles voulurent. Instructions du Duc Dalue au Comte d'Aremberg, Conducteur de ses trouppes. Le passage desquelles d'Andelot & Montgomery taschent d'empescher. Demandes des Huguenots. Ordre de la bataille de S. Denis du costé du Roy, & du costé des Huguenots. Valeur du Connestable. L'Admiral sonne la retraicte. Le champ de bataille demeure au Roy. Mort du Connestable en cette bataille, & son eloge. Malaise de iuger qui a emporté la victoire de la bataille de S. Denis. Secours d'Espagne apres la bataille. Le Duc Casimir auec bonne trouppe de Reistres & Lansquenets au secours des Huguenots. L'Estat de Connestable supprimé. Le Duc d'Aumale enuoyé sur la frontiere pour empescher le passage au Duc Casimir. Passages sur la riuiere de Seine abandonnez par les Huguenots. Bochetel Euesque de Rennes Ambassadeur pour le Roy en Allemagne. Le Palatin & son fils, pensionnaires de France. Reistres sont des cheuaux de loüage. L'Edict de Pacification fait à Orleans. Offert au Prince de Condé. Les Huguenots violent l'Edict & se portent les premiers à l'offensiue, & ioignent leurs Reistres. L'autheur enuoyé par le Roy vers ceux de Guise. Et la response qui luy fut faicte. L'armee du Roy à Troyes, & celle des Huguenots en Bourgogne, qui prent Massi, Creuent, & force d'autres villes. Le fils du Comte de Tende en armes contre son pere. Plusieurs places prises par les Huguenots & Catholiques en diuerses Prouinces. Blois pris par les Huguenots. Estranges cruautez mesme des Catholiques. L'autheur enuoyé en Allemagne querir le Duc Iean Guillaume de Saxe. Trouppes qu'il amena en France. L'autheur va trouuer leurs Majestez qui luy tindrent vn discours tout contraire à la commission qui luy auoit esté baillee. On tasche de renuoyer le Duc Iean Guillaume de Saxe sans rien faire. Repartie du Duc de Saxe en colere sur ce renuoy. Il s'accorde neantmoins aux propositions qu'on luy faict, & vient trouuer le Roy. La paix concluë auec les Huguenots selon leur desir. Vn article excepté. Pourquoy ils se resolurent à receuoir vne paix doubteuse. Rudes conditions pour auoir des Reistres. De Moruillier grand Conseiller d'Estat. L'autheur enuoyé vers le Duc Casimir & vers le Duc Dalue, lequel n'auoit pas plaisir de nous voir d'accord. Difficultez pour renuoyer le Duc Casimir en son païs. On tasche de capituler auec luy, mais il n'y veut point entendre. Aduis de ceux de Guise pour le forcer à la retraicte, & depesche enuoyée à l'autheur sur ce subiect. Le Duc Iean Guillaume de Saxe s'offre de combatre son beaufrere le Duc Casimir, qui ne veut, ny les siens entendre aucune raison. L'autheur assiegé par eux dans sa maison. Le bon ordre qu'il donne à toutes choses pour les faire tomber d'accord. On capitule finalement auec eux, & auec qu'elles conditions. Le gouuernement de S. Disier donné à L'autheur, & depuis osté sans aucune recompense.

LIVRE VI.

L E Roy voyant tant de mouuements suscitez par la France, enuoya des lettres patentes à tous les Gouuerneurs des Prouinces, pour faire garder & obseruer l'Edict de Pacification, & obuier à toutes esmotions. Mais comme l'Esté auoit esté chaud & ardant, durant lequel s'estoit commis vne infinité de meurtres, & cruautez aux pays du Maine, Anjou, Touraine, Auxerrois, & autres endroicts où les Huguenots estoient les plus foibles, & pour lesquels ils faisoient beaucoup de plaintes, il suiuit vn Hyuer si terrible & violent, qu'il gela toutes les riuieres en France, plusieurs bleds, & tous les oliuiers, noyers, figuiers, lauriers, orangiers, & autres arbres onctueux, & grande partie du bois des vignes, & par mesme moyē refroidit les esprits & les cœurs des plus quereleurs. De sorte que toutes ces rumeurs de reprendre les armes s'assoupirent pour vn temps. Le Roy & la Royne estoient en ceste saison à Carcassonne assiegez des neiges, au mois de Ianuier. Ie fus enuoyé deuers le Duc de Sauoye, qui pressoit

Lettres Patentes du Roy pour faire obseruer l'Edict de pacification.

Grand Hyuer en France.

Vu iij

fort que l'on luy rendist les villes de Piedmont, lesquelles luy & son fils ont en fin si dextrement retirées, qu'ils nous ont fermé le pas des montagnes, & de l'Italie. Ces froidures extrèmes furent suiuies de grandes pestilences en la pluspart des Prouinces de France, ce qui retenoit les Huguenots de prendre les armes. Mais en fin, l'entreueuë d'Elisabeth sœur du Roy & Royne d'Espagne à Bayonne, accompagnée du Duc d'Alue, & de plusieurs grands Seigneurs d'Espagne, les grandes allegresses & magnificences qui s'y firent, & les affaires qui s'y tracterent l'Esté subsequent, mirent lesdicts Huguenots en merueilleuse ialousie & defiance, que la feste se faisoit à leurs despens, pour l'opinion qu'ils auoient d'vne estroicte Ligue des Princes Catholiques contre eux. Ce qui leur bailla occasió de remuer toutes pierres, & mettre tous bois en œuures, pour en bastir vne contraire, tant auec la Royne d'Angleterre, les Princes Huguenots d'Allemagne, Geneue, qu'és Pays bas, leurs alliez & confederez en la Religion pretenduë Reformée, & d'inciter tous ceux de leur party en France, à prendre l'alarme, & ouurir les yeux à ceste contreligue, disant, Que tout ainsi que les Espagnols qui auoient desplaisir de voir la paix en France, taschoient d'y remettre la guerre ciuile, pour la seureté de leur Estat, les Huguenots de France auec leurs confederez deuoient la ietter en Flandres, & se ioindre auec les Seigneurs & autres Huguenots du Pays bas, & par tel moyen donner le mesme empeschement au Roy d'Espa-

Poursuite du Duc de Sauoye pour luy faire rendre ses villes de Piedmont, qu'il a finalement retirées. Grandes pestilences.

Entreueuë du Roy & de la Royne d'Espagne à Bayonne.

Ligue des Princes Catholiques, & contre Ligue des Huguenots.

LIVRE SIXIESME. 343

gne de ce costé là, qu'il leur vouloit donner en Frāce. Ce fut enuiron l'an mil cinq cens soixante & cinq que le Prince d'Oranges, les Comtes d'Egmont & de Hornes, & plusieurs autres Seigneurs, Gentils-hommes, Officiers, marchans, & artisans des bōnes villes du Pays bas presenterēt requeste au Roy d'Espagne, tendāte à ce qu'il luy pleust faire retirer les garnisōs Espagnoles, & faire cesser la rigueur des persecutions contre les Huguenots, & oster l'Inquisition. Chose qui l'estōna fort: craignant que pareil accident ne luy auint en ses pays, que celuy qu'il auoit veu par les guerres ciuiles de France, pour le fait de Religion, & que l'on ne chassast ou coupast la gorge aux Espagnols qui estoient dedans le pays fort hays. C'est pourquoy il delibera de les retirer, & y enuoyer Marguerite d'Austriche sa sœur naturelle, Duchesse de Parme, pour gouuerner ce pays: laquelle i'y fus visiter de la part du Roy à son arriuée, & recogneus lors que les peuples se lassoient fort de la domination Espagnole. Le Cardinal de Granuelle luy fut baillé comme principal Conseiller & Chancelier, plain de grande experience, pour auoir manié longuement de grandes affaires, auec l'Empereur Charles V. Mais sur tout ledict Cardinal ne vouloit point que l'on y ostast l'inquisition qui y auoit esté introduicte par ledict Empereur son Maistre. Ce que les Seigneurs du pays portoient impatiemment, & de se voir entierement frustrez de l'exercice de la Religion pretenduë reformée qui auoit esté reduicte (comme ils disoient) en la serui-

Requestes des Huguenots du pays bas au Roy d'Espagne.

Lequel retire les Espagnols & y enuoye la Duchesse de Parmes sa sœur, pour y gouuerner.

Le Cardinal Granuelle luy est baillé pour principal Conseiller & Chancelier.

344 MEMOIRES DV SIEVR DE CASTELNAV, tude de ladicte Inquisition, qui porte auec soy le plus souuent vne rigoureuse confiscation de corps & de biens. Ce que les Ministres, Surueillans, & autres mirent si bien en l'esprit du Prince d'Oranges, du Comte Ludouic de Nassau son frere, des Comtes d'Egmont, de Hornes, de Brederodes, & autres Seigneurs & Nobles du pays, qu'ils s'attacherent auec rudes paroles audit Cardinal de Granuelle, lequel craignant plus grand danger se retira. Estant hors du pays, tous ces Seigneurs s'assemblerent plusieurs fois, mesmement à Bruxelles: où ils resolurent de rechef de faire instance au Roy d'Espagne, que l'exercice de la Religion fust estably aux Pays bas, chose bien contraire à son intention. Neantmoins il ne voulut pas directement reietter la requeste de ses suiects: mais bien la refusa obliquement, faisant publier le Concile de Trente, par lequel la Religion des Huguenots estoit condamnée. Ce que voyant les Huguenots du pays bas s'allerēt plaindre à l'Empereur, & aux Princes Huguenots, de se voir enueloppez par les desseins de leur Roy, en vne perpetuelle seruitude, qui leur estoit insupportable: mais pour reuenir à la France, peu de temps apres le Cardinal de Lorraine alla à Paris auec grand nombre de ses amis & seruiteurs, auec armes, pistoles, & harquebuses seulement pour sa seureté & des siens, (comme il disoit) plustost que pour offencer personne. Le Mareschal de Montmorency, Gouuerneur de l'Isle de France, estant aduerty de sa venuë, l'enuoya prier à sainct Denis, de n'aller

Qui veut y maintenir l'inquisition.

Il est contraint de se retirer.

Autre instance des Huguenots des pays bas au Roy d'Espagne.

Publication du Concile de Trente au Pays bas.

Les Huguenots se pleignēt à l'Empereur.

Le Cardinal de Lorraine entrāt dedans Paris, desarmé par le Mareschal de Montmorécy.

n'aller pas audict Paris auec telle cōpagnie, de peur de quelque sedition, mesmement s'il entroit auec les armes, contre l'ordonnance qui estoit fort gardée pour lors en France, de porter armes à feu. Neantmoins ledict Cardinal ne faisant pas grand conte de ceste priere, se delibera d'y entrer; ce que voyant le Mareschal, accompagné du Prince Portian, alla au deuant, & l'ayant rencontré en la ruë sainct Denis, le desarma & sa cōpagnie; où il fut seulement tué vn de ses gens, qui faisoit resistance de rendre ses pistoles. Le Cardinal pensant que l'on le vouluft tuer, se sauua en la maison d'vn marchand, où il ne fut point pourfuiuy ny recherché. Et lors il conceut vne haine mortelle contre ledict Montmorency & les siens, qui auparauant estoient en procez auec ceux de Guise pour la Comté de Dampmartin. Plusieurs s'esmerueilloient, que personne ne s'estoit remué pour le Cardinal: chose du tout contraire à son attente. Mais celuy est fort mal asseuré, qui met son esperance au secours & appuy d'vn peuple, s'il n'est esmeu de furie, ou conduit par vn Chef, auquel il aye entiere confiance. Cependant le Roy, qui estoit en Gascogne, où il receuoit diuers aduertissemens de tous endroits, que l'on faisoit ce qui estoit possible pour executer ses Edicts par les Prouinces; receut en mesme temps les plaintes du Cardinal, & les excuses du Mareschal; ausquels il fit entendre qu'il les oyroit à son retour, pour aduiser à ce qui seroit necessaire au fait de l'vn & de l'autre; &

Haine mortelle du Cardinal contre le Mareschal de Montmorency.

Comment vn peuple peut estre esmeu, & le peu de confiance qu'il y a en luy.

ainſi continuant ſon voyage il alloit viſitant la pluſpart de ſon Royaume. L'annee enſuiuant il fit aſſembler à Moulins les premiers des Parlemens ; & tous les plus grands Princes, Seigneurs, & autres perſonnes de qualité, en forme d'Eſtats particuliers ; ou ſe trouuerent ceux de Guiſe, de Montmorency, & de Chaſtillon, que ſa Majeſté auoit mandés ; qui eſtoit vn moyen que l'on trouuoit bon en apparence, pour accorder la vefue du feu Duc de Guiſe, & le Cardinal de Lorraine, auec l'Admiral, apres qu'il euſt fait ſerment de n'auoir eu aucune part en l'homicide commis en la perſonne dudict Duc de Guiſe. Et par meſme moyen le Roy, & la Royne ſa Mere, accorderent le Cardinal de Lorraine, & le Mareſchal de Montmorécy. Vray eſt que les enfans dudit Duc de Guiſe eſtoient abſens, & hors de la Cour. L'on ne pouuoit iuger autre affection en la Royne Mere du Roy, que de trouuer des remedes aux accidens qui troubloient le repos du Royaume: neantmoins elle ſe fortifioit touſiours des Princes voiſins, & meſmes de l'Empereur Maximilian, contre les Huguenots, dót elle eſtoit en perpetuelle defiáce. Et cercha l'alliance de l'vne des filles dudit Empereur qu'elle obtint quatre ans aprés. Et pour ſe mieux maintenir auec les Catholiques, & donner touſiours aſſeurance, qu'elle eſtoit conſtante de ce coſté là, elle alloit ſouuent auec ſes enfans és proceſſions generales, & grandes aſſemblees des Catholiques : ce qui luy gaigna entierement le cœur des Eccleſiaſti-

Notables, ou Eſtats particuliers de Moulins.

Accord entre ceux de Guiſe & l'Admiral.

Et du Cardinal auec le Mareſchal de Montmorency.

La Royne Mere ſe fortifie de l'alliance de l'Empereur contre les Huguenots.

Ses deuotions qui luy acquierent la bienveillance des Catholiques.

LIVRE SIXIESME. 347

ques, de la Noblesse, & des peuples; & meit les Huguenots au desespoir de sa faueur, lors principalement qu'ils virent qu'ouuertement, le Cardinal de Lorraine prenoit pied à la Cour, & faisoit toutes choses, qu'il estimoit pouuoir attirer le Roy à la Ligue Catholique, & que le Prince de Condé & l'Admiral, commençoient à s'en esloigner, auec les Seigneurs, Gétils-hómes, & autres leurs partisans. Que d'autre part le Cónestable s'affectiónoit du tout au party Catholique : & que les confrairies du sainct Esprit, & autres reprenoient plus de vigueur : & les Prouinces ne pouuoient plus souffrir les Ministres, ny les presches publics & particuliers, & se separoient entieremét des Huguenots : qui estoiét argumens certains qu'en peu de temps ils se verroit quelque grand changement. En ce temps le Duc Dalue preparoit vne armee pour les Pays bas, composée de Siciliens, Neapolitains, Milanois, & de mil cheuaux legers Espagnols, & quatre compagnies de la Franche-Comté. Ce qui donna grád martel en teste au Prince de Condé, à l'Admiral, & à ceux de leur party ; qui conseillerent aussi tost au Roy de faire vne leuée de six mil Suisses, & de quelques Reistres & Lansquenets, & renforcer les compagnies Françoises, qui auoient esté reduites à cent hommes pour le plus, autres à cinquante : ce qui fut fait ; mais nonobstant cela ils prindrent grande ialousie & defiance que ceste armée du Duc Dalue, sa venuë aux Pays bas, & ceste leuée de

Deffiance des Huguenots & sur quoy fondées.

Armée du Duc Dalue au Pays bas, & leuée des Suisses en Fráce qui mettent les Huguenots en ceruelle.

Xx ij

six mil Suisses que le Roy faisoit, ne tombast sur leurs espaules. Parquoy ils delibererent d'enuoyer en Allemagne, aux Pays bas, & vers leurs amis & confederez, à fin de se fortifier d'eux en ce besoin, faisant leurs affaires beaucoup plus secrettement que les Catholiques, dont l'Admiral estoit le premier negociateur: lequel voyant que le Duc Dalue continuoit de dresser son armée en Piedmont, prit occasion de remonstrer derechef au Roy, & à la Royne sa Mere, qu'ils deuoient prendre garde pour tout l'Estat de France; sur lequel ledict Duc Dalue voudroit aussi tost empieter, s'il pouuoit, que d'apporter vne perpetuelle tyrannie aux Pays bas, & y establir telles forces que les François y pourroient à peine iamais remedier. Alleguant ledict Admiral que les Espagnols auoient faict toutes leurs conquestes sous pretexte d'amitié & d'alliances, & qu'ils n'auoient rien en plus grande recommandation, que de ruiner la France par diuisions, ou par guerre ouuerte, sous couleur de la Religion Catholique. Et concluoit qu'il ne falloit laisser passer ledict Duc: que si leurs Maiestez vouloient c'estoit chose facile de l'en empescher, & le combatre, ce que le Prince & luy offrirent de faire, & de garder les frontieres à leur despens: mais tous ces propos n'esmouuoient pas beaucoup le Roy, la Royne sa Mere, ny son Conseil; qui se ressentoient encores des bonnes cheres, & de l'entreueuë de la Royne d'Espagne à Bayonne, qui auoit reconfirmée l'alliance & amitié, que l'Admiral ne pouuoit

Lesquels se tiennent sur leurs gardes, & secretement.

Remonstrance de l'Admiral au Roy sur l'armement du Duc Dalue.

Conquestes des Espagnols comment pratiquees.

Le Roy & la Royne ne sont point esmeuz des remonstrances de l'Admiral.

LIVRE SIXIESME. 349

renuerser par les beaux discours d'Estat qu'il alleguoit, bien entendus pour la seureté de l'Estat de France, mais executez tout à rebours de son intention. Ce qui fit entierement iuger audict Prince de Condé, à l'Admiral, & ceux de leur party, que le masque estoit leué, & qu'il ne leur falloit plus douter de l'effect de la Ligue Catholique contre les Huguenots. Et pour y remedier ils donnerent de rechef aduis à leurs confederez, tant par lettres, que par personnes de creance; & firent publier vn petit liure intitulé, Sacré Concile, qu'ils dedierent aux habitans du Pays bas, par lequel ils estoient conuiez de clorre les passages à l'armée du Duc Dalue, autrement que bien tost ils seroient à la seruitude des Espagnols. Ce que lesdicts habitans du Pays bas n'oserent ny voulurent entreprendre, dont ils se repentirent bien tost aprés, comme aussi de n'auoir pas sceu iuger, quand le Roy d'Espagne decerna ses lettres patentes pour executer le Concile de Trente, que c'estoit pour fortifier & tenir la main aux Inquisitions. Alors s'assemblerent trois cents Gentils-hommes des plus entendus à Bruxelles au mois d'Auril mil cinq cens soixante & six, & presenterent vne requeste à la Duchesse de Parme, à fin d'oster l'Inquisition; sur quoy elle respondit qu'elle en auoit escrit au Roy d'Espagne, & que pendant la responce il falloit surseoir les poursuites de l'Inquisition: Mais nonobstāt cela, ces trois cens Gentils-hommes firent confederation mutuelle auec ceux qui leur estoient fauorables, de chasser

Petit liure des Huguenots intitulé Sacré Concile.

Qui aduertissent ceux du Pays bas, mais il n'en tiennent compte.

Requeste des Huguenots des Pays bas, à la Duchesse de Parme.

Xx iij

ladite Inquisition. Et firent mouler quantité de medailles, esquelles y auoit deux mains accolées, & deux gobelets auec vne besace, & de l'autre costé estoit aussi escrit (par flammes & par fer.) Autres portoient les armoiries de Bourgongne, auec ces mots, vn escu de vienne, & s'appelloient ces confederez les Gueux; parce que l'vn des Conseillers de la Duchesse de Parme, sur la difficulté que l'on faisoit d'accorder leur requeste, dit que ce n'estoiét que des Gueux. Lesquels voyans que les poursuites de l'Inquisition estoient relaschées, se resolurent de prescher publiquement par les villes & villages, & presque par tout le Pays bas; entrerent és Eglises, rompirent les images, & de là vindrent aux armes, & se saisirent de quelques villes. De sorte que la Duchesse & son Conseil s'y trouuerent bien empeschez, & n'y peurent apporter meilleur ny plus prompt remede, que de leur accorder des Temples pour prescher, & par ce moyen les prier de laisser les armes. Ce qui fut traicté auec aucuns des Seigneurs & confederez, qui firent tant auec les peuples, qu'ils poserent les armes, & pour le surplus obeyrent au Roy d'Espagne, & à ses Officiers, & Magistrats. Dequoy le Roy d'Espagne estant aduerty fut fort irrité, & impatient de telle permission; chose bien contraire au Conseil d'Espagne, & à l'Inquisition, practiquée premierement contre les Maures, Sarrazins & Esclaues, qui autrement ne se pouuoient dompter. Il manda lors à la Duchesse de Parme & à son Conseil, qu'il vouloit entiere-

Les mutinez de Flandre s'appellent Gueux, & pourquoy.

Leurs insolences.

On leur accorde des Temples pour prescher, contre l'intention du Roy d'Espagne.

Qui veut que ses Edicts soiét gardez.

LIVRE SIXIESME.

ment, que les Ediçts fuſſent gardez, & que l'on fiſt punition des Sacrileges. Ce qui fut faict de quelques vns, & les preſches oſtez, ayant pour cét effect la Ducheſſe aſſemblé toutes les forces du Roy d'Eſpagne aux Pays bas, pour courir ſus aux Huguenots & mutins, leſquels voyant que la force leur manquoit, eurent leurs recours à preſenter nouuelles requeſtes à la Ducheſſe pour auoir liberté de leur Religion, ce qui leur fut entierement deſnié : au contraire fut procedé contre ceux qui eſtoient de la partie par confiſcation, principalement contre les ſacrileges. Quoy voyans, pluſieurs ſe bannirent eux meſmes, auec des Miniſtres, qui n'auoient plus permiſſion de preſcher. Lors le Prince d'Orange, & ſes freres, auec le Comte de Brederodes, qui portoient la faction des Huguenots, ſe retirerent, voyans que les Comtes d'Egmont, d'Aremberg, le Sieur de Marqueriue, & autres Seigneurs, auoient pris les armes pour la Ducheſſe de Parme, à fin de faire executer les mandemens du Roy : c'eſtoit au mois de May, auquel temps le Duc Dalue eſtoit deſia arriué à Genes, pour aller aux Pays bas, auec l'armée qu'il auoit dreſſée en Italie, lequel depuis paſſa par la Bourgongne ſans aucun contredit, ny qu'aucun Alemand, Flamend, ou François Huguenot ſe remuaſt. Mais ſeulement les Suiſſes qui s'armerent, craignans que le Duc de Sauoye n'euſt quelque intelligence auec ledict Duc, pour entreprendre ſur eux. Les Bernois rendirent trois Bailliages, qu'ils auoient

Nouuelles requeſtes des Huguenots refuſées par la Ducheſſe de Parmes.

Diuiſion entre les plus grands du party Huguenot.

Armée du Duc Dalue entre par tout ſans contredit.

Trois baillages renduz par les Bernois au Duc de Sauoye.

long temps occupez de la Duché de Sauoye, & par ce moyen se r'alierent auec ledict Duc, qui s'en contenta. La ville de Geneue demanda secours aux Cantons de Berne & de Zurich, au Prince de Condé & Huguenots de France, plusieurs desquels volontaires y allerent, dont il ne fut point de besoin; car ce n'estoit pas le dessein du Duc Dalue d'assaillir Geneue, parce qu'il auoit assez d'autres besognes taillees aux Pays bas. Où estant donc arriué sans aucun peril, l'Admiral de Chastillon persuada au Prince de Condé, & ceux de sa Religion en France, que les creües des compagnies de gens de pied, & la leuée des Suisses n'estoit à autre fin, que pour ruiner les Huguenots, au mesme temps que l'armee Espagnole arriueroit en Flandres. Et pour ceste cause ledit Admiral & ses freres resolurent auec le Prince qu'il falloit pouruoir à leurs affaires, & que celuy là estonneroit son compagnon, qui fraperoit ou s'armeroit le premier: mais qu'il falloit monstrer auparauant que la necessité les contraignoit d'auoir recours aux armes. Il firent donc imprimer les raisons & causes qui les y pouuoient contraindre, se plaignans que les Edicts de Pacification subsequens & declaratifs de la volonté du Roy, estoient tellement retranchez & inutiles, qu'il n'y auoit aucune paix asseurée pour les Huguenots, ny chose qui en approchast, comme ils specifierent par le menu. Et mesmement qu'au lieu d'assigner vne ville en chasque Bailliage ou Seneschausee, ce qui leur auoit esté auparauant accordé, leur estoit osté, comme

Ceux de Geneue redoutent l'armée Espagnole.

Nouueaux remuemens des Huguenots de France à la persuasion de l'Admiral.

Ils font imprimer leurs plaintes.

LIVRE SIXIESME. 353

me à plusieurs Gentilshommes de n'admettre aux presches autres que leurs suiets sur grandes peines: & auoit on deffendu les Synodes, qui estoit la chose plus necessaire pour entretenir la discipline de leur Religion: & que tous Prestres, Moines, & Nonnains, mariez par la permission des Ministres, estoient contraints sur peine des galeres aux hommes, & aux femmes de prisons perpetuelles, de quitter leursdits mariages: que les traictez, parlemens, la ligue de Bayonne, la leuee des Suisses, qui n'auoient point donné empeschement au Duc D'Alue d'aller en Flandres, auec vne armee trop suspecte à l'Estat de France, monstroient assez que l'on les vouloit tous d'estruire & assassiner au despourueu. Protestans qu'ils estoient contraints d'vser de la iuste deffence, que les loix diuines & humaines permettent, à ceux que l'on veut opprimer, pour deffendre seulement leurs vies & leur Religion, & que l'on ne leur pourroit imputer les malheurs & calamitez que la guerre ciuile tire aprés soy. Voilà sommairemét les causes que les Huguenots alleguoient pour couurir & seruir de pretexte à la prinse de leurs armes, qui estoient fort suspectes à plusieurs, qui disoient que combien que la iuste deffence contre la force & violéce fust licite de droit diuin & humain, & que l'on eust peu excuser les Huguenots de s'asseurer de quelques villes pour leurs deffences contre les Catholiques, si est ce qu'il n'y a point de loy suffisante pour declarer la guerre à son Roy, se vouloir saisir de sa personne, auec vne armee offensiue; qui

Leurs Protestations.

Il n'y a point de loy suffisante pour declarer la guerre à son Roy.

Y y

est autre chose que d'en faire vne seulement defensiue, & en cas d'extreme necessité, & seulement pour conseruer ceux qui ont toute bonne & sincere intention. Parquoy se sont trouuez plusieurs, mesmes entre les Huguenots d'Allemagne, & des Ministres, qui ont blasmé les Huguenots de France, d'auoir reprins les armes en Septembre l'an soixante & sept, pour surprendre le Roy à Monceaux, & toute la Cour, comme l'on y pensoit le moins. A quoy il fut remedié par les moyens que ie deduiray cy aprés, ou ie ne fus pas inutile, ny deux de mes freres, l'vn desquels a esté depuis Capitaine des Suisses du Duc Dalençon; l'autre auoit esté nourry aux guerres de Piedmont, où il commandoit à vn regiment de gens de pied; & tous deux fort cogneus & estimez aux armées, & à la Cour. Or le Duc Dalue ne perdoit pas temps, pour executer la volonté du Roy son Maistre, aux Pays bas, tant a y remettre du tout l'Inquisition, qu'à chastier ceux qui l'auoient voulu oster. Ie fus enuoyé en ce temps pour le visiter de la part de leurs Maiestez, & me resiouïr auec luy de sa venuë: ensemble dire à Dieu à la Duchesse de Parme, qui estoit tres-mal contente de l'authorité qui luy auoit esté retranchée, n'ayant plus autre puissance, que de donner quelques passeports. De sorte qu'en ceste visite ie trouuay vne grâde de ialousie & mauuaise intelligence entr'eux, comme elle est tousiours entre ceux qui cómandent. Ledit Duc Dalue demeura auec les armes, la force &

L'Autheur enuoyé de la part de leurs Maiestez vers le Duc Dalue.

La Duchesse de Parme cōtrainte de ceder au Duc Dalue & se retirer.

authorité, la Duchesse commença de plier bagage. Ayant fait ce qui m'estoit commandé pour dire bon-jour à l'vn, & adieu à l'autre, le Duc me pria d'asseurer leurs Maiestez, qu'il auoit particulier commandement du Roy d'Espagne son Maistre, de donner tout contentement au Roy son bon frere, & à la France, & de ne luy espargner ses forces & moyens, s'il en auoit besoin. La Duchesse de Parme me fit plusieurs discours de la sincerité, auec laquelle elle s'estoit comportee au gouuernement du Pays bas, tant pour le conseruer en l'obeïssance du Roy son Seigneur, que pour ne donner aucune ialousie d'elle au Roy, à la Royne sa Mere, & à la France, me priant de les asseurer que là où elle seroit, elle ne faudroit iamais de se comporter en sorte, que l'on en auroit tout contentement. Ainsi ie partis ayant prins congé d'eux, pour m'en retourner à la Cour de France. Mais à peine estois-ie sorty de Brusselles, que ie trouuay quelques François que i'auois cogneus, entre lesquels y en auoit trois à qui i'auois commandé, qui s'en retournoient en France, & me prierent d'auoir aggreable qu'ils vinssent en ma compagnie: ce que leur ayant accordé ils me firent plusieurs discours des soupçons & defiances où estoient le Prince de Condé, l'Admiral, & les Huguenots de France : Que pour y remedier ils estoient tous preparez aux armes, & à commencer les premiers de faire la guerre, & se saisir de la personne du Roy, de la Royne sa Mere, de ses

Offres du Duc Dalue au Roy au nom du Roy d'Espagne son Maistre.

Et de la Duchesse de Parme en particulier.

Rencontre notable de l'Autheur qui luy fait descouurir l'entreprise & conspiration de Monceaux.

Y y ij

freres, & de leur Conseil, qui vouloient destruire la Religion pretenduë reformée, & ceux qui la maintenoient. Ces gens là estoient vn reste d'aucuns qui auoient esté enuoyez aux Pays bas, pour les exhorter de ne laisser entrer le Duc Dalue, & se garder de ses persecutions, comme les Huguenots de France donnoient ordre d'y remedier, dont ils me parlerēt si particulierement par les chemins, que de point en autre, ils me conterent l'entreprinse & conspiration, de prendre le Roy & tout son Conseil à Mōceaux, y chastier les vns, & empescher leurs ennemis & malueillās de ne leur faire plus de mal: Ce que ie pensois plustost estre vne fable qu'vn discours veritable. Neantmoins estant retourné à la Cour, où l'on ne parloit que de passer le temps, & aller à la chasse, ie fis le recit de ce que i'auois aprins en ce voyage, & comme aucuns François m'en auoient parlé, comme tenans le fait asseuré; dont l'on feit fort peu de cas. Car ayant fort particulierement dit

On s'en moque en la Cour. au Roy, & à la Royne sa Mere ce que i'en auois entendu, ils me dirent qu'il n'estoit pas possible que telle chose peust aduenir: toutefois manderent le Connestable, les Ducs de Nemours, de Guise & autres, pour leur faire redire, ce que ie leur en auois raconté; le Chancelier de l'Hospi-

Repartie du Connestable à l'Autheur. tal y fut aussi appellé. Alors le Connestable m'adressa la parole, disant que c'estoit moy qui auois donné ceste alarme à leurs Majestez, & à toute la Cour; que veritablement i'auois raison d'auoir donné aduis de ce que i'auois appris : mais qu'il eſtoit Conneſtable de France & commandoit aux armées, & auoit ou deuoit auoir ſi bonne intelligence par les Prouinces & tout le Royaume, que rien ny pouuoit ſuruenir dont il ne fuſt aduerty, & mieux que moy, que ce n'eſtoit pas choſe qui ſe portaſt en la manche, qu'vne armée de Huguenots, lors qu'ils ſe voudroient remettre en campagne, & que cent cheuaux, ny cent hommes de pied, ne ſe pouuoient mettre enſemble, dont il n'euſt incontinent aduis. Lors le Chancelier de l'Hoſpital dit au Roy & à la Royne ſa Mere, que c'eſtoit vn crime capital de donner vn faux aduertiſſement à ſon Prince ſouuerain, meſmement pour le mettre en deffiance de ſes ſuiects, & qu'ils preparaſſent vne armée pour luy mal faire. De ſorte que tous eſtoient fort mal ſatisfaicts de moy, pour l'aduis que i'auois donné. Le lendemain arriuerent quelques courriers de Lyon, auſquels leurs Maieſtez demanderent des nouuelles, ils dirent qu'au meſme temps qu'ils eſtoient partis, il y auoit rumeur de quelques remuement, & n'auoient iamais veu tant de gens courir la poſte, & prendre les trauerſes, que ſur ce chemin là, meſmement pour aller à Chaſtillon, où eſtoit l'Admiral qui faiſoit les mandemens, departemens, & rendé-vous aux troupes, & à ceux de ſon party qui ſe deuoient aſſembler; y eſtans auſſi le Cardinal de Chaſtillon, & d'Andelot ſes freres, auec grand nombre de Seigneurs, Gentils-hommes, Capitaines, habitans des villes, & autres de la fa-

Et celle du Chācelier de l'Hoſpital, qui couurit ce bon aduis en vn crime.

Autres nouuelles du remuemēt de l'Admiral & ceux de ſō party.

358 MEMOIRES DV SIEVR DE CASTELNAV,
ction pour sçauoir ce qu'il falloit faire, ce qui n'esmeut pas beaucoup la Cour, qui ne le pouuoit croire, non plus que ceux qui ne sentent point leur mal, ne peuuent apprehender les accidents mortels qui leur peuuent aduenir. Sur cela la Royne Mere m'enuoya querir au cabinet du Roy, où estoient seulement Moruilier, & Laubespine, tous deux grands Conseillers, qui me demanderent fort particulierement d'où i'auois eu ces aduertissemens, de quelles personnes, & qu'ils estoient allez faire en Flandres. A quoy ie ne peuz rien adiouster à ce que i'auois dit auparauant. Lors la Royne print resolution à l'heure mesme de faire prendre la poste à vn de mes freres qui estoit auec moy, & qui auoit sa maison en la vallée Daillan, pour apprendre ce qu'il pourroit touchant ce qu'auoient raporté ces courriers, voyage qui luy fut, & à moy fort agreable, comme estans interessez; que leurs Maiestez fussent esclaircies du doubte auquel elles estoient. S'estant donc acheminé, il rencontra entre Paris & Iuuisy, le Comte de Saulx en vn coche, auec sept ou huict qui estoient à cheual, & qui auoient chacun vne cuirasse qui paroissoit sous le manteau, & s'en alloient disner à Sauigny, pour de là aller à Chastillon trouuer l'Admiral, ce qu'vn de ceux qui alloient aprés, luy dit, & estant plus auancé il rencontra plusieurs trains qui alloient iour & nuict sur le chemin. Lors il commanda à vn des siens d'aller iusques à Chastillon entrer dans la maison, se mettre parmy la presse, faire comme

On enuoye vn des freres de l'Autheur s'enquerir de la verité.

Lequel descouure plus particulierement toute ceste menée.

LIVRE SIXIESME. 359
les autres & luy en rapporter nouuelles, & aprendre tout ce qu'il pourroit, & y demeura iusques au lendemain voyant & aprenant tout ce qui s'y faisoit, & puis le vint retrouuer auec le nom de la plus part de ceux qui y estoient, & comme à mesure que les vns venoient, les autres partoient pour aller vers Taulay, où se dressoit entierement leur armée. Ainsi estant bien instruit de tout ce qui se passoit reuint en diligence trouuer leurs Maiestez ausquelles il asseura auoir veu en moins d'vn iour & vne nuict marcher & assembler plus de six cens cheuaux, logeans les vns par les maisons des Gentils-hommes, les autres en des granges, où ils trouuoient des viures preparez; & autres par les villages, sans aucun bruit ny desordre, tous auec leurs armes. Ce qui estonna fort la Cour, dequoy neantmoins l'on ne vouloit rien croire. Au contraire les Princes, les Seigneurs, & mesmes les Dames me vouloient mal d'auoir donné ceste alarme, & fait venir l'vn de mes freres pour en confirmer l'auis que i'auois donné. Leurs Maiestez m'enuoyerent querir au cabinet, où estoit le Connestable, lequel me dict que l'on ne pouuoit asseoir aucun fondement sur ce que i'auois dit, & que mon frere auoit confirmé, & que si ce n'estoit le respect de mes seruices, l'on nous mettroit prisonniers, iusques à ce que la verité fust cogneuë de ceste chose, qui ne pouuoit entrer aux esprits de la Cour, où l'on se laisse aller le plus souuent à ce que l'on desire. Et fut commandé à vn Lieutenant des gardes, si mon frere vouloit partir de la

Et en fait son rapport au Roy & à toute la Cour.

Ils sont menacez par le Connestable.

Cour, de l'arrester, dont nous fusmes aduertis. Le lendemain Titus de Castelnau mon autre frere arriua en diligence, & me dit qu'il auoit laissé toutes les troupes du Prince de Condé, de l'Admiral & autres Seigneurs & Gentils-hommes, qui marchoient tous fort serrez, pour aller repaistre à Lagny, & aussi tost remonter à cheual, pour enuironner la Cour, qui estoit à Monceaux, & se saisir des personnes du Roy, de la Royne sa Mere, de ses freres, & de tous ceux qui leur estoient contraires. Et asseura auoir marché auec eux, & les auoir fort bien recogneus. Sur cela le Connestable dit que l'aduertissement estoit trop important pour le mespriser, & qu'il falloit en sçauoir la verité. Au mesme instant quelques vns donnerent aduis à la Cour, que tous les Huguenots de Picardie & Chāpagne estoient montez à cheual. Ie fus auec mes freres, & quelques vns qui me furent baillez, enuoyé pour les recognoistre, qui fut la vigile sainct Michel au mois de Septembre; & me furent baillez deux cheuaucheurs d'escuyrie, & quelques courtauts de l'escuyrie du Roy, pour en enuoyer nouuelles asseurees. Nous montons à cheual sur les quatre à cinq heures, pour aller audit Lagny, où ils cōmençoient desia à paroistre. Et à l'instant s'auancerent enuiron cent cheuaux, & quelques harquebusiers à cheual, pour se saisir du pont de Trillebardou, que ie gaignay premier qu'eux, & le leur rompis, combien qu'ils fissent grand effort & diligence de l'empescher à coups de harquebuses, aduertissant

Autre aduertissement par vn autre frere de l'Autheur.

L'Autheur auec ses freres va recognoistre les Huguenots.

LYVRE SIXIESME.

sant sa Maiesté de moment en moment de tout ce qui se passoit. Il n'y auoit lors pas vn seul homme armé à la Cour, où la plus part encores n'auoient que des haquenées. Leurs Maiestez me manderent de les aller trouuer à Meaux prés dudict Lagny, & trouueret que les aduertissemens estoient trop veritables. Incontinent les Suisses furent mandez de se haster, ayans logé à Chasteau Thierry, qui n'est qu'à quatre lieues de là, ils marcherét toute la nuict, durant laquelle personne ne reposa. Le Roy, les Princes, les Dames & Courtisans estoient sur pieds, aussi estonnez qu'ils auoient esté incredules auparauant. Le Connestable, & le Duc de Nemours n'auoient pas grande peine d'asseurer le Roy, qui estoit ieune, & n'aprehendoit point le peril, non plus que ses freres. Quelques vns du Conseil furent d'opinon de ne bouger de Meaux, où les Suisses seroient suffisans pour conseruer la ville & les personnes de leurs Maiestez, en attendant que l'on aduertiroit la Noblesse Catholique, la gendarmerie, & les seruiteurs du Roy, pour le venir secourir. Mais les autres, & la plus grande partie furent d'auis de se retirer à Paris, & partir trois heures deuant iour, pour y aller aussi tost que les Suisses seroient arriuez; qui fut la finale resolution, effectuee comme elle auoit esté conceüe. Au mesme instant le Mareschal de Montmorency fut enuoyé deuers le Prince de Condé, le Cardinal, & l'Admiral de Chastillon, pour regarder à leur donner quelque contentement. Cependant chacun se pre-

L'ordre qui fut donné à la Cour pour leur recherche.

On prent resolution de se retirer à Paris.

Zz

362 MEMOIRES DV SIEVR DE CASTELNAV,
paroit à la Cour pour partir. Ie fus enuoyé toute la nuict à Paris, trouuer le Preuost des Marchands, les Escheuins, & premiers de la ville, pour faire prendre les armes & ouurir la Bastille, où l'on en auoit retiré quantité de ceux qui auoient esté desarmez à la guerre precedente: ensemble pour parler au Duc d'Aumale, qui estoit à Paris, au Mareschal de Vieilleuille, & au sieur de Biron, à present Mareschal de France; à fin que tous montassent à cheual, pour aller au deuant du Roy, qui partoit de Meaux auec toute sa Cour, les Dames, les chariots, & bagages, qui monstroient assez grand nombre, mais il y auoit peu d'hommes de combat, (qui encores n'auoient ny armes ny bons cheuaux) comme i'ay dict, sinon les six mil Suisses, à la teste desquels le Connestable marchoit, ordonnant de faire marcher le Roy en bataille, auec la Noblesse, & autres qui estoient à la suitte de la Cour. De sorte que les Huguenots qui la pensoient surprendre le iour de sainct Michel, lors qu'elle seroit occupée à la celebration de l'ordre, ou pour le moins l'inuestir audit Meaux, furent deceuz de leur esperance, bien estonnés de voir le Roy tant accompagné de caualerie & infanterie, ne pouuans iuger à les voir en ordre de bataille & marcher de ceste façon, si c'estoient tous gés de guerre ou non, n'ayans que cinq ou six cens cheuaux, pour faire ceste execution, pendant que des Prouinces du Royaume, ils attendoient le reste de leurs confederez. Et comme les Huguenots enuoyoient quelques vns pour recognoistre & escarmoucher, il se trouuoit des Courtisans qui faisoient

Comme l'Autheur fut le premier qui donna l'aduis de ceste entreprise, fut aussi le plus employé pour y remedier.

Gen^{t} stratageme du Connestable, pour conduire le Roy seurement à Paris.

Les Huguenots deceuz de leur esperance.

le mesme. Sur quoy les Huguenots firent diuers semblants de vouloir aprocher, pour combattre les Suisses qui couuroient le Roy & sa Cour, lesquels estoient aussi bien disposez à les receuoir, & monstroient en toutes les occasions, non seulemét beaucoup de volonté de bien faire, mais encores vne grande esperance de victoire, s'ils fussent venus aux mains. Or en fin le Prince de Condé & l'Admiral, qui n'auoient que les pistoles, espées, & cuirasses, se contenterent de faire bonne mine, & le Roy cependant s'auança à Paris. Le Connestable demeura auec les Suisses, qui coucherent au Bourget, & le lendemain entrerent à Paris. Les Huguenots se logerent à sainct Denis, & autres villages circonuoisins, desquels le Mareschal de Montmorency ne rapporta autre chose, sinõ qu'ils auoient preuenu les preparatifs qui se faisoient pour les ruiner, & oster l'exercice de leur Religion, laquelle toutefois n'estoit permise que par vn Edict prouisionnal, qui se pouuoit reuoquer à la volõté du Roy, selon qu'il iugeroit estre le bien de son Estat. Cependãt les Huguenots font la guerre autour de Paris, bruslent les moulins, essayent par tous moyens d'empescher les viures qui vont audict Paris, saisissent les passages des riuieres, hastent leurs confederez tant de cheual que de pied, prennent des prisonniers, & vsent de tous actes d'hostilité, les plus cruels qui se peuuent imaginer. Sur ce le Roy ne perd point temps, lequel mande de tous costez ses seruiteurs, à fin de ramasser tout ce qu'il pourroit pour le secourir.

Les Huguenots font la guerre au tour de Paris, leurs excez & violences.

Zz ij

L'on donne le meilleur ordre que l'on peut, pour bien garder la ville. L'on regarde aux viures de dedans, & comme l'on en pourra auoir de dehors: mais le pain de Gonnesse & des autres villages circonuoisins, qui s'y apporte presque tous les iours ne venant point, plusieurs se trouuerent estonnez; l'on loge aux fauxbourgs sainct Martin, sainct Denis, & autres de ce costé: Les Huguenots y sont tous les iours à faire la guerre, & se font diuers petits combats & escarmouches: le Connestable, & les Princes & Conseillers d'Estat qui sont auec le Roy, n'ont pas faute d'exercice au Conseil, pour auiser les moyens, non seulement de se deffendre contre ceste inuasion de l'armée Huguenote, mais de regarder comme l'on les pourra attaquer. Et par ce que les forces du Royaume, & seruiteurs du Roy estoient escartez par les Prouinces, & malaisez à ramasser pour aller à Paris, le Roy auec l'aduis de la Royne sa Mere, du Connestable, des Ducs de Nemours & d'Aumale, resolut de m'enuoyer vers le Duc Dalue, pour le prier par l'amitié & alliance qui estoit auec le Roy d'Espagne son beau frere, & par le zele & affection qu'il portoit à la conseruation de la Religion Catholique, de secourir en toute diligence leurs Maiestez, qui estoient assiegees en la ville de Paris; & pour cest effect, me bailler trois ou quatre regimens de gens de pied Espagnols & Italiens, auec les mil cheuaux legers Espagnols, & les mil Italiens, qu'il auoit amenez. Qui estoit vn secours tout prest à marcher sans bruit, que i'amenerois

L'Autheur va trouuer le Duc Dalue de la part du Roy pour auoir secours.

LIVRE SIXIESME. 365

en cinq ou six iours loger à Senlis, où l'on leur feroit preparer les viures, les logis, & tout ce qui leur seroit besoin, pour se trouuer le lendemain aux portes de sainct Denis, du costé de la France; pendant que le Roy feroit sortir le Connestable, les Princes, la Noblesse, les Suisses, & tout ce qui estoit audit Paris, auec vingt pieces d'artillerie, pour desloger les Huguenots de sainct Denis; lesquels n'y pouuoient demeurer ny en sortir, qu'ils ne fussent combattus & vaincus, de telle sorte que l'on en feroit en ce lieu là, où en quelque autre part qu'ils allassent, perir la faction. Ce qui apporteroit pareil auantage au Roy d'Espagne, & au Duc Dalue sur les Pays bas, qu'à la France. L'Ambassadeur d'Espagne, qui estoit pour lors appellé Dom Francisque Dalue, homme de guerre, qui a depuis esté fait grand Maistre de l'artillerie en Espagne, asseura leurs Maiestez, que ledict Duc ne faudroit d'enuoyer son secours aussi tost que ie serois arriué prés de luy, & aurois representé l'estat & necessité de leurs Maiestez. Donques incontinent ie fus despeché auec lettres de creance pour cest effect, auec Protestations d'immortelle amitié & obligation, & tout ce qui se pouuoit dire & promettre sur ce subiect; ledict Ambassadeur escriuit aussi fort fauorablement, & fut aduisé de me bailler nombre, tant de gensdarmes, archers, harquebusiers à cheual, mareschaux des logis, fourriers, cheuaucheurs d'escuyrie, & autres, iusques à soixante cheuaux, tels qu'ils se peurent rassembler dans Paris, pour faire ce voyage. Et pour

Equipage donné à l'Autheur pour aller trouuer le Duc Dalue.

Zz iij

ce que la ville estoit enuironnée de tous les costez des fauxbourgs, sainct Denis, sainct Martin, Montmartre, sainct Honoré, & auttes portes de ce costé, fut resolu que ie sortirois la nuit par la porte sainct Anthoine, auec de bonnes guides, pour effectuer ledit voyage. Mais estant à vn quart de lieuë de la ville, ie fus chargé & reiecté auec grand nombre de caualerie Huguenotte, dedans le fauxbourg sainct Martin, sans aucun pouuoir de passer. Ce qui deplaisoit fort à leurs Maiestez, au Connestable, & aux Ducs d'Aumale & de Nemours, qui firent tout ce qu'ils peurent la nuit suiuante, pour enuoyer descouurir de tous ces costez là, & mesmement ledict Duc d'Aumale monta à cheual pour cest effect, & pour fauoriser mon passage, mais il n'y eust aucun moyen. Sur quoy fut resolu que ie prendrois l'autre costé, & sortirois par la porte sainct Germain desPrez, pour aller passer à Poissi ou à Meulan (car ils tenoient le Pays iusques là) & essayer de gagner Beauuais ou Abbeuille, & passer au trauers de la Picardie : comme ie fis, sans iamais auoir peu trouuer moyen de repaistre qu'en vn village appellé Lihons, ou ie ne fus pas si tost descendu de cheual, qu'il fallut remonter, à l'occasion de deux cens cheuaux qui s'acheminoient audict sainct Denis, estans les champs & les chemins tous pleins de diuerses trouppes, qui alloient trouuer les Huguenots. Enfin ie fis tant que ie gagnay Peronne, ou ie trouuay les sieurs de Humieres, & de Chaulnes, ausquels ie

Difficultez qu'il eut à la sortie de Paris.

Et au reste de son voyage iusques à Peronne.

dis mon voyage, & sa Maiesté, leur escriuant aussi, pour assembler leurs compagnies & leurs amis, à fin de nous attendre sur la frontiere, & faire donner des viures. Et aprés auoir repeu ie me deliberay d'aller toute la nuict à Cambray, parce que ledict Humieres auoit aduis, qu'il se faisoit vne assemblée de huict ou neuf vingts cheuaux, entre ledict Peronne & Cambray, sous la conduite de quelques Huguenots de ce pays là, comme il estoit vray, & faillirent de me charger par le chemin. I'auois enuoyé à Cambray, ou l'Euesque & le Gouuerneur de la citadelle m'auoient fait autrefois bonne chere, à fin qu'ils me fissent ouurir les portes enuiron deux heures auant le iour, & de là ie trouuay toute seureté pour aller à Bruxelles, où estoit le Duc Dalue, qui me receut fort fauorablement en apparence, auec la comission que i'auois eu: Et aprés auoir vn peu pensé & veu les lettres de leurs Maiestez, & celles de l'Ambassadeur d'Espagne, il me fit vn discours du ressentiment qu'il auoit, de voir leurs Maiestez en peine, assiegez à Paris par de si mauuais suiects Lutheriens, desquels il falloit couper le pied par la racine, à fin de les exterminer. Et que suiuant la volonté & intention du Roy son Maistre, de secourir & ayder de tous ses moyens le Roy tres-Chrestien son bon frere, il estoit prest de monter à cheual auec toutes ses forces, pour aller rompre la teste au Huguenots, & remettre leurs Maiestez en liberté, & plusieurs autres grandes braueries. Mais comme ie n'auois point de commandement d'ac-

Et depuis encore iusques à Cambray.

Reception que le Duc Dalue fit à l'Autheur, les promesses & offres qu'il feit au Roy.

cepter ces grandes offres, ie le suppliay de me respondre particulierement à la requeste que ie luy faisois, de me donner le secours de deux mil cheuaux legers seulement, & de trois ou quatre regimens Espagnols, que ie luy remenerois bien tost aprés, auec beaucoup d'honneur & de proffit, & grande obligation du Roy, & de la Royne sa Mere, de ses freres, & de tous les Catholiques de France ; & le pressay fort de me donner prompte responce, comme i'en auois le commandement. Mais ie n'en peus tirer aucune, sinon ambiguë, & qu'il me rendroit content. Et aprés auoir demeuré près de quatre heures auec luy, m'enquerant de diuerses choses, il me fit tenir des cheuaux prests à l'yssue de son logis, auec grand nombre de Seigneurs, & Capitaines Espagnols & Italiens pour m'accompagner, qui tous me coniurerent en particulier, que ie priasse le Duc D'alue de leur donner congé pour aller faire seruice au Roy mon Maistre en ceste occasion. Et tout le reste du iour iusques au soir bien tard, infinis Capitaines Espagnols, & autres, (& le lendemain iusques aprés disner, que i'allay trouuer ledit Duc,) me firent semblables offres, auec beaucoup d'instance, & de prieres de luy en parler & la pluspart me donnoient leurs noms par escrit. Ie pensois auoir vne responce asseurée dudict Duc à mes demandes, lesquelles requeroient diligence, mais ie l'en trouuay fort esloigné me disant tousiours, qu'il offroit luy mesme d'y aller en personne auec toutes ses forces, qu'il mettroit ensemble dans sept sepmaines,

Le tout n'estoit neatmoins que bonne mine.

Il veut marcher en personne auec son armée.

nes, terme que ie ne pouuois accepter. Ie luy dis
toutes les offres que les Capitaines m'auoient faites, en quoy il monstroit d'estre fort satisfait, me
parlant du naturel des Espagnols, qui estoient desireux d'aller chercher la guerre, & les occasions de
combattre; asseurant que celle qui s'offroit d'aller
seruir le Roy, luy seroit plus agreable que toutes
autres. Que si toutefois il donnoit congé à quelques
vns, chacun y voudroit aller, tellement qu'il demeureroit seul. Parquoy il insistoit tousiours d'y
aller luy mesme, dont i'estime qu'il auoit le cœur *Dequoy il estoit bien esloigné.*
bien esloigné, & n'auoit plus grand plaisir que de
nous voir à la guerre: car s'il eust voulu me bailler *Les Huguenots pris de toutes parts si le Duc Dalue eust donné secours.*
promptement les forces que ie luy demandois, il
est croyable que les Huguenots se fussent trouuez
prins des deux costez à sainct Denis. Or ie n'oubliay
rien pour le presser, non seulement ce second iour,
mais six ou sept apres, sans pouuoir tirer de luy autre
responce, que les precedentes. Cependant le Roy
qui n'attendoit que ce secours d'Espagnols, & qui
auoit secretement fait preparer toutes choses à Senlis pour les receuoir, afin d'aller de là à sainct Denis,
m'enuoyoit tous les iours des courriers, comme ils
pouuoient eschaper, pour me haster. Quoy voyant,
ie me resolus de faire instance audit Duc de se resoudre sur ma demande, ou me permettre de m'en retourner. Sur quoy il me remit au lendemain qu'il
me pria de disner auec luy. Ou en fin il me dit
qu'il luy estoit impossible de laisser aller les Espagnols, ny les deux mil cheuaux legers, sans al-

AAa

ler luy mesme : mais que volontiers il me bailleroit quatre ou cinq mil Lansquenets, de long temps entretenus aux Pays bas, sous la charge du Comte Ladron, & auec cela quinze ou seize cents cheuaux de la gendarmerie des Pays bas, desquels il se deffioit aucunement; qui estoit autant ou plus de forces que ie ne luy en demandois. Et se ferma entierement la dessus, mais ils ne se pouuoient mettre ensemble pour marcher, de vingt iours. Ce que ie manday au Roy, qui se renforçoit à Paris, & comme ie trouuois plus d'apparences, de belles paroles, de bonnes cheres & braueries, que d'effects, audit Duc ; & qu'en attendant que ces troupes fussent prestes à marcher, sa Maiesté me mandast sa volonté. Sur ce il me fut escrit par deux courriers en mesme temps, d'essayer encor vne fois d'obtenir ma premiere demande ; & s'il ne vouloit l'octroyer, luy demander douze compagnies de cheuaux legers Espagnols, & Italiens, pour marcher en diligence audit Senlis, sinon que i'aduisasse de quelque caualerie & gendarmerie du Pays. Que pour le regard des Lansquenets, le Roy ne les vouloit nullement, ayant ses six mil Suisses, qui estoient assez. Ie ne perdis pas vne heure de temps à prier & presser le Duc de me faire responce, où il demeura entier en celle qu'il m'auoit desja faicte. I'acceptay, ne pouuant mieux, la gendarmerie du Pays, & le remerciay de ses Lansquenets, le suppliant que ce qu'il bailleroit fust

Les offres du Duc Dalue tout au contraire à celles qu'on luy demandoit.

L'Autheur le mande au Roy & la responce qu'on luy fit.

Quelles troupes luy furent deliurées.

preſt dedans trois iours à marcher. Il m'enuoya auſſi toſt que ie fus en mon logis le Comte d'Aremberg, autrement le Seigneur de Barbanſon, (l'vn des honneſtes Seigneurs, & bons Chefs de guerre qui fuſſent dedans les Pays bas,) me dire que le Duc Dalue luy auoit donné la charge de huict compagnies de la gendarmerie des Pays bas, qui feroient prez de ſeize cents cheuaux ; & outre cela qu'il y auoit plus de deux ou trois cents Gentils-hommes du pays, & de ſes amis, tous volontaires qui offroient de venir, pourueu que ie priaſſe le Duc de leur donner congé. Lequel i'allay trouuer auſſi toſt pour l'en prier, & communiquer auec ledict Comte d'Aremberg, de noſtre partement. Ce qui fut accordé & reſolu, mais non ſi toſt que ie le deſirois. Car il ſe paſſa plus de quinze iours, pour aſſembler toutes ces troupes, auſquelles il fallut bailler vne monſtre auant que nous acheminer à Cambray où eſtoit noſtre rendé-vous ; & prenant congé du Duc Dalue me feit encor mille proteſtations du deſir qu'il auoit luy meſme de ſeruir leurs Maieſtez, & de voir le Roy paiſible en ſon Royaume, à quoy ie luy reſpondis que ce n'eſtoit pas vn ſecours Eſpagnol, ſi prompt & conforme à toutes ſes belles paroles, & aux offres que m'auoiét faites tant d'Eſpagnols. Alors il me dit qu'il en eſtoit le plus marry, que c'eſtoit ma faute de ne l'auoir laiſſé aller: mais qu'il me bailleroit cent harquebuſiers à cheual de ſa garde, ſous l'vn des meilleurs Capitaines qui ſe peut voir, nommé Montere, qu'il fit appel-

Qui ſe font bié payer, mais qui ne firent apres que ce qu'elles voulurent.

AAa ij

372 MEMOIRES DV SIEVR DE CASTELNAV,
ler pour se tenir prest à marcher quand nous partirions pour aller à Cambray ; où nous eusmes bien de la peine de faire venir toutes nos troupes, & à les en faire partir, non qu'il se trouuast faute de bonne volonté audict Comte, lequel faisoit ce qu'il pouuoit de sa part. A la fin nous partismes dudict Cambray le quinziesme Nouembre mil cinq cents soixante & sept, pour nous acheminer au secours du Roy, auec vne fort belle troupe de caualerie, qui faisoit nombre auec les volontaires d'enuiron dix sept cents cheuaux en fort bon equipage. Comme nous eusmes passé Peronne, leur pensant faire prendre le droit chemin de Senlis, où il n'y auoit que cinq ou six iournées d'armee, ledict Cõte d'Aréberg me dit qu'il n'auoit pas charge du Duc de tenir ce chemin là ; & fit apporter la carte, resolu de tirer droit à Beauuais, quelque remonstrance que ie luy fisse, que ce n'estoit ny le chemin, ny le cõmandemét que i'auois ; à la fin il me mõstra l'article de ses

Instructions du Duc Dalue au Comte d'Aréberg conducteur de ses troupes.

instructiõs, qui portoit d'aller trouuer le Roy à Paris, sans combattre ny rien hazarder par les chemins, encores qu'il creust de remporter la victoire, & ne prendre aucunement le chemin de Senlis, où ie le voulois mener, pour de là aller aux portes de sainct Denis ; ains aller secourir le Roy dedans Paris, ne pouuant faire autre chose que ce qui luy estoit commandé. Dont i'aduertis incontinent leurs Majestez, lesquelles me manderent par Chicot, qui estoit pour lors cheuaucheur d'escuyrie, & depuis par Fauelles Secretaire du Duc Dalençon, que s'il

LIVRE SIXIESME.

estoit possible, ie menasse ledict Comte d'Aremberg audict Senlis, où se trouueroit le Marquis de Villars, beaufrere du Connestable, pour le rencontrer auec trois cents cheuaux François, & aller au champ de bataille: où au mesme instant le Roy feroit sortir toutes les forces de Paris : mais cela ne seruit de rien. Car ledict Comte suiuit son dessein d'aller à Beauuais, & de là à Pontoise, pour passer à Poissy : où le Prince de Condé & l'Admiral enuoyerent d'Andelot, & le Comte de Montgomery, auec vne partie de leurs forces, pour empescher nostre passage. Dequoy le Roy estant aduerty il fut resolu, que l'armée sortiroit de Paris pour aller à sainct Denis, apres auoir recherché tous moyens de quelque pacification auec les Huguenots, & regarder s'il y auroit quelque condition pour leur faire laisser les armes. Ce que l'on auoit tasché de faire par diuers moyens inutiles, mesmes iusques à enuoyer des Herauts auec leurs cottes d'armes, pour protester contre le Prince de Condé, l'Admiral, & tous les Seigneurs & Gentils-hommes de leur faction, & leur enioindre d'aller ou enuoyer auec l'obeyssance & deuoir de suiets, presenter leur requeste, desarmez au Roy; en quoy leur seroit donné toute seureté, & que cependant cessassent tous actes d'hostilité, leur promettant tout contentemēt. A quoy ils firēt respōce qu'ils supplioient le Roy tres-humblement de leur accorder l'Edict de Pacification, & chasser ou esloigner de sa personne & de son Conseil tous ceux de la maison de

Dandelot & le Comte de Mōtgomery taschēt d'empescher le passage de ces troupes.

Demandes des Huguenois.

AAa iij

Guise, lesquels sous ombre qu'ils se disoient yssus de la race de Charlemagne, apportoient tout le mal en France, auec les pretensions qu'ils auoient, par les diuisions de ruyner la maison de Bourbon, & apres s'emparer de l'Estat. Tout cela ne seruoit que de couleur, & d'entretenir des allées & venuës pour attendre les forces des vns & des autres: l'on n'esperoit pas toutefois que le Comte d'Aremberg se deust trouuer à la bataille. Le Connestable voyat que d'Andelot son neueu, & le Comte de Montgommery estoient allez pour le rencontrer à Poissy, fut d'opinion de faire sortir l'armée du Roy de Paris par plusieurs portes, la vigile de sainct Martin, à fin de choisir vne place auantageuse, pour combattre, ou pour se loger. Il fit marcher deuant luy le Mareschal de Montmorency son fils, auec vne troupe de caualerie, & les Suisses. A la gauche il mit le Duc de Longueuille, le sieur de Toré, de Chauigny, de Lansac, de Rets, auec force gens de pied, faisant suiure toute l'infanterie Parisienne. A sa droite il mit le Comte de Brissac, & Philippes Strossy, qui estoient deux braues Colonels, auec de belles troupes d'infanterie. Plus auant le Mareschal de Cossé, & Biron. Et plus bas le Duc d'Aumale, & le Mareschal d'Amuille, auec deux escadrons de caualerie. Et ainsi le Connestable ordonna ses forces en bataille, pour combatre le Prince de Condé, s'il se presentoit: comme il fit, & plus foible que l'armée du Roy, parce que d'Andelot & Montgommery estoient allez pour nous combat-

Ordre de la bataille de sainct Denis du costé du Roy.

Livre Sixiesme.

tre, ou nous empefcher le paffage de Poiffy, comme i'ay dict. Neantmoins ledict Prince, de naturel chaud & ardent, pour combattre & voir les ennemis, refolut auec l'Admiral de fortir de fainct Denis, & mettre fa caualerie en bataille, felon l'ordre ancien des François, en haye, parce qu'il n'eftoit affez fort pour doubler fes rangs, en fit trois troupes. Dont eftoient de la fienne les Comtes de Saux, & de la Sufe, les fieurs de Bouchauanes, de Scecheles, les Vidames de Chartres & d'Amiens, d'Efternay, Stuart, & autres, qui fortirent de fainct Denis, pour fe reprefenter en tefte au Conneftable. A fa dextre marchoit l'Admiral du cofté de fainct Ouin, auec lequel eftoit Clermót d'Amboife. A fa gauche eftoit Genlis, du cofté d'Auberuilliers. Et mirent auffi leur infanterie en trois troupes, comme la caualerie. Le Conneftable ayant faict mener quantité d'artillerie, fit tirer plufieurs volées audict Genlis, qui l'endommageoient fort, & fes troupes. Ce que voyant le Prince de Condé, luy enuoya dire qu'il feit auancer fon infanterie deuant la caualerie, ce qu'il feit auec beaucoup de dommage aux noftres. Et au mefme inftant donna auec la caualerie de l'autre cofté, & à la dextre du Prince de Condé vers fainct Ouin, l'Admiral fit auffi auancer fes gens de pied, qui firent pareillement grand dommage aux noftres. Et luy mefme donna auec fa caualerie, laquelle rencontroit la gauche du Conneftable, qui fut mife en quelque defordre, & mefmes les gens de pied dudict Conneftable. Le Prin-

Et du cofté des Huguenots.

ce de Condé voyant la meslée de ses deux costez, deuança ses gens de pied, qu'il auoit aussi deliberé de
faire marcher deuant luy, pour aller auec sa cauallerie charger la bataille où estoit le Connestable, qui
tint ferme, encores que partie de ses troupes fussent chargées si rudement, que la pluspart ne tindrent pas coup. Ledict Connestable se voyant enuironné des ennemis, & blessé deuant & derriere,
faisoit tout ce qu'vn Chef d'armée eust sceu faire, &
donna si grand coup à Stuart Escossois qu'il luy ró-
pit deux dents en la bouche. Le Mareschal de Cossé, voyant que les troupes de Genlis se retiroient,
& que le Mareschal de Montmorency auoit soustenu & mis en route ce qui s'estoit presenté deuant
luy, s'auança pour secourir le Connestable. Ce que
voyant l'Admiral, & que le Mareschal d'Amuille
auoit encores vne troupe qui n'auoit point côba-
tu, & faisoit ferme pour attendre l'occasion, & que
plusieurs des troupes de l'armée du Roy se r'allioiét,
fut d'auis, la nuict s'approchant de faire retraicte
à sainct Denis, s'ils n'estoient poursuiuis des nostres, comme ils ne furent pas, car l'armée du Roy
ne iugea pas les en pouuoir garder. Et ainsi le
champ de bataille nous demeura, la victoire toutefois entremeslée de quelque dommage. Les morts
furent emportez, & les despoüilles par les nostres.
Le Connestable fort blessé, mourut trois iours
aprés, aagé de soixante & dixhuict ans, neantmoins
encores fort & robuste, lequel n'auoit iamais tourné la teste en combat où il se fust trouué : & fit cognoistre

Valeur du Connestable.

L'Admiral sonne la retraicte.

Le champ de bataille demeure au Roy.

Mort du Connestable en cette bataille.

LIVRE SIXIESME. 379
gnoiſtre en ceſte occaſion aux Pariſiés, & à ceux qui l'auoient voulu calomnier, d'auoir plus porté de faueur à l'Admiral, Cardinal de Chaſtillon, & d'Andelot ſes neueus, qu'au ſeruice du Roy, & de la Religion Catholique, qu'il eſtoit à tort accuſé. Et combien qu'il fuſt grād & illuſtre, pour eſtre monté à tous les degrez d'honneurs, & de charges que pouuoit ſouhaiter vn tel Seigneur, ſi eſt ce que le comble de ſa felicité fuſt de mourir aagé de ſoixante & dixhuit ans en vne bataille pour ſa Religiō, & pour la deffence de ſon Roy, deuant la plus belle & floriſſante ville du monde, qui eſtoit comme ſon Pays & ſa maiſon ; ayant eu apres ſa mort des funerailles tres-honorables, & preſque Royales. Pluſieurs apres la bataille debatoient à qui eſtoit demeurée la victoire : ce qui eſtoit mal aiſé de iuger en ceſte guerre ciuile, à cauſe que les victorieux perdoient autāt ou plus que les vaincus, cōme iay dit cy deuant. Et pour ceſte cauſe les Romains ne vouloient pas decerner des triōphes à ceux qui eſtoient victorieux durant leurs guerres ciuiles. Toutefois ſi l'on veut debatre la victoire entre ennemis, c'eſt choſe certaine, que celuy eſt victorieux, qui chaſſe ſon ennemy, & demeure ferme au champ de bataille, maiſtre de la campagne, des morts, & des deſpoüilles, comme fut l'armee du Roy, encores qu'elle euſt fait plus grande perte de gens, & de ſon ſecond Chef ; comme il aduint à vn Roy de Perſe qui defit Leonidas & quatre mil Lacedemoniens, leſquels en tuerent deux fois autant. Mais comme le but de l'armee du Roy

Son eloge.

Malaiſé de iuger qui a emporté la victoire de la bataille S. Denis.

BBb

estoit de mettre sa Maiesté & la ville de Paris en liberté, & chasser les Huguenots de sainct Denis, aussi en ce point auoit elle encores cest auantage sur eux d'en estre venuë à bout. Toutefois ils voulurent le lendemain faire vne brauerie, & retourner au lieu de la bataille, les tambours & trompetes sonnans, comme s'ils eussent voulu conuier derechef l'armee du Roy de retourner au combat : laquelle ne pensoit pas que s'estans retirez de la façon que nous auons dit, ils se deussent representer, & aussi il n'y auoit ny Chef, ny lieu de sortir si tost de la ville. Quoy voyãs les Huguenots bruslerét le village de la Chapelle, & quelques moulins, & approcherent iusques aux fauxbourgs & barrieres de Paris. Cependant le Comte d'Aremberg ioignit le Roy, entra, & fut bien receu à Paris, & ses troupes logerent au bourg la Royne, & au pont d'Antony. Il fit offre de son seruice au Roy, & tesmoigna auoir vn extréme regret de ne s'estre treuué à la bataille. Sa Maiesté monta à cheual pour aller voir ses troupes, qui estoiét en bataille prés dudit Antony, lesquelles furent treuuées tres-belles, & aussi bien montees & armees, que gendarmerie qui eust long temps esté aux Pays bas. Ledit Comte fut logé au logis de Villeroy, pour estre plus prés du Louure à fin d'assister au Conseil, estant au reste fort honorablement defrayé de toutes choses. Cependant les forces & la Noblesse venoient de tous costez à Paris, où l'on print nouuelle deliberation d'attaquer de rechef les Huguenots, qui s'en allerent le lendemain à Mon-

Les vaincus brauent mais trop tard.

Secours d'Espagne aprés la bataille.

LIVRE SIXIESME. 381

tereau faut-Yóne, pour aller au deuant de leurs Reistres, qui estoiét sept mil, & six mil Lansquenets sous la charge & códuite du Duc Iean Casimir. Or aprés la mort du Connestable, la Royne Mere du Roy estima que pour auoir les armes & la puissance auec l'authorité entiere, elle ne pouuoit mieux faire, que tacitement supprimer ce grand Estat de Connestable, qui luy estoit suspect: & dóna la charge de Lieutenát general au Duc d'Anjou son second fils, qu'elle aymoit vniquement. Comme il en eust prins la possession, aussi tost il se prepara pour suiure auec toutes les forces de l'armee, les Huguenots. Et par ce que les nouuelles estoient, que le Duc Casimir s'auançoit fort, le Duc d'Aumale fut enuoyé à la frontiere, ou estoit le Cardinal de Lorraine, & tous les enfans de la maison de Guise, à fin d'assembler les forces de Champagne & de Bourgogne, pour empescher les Reistres de se ioindre auec les Huguenots. Et fut fait commandement à Tauannes Lieutenant du Roy en Bourgogne, bon Capitaine, & depuis fait Mareschal de France, d'assister ledit Duc d'Aumale de tout ce qu'il pourroit ; comme il fit, pour luy estre, & à toute ladite maison de Guise fort affectióné: outre que ledict Duc estoit Gouuerneur de Bourgogne, & commandoit en Champagne, en attendant la maiorité de Henry de Lorraine son neueu. Cependant le Duc d'Anjou accompagné de tout le meilleur Conseil que l'on pouuoit à lors trouuer en France, specialement du Duc Nemours, & du Mareschal de Cossé, que la Royne sa Mere luy

Le Duc Iean Casimir auec bonne troupe de Reistres & Lansquenets au secours des Huguenots.

L'Estat de Connestable supprimé.

Le Duc d'Aumale enuoyé sur la frontiere pour les empescher.

Mareschal de Tauannes fort affectionné à la maison de Guise enuoyé pour luy assister.

BB b ij

auoit baillé côme sa creature, auec beaucoup d'authorité prés de luy & en l'armée, à cause de sa charge, partit de Paris auec toute ladite armée, qui s'augmentoit tous les iours, pour aller à Nemours r'assembler encores quelques forces, & de là à Montereau, pour essayer d'y combattre les Huguenots. Ce qui eust esté malaisé s'ils eussent voulu garder ce passage, qui n'estoit pas leur dessein, car ils tirerent vers Sens & quitterent ledict Montereau. Au mesme temps arriuerent les troupes de Guyenne, conduites par sainct Cire, lesquelles marchoient vers la riuiere de Seine, & y prindrent les places de Pont sur Yonne, Bray, & Nogent sur Seine, qui furent en partie rançonnées, en partie saccagées. De sorte que les Huguenots faisans leur retraite & chemin pour aller trouuer leurs secours, abandonnerent tous ces passages de la riuiere de Seine, qui ne pouuoient tenir contre vne puissante armée, côbien que la guerre ciuile en France eust rendu les hommes accoustumez & opiniastres à garder de fort mauuaises places. Mais pour lors l'armée Huguenotte n'auoit autre dessein que d'aller ioindre ledict Duc Casimir, second fils de l'Electeur Palatin, du tout fauorable à leur party, selon que i'ay cogneu en plusieurs affaires que i'ay traictees auec luy, & fort passionné en leur cause: toutefois si grãd mesnager & auaricieux, qu'il ne les aydoit que de son affection & bonne volonté. Car de prester argent, ou de respondre, il n'y vouloit aucunement entendre, ains au côtraire faisoit faire d'estrãges capitulatiõs aux Huguenots.

Passages sur la riuiere de Seine abandonnez par les Huguenots.

Or l'on vouloit sur toutes choses les attirer au combat, auant qu'ils eussent ioinct leurs Reistres, & s'en presenta vne belle occasion à nostre Dame de l'Espine, pres de Chalons en Champagne, ou nostre armée les suiuoit de fort pres, mais l'on faillit à la prendre, par la negligence (comme l'on disoit) du Mareschal de Cossé, qui ne fit pas monter à cheual, pour les suiure, harassez comme ils estoient, apres auoir fait de grandes traictes, & par si mauuais chemins en la Champagne, qu'à la verité ils n'en pouuoient plus, & marchoient auec beaucoup de desordre ayans tant de cheuaux defferrez & de soldats nuds pieds, que dix des nostres suiuans trente des leurs les tailloient en pieces, ou prenoient prisonniers. Tant y a que pour n'estre poursuiuis, ils gagnerent la Lorraine aux plus grādes iournées qu'ils peurent. Et lors le Duc d'Anjou auec son armée alla seiourner à Vitry, & l'armée des Huguenots à Senne, pour ioindre leurs Reistres & Lansquenets. La Royne Mere du Roy vint trouuer son fils à la Chaussee & à Vitry, pour voir quel moyen il y auroit, ou de faire la guerre, ou traicter de quelque accord: & amena auec elle le Mareschal de Montmorency, qui n'auoit point porté les armes depuis la mort du Connestable son pere, & sembloit qu'il estoit fort propre pour s'entremettre de quelque accord. Le Roy enuoya aussi Bernardin Bochetel Euesque de Rennes en Allemagne, vers l'Empereur & les Princes, pour leur remonstrer qu'il n'estoit point question en France du faict de la Re-

Belle occasion pour deffaire les troupes Huguenotes, faillie par negligence.

Bochetel Euesque de Rennes, Ambassadeur pour le Roy en Allemagne.

BBb iij

ligion, qui estoit permise par tous les endroicts du Royaume : mais que c'estoit pour l'Estat, que le Prince de Condé & ses côfederez auoient prins les armes, le voulás oster à sa Maiesté & à ses freres, qui ne pensoient nullement à la guerre, quand lesdicts Confederez sous pretexte de Religion, se mirent en deuoir de se saisir de sa personne, & de la Royne sa Mere, & des Princes, Seigneurs, & Conseillers qui estoient pres d'eux, comme ils firent bien cognoistre, les ayans assiegez dedans Paris, & donné vne bataille aux portes d'icelle. Ce voyage de l'Euesque de Rennes, seruit aucunement enuers quelques Princes d'Allemagne, pour leur donner plus mauuaise impression de l'ambition des Huguenots, que celle qu'ils auoient auparauant conceuë, pensans qu'ils n'auoiét prins les armes, que pour la defense de leurs vies & Religion. Mais enuers l'Electeur Palatin cela ne pouuoit plus seruir, d'autant que luy & son fils Casimir estoient embarquez en ce party : encores qu'auparauant il fust & les siens tenus & obigez à la Couronne de France, de laquelle il estoit pensionnaire, & son fils Casimir nourry à la Cour du Roy Henry. II. L'on fit vne deffence aux Estats de l'Empire, qu'aucun Prince n'eust à leuer armée sans licence desdicts Estats. Mais cela estoit vne apparence, qui ne seruoit d'autre chose enuers les Princes Huguenots, que d'accorder au Comte Palatin tacitement tout ce que luy & le Duc Casimir son fils faisoient pour le secours des Huguenots, qui esperoient bien que quelque chose

Son voyage est vtile à desabuser les Princes Allemans & à leur oster la croyance qu'ils auoient des Huguenots.

Le Palatin & son fils pensionnaires de Fráce. Deffense des Estats de l'Empire inutile.

LIVRE SIXIESME. 385

qui aduint de la paix ou de la guerre, le Roy payeroit l'armée dudict Casimir, comme il aduint, & dont ie fis l'accord & la capitulation, comme ie parleray cy apres. Et en cest endroit ie diray en passant que les Reistres ne sont autres que cheuaux de loüage, qui veulent auoir argent, & des arres, & de bons respondans de leurs monstres, auant que môter à cheual : encor que le Duc Casimir qui auoit esté persuadé, que s'il estoit victorieux, il auroit tel payement qu'il voudroit, & s'il estoit vaincu, il n'en auroit que faire, ne se fit pas trop tenir. Neantmoins le Roy voyant les Huguenots fonder tout leur appuy sur la venuë de leurs Reistres, delibera aussi d'en auoir quelques vns, en attendant que sa Maiesté fist plus grandes leuées sous vn Prince d'Allemagne, qui a tousiours plus de pouuoir & authorité, que des Colonnels particuliers. Cependât l'on renuoya offrir au Prince de Condé, & à ses Côfederez, l'Edict de Pacification faict à Orleans, s'il vouloit poser les armes, lequel seroit publié en tous les Parlements; mais ils ne s'y vouloient point fier. Car les Ministres preschoient en public, qu'il n'y auoit en cela autre caution que des paroles & du parchemin, qui n'auoient seruy qu'à les penser attraper, pour leur oster la vie & la Religion, à fin d'acquiescer à la passion de ceux de Guise. D'autre part l'on faisoit entendre au Roy, qu'il n'est iamais honorable au Prince souuerain, de capituler auec son suiet. En quoy il estoit mal conseillé; car necessité force la Loy, & vaut beaucoup mieux plier que

Reistres cheuaux de loüage.

Edict de Pacification faict à Orleans offert au Prince de Condé.

En matiere d'Estat, il vaut mieux plier que rompre, & auoir la paix qu'vne guerre ciuile.

rompre en matiere d'Estat, & s'accommoder au temps pour auoir la paix, que d'en venir à vne guerre ciuile, qui peut mil fois d'auātage diminuer l'authorité & puissance du souuerain, qu'vn traicté fait auec son sujet, quand mesme il ne seroit né Prince du sang. Et est tousiours bon de chercher le remede aux perilleux accidents, par les voyes d'vn accord honnorable. Ne voit-on pas les Roys & les Princes, tous les iours contracter auec leurs moindres suiects, leur obliger la foy, & les biens? chose que le suiet & vassal ne feroit iamais, s'il estoit illicite de contracter auec son Roy & Seigneur, & s'il ne luy gardoit la foy, comme l'on disoit qu'il n'y estoit pas tenu: opinion fort pernicieuse, car les Roys d'autant plus qu'ils sont esleuez par dessus les autres hommes, d'autant plus aussi doiuent-ils tenir leur parole & leur foy, le plus asseuré fondement de la societé humaine, & sans laquelle l'on ne pourroit iamais trouuer de fin asseurée aux guerres ciuiles & estrangeres. L'Edict d'Orleans n'auoit il pas mesme seruy pres de quatre ans, pour nous tenir en paix? aussi auoit-il esté publié és Parlemens à la requeste des Procureurs du Roy, & n'y auoit en cela autre seureté que la foy & parole de sa Maiesté, laquelle n'a point esté violée de son costé. Car les Huguenots sur vne opinion vray semblable ou imaginaire que ie laisse à chacun libre de iuger, eurent recours aux armes, & se porterent les premiers à l'offensiue, au lieu qu'ils deuoiēt prendre asseurance en la foy du Roy, qui estoit le moyen de l'obliger d'auantage

Les Roys sont plus obligés à tenir leur parole & leur foy, que le reste des hommes.

Les Huguenots violent l'Edict, & se portent les premiers à l'offensiue.

LIVRE SIXIESME. 387

uantage enuers eux ; ou s'ils ne vouloient du tout s'y fier ils pouuoient se tenir sur leurs gardes sans commencer aucuns actes d'hostilité. Or en ces extremitez, pour tirer quelque fruit des allees & venuës qui se faisoient en l'armee des Huguenots, l'on leur fit proposer de faire arrester leurs Reistres, & que le Roy feroit le mesme enuers les siés, qu'il ioindroit bien tost au pont à Mousson : mais tout cela ne seruoit de rien ; car ils ne vouloient pas perdre vne heure de temps pour aller ioindre le secours des leurs, comme ils firent sans que le Duc d'Aumale, le Cardinal de Lorraine, & tous ceux de Guise, qui auoient ramassé les forces de Chápagne & de Bourgogne, & tous leurs amis & seruiteurs, les peussent empescher; dont ils donnerent aduis au Duc d'Anjou qui estoit à Vitry. Incontinent sa Maiesté m'enuoya deuers eux, regarder s'il y auoit moyen de les combattre, qu'il leur enuoyroit trois mil cheuaux, & le Comte d'Aremberg. Sur quoy lesdits Sieurs d'Aumale, de Guise, & Cardinal de Lorraine, s'assemblerent pour me faire responce, laquelle me fut faicte par Tauannes, duquel ils prenoient entierement le Conseil, qui est que si l'on eust fait cest offre auparauant que ledit Duc Casimir se fust ioint auec les Huguenots, & eust fait la monstre, & receu argent, qu'ils auoient tiré & emprunté iusques és bourses des laquais, auec trois mil cheuaux & les troupes du Comte d'Aremberg, l'on eust peu faire quelque chose : mais que pour lors il falloit prédre autre deliberation, qui estoit de partir eux mes-

Ils ioignent leurs Reistres.

L'Autheur enuoyé par le Roy vers ceux de Guise.

Et la responce qui luy fut faicte.

CCc

mes auec ce qu'ils auoient de forces, pour aller ioindre le Duc, & enuoyer en Alemagne, Italie, Espagne, & de tous costez vers les amis du Roy, pour demander ayde & secours, & n'y espargner rien. Estant de retour auec ceste responce, il fut resolu d'aller à Troyes, & y mener l'armée du Roy, pour auoir commodité de viures, & la tenir forte côtre les Huguenots, qui auoient toutes leurs forces, ce qui fut fait. Et à l'instant l'armee Huguenotte s'achemina en Bourgogne, pour y viure plus commodement que par la Champagne, que nous auions mangée. Et print, força & saccagea Mussi, Creuant, & autres villes, desquelles les pauures Habitans furent entierement ruinez. Cependant les autres Prouinces du Royaume n'estoient pas exemptes des maux & calamitez, de ceste guerre ciuile: Car en Prouéce les Huguenots prindrent la ville de Cisteron, & se fit en ceste Prouince vne guerre cruelle, mesmes de Someriues, fils du Comte de Tendes Catholique, contre son pere Huguenot, & Gouuerneur du Pays. Les Huguenots du Dauphiné prindrent aussi les armes sous la côduite de Montbrun, & ceux du bas Languedoc sous d'Acier, frere de Crussol Duc d'Vzez, & se saisirent de Nismes & Montpelier. Ceux du haut Languedoc, Roüergue, & Quercy, sous les Vicôtes, & autres Chefs, & Huguenots du Pays: ceux d'Auuergne & de Bourbonnois, sous Ponsenac, qui fut defait & mis en route, & la pluspart de ses troupes. En ceste sorte si les Huguenots auoient de l'auantage en vn lieu, les Catholiques l'emportoient

L'armée du Roy vers Troyes.

Celle des Huguenots en Bourgogne.

Qui prent Mussi, Creuant, & force autres villes.

Cisteron pris par eux.

Le fils du Comte de Tendes en armes contre son pere. Plusieurs places prises par les Huguenots & Catholiques en diuerses Prouinces.

en vn autre, & la plufpart des villes prinfes par les vns, eftoient reprinfes par les autres, comme furent Mafcon & Cifteron. Et ce qui reftoit du pillage des Huguenots, eftoit repillé par les Catholiques, qui tenoient la campagne en Forefts & Poictou, fous Monluc, & le Lude. Mouuans l'vn des principaux Chefs des Huguenots de Prouence, Dauphiné, & Auuergne, deffit les compagnies de fainct Aray, & mena fes troupes iufques à Orleans, pour affeurer la ville qui eftoit menaffee. Puis alla prendre la ville de Blois, aprés l'auoir battuë, & capitulé auec le Gouuerneur & les Habitans, aufquels la foy ne fut pas gardee, difant que les Catholiques faifoient gloire, de ne tenir promeffe aux Huguenots. De forte que de tous les deux coftez l'on violoit le droit des gés, fans aucune honte. Les morts n'eftoient pas mefmes exempts de ces licences trop inhumaines ; car entre les autres le corps de feu Ponfenac fut deterré, auquel l'on donna mil coups, par la malueillance de quelques Catholiques ; tant l'appetit de vengeance dominoit la plufpart des efprits forcenez des François, animez au carnage les vns contre les autres ; qui par telle furie preparoient vn beau chemin & entree aux eftrangers, pour fe faire Seigneurs de la France. Ce que voyant le Roy, la Royne fa Mere, & fon Confeil, & que les Huguenots auec le Duc Cafimir marchoient dedans le Royaume, enuoyerent querir le Duc d'Anjou auec l'armee, pour fe venir loger à Paris & és enuirons, comme elle fit. Cependant les Huguenots s'en allerent à Chartres, qu'ils affiege-

Bloys pris par les Huguenots.

Eftranges cruautez mefme des Catholiques.

CCc ij

rent. Ie fus à l'instant & en diligence enuoyé en Allemagne, querir le Duc Ieá Guillaume de Saxe, lequel auoit esté au seruice du Roy Henry II. auec quatre mil cheuaux, lors que nous auions la guerre auec le Roy d'Espagne, & que la paix fut faite au Casteau Cambresis auec les mariages & alliáces d'Elizabeth sœur du Roy, & de Marguerite de France, auec ledict Roy d'Espagne, & Philibert Duc de Sauoye. Ledict Duc de Saxe auoit enuoyé offrir son seruice à la Royne Mere du Roy, pour maintenir les enfans du feu Roy Henry, contre ses ennemis & mauuais suiets, la suppliant de luy donner le pourtrait d'elle, dudict feu Roy, & de tous ses enfans, chose qui luy auoit esté promise de long temps, & qu'il desiroit tousiours. Dont la Royne ayant souuenance, qui ne mesprisoit iamais aucun moyen qui luy peust seruir pour le bié & deffense de l'Estat, luy voulut enuoyer par moy auec la cómission que i'auois, lesdits pourtraicts, qu'elle auoit de long temps fort bien faicts, en des tablettes grandement enrichies de pierreries, lesquelles valloiét plus de huit mil escus. Ce present fut fort agreable audict Duc Ieá Guillaume, lequel mit à part toutes autres considerations & affaires, pour se preparer d'aller seruir leurs Maiestez, & d'assembler en grande diligence cinq mil cheuaux Reistres, sous les Colonels & Capitaines qui luy estoiét affectionez, & qu'il auoit auparauant retenus. Et ne perdit pas vn seul iour, tant pour les assembler, que pour les faire marcher, & passer le Rhin en moins de vingt & sept iours. De sorte qu'en cinq semaines ie l'amenay à Rethel, où fut choisi le lieu pour la

L'Autheur enuoyé en Allemagne querir le Duc Iean Guillaume de Saxe.

Il luy porte les pourtraicts du Roy, de la Royne Mere, & de ses enfans.

Troupes qu'il aména en France.

LIVRE SIXIESME. 391

mõstre, vsant d'vne si grãde police en venãt trouuer le Roy, qu'il ne se faisoit aucun dommage là où il passoit. I'aduertissois leurs Majestez deux fois la semaine de nostre chemin, & de nos journées, lesquelles arriuant audict Rhetel, me manderent que l'argent partoit de Paris, auec les Thresoriers & Contrerolleurs, pour faire la monstre. Mais auant qu'ils fussent là, que i'eusse à prendre la poste, pour les venir trouuer au plustost qu'il me seroit possible à Paris, afin de leur rendre compte moy mesme de mon voyage, outre quelque autre particulier commandement qu'ils me vouloient donner. Sur quoy estant party & arriué à Paris, incontinent que leurs Majestez me virent, comme elles m'auoient dit lors que ie fus despeché pour effectuer ceste commission, que ce seroit le plus grand & notable seruice que ie leurs pourrois iamais faire, & à la Couronne, d'amener en diligence ceste armée de Reistres, aussi me dirent elles lors, que ie m'estois trop hasté, d'autant que tous les plus sages du Royaume auoient conseillé auec la necessité du temps de faire la paix; autrement que l'Estat estoit perdu, ou pour le moins fort esbranlé, par le grand nombre d'estrangers qui estoient en France, laquelle estoit entierement ruynee, & les peuples desesperez. D'auantage, que Chartres estoit assiegé de l'armée des Huguenots, & en telle necessité que les premieres nouuelles qu'on en attendoit, ce seroit la prinse. Que delà à Paris il n'y auoit que bien peu de chemin, où leurs Maiestez se contentoient d'auoir donné la bataille de

L'Autheur viẽt trouuer leurs Maiestez.

Le discours qu'on luy feit contraire à la cõmission qui auoit esté baillée.

CCc iij

S. Denis, en laquelle estoient seulement des François ; mais que d'y auoir tant de Reistres & estrangers les plus forts, cela estoit trop hasardeux. Quoy voyant le Roy estoit resolu de traicter la paix auec les Huguenots, & pour cest effect auoit desia asseurance des Princes de Condé & Admiral, qu'ils ne demandoient autre chose, aussi commençoient ils d'estre bien las de leurs Reistres. Auec toutes ces raisons,

On tasche de s'enuoyer le Duc Iean Guillaume de Saxe sans rien faire.

& plusieurs autres grandes considerations, ils me dirent qu'il me falloit aller faire vn autre seruice à leurs Maiestez, qui estoit de retourner en diligence vers ledict Iean Guillaume de Saxe, tant pour luy dire qu'il estoit le bien venu, que pour le remercier de la peine qu'il auoit prinse, de s'acheminer auec de si belles trouppes, pour seruir à vn Roy qui luy demeureroit à iamais obligé, auec telle recognoissance qu'il en auroit contentement. Que plus de dix iours auant que l'on eust nouuelle de sa venuë & entrée en France, leurs Majestez auoient esté conseillées pour le bien & conseruation de l'Estat, de faire accord auec le Prince de Condé Chef des Huguenots, qui ne demandoient que l'exercice de leur Religion, asseurance de leurs vies, obeyr & faire seruice au Roy en toutes choses, & poser les armes. Que l'on estoit desia si auant en ce traicté, qu'il n'estoit possible de s'en retirer. Voila sommairement ce qui m'estoit commandé de dire audict Duc Iean Guillaume, & le persuader de trouuer bonne la paix, qu'il deuroit plus conseiller que la guerre, dont les euenemens sont tousiours perilleux & incertains. Au surplus que pour le regard de ses troupes leuées pour quatre mois, elles en seroient entierement payees, & auois l'argent contant pour la premiere monstre : laquelle faicte leurs Maiestez le prioient bien fort de s'en venir les voir auec tels de ses Colonels, Capitaines, Chefs, & autres qu'il luy plairoit, où ils seroient bien venus & honorez, comme i'auois, s'il luy plaisoit la charge, de les conduire à Paris. Que pour son armée, leurs Maiestez le prioient trouuer bon de prendre le costé de la Picardie à la main droicte, pour y viure plus commodemét, iusques à ce que la paix fust establie, & que luy mesme eust veu & cogneu le besoin qu'il y en auoit : & que les troupes auroient des Cómissaires des viures, pour leur faire bailler tout ce qui seroit necessaire. Estant retourné vers ledict Duc Iean Guillaume & luy ayant fait entendre ce que dessus, il fit appeller tous ses Colonels & Capitaines, & se mit en grande colere, disant qu'il se plaignoit grandement du Roy, & de moy en particulier, de luy auoir aporté ceste nouuelle, qui seroit aussi desagreable à ses Reistres qu'à luy, pour les auoir amenez en esperance de faire vn bon seruice au Roy, & les faire combattre contre ses ennemis, auec bonne intention de luy remettre & asseurer sa Couronne. Que c'estoit luy faire vn des-hóneur, de l'auoir amené si auant dedans la France, à la foule du pauure peuple, sans les deliurer de l'oppression des Huguenots, que le Roy craignoit par trop, & ne les auoit pas chastiez comme maistre, mais leur auoit accor-

Repartie du Duc de Saxe en colere sur ce renuoy.

de toutes choses comme compagnon. Que pour le regard du Duc Iean Casimir son beaufrere, encores qu'il eust espousé sa sœur, fille de l'Electeur Palatin, il auoit bonne esperance que s'ils ce fussent rencontrez au cóbat, il luy eust fait cognoistre, qu'il estoit bien plus iuste de cóbattre pour la bóne cause du Roy, que pour la mauuaise de ses suiects. Qu'il craignoit de retourner en Allemagne, où l'on se moqueroit de luy, d'estre venu en Fráce pour n'y faire autre chose. Et me móstra beaucoup de mescontentemét, ou sur les repliques que ie luy fis, & la priere de venir voir le Roy, qui le rendroit tres-content, & desiroit prendre conseil de luy en ses plus grandes affaires, il s'accorda à la fin à tout ce que ie luy proposay; & aussi tost qu'il auroit fait la monstre, de faire prendre à ses troupes le chemin de Picardie, & luy de s'en venir à la Cour : où il fut fort bien receu, traicté, caressé, & deffrayé de toutes choses, auec mil remerciemens de sa peine. L'on luy communiqua la necessité de faire la paix, & print-on son opinion, mesmes sur la grande quantité d'estrangers qui estoient en France : en quoy toutefois l'on luy monstra de n'auoir aucune deffiance de ses troupes, ains au contraire, d'estre tout asseuré de sa foy, encores que l'on eust au Conseil vne merueilleuse deffiance desdicts Ducs Casimir & Iean Guillaume, beaux freres, tous deux Allemans, & puisnez de leurs maisons, pauures, & grandement armez, pour entreprendre contre l'Estat, comme ils en auoient beau ieu par nos diuisions, bien qu'ils ne s'accordassent

Il s'accorde neantmoins aux propositions qu'on luy faict & vient trouuer le Roy.

dassent pour rendre les Huguenots plus forts que les Catholiques. Aussi la Religion de ces deux estoit differente (encores qu'ils s'appellent tous Protestans) car le Duc Iean Guillaume estoit de la confession d'Ausbourg, & le Duc Iean Casimir de celle de Caluin & de Beze; où la difference n'est guere moindre, qu'entre les Catholiques & les Huguenots. A la fin l'on conclut la paix auec le Prince de Condé, l'Admiral, & autres Seigneurs, leurs associez. Ce qui n'estoit pas mal-aisé, car l'on accordoit tout ce qu'ils demandoient, & beaucoup plus qu'ils n'auoient esperé; horsmis vn article, que pour soulager le pauure peuple, ils se desarmeroient incontinent, & rendroient les villes & places fortes, auec defenses de plus faire associations ny leuees d'hommes, ny de deniers, pour l'aduenir; & toutes choses passees seroient oubliees & abolies. Aucuns iugeoient bien que la paix ne dureroit pas longuement, & que le Roy ayant les villes en sa puissance, & les Huguenots desarmez, ne pourroit endurer ce que par contraincte il leur auoit accordé, de peur de perdre l'Estat. Les Huguenots d'autre part estoient fort las de la guerre, tant pour le peu de moyens qu'ils auoient de supporter vne telle despence en ceste guerre, que pour autres considerations; car le Roy se resoluant de mettre toutes choses à l'extremité les eust peu ruiner à la longue: par ce que sa Majesté n'eust manqué de secours du Pape, du Roy d'Espagne, & des Princes Catholiques, qui eussent esté bien

La paix concluë auec les Huguenots selon leur desir, vn article excepté.

Pourquoy les Huguenots se resolurent à receuoir vne paix douteuse.

Ddd

aises de maintenir la guerre en France. Ce qui les fit en partie résoudre de receuoir plustost vne paix douteuse, que tirer auec leur ruine celle de tout le Royaume qui estoit ineuitable, où ils eussent eu la plus petite part, comme auront tous ceux qui appelleront les estrangers à leurs secours, soubs quelque pretexte que ce soit, de Religion ou autre remuement d'Estat. Neantmoins si les Huguenots, recherchez de la paix, au lieu qu'ils la deuoient demander les premiers, eussent insisté de garder vn an pour leur seureté la plusparts des villes & forteresses qu'ils auoient occupees, l'on les leur eust laissees pour gage de ce que l'on leur promettoit. Et est croyable que la guerre n'eust pas si tost recommencé, comme elle a faict quatre mois apres, les estrangers estans à peine hors du Royaume. Aussi estoit-ce la difficulté de trouuer argent pour les payer. Car le Roy par le traicté de la paix prenoit la charge entiere de contenter le Duc Casimir, & entroit en la capitulation que le Prince de Condé auoit faicte auec luy, laquelle portoit de rudes conditions. Outre les buchetallons ordinaires, c'est à dire, les capitulations que font les Reistres sur l'ordre ancien, de seruir à vn Prince, mesmes contre le sainct Empire en la defensiue, & autres clauses portées par icelles. En quoy celles qu'ils auoient faites auec les Huguenots estoient tresdesauantageuses, & y auoit vn article en celle du Duc Casimir, qui portoit, que outre le seruice des quatre mois, contant celuy du retour, s'ils rentroient

Rudes conditiõs pour auoir des Reistres.

LIVRE SIXIESME. 397

feulemét vn iour ou plusieurs dedás le cinq & sixiesme mois, ils en seroient payez entierement, cóme s'ils l'auoient serui du tout. Donques pour le faict desdicts Reistres, les deputez, qui estoient le Mareschal de Montmorency & Moruillier, le premier Conseiller d'Estat pour la robe longue, qui sust & aye esté de long temps en ce Royaume, accorderent pour le regard dudict Casimir, de ses Reistres & Lansquenets, que le Roy entreroit de point en point en leur capitulation, comme si sa Maiesté, les auoit faict leuer pour son seruice, & par ses Commissaires: Et qu'elle deputeroit vn Gentil-homme pour aller trouuer ledict Casimir, tant pour le conduire hors du Royaume, que pour le faire payer, luy faire fournir viures, & accorder auec luy de toutes choses, au pluftost & à la moindre foule des suiets que faire se pourroit. Ie fus choisi & enuoyé pour cest effect, auec ample commission & pouuoir de tout ce que dessus. Neátmoins leurs Maiestez auparauant que ie partisse pour ce voyage m'enuoyerent remercier le Duc Dalue de son secours, cependant que l'on faisoit les despeches & commissions pour le Duc Casimir. Ce remerciement que ie fis audict Duc, le rendit fort estonné, de voir que la paix estoit conclue en France, ou toutes les plus fortes raisons que i'euz, pour le persuader que le Roy ne pouuoit faire autrement, estoient qu'il n'y auoit homme en France, de quelque qualité qu'il fust, qui n'eust demandé & conseillé la paix, ius-

Moruillier grand homme d'Estat.

L'Autheur enuoyé vers le Duc Casimir.

Et vers le Duc Dalue.

DDd ij

ques au Duc de Montpenfier, Chauigny, & Hugonis, qui eſtoient les plus violens à la guerre. Ce qui rendit le Duc Dalue ſi eſtonné, qu'il fit cognoiſtre n'auoir pas plaiſir de nous voir d'accord. Ie ne demeuray que huit iours en ce voyage; d'où eſtant retourné, l'on me deſpecha auſſi toſt vers ledit Caſimir, & ſes troupes, qui commençoient à tourner la teſte vers l'Auxerçois, l'on me dit que ie les trouuerois diſpoſez de s'acheminer à la frontiere, pour ſe retirer en Alemagne. Mais la premiere difficulté fut, que ie n'auois porté l'argent, que l'on m'auoit aſſeuré à la Cour deuoir eſtre ſix iours apres moy, mais il n'y arriua pas de cinq ſepmaines apres, durant leſquels ils acheuerent les trois mois de ſeruice, & celuy de retour, & entrerent dedans vn cinquieſme quatre ou cinq iours, duquel ils vouloient eſtre payez entierement, ſelon leur capitulation. Ie voulus accorder auec ledit Caſimir, iuſques à luy faire vn preſent de douze ou quinze mil eſcus, mais il ne vouloit entrer en aucun accord, ſçachant bien que ſes Reiſtres, & Lanſquenets voudroient auoir le mois entier, puis qu'il eſtoit commencé, & que ſi ie ne le faiſois promptement payer, & accorder les autres articles, le ſixieſme mois commenceroit, qu'il faudroit auſſi payer. Dequoy apres de grandes diſputes, ſans qu'aucune raiſon y peuſt ſeruir, ie dónay aduis au Roy. Mais l'on me manda de la Cour, qu'il eſtoit impoſſible de trouuer ſi promptement de l'argent; à quoy neantmoins l'on trauailloit ſans

Le Duc Dalue n'auoit pas plaiſir de nous voir d'accord.

Difficultez pour renuoier le Duc Caſimir en ſon pays.

LIVRE SIXIESME. 399

aucune intermiſſion. Que pour le regard des autres articles, i'en accordaſſe, mais pour payer le cinquieſ- me mois où ils eſtoient entrez, ny moins le ſixieſ- me, quand bien ils y entreroient, le Roy ne le pou- uoit faire: que pour vn preſent de douze ou quinze mil eſcus audit Iean Caſimir, puiſque ie l'auois of- fert, ie n'en ferois pas deſdit. Que l'on eſſayeroit de m'enuoyer ceſte ſomme, auec trois ou quatre cens mil eſcus, s'il eſtoit poſſible, leſquels on cherchoit de tous coſtez. Que pour le reſte ie prinſſe quelque terme, de le payer aux foyres de Frankfort, où il ſeroit ſatisfait, ſelon que ie l'auois promis; ce qui ſe- roit auſſi toſt ratifié par le Roy, que ie luy en aurois donné aduis. Qui fut vne autre difficulté, laquelle nous menoit tellement à la longue, qu'au lieu de s'auancer vers les frontieres d'Alemagne, ledit Duc Caſimir me fit faire des proteſtations, qu'il eſtoit contraint par ſes Colonels, & Reitmaiſtres, de re- tourner vers Paris, ou aller chercher l'Admiral ou le Prince de Condé, dont ils diſoient tous les maux du monde. Ces difficultez & accidens nouueaux eſtonoient fort la Cour, & que ie ne les auois enco- res peu acheminer plus auāt que la Bourgogne, d'où ils vouloient retourner. Sur quoy aucuns de la Cour, & cōme l'on diſoit, le Cardinal de Lorraine, tous ceux de Guiſe, & leurs partiſans, prindrent occaſion de remonſtrer au Roy, qu'il ne deuoit point endurer ceſte brauade dudict Caſimir, atten- du qu'il eſtoit ſeparé d'auec les Huguenots, qui

On taſche de capituler auec luy, mais il n'y veut point en- tendre.

Ils veut retour- ner vers Paris ou vers l'Ad- miral.

Aduis de ceux de Guiſe pour le forcer à la retraicte.

DDd iij

auoient rompu leur armée, tous eſcartez & retirez en leurs maiſons. D'autre part que les forces du Roy eſtoient encores pour la pluſpart enſemble, meſmement la gendarmerie, les Suiſſes, & le regiment du Comte de Briſſac, qui eſtoit ordonné d'aller en Piedmont. Qu'il falloit enuoyer vers le Duc Iean Guillaume de Saxe, qui auoit tant faict de plaintes de l'auoir faict venir, & s'en retourner ſans combattre, & ſçauoir de luy s'il voudroit marcher vers le Duc Caſimir ſon beaufrere, qui vouloit ruyner la France, ſans ſe contenter de la raiſon que l'on luy offroit en toutes choſes : & que là deſſus il me falloit faire vne deſpeche, pour tenter auec ledit Caſimir les derniers remedes, pour le faire ſortir par la voye de douceur. Et au cas qu'il ne s'en vouluſt contenter, luy declarer que le Roy ſeroit contraint d'vſer de la force qu'il auoit encores en main, pour deſcharger ſes ſuiets de l'oppreſſion & de la foule qu'ils receuoiét de luy & de ſes troupes. Et que par meſme moyen ie donnaſſe tous les iours aduis à leurs Maieſtez de nos iournées & deportemens, & d'vn lieu auantageux pour le combattre ſi beſoin eſtoit. Qu'auſſi toſt que l'on auroit ma reſponce, & celle dudict Iean Guillaume de Saxe, l'on feroit marcher les forces en diligence au lieu que ie manderois, bié que la Royne ne vint à ceſte extremité qu'à ſon grand regret. Mais que Dieu & tout le monde ſeroit Iuge de la rigueur dont vouloit vſer ledit Caſimir & ſes troupes, qui ne vouloient pas ſortir de

Deſpeche enuoyée à l'Autheur ſur ce ſuiect.

France, & autres raisons portées par ladicte despeche, que i'auois à peine leuë, que l'on me manda par vn autre courrier en diligence, que le Duc Iean Guillaume de Saxe auoit escrit à leurs Maiestez, qu'il loüoit Dieu que l'occasion se presentast pendant qu'il auoit les forces en main, de s'employer à leur faire quelque bon seruice, & qu'il estoit prest à l'heure mesme de tourner teste vers le Duc Casimir son beaufrere, puis qu'il se monstroit si opiniastre & difficile à sortir hors du Royaume. Ce qui estoit interpreté de quelques vns de la Cour en bié, & des autres en mal, disans que les deux beauxfreres se pourroient accorder, au lieu de se battre. Ce que pour mon regard ie n'eusse peu croire, mais bien que l'vn & l'autre qui auoient affaire de toutes leurs pieces, n'eussent pas esté marris de gaigner tousiours la soulde de plusieurs mois. Et quand bien l'on viendroit à l'extremité, c'estoit le moyen de recommencer la guerre en France, où personne ne pouuoit gaigner que les estrangers. La conclusion de ceste despeche composée de diuerses opinions, fut que ie fisse ce que ie pourrois par la voye de douceur, auec le Duc Casimir & ses troupes, pour les faire sortir du Royaume: mais que ie n'obmisse rien pour luy protester, que s'il faisoit autrement, les forces du Roy tourneroient la teste vers luy, & le Duc Iean Guillaume de Saxe son beaufrere le premier, au grand regret de sa Majesté. Mais nonobstant toutes ces remonstrances, il vouloit

Le Duc Iean Guillaume s'offre de combattre son beau frere le Duc Casimir.

Tous deux bien aises de gaigner la soulde.

Le Duc Casimir & les siens ne veulent entendre aucune raison.

auoir son conte, & faisoit iouër la farce par ses Colonels, & Reitmaistres, qui se bailloient la capitulation l'vn à l'autre, à laquelle ils se vouloient entierement tenir, protestans contre moy de tout le mal qui en aduiendroit. Par ainsi ie fus obligé de venir à l'extremité des menaces, & de la contrainte qu'ils donneroient au Roy & à tous les François de les mettre dehors. Ce qui les mit en telle colere, que deux iours apres il ne fut possible de leur parler. Et sur ce ils feirét mine de monter à cheual pour retourner vers Paris, & prenans vne opinion que ie me voulois retirer, meirent deuant & derriere mó logis vne compagnie de Lansquenets en garde, sans vouloir laisser entrer ny sortir persóne. Dequoy voyans que ie ne me donnois aucune peine, sinon que ie manday audict Duc Casimir, que ie serois bien aise de sçauoir si i'estois prisonnier, & s'il auoit declaré la guerre au Roy mon Maistre, violant en mon endroit la loy des gens, ils tindrent vn grand Conseil pour me respódre; Et à la fin ils deputerent le Colonel Tix Chombert, l'vn des plus violans, auec vn nommé Lanchade, pour me visiter, & dire que ceste garde ne m'auoit esté enuoyée pour autre occasion, que pour ma seureté, & pour garder que les Reistres mutinez, (parce que ie les auois menassé des forces du Roy,) ne me fissét vn mauuais tour, & autres paroles plus tendantes à fin d'accord, que toutes les precedentes; aussi que i'auois mandé à Langres, & és villes voisines, de ne leur bailler

L'Autheur assiegé par eux dans la maison.

Le bon ordre qu'il donne à toutes choses pour les faire tomber d'accord.

LIVRE SIXIESME. 403

bailler aucuns viures, mesmes pour argent, sans mon ordonnance, & de retirer tous ceux qu'ils pourroient du plat pays. Et me mirent sur ce propos, de leur faire donner des viures : ce que ie leur dis n'estre en mon pouuoir, parce que les villes, la Noblesse, & tout le pays se plaignoient de moy, de les retenir si longuement à la foule & entiere ruyne des peuples ; & que s'il leur en aduenoit du mal & de la necessité, ils s'en prinssent qu'à eux mesmes. Ils retournerent faire leur raport au Conseil : Et le soir le Duc Casimir me pria de nous aller promener ensemble pour parler de ces affaires, comme nous fismes plus de trois heures sans rien auancer. Mais le lendemain nous commençasmes à parler plus ouuertement, où ledict Casimir me fit de belles protestations, que le faict ne dependoit pas de luy : que ie fisse auec les Reistres, & qu'il quitteroit sa part. Mais il estoit question de deux mois, qui montoient pres de deux cens mil escus, lesquels n'auoient esté employez, que pour temporiser, & ruyner le peuple. Or en fin laissant à dire tous les particuliers discours que i'eus auec ledit Duc, moyénant vn present de quinze mil escus que ie promis luy donner outre ses mostres, ie composay auec ses Reistres à vne monstre pour le cinq & sixiesme mois où ils estoient entrez, au payement de laquelle ie m'obligeay de faire fournir l'argent deux mois apres à Frankfort, & ainsi auec bien de la peine ie mis ces estrangers hors du Royaume, au bien & sou-

On capitule finalement auec eux, & à qu'elles conditions.

EEe

lagement d'iceluy, & au contentement de leurs Maiestez, lesquelles ayant esté retrouuer pour leur rendre conte de mon voyage, elles me firent beaucoup de belles promesses, & peu de iours aprés me donnerent le Gouuernement de sainct Disier, lequel depuis pendant mon seiour de dix ans que i'ay esté Ambassadeur en Angleterre, m'a esté osté pour le bailler au Duc de Guise comme il l'auoit demandé pour vne des villes d'asseurance, ainsi que ie diray cy-aprés, sans en auoir eu aucune recompense.

Gouuernemét de sainct Disier donné à l'Autheur, & depuis osté sans aucune recompence.

SOMMAIRE ET
poincts principaux contenus en ce VII. Liure.

La paix publiée à Paris. La deffiance & l'ambition faict naistre nouueaux troubles. Villes mutines qui secouent le ioug de l'obeyssance Royalle. La Rochelle refuse garnison, & contreuient à l'Edict de Pacification. Le Mareschal de Cossé faict trancher la teste à Coqueuille qui remuoit en Normandie, & à quelques autres. Bulles pour l'alienation du temporel de l'Eglise. Plusieurs desseins contre les Huguenots. Lettres & plaintes du Prince de Condé, lequel se retire à la Rochelle auec l'Admiral. Le Cardinal de Chastillon viuement poursuiuy, se sauue en Angleterre. La Royne de Nauarre auec le Prince son fils se retire à la Rochelle, & autres chefs Huguenots, qui taschent de se ioindre à eux. Le Vicomte de Martigues leur empesche le passage, & deffaict deux compagnies d'iceux. Dandelot & ses troupes passent la riuiere à gué, & prennent Touars. Le Roy reuoque ses Edicts, & deffend toute autre Religion en son Royaume que la Catholique, ce qui faict tenir les Huguenots sur leurs gardes, & se saisir de plusieurs bonnes villes. Defaicte des Huguenots à Messignac par le Duc de Montpensier, lesquels le poursuiuent sans rien faire. L'armée du Duc d'Anjou vient ioindre les autres Princes & Seigneurs Catholiques. Stratageme du Vicomte de Martigues pour changer de logement. L'armée Huguenote tasche d'auoir vn passage sur la Riuiere de Loire. Les deux armées quelques iours en bataille sans effect. La Royne de Nauarre & l'Admiral vendent le temporel des Ecclesiastiques. Canons, poudres, & munitions enuoyez par la Royne d'Angleterre à la Rochelle. Le siege leué de deuant Sancerre, apres auoir souffert plusieurs assauts. Les habitans bastissent vn fort prés du port sainct Thibaut. L'Abbaye sainct Michel au bas Poictou prise par les Huguenots. Piles prent Sainctes & Bergerac, & met tout à feu & à sang. Defaicte des troupes du Comte de Montgommery, & son ieune frere pris prisonnier. Trahison du Lieutenant de Suron pour liurer Lusignan au Comte de Montgommery, qui fut payé de sa perfidie, & la place preseruée. Cateuille & Lindebeuf ont la teste tranchée, pour auoir voulu liurer Dieppe aux Huguenots, Le Haure preserué par le bon ordre de Sarlabos Gouuerneur de la ville. L'armée du Duc d'Aniou en Angoumois. ChasteauNeuf se red au Duc d'Aniou. Le pont de la riuiere de Charante refaict par le President de Birague. Cognac tenté. L'armée du Roy passe le pont. Stratageme de ceste armée qui reussit. Religieuse preparation au Cōbat du Duc d'Aniou, & des principaux de l'armée Royale. Rencontre d'auant-coureurs qui sōt cause de descouurir l'Estat des affaires de l'enemy. Bataille de Iarnac, rencontres & combats qui arriuerent en icelle. L'Admiral ne se pouuoit resoudre à la bataille. Le Duc de Montpensier à la charge, & le Prince de Condé qui est repoussé par le Duc d'Aniou. Il est contraint de se rendre prisonnier à Argence, & tué par apres d'vn coup de pistolet par Montesquiou. L'Admiral & Dandelot font retraicte à sainct Iean d'Angely. Noms des principaux qui moururent en cette deffaicte. Nombre des prisonniers & les plus signalez d'entre iles blessez. Le corps du Prince de Condé donné au Duc de Longueuille. Losses porte les nouuelles de la victoire à la Cour. L'Autheur va apres luy pour faire aduancer les Reistres du Marquis de Bade, ce qu'il faict auec beaucoup de diligence, & va apres vers le Duc Dalue pour auoir secours, lequel est picqué contre les Huguenots, & pourquoy. Quel secours il donna au Roy. Ils font trancher la teste aux Comtes d'Egmont & de Horne. Merites & seruices du Comte d'Egmont. Bataille Deindem gagnée par le Duc Dalue contre les Gueux. Escarmouches de l'armee du Roy contre le Duc des deux Ponts, lequel passe auec son armée par tout sans contredict. Il attaque la Charité & le Capitaine qui estoit dedans abandonne la place. Les Princes de Nauarre & de Condé Chefs des Huguenots assistez de l'Admiral. L'Autheur enuoyé par le Duc d'Aumale vers sa Maiesté, pour l'excuser des mauuais offices qu'on luy vouloit rendre à la Cour. Conquestes du Duc d'Aniou en Sain-

Elonge, Angoumois & Limosin, son armée se desbande faute de payement. Terrule ruyne fort les affaires de la Royne de Nauarre. Mort du Duc des deux Ponts. Le Comte de Mansfeld esleu en sa place. Presens de l'Admiral aux Chefs de cette armée. Medailles de la Royne de Nauarre, & deuises qu'elle y feit grauer. Requeste presentée au Roy au nom de tous les Huguenots de France. Le contenu d'icelle & la responce du Roy. Lettres de l'Admiral au Mareschal de Montmorency. Secours du Pape contre les Huguenots. La Royne Mere veut voir elle mesme l'armée en bataille, & exhorter tant les Chefs que les soldats. Rencontre des deux armées en Limosin où les Catholiques eurent l'aduantage. Niort assiegé par le Comte de Lude. Les Huguenots s'emparent de quelques places. Dessein de l'Admiral pour s'establir en Poictou. La Loire prent Chastelleraut & Lusignan. Le Duc de Guise se iette dans Poictiers pour le deffendre. Le faux-bourg sainct Ladre de Poictiers attaqué par Piles & brauement deffendu par le Duc de Guise. Les autres faux-bourgs gagnez par l'armée Huguenotte. Siege de Poictiers. La resolution du Duc de Guise & du Comte de Lude encourage les habitans. Les Huguenots attaquent le faux-bourg de Rochereueil. Braue resistance des assiegez qui sont secourus par le Duc d'Aniou, lequel assiege Chastelleraut. Progrés du Comte de Mongommery en Gascogne. Il faict leuer le siege de Nauarre, & prent Toride & Orthes. Aurillac pris par les Huguenots. Sansac leue le siege de deuant la Charité. Le Duc d'Aniou faict donner l'assaut à la ville de Chastelleraut. Les Huguenots leuent le siege de deuant Poictiers, & les Catholiques de deuant Chastelleraut. Grand massacre des Huguenots deuant Poictiers. Arrest de mort contre l'Admiral, Montgommery & Vidame de Chartres, & le iugement que quelques vns en feirent. Biron, Tauanes preseruent l'armée des Catholiques d'vn grand danger. Les Huguenots prennent Moncontour. Rencontre de l'auantgarde des deux armées, aduantageuse pour les Catholiques. Disposition de leur armée, & de celle des Huguenots. Bataille de Moncontour. L'Admiral faict retraicte voyant les siens en desroute. Nombre des morts du costé des Huguenots. La victoire toute entiere demeure au Duc d'Aniou. Le Roy mande les nouuelles de cette victoire à tous les Princes estrangers, & les Huguenots à la Royne d'Angleterre, mais en desguisant la verité. Mouy miserablemēt tué par Maureuert. L'ar-

EEe iij

mee des Huguenots fuit de lieu en lieu deuant l'armee victorieuse. Le
Duc d'Aniou remet plusieurs villes en l'obeyssance du Roy. Nismes
surprise par les Huguenots. Vains efforts de Sansac deuant Vezelay,
& de Guerchy deuant la Charité. Sainct Iean d'Angely assiegé par
le Duc d'Aniou, & braue resistance que Dilesy feit. Biron luy escrit pour luy persuader de se rendre, & sa responce. Deputez de part
& d'autre pour quelque accord. Xainctes abandonnée par les Huguenots, où on enuoye garnison. Secours à sainct Iean d'Angely par
le mauuais ordre des corps de garde, elle se rend en fin à composition.
Nombre des morts durant ce siege. Viscomte de Martigues tué d'vn
coup d'harquebuse. Capitulation mal gardée. Le Roy entre dans
sainct Iean d'Angely. L'Autheur porte les premieres nouuelles de
la paix à la Royne de Nauarre, & la responce qu'elle luy feit. Plusieurs exploits de guerre par toute la France. Entreprise sur la ville de
Bourges qui reussit mal aux entrepreneurs. Siege de Marans, & prise de quelques places par les Catholiques au bas Poictou. Quelques
exploits sur mer par le Baron de la Garde, repoussé de deuant Ton-
nay Charante. Il se saisit de l'Isle de Brouage. Diuerses entreprises
sur la Rochelle par Puy Gaillard, & autres. La Noüe reprend Marans & quelques autres places, & conqueste les sables Dolone. Les
troupes de Puy Gaillard defaictes par la Noüe, qui prent Fontenay,
Niort, Marans, Soubise, Brouage, Xainctes, & autres places. Voyage de l'armée des Princes seulement pour trouuer moyen de payer
leurs Reistres par le sac des villes. Responce du Roy à la derniere requeste des Huguenots, & conditions qu'il leur donne pour auoir la
paix. Refusee par les Princes & l'Admiral. Le Mareschal de Cos-
se s'efforce d'attirer l'Admiral à vn combat general qu'il euite prudemment. Bellegarde & la Bastide tuez en vne escarmouche. L'armée Huguenotte se retire vers la Charité, & autres villes. La paix
concluë & arrestée à sainct Germain en Laye. Plusieurs belles occurrences où l'Autheur a esté employé, & desquelles il promet traitter en son huictiesme liure.

LIVRE SEPTIESME.

IL sembloit en apparéce que la France qui auoit esté tant persecutee d'vn des plus grands fleaux de la Iustice diuine, deust plus longuement iouir de la douceur de la paix, par le moyen de l'Edict qui fut publié à Paris le vingt troisiesme Mars mil cinq cents soixante huict, confirmatif de celuy cy deuant faict le septiesme dudict mois mil cinq cents soixante & deux, pour estre iceluy obserué en ses points & articles selon sa premiere forme & teneur, leuant toutes restrictions modifications & declarations qui auoient esté faictes iusques à la publication dudict Edict : mais la deffiance mutuelle des Catholiques & des Huguenots iointe à l'ambition des grands, & au resouuenir que l'on auoit à la Court de l'entreprise de Meaux, fit bien tost renaistre d'autres nouueaux troubles, autant ou plus dangereux que les premiers & seconds, les fondemens desquels d'aucuns attribuoyent à la desobeissance de quelques villes qui ne vouloient absolument se soubzmettre à la puissance de sa Maiesté, entre lesquelles les plus mutines estoient Sancerre,

La paix publiée à Paris.

La deffiance & l'ambition font renaistre nouueaux troubles.

Villes mutines qui secouent l'obeissance Royale.

Montauban, & quelques autres de Quercy, Viuaretz, & Languedoc, comme aussi la Rochelle, qui
ne voulut receuoir les garnisons que Iarnac son ancien gouuerneur y voulut mettre, & depuis le Mareschal de Vieilleuille, par le commandement de sa
Maiesté, ny souffrir que les Catholiques y fussent
restablis en leurs biens, charges, & offices, & iouïssent de l'Edict de pacification ; au contraire contre-
uenant à iceluy, continüoit ses fortifications, &
equipoit grand nombre de nauires de guerre, ce
qui estoit autant preiudiciable au seruice du Roy,
que les troupes que plusieurs Capitaines Huguenots menoient en Flandres, au secours du Prince
d'Orage côtre le Duc Dalue, estoient leuées & con-
duictes sans son pouuoir & commission ; entre lesquelles celles que Coqueuille auoit fait en Normãdie, (desauoué toutefois par le Prince de Condé,) furent defaictes à Valery par le Mareschal de Cossé,
lequel luy fit trancher la teste & à quelques autres
Chefs de ses regimens, d'autre-part les poursuites
que l'on faisoit en Court de Rome pour obtenir
Bulles de sa sainteté, affin qu'il fust permis aliener du
temporel de l'Eglise iusques à cent cinquante mil escus de rente, pour employer les deniers qui prouien-
droient de ceste vente, à l'extermination de la Religion
Huguenotte. Les confrairies & assemblées
frequentes qui se faisoient en Bourgongne, & comme les Huguenots disoient par les practiques de
Tauannes seruiteur de la maison de Guise, les regimens de Brissac, & des enseignes de gendarmes, qui
s'acheminoient

La Rochelle refuse garnison.

Et contreuient à l'Edict de pacification.

Le Mareschal de Cossé fait trancher la teste à Coqueuille qui remuoit en Normãdie & à quelque autres.

Bulles pour l'alienation du temporel de l'Eglise.

Plusieurs desseins contre les Huguenots.

s'acheminoient en ceste Prouince, pour surprendre, disoit-on, le Prince de Condé, qui s'estoit retiré en sa ville de Noyers, & l'Admiral à Tanlé, l'entretenement des Suisses & troupes Italiennes, qu'on enuoyoit en garnison à Tours, Orleans & autres villes principales, le grand nombre de caualerie & Infanterie, qui estoit és enuirons de Paris, pour la garde de sa Maiesté, mettroient lesdits Huguenots en grande deffiance: subiet que prit le Prince de Condé, (apres auoir enuoyé la Marquise de Rotelin, & depuis Telligny à leursdites Maiestez, auec lettres de creance, qui portoient les causes de ses deffiances, & de ses plaintes, contre ceux qui abusoient de l'authorité du Roy pour ruiner l'Estat, & rendre le Prince odieux,) de partir de Noyers le vingt-cinquiesme Aoust mil cinq cens soixante-huict, auec la Princesse sa femme qui estoit grosse, accompagné de l'Admiral qui l'estoit venu trouuer auec quarante ou cinquante cheuaux seulement, pour se retirer à la Rochelle: le Cardinal de Chastillon en mesme temps se sauua aussi dans vne barque en Angleterre, apres auoir esté viuement poursuiuy. Ainsi le masque estant leué chacun de rechef se dispose à la guerre. Lors la Royne Mere est conseillée, outre les troupes qui estoient entretenuës, de faire expedier force commissions, & donner le rendévous en Poictou à toutes les troupes, ou desia Soubise, Verac, & autres de leur party commençoient à faire leurs leuées, & tous ceux de leur faction se rallioient, pour estre prés de leurs Chefs, & de la Rochelle, la

Lettres & plaintes du Prince de Condé.

Le Prince & l'Admiral se retirent à la Rochelle.

Le Cardinal de Chastillō viuemēt poursuiuy, se sauue en Angleterre.

Leuees qui se font de part & d'autre.

FFf

meilleure place qu'ils eussent: la Royne de Nauarre qui estoit en Bear, bien aduertie, pour se mettre à labry, comme elle disoit, auec le Prince son fils, accompagnee de Fonteuilles, Seneschal d'Armagnac, sainct Megrin, Piles & autres de ses seruiteurs, auec trois mil hommes de pied, & quatre cents cheuaux, s'y retira aussi enuiron le mois de Septembre, passant toute la Guyenne, nonobstant les efforts de Monluc, & Descars Gouuerneur de Lymosin, ayant sur le chemin despeché la Mote-fenelon à leursdites Maiestez, pour leur faire entendre les causes qui l'auoient portée à se ioindre & s'vnir, & le Prince son fils, au Prince de Condé, & ceux de sa Religion, seulement pour la conseruation d'icelle, & pour le seruice du Roy. Dandelot, Motgommery, le Vidame de Chartres, la Noüe, Barbezieux, & autres Chefs Huguenots, ayant aussi assemblé huict cens cheuaux, & deux mil hommes de pied qu'ils auoient leuez en Bretagne, Anjou, le Mayne, & autres endroits, s'acheminerent pour ioindre ledict Prince de Condé, dont estant aduerty le Vicomte de Martigues, comme il s'aduançoit auec douze enseignes de gens de pied & quatre Cornettes, pour aller trouuer le Duc de Montpensier qui estoit à Saumur, afin d'empescher leur passage, fit rencontre de quelques vnes de leurs troupes en vn village pres sainct Mathurin logées, assez à l'escart, desquelles il en deffit deux compagnies, auec perte de quinze ou vingt des siens & de son Lieutenant. Dandelot y fut en danger de sa personne, ayant esté contraint de quit-

La Royne de Nauarre auec le Prince son fils se retire à la Rochelle.

Autres Chefs Huguenots taschent de se ioindre au Prince de Condé à la Rochelle.

Troupes du Roy conduites par le Vicomte de Martigues, leur empeschent le passage.

Deffaite de deux compagnies d'iceux.

LIVRE SEPTIESME.

ter son disner, pour remonter à cheual, mais ayant rallié ses troupes deux ou trois iours apres, ils les fit passer à gué, laissant vn extreme regret au Duc de Montpensier, & Vicóte de Martigues, qui estoient partis ce iour là de Saumur à dessein de les combattre, d'auoir esté trop tardifs en leurs affaires, & perdu si belle occasion, & passant en Poictou il print Toüars. Or pendant que le Duc d'Anjou assembloit des forces de toutes parts pour exterminer les Huguenots : Le Roy d'autre costé s'armant de ses Edicts, reuoque tous ceux qui auoient esté faicts en faueur d'iceux, & deffend en son Royaume toute autre Religion que la Catholique, Apostolique, & Romaine, sous les peines aux contreuenans de confiscations de corps & de biens, auec commandement aux Ministres d'en sortir dãs quinze iours, & par vn autre qui fut aussi publié à Paris, suspend de leurs estats & charges, tous les Officiers qui font profession de la nouuelle opinion, desquels sadicte Majesté declare ne se vouloir seruir : Edicts qui seruent d'autant d'esperons pour faire haster tous les Huguenots de France de se liguer & prendre les armes, mesme ceux qui escoutoient en leurs maisons, desquels le Prince de Condé, & l'Admiral, ne font pas grand estat, sinon pour s'en seruir vers les Princes estrangers de leur opinion, à tous lesquels ils escriuent, pour leur faire entendre que l'on ne les poursuit pas comme rebelles & seditieux, mais pour le seul faict de la Religion : & cependant en peu de temps ils se rendent maistres de plusieurs

Dandelot & ses troupes passent la riuiere à gué.

Ils prennent Toüars.

Le Roy reuoque ses Edicts, & deffend toute autre Religion en son Royaume que la Catholique.

Qui fait tenir les Huguenots sur leurs gardes.

Et se saisit de plusieurs bonnes villes.

FFf ij

bonnes Villes, comme de sainct Maixant, Fontenay, Niort, sainct Iean d'Angely, Pons, Blaye, Taillebourg, & Angoulesme, sans que le Duc de Montpensier y peut donner secours, en partie à cause de la descente des Prouençaux, soubs la conduite d'Assier, de Mouuás, Dambres, Mobrun, Pierre Gourde, & autres Chefs Huguenots du pays, qui ayans passé la Dordongne, s'auançoiét pour se ioindre au Prince de Condé, le passage desquels il vouloit empescher, & pour cet effet les ayant ioints & rencontrez auprès de Messignac, il tailla en pieces plus de trois mil hommes de pied, & prés de trois cens cheuaux, en laquelle deffaite Mouuans, & Pierre Gourde, perdirent la vie : peu de iours apres Assier ayant recueilly le reste de leurs forces, qui estoient encores de plus de quatre mil hommes, & cinq cens cheuaux, s'achemina à Aubeterre, où l'Admiral & le Prince les furent trouuer, & pour reuanche estant leurs forces iointes, ils delibererent de poursuiure à leur tour le Duc de Montpensier, de faict ils le tallonnerent de si prés quatre ou cinq iours, qu'ils arriuoient tousiours le lendemain matin, au lieu où il auoit couché ; mais s'estant le Duc de Montpensier retiré à Chastelleraut, l'armée Huguenote print le chemin du bas Poictou : cependant le Duc d'Anjou Lieutenant General de l'armée, auec toutes ses forces & canons, estant party de Paris, s'acheminoit en la plus grande diligéce qu'il pouuoit pour ioindre celles des Ducs de Montpensier & de Guise, Vicomte de Martigues, & de Brissac qui l'atten-

Deffaicte des Huguenots à Messignac par le Duc de Montpensier.

Lesquels le poursuiuent sans rien faire.

L'armée du Duc d'Anjou vient ioindre les autres Princes, & Seigneurs Catholiques.

doient auec impatience, pour combattre le Prince de Condé, lequel poussé de ce mesme desir, ayant eu aduis que le Duc s'auançoit auec son armée, delibera d'aller au deuant de luy: si bien que les deux armées estant prés l'yne de l'autre, il se rencontra que les deux auantgardes auoient vn mesme dessein, qui estoit de loger à Pamprou, bourg qui est à cinq lieuës de Poictiers, lequel aprés auoir esté disputé des Mareschaux des logis, & auant-coureurs des deux armées qui s'en chasserent & rechasserent: en fin demeura au Prince & Admiral qui y logerent, la nuict venüe ledict Vicomte de Martigues qui conduisoit l'auantgarde, voyant l'incommodité & desauantage du lieu où il estoit, ayant commandé à ses gens de pied de faire des feux en diuers endroits, & ietter forces mesches allumées sur les buissons, pour amuser l'ennemy, fit cependant sa retraicte à Iasenueil, ou le Duc estoit auec la bataille; le lendemain le Prince de Condé & l'Admiral ayant marché sur ses mesmes pas, enuoyerent descouurir l'estat & disposition de l'armée du Duc, en resolution de le combatre, mais aduertis de l'aduátage du lieu, tant pour auoir les auenuës difficiles, que pour estre bien retranché & flanqué, ayant paru dans la plaine de Iasenueil, firent tenir bride en main à leur caualerie, pendant que leur infanterie employoit le reste du iour en escarmouches auec celles du Duc, lequel le lendemain print le chemin de Poictiers: le Prince de Condé lors aprés plusieurs desseins delibera de s'asseurer d'vn passage sur la Riuiere de Loi-

Logement de Pamprou, disputé par les Mareschaux des deux armées.

Stratageme du Vicomte de Martigues pour changer de logement.

L'armée Huguenote tasche d'auoir vn passage sur la riuiere de Loire.

FFf iij

re, pour plus librement rallier ses partisans, qui n'estoient encores tous auec luy, & pour cet effet s'achemina auec l'Admiral & son armée à Toüars, & de là tira à Saumur, où sainct Seuar commandoit, auec forte garnison, & d'autát que l'Abbaye S. Florét, où il y auoit quelques gens de pied leur importoit pour la facilité du passage Dandelot l'assiege, & la prent, & pour reuenche des soldats, qui auoiét esté tuez à Mirebeau, que Brissac & le Lude auoiét pris quelques iours auparauant (ayant la capitulation par eux esté mal gardée) passe au fil de l'espée tous les soldats de la garnison : cependant le Duc d'Anjou s'acheminoit à Loudun pour l'assieger, ce qui fit changer le dessein du Prince de Condé, qui alla aussi tost au deuant de luy, en intention de luy presenter la bataille, & furent trois ou quatre iours les deux armées à vne lieuë l'vne de l'autre, deuát ceste ville, auec vne fiere & égale contenance, sans beaucoup d'effect, mais en fin les plaintes vniuerselles des soldats, ne pouuant permettre aux chefs de les tenir d'auantage à descouuert, contre les glaces & l'aspreté d'vn Hyuer, tel qu'il faisoit lors, les fit separer le quatriesme iour, de sorte que le Duc d'Anjou se retira à Chinó, & de là enuoya só armée en Lymosin, & les Princes auec l'Admiral à Nyort, où la Royne de Nauarre les vint trouuer quelques iours aprés, auec laquelle ils delibererent de vendre & engager le téporel des Ecclesiastiques pour subuenir aux affaires de leur party, comme ils firent, & dont ils tirerét beaucoup d'argét. La Royne d'Angleterre

Les deux armées en bataille quelques iours sans effect.

Le Duc d'Anjou se retire à Chinon. Et le Prince & l'Admiral à Niort, où ils delibererent auec la Royne de Nauarre de vendre le temporel des Ecclesiastiques.

LIVRE SEPTIESME. 417

aussi en ce mesme temps à la sollicitation du Cardinal de Chastillon, enuoya à la Rochelle, six canons auec poudres, munitions, & argent, & le Prince de Condé pour son remboursement luy fit deliurer force metail, cloches, & laines. Lors la Royne Mere fort ennuyee des troubles qui trauailloient ce Royaume, & tousiours desireuse de cercher quelque remede au mal qui alloit croissant, enuoya vn nommé Portal qui auoit esté long temps prisonnier à la Conciergerie, au Prince de Condé, pour luy faire quelque ouuerture de paix, laquelle le Roy son fils & elle embrasseroient auec toute sorte d'affection s'il y vouloit entendre, & apres plusieurs demandes & repliques de part & d'autre, sans rien conclurre, ledict Portal ne remporta autre chose que des paroles plaines d'obeyssance & de seruice à leurs Majestez, auec vne lettre assez picquante contre ceux qui abusoient de leur authorité pour troubler le Royaume soubs pretexte de Religion. Sur la fin de l'année le Comte de Martinengue, la Chastre, & Antragues assiegerent la ville de Sancerre ou apres auoir changé de baterie deux ou trois fois & donné plusieurs assauts, en fin leuerent le siege au mois de Ianuier mil cinq cents soixante & neuf, pour ioindre leurs forces au Duc de Nemours & d'Aumalle, commandez pour aller en Champagne, auec vne grande & forte armée, afin d'empescher l'entree du Royaume au Duc de deux Ponts, leur retraite ayant enflé tellement le courage des habitans de Sancerre, qu'ils entreprirent de bastir vn fort sur la riuiere de Loire, prez du port

Canons, poudres, munitions & argent enuoyez par la Royne d'Angleterre à la Rochelle.

Pour parlé de paix sans effect.

Le siege leué de deuant Sancerre apres auoir souffert plusieurs assauts.

Ceux de Sancerre bastissent vn fort pres du port S. Thibaut.

S. Thibaut, pour s'asseurer du passage, & arrester les vaisseaux des marchans qui passeroient par là : mais bien tost apres les plus hardis d'entr'eux furent deffaits, par les garnisons des villes de la Charité, Neuers, & Habitans d'icelles, qui s'assemblerent. En ce mesme temps quelques Huguenots du bas Poictou, prirent l'Abbaye sainct Michel, ou les Religieux ne furent pas mieux traictez que les soldats qui estoient en garnison : cependant l'armée Huguenotte qui auoit passé vne partie de l'hyuer en Poictou, s'acheminoit pour aller au deuant des forces des Vicomtes de Monclar, Bourniquet, Paulin, Gourdon, & autres Chefs qui auoient cinq à six mil hommes de pied, & six cens cheuaux. Piles ayant esté auparauant despeché vers eux pour les persuader de venir en l'armée, à quoy ne les ayant peu porter, pour ne vouloir abandonner leur pays à la mercy des Catholiques, & Montauban leur plus asseurée retraicte en ce pays-là, reprit son chemin pour s'en reuenir au camp des Princes, & passant en Perigort auec huict cents harquebusiers & six vingts cheuaux qu'il y auoit leuez, apres auoir pris saincte Foy & Bergerac, mit tout à feu & à sang par tout où il passa, pour vanger, disoit-il, la mort de Mouuans, & ses compagnons. En ce mesme temps le Comte de Brissac qui veilloit à toutes occasions, deffit la compagnie de Bressaut, & peu de iours apres estant party de Lusignan auec son Regiment & quelque caualerie chargea les troupes du Comte de Mongommery, ainsi qu'il repaissoit à vn village appellé la

Motte

L'Abaye sainct Michel au bas Poictou prise par les Huguenots.

Troupes Huguenottes vers Montauban.

Piles prent saincte Foy & Bergerac, & met tout à feu & à sang.

LIVRE SEPTIESME. 419

Motte S. Eloy, auquel plus de cinquante des siens furent couchez sur la place, & luy contraint de se sauuer au Chasteau & abandonner son ieune frere, lequel fut pris & amené à Lusignan: ce qui donna subiet audict Comte quelque temps apres de rechercher les moyens d'auoir la place par intelligence, & pour cét effet practiqua le Lieutenant de Suron (qui en estoit Gouuerneur) lequel luy promit de la luy mettre entre les mains : mais n'ayant peu executer son malheureux dessein apres auoir tué quelques soldats qui estoiét demeurez au Chasteau pour la garde de la porte pendant, que les Capitaines accompagnez de la pluspart de leurs soldats festinoient à la ville, fut payé en fin de sa perfidie : car le Gouuerneur ayant gaigné le donjon, assisté de ses compagnós, qui vindrent à son secours en fort grande diligence sur l'aduertissement qu'ils eurent de la trahison par vn soldat qui s'estoit eschappé, luy feit quitter le Chasteau auec la vie, & à tous ceux de son complot. Il y eust aussi en ce mesme temps quelque entreprise sur Dieppe par Cateuille, & Lyndebeuf, laquelle estant descouuerte par vn Sergent, le Gouuerneur en donna aussi tost aduis à la Mailleraie Lieutenant pour le Roy en Normandie, qui les enuoya querir, & les ayant mis entre les mains du Parlement de Roüen, ils eurent bien tost apres les testes tranchées par Arrest dudit Parlement ; aucuns de la Noblesse Huguenotte du pays entreprirent aussi de se rendre maistres du Haure par le moyen de plusieurs partisans qu'ils

Deffaicte des troupes du Côté de Montgōmery, & son ieune Frere pris prisonnier.

Trahison du Lieutenant de Suron pour liurer Lusignan au Comte de Montgōmery.

Qui fut payé de sa perfidie, & la place preseruee.

Cateuille & Lyndebeuf, ont la teste trāchée pour auoir voulu liurer Dieppe aux Huguenots.

GGg

auoient en la Ville, lesquels la nuit que l'execution de leur dessein se deuoit faire, auoient promis de cadener & barrer les portes des Catholiques, comme ils firent : mais Sarlabos Gouuerneur de la Ville, au premier bruit & allarme donna si bon ordre aux portes, & aux murailles, & à tous les endroits de sa place, que par sa vigilance il empescha qu'elle ne tombast ce iour là entre les mains des Huguenots, beaucoup desquels de ceux de la Ville se sauuerent en Angleterre, les autres qui furent apprehendez furent bien tost executez. Cepédant le Duc d'Anjou qui auoit receu les troupes du Côte de Téde, Gouuerneur de Prouence, & qui attendoit de iour à autre les deux mil Reistres, que le Comte Ringraff & Bassompierre auoient amenez, lesquels s'estoient refraichis autour de Poictiers, prit resolution de s'acheminer auec son armée en Angoumois, pour combatre les Princes auant que leurs forces fussent vnies auec celles des Vicomtes, qu'ils alloient prendre, & au secours qu'il attendoient d'Allemagne. Pour cet effet apres auoir pris Ruffec & Meles, en passant il feist acheminer son auantgarde conduicte par le Duc de Montpensier à Chasteauneuf, où estant arriué le mercredy neufiesme du mois de Mars, enuoya vn trompette au Capitaine du Chasteau, qui estoit Escossois, pour le sommer de le luy remettre entre les mains, lequel feit au commencement contenance de se vouloir deffendre : mais en fin, voyant arriuer le mesme iour le Duc d'Anjou auec le reste de l'ar-

Le Hanre preseruè par le bon ordre de Sarlabos Gouuerneur de la ville.

L'Armée du Duc d'Anjou en Angoumois.

Chasteauneuf se rend au Duc d'Anjou.

LIVRE SEPTIESME. 421

mée, n'ayant que cinquante ou soixante soldats, & se voyant forcé il se rendit à sa volonté & discretion; lors le Duc estant maistre dudict Chasteau, resolut d'y seiourner le lendemain, afin d'auiser à ce qui seroit de faire, tant pour l'ordre des magasins, pour la suitte de l'armée, qu'en attendant la refection du pont de la riuiere de la Charente, que les ennemis auoient rompu, dont la charge fut donnée au President de Birague, qui s'en acquita fort bien. Le vendredy cinquiesme dudict mois, le Duc ayant aduis que ses ennemis estoient à Coignac, resolut pour deux raisons d'aller deuant ladicte ville, l'vne que se presentant deuant icelle, si l'armee Huguenote y estoit, comme il se disoit, il esperoit qu'elle sortiroit; & que ce faisant il pourroit l'attirer au combat; l'autre qu'au pis aller il recognoistroit la place, pour aprés l'attaquer. Pour ces causes donques s'y estât acheminé il commanda au Comte de Brissac qui auoit auec luy la plus grande partie de la ieunesse d'approcher le plus pres qu'il pourroit, ce qu'il feit de telle façon, qu'il donna iusques dans les barrieres de ladicte ville, d'où il ne sortit personne qu'vn nommé Cabriane qui fut prisonnier, cependant ledict Comte reconnut fort bien la place, comme feirent par le commandement du Duc, les sieurs de Tauannes & de Losses, encor que l'on tirast infinis coups d'artillerie, peu apres les ennemis se monstrerent delà la riuiere au deuant dudict Coignac venant de Xaintes, & demeurerent long temps en bataille à la veuë de nostre armée qui s'ad-

Le pont de la riuiere de Charante refaict par le President de Birague.

Coignac tenté, mais en vain.

GGg ij

uancea à marcher vers Iarnac, tousiours estant la riuiere entre nous & eux : & voyant le Duc d'Anjou qu'il estoit ja tard, il se retira audict Chasteauneuf où il arriua la nuict. Le Samedy douziesme il y sejourna, à cause que les ponts tát le vieux que le nouueau que l'on faisoit de batteaux, ausquels ledict Birague faisoit trauailler auec toute la diligence possible, n'estoient encor parfaicts : cependant l'auantgarde de l'armée Huguenotte parust sur vne montaigne au deuant d'iceux ponts, ce qui donna occasiõ à quelques soldats des nostres de se desban-
L'armée du Roy passe le pont.
der pour attaquer l'escarmouche, lesquels furét aussi tost commandez de se retirer à leurs drapeaux, attendant la refection desdicts ponts qui furét acheuez sur la minuict. Lors le passage estant ouuert, il fut resolu que deux heures apres la caualerie passeroit sur le vieux pont, & les Suisses & autres Regiments de gens de pied sur celuy de batteaux, qui se rompit neantmoins, pour l'extresme desir que chacun auoit d'estre de là l'eau, & veoir les ennemis. Apres auoir esté refaict du mieux que l'on peut trois heures apres, toute l'infanterie passa, horsmis huict cens hommes de pied & quatre cens cheuaux que le
Stratageme de l'armée du Roy qui reussit.
Duc auoit ordonnez dés le soir pour demeurer deçà l'eau, sur le haut de la montaigne, prés dudict Chasteau neuf, pour couurir le bagage que l'on auoit laissé, & faire croire aux ennemis que c'estoit le gros de l'armée, ce qui seruist bien. Estant donc nostre armée passee en ceste sorte auec toute la diligence qu'il fut possible, aussi peu preueüe par le Prince de

LIVRE SEPTIESME. 423

Condé & l'Admiral, qu'elle fut bien entreprise par le Duc d'Anjou, & heureusement conduite par Tauannes & Biron. Le Duc voyant que ce iour il seroit prest de voir les ennemis, ayant suiuy sa bonne & loüable coustume, qui estoit de commancer sa matinée par se recommander à Dieu, voulut receuoir le corps precieux de nostre Seigneur, cóme firét les Princes & quelques Capitaines de nostre armée: puis apres commanda aux sieurs de Carnaualet & de Losses, d'aller recognoistre l'édroit ou estoit l'ennemy, ils n'eurent pas faict long chemin qu'ils veirent paroistre soixante cheuaux au haut de la montagne, & quasi en mesme téps vn Capitaine Prouençal nómé Vince, de la maison du Duc, & nepueu de Carces, qui conduisoit cinquante harquebusiers à cheual, lequel les ayant ioints leur dit qu'il auoit eu cómandement de faire ce qui luy ordóneroient. Lors lesdits Carnaualet, & de Losses, luy dónerent aduis d'aller iusques au village qui estoit bien pres de là; ce qu'il feit & y donna si furieusement que trouuant vne cornette des ennemis il la mit en tel desordre, que beaucoup d'iceux s'estans plus aidez de leurs esperons que de leurs espees, il en amena quinze ou vingt prisonniers, qui asseurerent que l'Admiral & Dandelot, estoient auec toutes les forces de l'armee, & y auoit apparence de bataille. Cependant le Duc d'Anjou pour gagner tousiours temps, feit auancer son auantgarde, conduicte comme i'ay dict par le Duc de Montpensier, de façon que presque en mesme temps arriuerent le Duc de Guise, & le Vicomte

Religieuse preparation au combat du Duc d'Aniou, & des principaux de l'armée Royale.

Rencontre d'auantcoureurs qui sont cause de descouurir l'estat des affaires de l'ennemy.

GGg iij

de Martigues, qui marchoient deuant auec leurs regiments de caualleric; lors l'ennemy parut en bien grand nôbre eftât ja entre dix à vnze du matin au bas de la montagne, du coſté de Iarnac; au meſme temps ledit Vicomte de Martigues aſſiſté de Malicorne, de Pampadour, Lanſſac, Feruaques, Fôtaines, & autres qui faiſoient prés de ſix cents cheuaux, attaqua l'eſcarmouche de telle ſorte qu'ayant donné en queuë ſur le regiment de Puuiaut, qui partoit de Vibrac, il tailla en pieces quelquesvns, & mit les autres en grâd deſordre, qui ſe retirerent vers Iarnac, & rencontrans quelques troupes des leurs ſur le haut d'vne petite montaigne, firent teſte en ceſt endroict, auſſi qu'il y auoit vn ruiſſeau bien mal aiſé à paſſer, ou l'Admiral auoit enuoyé mil harquebuſiers pour garder ce paſſage auec quelque caualleric commandee par la Louë, affin d'auoir cependant moyen de raſſembler de tous coſtez les forces de leur armee qui eſtoient fort ſeparees. Lors le Duc de Montpenſier commanda à Coſſins & à moy, d'aller recognoiſtre ledict ruiſſeau pour voir s'il ſeroit aiſé à paſſer, lequel ayàs bien recogneu & fait noſtre rapport; ſuiuant noſtre aduis ledict Duc commanda au Comte de Briſſac auec ſon regiment de gagner le paſſage dudict ruiſſeau: ce qui fut faict & paſſé à la veuë de la caualleric des ennemis, qui vindrent au deuant & fort bien à la charge, & ſur tous autres Dandelot, la Nouë & la Louë, qui firent tout deuoir de bons combatans: mais voyans leſdits harquebuſiers en fort grand deſordre, & qu'ils eſtoient atta-

Bataille de Iarnac rencontres & combats qui arriuerent en icelle.

quez en diuers endroits, & que toute nostre armee s'auançoit à eux, commencerét à se retirer peu à peu. Lors l'Admiral, lequel ne s'estoit iusques là peu resoudre à la bataille, d'autát qu'il estoit beaucoup plus foible, & qu'il vouloit attendre qu'il eust vny toutes ses forces. Se voyant forcé de combattre, enuoya Montaigu au Prince de Condé, qui estoit à Iarnac, affin qu'il s'auançast auec la bataille, à cause qu'il ne pouuoit plus reculer. Cependant le Duc de Montpensier qui auoit receu le commandement du Duc de combattre, & passer sur le ventre à tout ce qui se rencontreroit deuant luy, estant accompagné de Moutsallais, de Clermont, Tallard, du Baron de Senecé, Praslin, & plusieurs autres qui auoient des compagnies de gens d'armes & de cheuaux legers, donna auec grand furie sur la queuë des ennemis, entre lesquels l'Admiral, Dandelot & la Nouë, qui r'allierent ce qu'ils auoient de caualerie, firent vn tel effort pour soustenir le choc, que plusieurs de part & d'autres furent tuez & blessez, comme aussi en vn passage que Fontrailles, qui commandoit à vn regiment de mil hommes, auec Claueau & Languillier, auoient quelque temps deffendu sur vne chaussee d'estang, dans lequel apres auoir esté forcez plusieurs furent veus tomber par la presse qu'ils auoient au passage. Ce que voyant le Prince de Condé qui y estoit arriué en la plus grande diligence qu'il auoit peu, ayant auec luy Montgommery, les Comtes de la Rochefoucaut & de Choisi, Chandenier, le Baron Montandré, Rosny, Ranty, Montejan, Chastelier, Portault, & plu-

L'Admiral ne se pouuoit resoudre à la bataille.

Le Duc de Montpensier à la charge.

Le Prince de Condé vient à la charge auec sa troupe.

sieurs autres, qui auoient trouppes vint si furieusement à la charge, qu'il arresta fort court nostre auantgarde & réuersa les premiers qui l'afronterét: mais à l'instant le Duc d'Anjou qui auoit tousiours auprés de luy Tauannes, comme l'vn des plus experimentez Capitaines de nostre armee, s'estant auancé à la main droite dudict estang accompagné du Comte Ringraff & Bassompierre auec leurs Reistres & autres troupes Françoises du Comte des Tandes, le chargea en flanc auec tant de furie que beaucoup ne pouuans soustenir vne si rude rencontre, estans en fort grand desordre furent mis à vauderoute: quelques vns tindrent ferme & aimerent mieux mourir en combatant, ou tomber à la mercy de leurs ennemis, que de tourner le dos; quelques autres se retirerent. Ce fut lors que le Prince de Condé ayant eu son cheual blessé, & luy porté par terre, & abandonné des siens apella Argens qui passoit deuãt luy, auquel il dóna sa foy & son espee, pour estre son prisónier: mais bié tost apres ayãt esté recogneu il receut vn coup de pistolet par Montesquiou, dont il mourut aussi tost, laissant à la posterité memoire d'vn des plus genereux Princes qui ayent esté en son temps. Lors l'Admiral & Dandelot ne pouuans arrester le cours de leur cauallerie, & aussi peu leur infanterie, firent leur retraicte auec peu de gens à sainct Iean d'Angely, d'où apres ils partirent pour aller trouuer les ieunes Princes de Nauarre & de Condé, qui s'estoient retirez à Xainctes, où vne partie de leur Caualkerie se rendit, & toute leur infanterie

Repoussé par le Duc d'Anjou.

Le Prince de Condé se rend prisonnier à Argens.

Tué d'vn coup de pistolet par Montesquiou.

L'Admiral & Dandelot font retraitte à sainct Iean d'Angeli.

LIVRE SEPTIESME. 427

terie Coignac: d'Acier qui en eſtoit party ce matin là faiſoit marcher en la plus grãde diligence qu'il pouuoit trois mil harquebuſiers pour ſe trouuer à la bataille: mais ayant eſté aduerty ſur le chemin de la perte d'icelle, par ceux qui n'auoient attendu d'en veoir la fin, feit auancer ſon Infanterie vers Iarnac, & toſt apres ſçachant que noſtre armée s'y acheminoit, il paſſa l'eau auec ſes gens de pied pour reprendre la route de Coignac, ayant faict rompre les ponts pour fauoriſer ſa retraicte, auec le Prince de Condé plus de cent Gentils-hómes Huguenots finirẽt leurs iours en ceſte bataille, & entre autres Monteigean de Bretaigne, Chãdenier, Chatelier Portaut, les deux Mimbrez du Mayne, Rãti, Guitiniere, Ianiſſac, Buſſiere, Stuard Eſcoſſois, qui tua le Cóneſtable, le Capitaine Chaumont, le Cheualier Goullaine Preaux, Bilernac, Vines cornette du Prince de Nauarre, les deux Vandeuures, Beaumont qui bleſſa le Duc de Neuers, Sainct Brice, la Pailliere, Meſanchere & pluſieurs autres. Le nombre des priſonniers ne fut pas moindre, & entre autres, la Nouë, qui a depuis eſté eſchangé auec Seſſac, Lieutenant du Duc de Guiſe, qui auoit eſté pris quelques temps auparauant en vne hoſtellerie, s'acheminant de la Cour en noſtre Camp, & auec luy Ponts de Bretaigne, Corbouſon Lieutenant du Prince de Condé, & ſon enſeigne, Fõteraille, Spondillan Capitaine de ſes gardes, l'Eueſque de Cóminges, baſtard du feu Roy de Nauarre, le Comte de Choiſy, Saincte Meſme, le

Noms des principaux qui moururent en ceſte deffaicte.

Nombre de priſonniers.

HHh

Baron de Rosny, le fils aisné de Clermont d'Amboise, Liniere Querchi, Enseigne de l'Admiral, Belleville, Languillier, le ieune Chaumót, Cognee, Bigni, & plusieurs autres. Des nostres furent tuez, Montsallays, les Baron Dingrade, & de Prunay, Moncauré, le ieune Marcins, Nostraure, Mangotiere, & le Capitaine Gardouch du Regiment du Comte de Brissac, peu d'autres. Entre les blessez les plus signalez furent Bassompierre, Clermont, Tallard, Praslin, le Baron de Senecé, le Comte de la Mirande, la Riuiere Capitaine des gardes du Duc, Aussum, Yues, Lieutenant de Chauuigni, Vince Escuyer d'escuirie du Duc, le ieune Lanssac, le Cheualier de Chemeraut, Mutio, Frangipain, & quelques autres : apres ceste victoire, le Duc s'estant retiré le treiziesme Mars à Iarnac abandonné des ennemis, (lieu où il donna le corps du Prince de Condé mort, au Duc de Longueuille, sur la requeste qu'il luy en feit) ayant rendu graces à Dieu, il despescha le soir mesme Losses, pour faire sçauoir l'heureux succez de ses armes, à leurs Majestez, lesquelles ie fus trouuer quatre iours aprés, de la part dudict Duc, pour faire auancer les leuées de Reistres que le Marquis de Bades auoit promis de faire pour le seruice du Roy, qu'il luy auoit faict tenir de l'argent pour cet effect, il y auoit desia quelque temps ; ie ne fus pas si tost arriué prés de leurs Majestez, qu'aprez leur auoir reconfirmé ce que Losses leur auoit dict, à quoy ie ne peus rien ad-

Les plus signalez d'entre les blessez.

Le corps du Prince de Condé donné au Duc de Longueuille.

Losses porte les nouuelles de la victoire à la Cour.

L'Autheur va aprés luy pour faire auancer les Reistres du Marquis de Bades.

LIVRE SEPTIESME. 429

iouster, sinon le nombre plus asseuré des morts, prisonniers, & blessez de part & d'autre, qu'il n'auoit peu sçauoir au vray, à cause de son soudain partement, qu'ils me despescherent aussi tost vers ledict Marquis, pour le faire haster de venir, ce que ie fis auec telle diligence, qu'en quinze iours ie luy feis passer le Rhin, nonobstant les leuees que faisoit le Duc des deux Ponts, qui pouuoient estre cinq mil Reistres, & quatre mil Lansquenets. Estant arriué à Metz auec le Marquis, sa Majesté me commanda incontinent apres d'aller trouuer le Duc Dalue, & le prier d'vn second secours, & tel que l'Ambassadeur du Roy d'Espagne auoit faict esperer au Roy, comme estant leurs interests ioints, & communs à la ruyne des Huguenots autant factieux & rebelles en Flandre, que nos Huguenots en France ; s'asseurant qu'estant son secours joint à l'armée que commandoient les Ducs de Nemours & d'Aumale, lesquels sa Majesté auoit faict alternatiuement ses Lieutenans generaux en l'armée de Champaigne, il empescheroit l'entrée du Royaume audict Duc des deux Ponts, où pour le moins auant qu'il passast plus auant seroit combattu en telle sorte, qu'il ne luy resteroit qu'vn repentir d'auoir entrepris legerement l'iniuste deffence de mauuais subiects contre leur Roy : ce qu'ayant faict entendre audict Duc, ie le trouuay beaucoup plus prompt au secours que ie luy demandois qu'il n'auoit esté auant la ba-

Qu'il va trouuer, le faict venir en diligence.

Il est apres enuoyé vers le Duc Dalue pour auoir secours.

HHh ij

taille sainct Denis; aussi qu'il estoit picqué au ieu, & fort animé contre les Huguenots de France qui auoient incontinent apres la publication de la paix & de l'Edict en France, aydé à entretenir en Flandres la guerre qu'il faisoit au Prince d'Orange, Comte Ludouic son frere, & de Mansfelt, ayant enuoyé douze Cornettes & deux mil hommes de pied, soubz la charge de Genlis, Moruilliers, Marquis de Renel, Dautricour, Mouy, Renty, Esternay, Fequieres, & quelques autres, lesquels estans demeurez en Brabant, apres ces troisiesmes troubles & retraittes des Princes à la Rochelle, ne s'estoient voulu hazarder de venir en France & la trauerser; ce qu'ils n'eussent peu faire aussi sans grand peril, lesquelles troupes ont depuis bien aydé à faciliter le passage du Duc des deux Ponts, mais pour retourner au Duc Dalue; apres m'auoir faict milles protestations du desir qu'il auoit de seruir leurs Majestez en ceste occasion, & en toutes autres, il m'asseura qu'il me donneroit dans dix iours deux mil hommes de pied, & deux mil cinq cents bons Reistres, soubz la charge du Comte de Mansfelt, Gouuerneur de Luxembourg, me priant d'en escrire à leurs Majestez, & leur confirmer toutes asseurances de son entiere affection à leur seruice, leur donnant conseil & aduis de ne faire iamais paix auec leurs subiets rebelles, & encores moins auec des Huguenots, mais bien de les exterminer & traitter les Chefs s'ils pouuoient iamais tomber entre leurs mains, de mesmes qu'il auoit faict les Comtes d'Egmont, & de Horne,

Le Duc Dalue picqué côtre les Huguenots, & pourquoy.

Quel secours il donna au Roy.

ausquels il auoit faict trencher les testes pour auoir *Le Duc Dalue*
esté factieux & rebelles au Roy d'Espagne leur *faict trencher les testes aux*
Maistre, bien que tous deux fussent fort recom- *Comtes d'Eg-*
mandables pour la grandeur de leurs maisons, & *mont & de Horne.*
de leurs seruices, s'estant ledict Comte d'Egmont *Merites & ser-*
fort signalé à la iournée de S. Quentin, pour auoir *uices du Com-*
bien faict, & esté en partie cause du desastre des Fra- *te d'Egmont.*
çois & prise du Connestable, comme aussi de la deffaicte du Mareschal de Termes à Graueline, adioustant ledit Duc Dalue beaucoup de discours de
ses faicts & de la bataille Demdem, qu'il auoit ga- *Bataille Dem-*
gnée sur les Gueux, auec milles paroles plaines de *dem gagnée*
braueries & d'ostentations accoustumées à ceux de *Dalue côtre les*
sa nation, qui seroient trop inutiles d'inserer en ses *Gueux.*
merites. Donques pour ne perdre temps, pendant
mon seiour ayant donné l'ordre que ses trouppes
fussent prestes, apres qu'elles eurent faict monstre, & que i'eus pris congé de luy, ie les fis acheminer auec telle diligence, qu'en moins de dix iours *Diligence de*
nous ioignismes l'armée des Ducs de Nemours, & *l'Autheur à la conduite de*
d'Aumale en Bourgogne assez à temps pour com- *ses troupes.*
battre le Duc des deux Ponts, aussi fort en Caualerie, mais moindre en Infanterie, que nous, si ces
deux Generaux eussent esté bien vnis, & eussent
pris les occasions qui s'offrirent deux ou trois fois
de le combatre auec auātage, en dix-sept iours que
nostre armée costoya la sienne, qui ne fut iamais at- *Escarmouches*
taquée qu'en quelque logement à diuerses & lege- *de l'armée du*
res escarmourches, sinon à Nuyts, au passage de la *Roy con-*
riuiere auquel il sembloit que le combat deust estre *tre le Duc des deux Ponts.*

HHh iij

plus grand qu'il ne fut, mais le Duc d'Aumale se contenta pour ce iour là de respousser vn regiment de Caualerie, commandé par Schomberg, lequel le Duc des deux Ponts qui estoit logé à l'Abbaye de Cisteaux auoit faict auancer pour passer la riuiere, ce qu'ayant faict fut contraint de retourner auec perte de quarante ou cinquante des siens, auec quelques prisonniers, mais estant soustenu de leur caualerie il feit ferme; lors le Duc d'Aumale commanda au Comte de Charny, qui auoit commencé ceste premiere charge auec les compagnies du Duc de Lorraine, du Marquis de Pont son fils, & autres troupes de tenir bride en main, en partie à cause que l'artillerie des Huguenots qui estoit pointée sur vne colline du costé de l'Abbaye, endommageoit nostre caualerie, ce qui fut cause que chacun regardant la contenance de son compagnon pour prendre son auantage : le reste du iour se passa en escarmouches assez legeres entre les gens de pied : le lendemain le Duc des deux Ponts qui n'auoit autre but que de tirer pays se remit en campagne, & s'estant aduancé quelques iours sur nostre armée (qui aprés ceste iournée demeura derriere) prit le chemin de la ville de Beaune, deuát laquelle il seiourna deux iours attendant ses chariots & bagages, de là fut à Treschasteau, où il passa la riuiere auec aussi peu de peine qu'il auoit faict auparauant celle de Sauerne, encore que l'armée des Ducs de Nemours & d'Aumale fut campée à sainct Iean prés de là pour le passage du pont sur Sone, qu'il passa aussi sans contre-

Le Duc des deux Ponts & son armée passe par tout sans contredit.

LIVRE SEPTIESME. 433

dict, la riuiere estant gueable en plusieurs endroits; c'est ce qui fut cause que les gens de pied que le Duc d'Aumale auoit enuoyez pour garder, tant cedict passage que celuy de Montreuil l'abandonnerent: mais pour retourner au lieu où j'ay faict la digression de Treschasteau, le Duc des deux Ponts ayant gagné le païs d'Auxerrois, ne pesa plus qu'à s'asseurer d'vn passage sur la riuiere de Loire: pour cet effect ayant eu aduis par Guerchi qui estoit venu au deuant de luy, du peu de gens de guerre qu'il y auoit dans la Charité, prit resolution de l'assieger, & aussi tost enuoya le Marquis de Renel, Mouy, Hautricour, auec six cents cheuaux, & autant d'harquebusiers à cheual pour l'inuestir, lesquels apres auoir passé l'eau à Pouilly, gagnerent bien tost le fauxbourg du Pont, où ils se logerent. Peu apres le Duc estant arriué auec son armée, qui fut enuiron le dixiesme de May, fit camper ses Lansquenets aux deux vallons, lesquels regardent la porte de Neuers, estant iceux couuerts de vignes qui sont là autour, & ayant logé trois couleurines sur vn terrain, qui est eleué, fit batre ladicte porte de Neuers, & sa courtine. Le Marquis de Renel d'autre part auec trois moyennes, faisoit batre tout le long de ladicte courtine, pour empescher les assiegez de reparer les bresches qu'y faisoit la batterie du Duc, qui continuoit sans relasche, en sorte que le Capitaine ayant abandonné la place sur le pretexte qu'il prit (fort mauuais, toutefois) d'aller luy mesme donner aduis au Duc d'Anjou, du peu de moyen qu'il y

Il attaque la Charité.

Le Capitaine qui estoit dedans abandonne la place.

auoit de conseruer la ville, si elle n'estoit promptement secouruë; les habitans bien tost apres demanderent à parlementer pour auoir armes, vies, & bagues saunes, mais les François autant desireux de l'honneur que du butin s'estant hazardez de monter la nuict par vne corde en vn certain endroit de la muraille mal gardé, qui leur fut enseigné par quelques gens de la ville, entrerent file à file les vns apres les autres, & bien tost apres les Lansquenets les suiuirent, pour auoir leur bonne part du butin. Le Duc perdit fort peu de gens, entre autres, Duilly Lorrain gendre du Mareschal de Vieilleuille, y fut frappé d'vn boulet d'vne des pieces qui sortit de la ville, dont il mourut, de ceux de ladicte ville y en eut bien soixante de tuez, Guerchi y fut laissé Gouuerneur auec cinq compagnies de gens de pied, & quelque caualerie. Par la prise de ceste place, le Duc des deux Ponts auança son chemin de beaucoup de pays, qui luy eust fallu trauerser pour ioindre le camp des Princes de Nauarre & de Condé, le premier ayant esté esleu Chef des Huguenots incontinent apres la mort du Prince de Condé, auquel le ieune Prince son fils fut donné pour adioint, l'Admiral demeurant tousiours le principal Gouuerneur & Conseiller en toutes les affaires des Huguenots que ie laisseray acheminer en Angoumois, & Perigueux, sur l'aduis qu'ils eurent de la prise de la Charité, & venuë du Duc des deux Ponts pour aller au deuant de luy, affin de retourner au Duc d'Aumale, lequel estant demeuré seul Lieutenant General

La ville prise d'assaut.

Les Princes de Nauarre & de Condé chefs des Huguenots assistez de l'Admiral.

LIVRE SEPTIESME.

neral à l'occasion de la maladie du Duc de Nemours, qui s'estoit retiré & vne partie de l'armee desbandee, deux iours apres la rencontre de Nuys, ayant tenu conseil de ce qu'il auoit affaire, me choisit pour aller trouuer leurs Majestez, affin de leur faire entendre ce qui s'estoit passé en tout son voyage, & aussi pour remettre la charge de Lieutenant General de l'armee qu'il commandoit entre les mains du Duc d'Anjou, & leur oster la mauuaise impression qu'on auoit voulu donner de luy, pour n'auoir empesché l'entrée du Royaume audict Duc de deux Ponts, & se iustifier d'autres mauuais offices que quelques vns luy auoient voulu rendre à la Court & au Conseil: Estant donc arriué prés de leurs Majestez apres leur auoir rendu côte de mon voyage vers le Duc D'alue, & de beaucoup de particularitez desdits Ducs de Nemours & d'Aumale, dont estant mieux esclaircies, elles demeurerent plus satisfaites; deux ou trois iours apres elles me cómanderét d'aller trouuer le Duc d'Anjou, lequel courant la Xainctonge, l'Angoumois & Lymosin, auoit reduit en l'obeissance du Roy les places de Mussidan & Aubeterre, affin qu'il feist auancer le reste des forces qui estoient auec le Duc d'Aumale, pour combatre les Princes, auant qu'ils peussent estre vnis au Duc de deux Ponts, estant leurs conionctions l'establissement de toutes leurs affaires. Or comme i'auois recognu leurs Maiestez mal satisfaictes desdicts Ducs de Nemours, & d'Aumale, ie trouuay que le Duc d'Anjou ne l'estoit pas moins, de beaucoup de Capi-

L'Autheur enuoyé par le Duc d'Aumale vers sa Majesté pour l'excuser des mauuais offices qu'on luy vouloit rendre.

Conquestes du Duc d'Aniou en Xainctonge, Angoumois & Lymosin.

Iii

taines de son Armée, qui à faute de payement demandoient congé de se retirer en leurs maisons, comme quelques vns auoient fait: La plus part aussi des soldats se desbandoient tous les iours, tant à faute dudit payement, que pource qu'ils auoient grandement paty en l'armée, en partie à cause de l'hyuer qui auoit esté fort grand ceste année, & de beaucoup de maladies, qu'ils auoient receuës, dont grand nombre estoient morts ; en sorte que l'infanterie estoit reduite à vne moitié, la caualerie au tiers, à qui il estoit deub près de trois mois de leurs seruices; ce qui donnoit beaucoup de mescontentement audict Duc qui receuoit les plaintes d'vn chacun, aussi blasmoit il fort ceux qui estoient du conseil de leurs Maiestez, pour le peu d'ordre qu'ils apportoient de faire tenir de l'argent, à quoy de leur costé ils estoient assez empeschez, s'estonnans comme les Huguenots qui en deuoient bien auoir moins, pouuoient entretenir si long temps vne armee sur pied, & faire venir tant d'estrangers, ausquels il falloit beaucoup d'argent, ce qui fit resoudre la Royne Mere, quelques iours apres de venir à Lymoges, tant pour voir quels moyens il y auroit de faire vne bonne paix, que pour aduiser en cas qu'elle ne se peust faire si tost, aux remedes necessaires pour la coseruation de l'Estat, côme aussi pour donner courage aux gens de guerre, & les contenter par belles paroles & promesses, attendant que partie de la leuee fust faicte des deniers de la subuention, que les Ecclesiastiques faisoient à sa Maiesté par la vente & alienation de leur

L'Armée du Duc d'Aniou se desbãde faute de payement

La Royne Mere vient elle mesme en l'armee.

temporel, iusques à la concurrence de cinquante mil escus de rente, suiuant la bulle & permission du Pape; mais pour retourner à l'armée des Princes, laquelle comme i'ay dit, s'estoit acheminée sur la fin de May pour venir au deuant du Duc, à Nantrou, qui fut pris sur quelques soixante soldats, lesdicts Princes, & l'Admiral y ayans sejourné deux iours: ils despecherent le Comte de Montgommery pour aller en Gascogne, afin de commander à l'armée des Vicomtes, qui ne pouuoient s'accorder pour la ialousie du commandement, & aussi pour s'opposer aux desseins de Terride, qui commençoit fort à ruiner les affaires de la Royne de Nauarre, & ayant passé la Vienne, deux lieuës au dessus de Lymoges, le neufiesme Iuin arriuerent à Chalus, d'où l'Admiral partit auec quelques Chefs de l'armée Huguenotte pour aller receuoir le Duc de deux Ponts, mais l'onziesme il le trouua mort à Escars, ayant long temps auparauant esté trauaillé d'vne fieure quarte, en suite de laquelle vne fieure continuë luy fit perdre l'esperance de venir à chef de son dessein encommécé, lequel il exhorta tous les Chefs de son armée de suiure auec la mesme resolution qu'il quittoit la lumiere du iour, pour ioüir de celle du Ciel, estant le dueil & tristesse par la mort de ce Prince (à la charge duquel succeda le Comte de Másfelt) entremeslée de ioye que les Chefs auoient de se voir, l'Admiral fit present aux principaux d'vne quátité de chesnes d'or, auec quelques medailles, retirant à vne portugoise, que la Royne de Nauarre

Terride ruyne fort les affaires de la Royne de Nauarre.

Mort du Duc des deux Ponts.

Le Comte de Mnasfelt elu en sa place.

auoit faict faire par son Conseil, sur lesquelles ces mots estoient engrauez, PAIX ASSEVREE, VICTOIRE ENTIERE, OV MORT HONNESTE, & au reuers le nom d'elle & de son fils Prince de Bearn, pour montrer la resolution qu'elle & son fils auoyent prise de mourir constamment pour la defence d'vne mesme Religion, & aussi pour vnir d'auantage les cœurs & volontez de ceste armée estrangere, en la continuation de ceste guerre & association de leurs armées, desquelles la conionction entiere se fit à S. Yrier, le vingt-troisiesme de Iuin, mil cinq cens soixante & neuf, où par le commandemét des Princes les Reistres ayant faict la reueuë de leurs gens ils firent monstre & receurent argent. Peu de iours apres lesdicts Princes par l'aduis de l'Admiral, firent dresser vne requeste pour l'enuoyer au Roy, au nom de tous les Huguenots de France, par laquelle ils exposoient toutes les causes de leurs plaintes, & iustes deffences pour le faict de leur Religion, l'exercice de laquelle ils supplioient tres-humblement sa Majesté de vouloir octroyer libre à ses subjects, auec les seuretez requises, sans aucune exception, ny modification, protestant que si en quelques points de la Confession de Foy auparauant presentée à sadicte Majesté par les Eglises de France, on leur pouuoit enseigner par la parole de Dieu comprise és liures Canoniques, qu'ils estoient eslognez de la doctrine des Apostres, & Prophetes, de ceder tres-volontiers à ceux qui les instruiroient mieux : c'estoit le sommaire de leur demande, de la-

Presensãe l'Admiral aux Chefs de cette armée.

Medailles de la Royne de Nauarre & deuises qu'elle y feit grauer.

Requeste presentée au Roy au nom de tous les Huguenots de France.

Contenu d'icelle.

quelle ces deux articles estoient les plus importans, & de plus difficile accommodement. Ils asseuroient aussi sa Majesté, qu'ils ne desiroient rien plus que la conuocation d'vn Concile libre & General, & protestoient encores qu'ils eussent vny toutes leurs forces, d'entendre plus volontiers qu'auparauant à vne bonne paix, le seul & vnique moyen de reconcilier & reünir tous ses subjects à son obeïssance: Lestrange ayant esté deputé pour la presenter à sa Majesté, fut trouuer le Duc d'Anjou de la part desdesdicts Princes, pour auoir son passeport, mais il ne peut tirer autre responce, sinon qu'il en donneroit aduis à sadicte Majesté, pour sçauoir si elle auroit agreable qu'elle l'octroyast ; & d'autant que l'on iugeoit bien que ceste requeste n'auoit esté faite que par forme, & que leur intention n'estoit pas de desarmer, que soubs des conditions trop auantageuses : le Roy ne fit autre responce, sinon qu'il ne vouloit rien voir ny entendre, que premierement les Huguenots ne se fussent rengez au debuoir que fidelles subjects doibuent à leur Prince, mais le Mareschal de Montmorency, à qui l'Admiral en auoit escript & renuoyé coppie de la requeste, l'asseura par la responce qu'il luy fit, que sa Majesté, lors que les Huguenots de France se seroient mis à leur deuoir, les receuroit tousiours comme ses subjets, & oubliroit le passé ; quelques iours apres l'Admiral luy en rescriuit vne autre, par laquelle il tesmoignoit auoir vne extreme compassion de voir la ruyne & desolation prochaine de la France, à quoy

La responce que le Roy y feit.

Lettres de l'Admiral au Mareschal de Montmorency.

440 MEMOIRES DV SIEVR DE CASTELNAV, puis que ses ennemis ne vouloient apporter autre remede, il auoit au moins ce contentement d'auoir recherché autant qu'il luy auoit esté possible de paciffier les troubles de ce Royaume, appellant Dieu, & tous les Princes de l'Europe, pour iuges de son intention, qui seroit tousiours portée au seruice du Roy, & à se maintenir auec tous les Protestans de France, en l'exercice de sa Religion contre la violence de ses ennemis: ce sont les mesmes termes de sa lettre. Cependant le Duc d'Anjou, qui auoit receu le reste des forces du Duc Daumalle, comme aussi

Secours du Pape contre les Huguenots.

le secours de trois mil hommes de pied, & douze cent cheuaux que le Pape enuoya à sa Majesté, sous la conduite du Comte Santafior son nepueu; lesquelles troupes ne remplaçoyent toutefois pas celles qui s'estoient desbandees, & à qui il auoit esté contraint donner congé, comme i'ay dict cy dessus. Apres auoir esté quelques iours à Lymoges auec la Royne sa Mere, laquelle accópagnée des Cardinaux de Bourbon, & de Lorraine, vouloit

La Royne Mere veut voir elle mesme l'armée en bataille & exhorter tant les chefs que les Soldats.

voir l'armée en bataille, visiter toutes les bandes, & exhorter les Capitaines & soldats de faire leur deuoir, leur promettát qu'outre leur solde qu'ils receuroient bien tost, sa Maiesté recognoisteroit leur fidel seruice, fit dessein de s'approcher plus pres des ennemis afin de les combatre, selon l'occasion & le lieu, qui luy seroit plus fauorable, & auantageux; resolution toutefois prise contre l'opinion du Cardinal de Lorraine, & autres Chefs de l'armée, qui estoient d'auis qu'il falloit attendre que les trou-

LIVRE SEPTIESME. 441

pes qui s'eſtoient allees refrechir fuſſent venuës, & toutes les forces du Roy enſéble, pour venir à vn cóbat general cóme il s'eſt faict depuis. Le Duc neantmoins ayant ſuiuy ſa reſolution premiere, ſon armée ne fut pas cápee à la Rochelabeille, enuiró vne lieuë de S. Yrier que bien que les aenuës fuſſent aſſez difficiles, tant pour la ſituation du lieu, que pour les retranchement que le Duc auoit faict faire, le lendemain matin l'armée Huguenotte ne marchaſt en bataille, en ſorte que le premier corps de garde compoſé du regiment de Stroſſi qui s'eſtoit auancé au delà de la chauſſée de l'eſtang, l'eut bien toſt ſur les bras; Piles auec ſon regiment ayant commencé la charge de prime abort fut repouſſé ſi bruſquement, qu'il en demeura plus de cinquante des ſiens ſur la place; & les autres commençoient deſia à prendre party de ſe retirer, lors que l'Admiral qui menoit l'auantgarde commanda à Mouy & Rouuré auec leurs regimens de s'aduancer pour les ſouſtenir, & en meſme temps Beauuais la Nocle, & la Louë, auec trois cents cheuaux les chargerent en flanc, ſi bien que le Capitaine S. Loup Lieutenant de Stroſſi qui s'eſtoit auancé au dela du vallon ſouſtenu de quatre Cornettes Italiennes fut contraint de ſe retirer dans ſes barricades, leſquelles eſtant aſſaillies en diuers endroits tant de la caualerie que de l'infanterie, en fin furent fauſſées, & Stroſſi apres auoir faict tout deuoir de bon Capitaine ne voulant gagner la montagne, comme quelques autres firent fut pris priſonnier, & ſon Lieutenant tué ſur la place, auquel

Rencontre des deux armées en Limoſin où les Catholiques eurent l'auantage.

plus de quatre cens soldats des siens firent compagnie, lors l'Admiral ne voulant se hazarder de passer plus outre, & poursuiure le premier succés de ceste charge, commanda à la Caualerie de se retirer, chacun sous sa Cornette, & l'Infanterie sous son Drapeau, aussi que nostre artillerie pointée sur vne colline commençoit fort à les endommager, la pluye qui fut continuelle ce iour là, fut aussi en partie cause que le Duc d'Anjou ne voulut hazarder la bataille, le lendemain se passa en quelques legeres escarmouches, & le troisiesme iour, l'armée des Princes s'estant esloignée de la nostre, le Duc resolut de la licencier, pour l'enuoyer refreschir aux garnisons prochaines de la Guyenne, tant parce qu'elle estoit fort harassée, à cause des grandes traites & continuelles couruées qu'elle auoit faict, que pour la disette & necessité de viures qu'il y auoit en Lymosin ; en sorte que la plusparts des soldats y mouroient de faim, & n'y trouuoit-on plus de foin, ny d'auoine pour les cheuaux : Peu de iours apres le Duc d'Anjou partit pour aller à Tours, où il demeura quelque temps auec leurs Majestez : Cependant le Comte du Lude qui estoit demeuré en Poitou auec quatre mil hommes de pied, & quelque Caualerie, tant pour la conseruation des villes, qui estoient soubz l'obeissance du Roy, que pour reduire comme il se promettoit faire, celles qui tenoient contre son seruice, estoit bien empesché au siege de Niort, apres y auoir esté quelque temps, & donné plusieurs assaults, il fut contraint par le
secours

Niort assiegé par le Comte du Lude.

LIVRE SEPTIESME. 443

secours de Telligny, & Piuaut, d'en leuer le siege, auec perte de plus de trois cens des siens, & ainsi se retira à Poictiers, à fin de pouruoir à la conseruation de la ville, où ie le laisseray iusques à ce qu'il y soit assiegé, pour retourner à l'armée des Princes, laquelle incontinent apres le licenciement de la nostre, prit plusieurs petites places, comme S. Sulpice, Branthome, Chasteau l'Euesque, la Chapelle, Confolan, Chabannes, & autres, tant pour tenir le pays en subiection, que pour faire contribuer les habitans d'icelles & de quelques autres, en doner le pillage à leurs soldats, puis sur la fin de Iuin s'achemina en Poictou, ou l'Admiral auoit basty les desseins de sa premiere coqueste, & plus asseurée retraite. Et d'autant que Poictiers est la principale de la Prouince, & celle qui pouuoit plus nuire & seruir à leurs desseins; auant que d'entreprendre le siege comme il auoit proieté, il fut d'auis pour la reserrer dauantage de commencer aux plus faciles; Pour cet effet ayant enuoyé la Louë deuant Chastelleraut, par l'intelligence qu'il auoit auec aucuns Habitans, quelques iours apres il la prit par composition, en suitte de laquelle Lusignan assiegé & batu furieusement Guron Gouuerneur de la place, la rendit aussi par composition, qui fut de sortir vie & bagues sauues. Cependant le Duc d'Anjou preuoyant le siege de Poictiers, pour l'asseurer despecha le Duc de Guise auec douze cens cheuaux, ainsi qu'il auoit demandé, pour le desir qu'il auoit de faire vn seruice signalé à sa Maiesté en ceste occasion, lequel suiuant

Les Huguenots s'emparent de quelques places.

Dessein de l'Admiral pour s'establir en Poictou.

La Louë prend Chastelleraut.

Et Lusignan.

Le Duc de Guise se iette dans Poictiers pour le deffendre.

KKk

l'ancienne valeur de ses peres, estant accompagné du Marquis du Maine son frere, de Sforce frere du Comte de Santafior, Monpesat, Mortemar, & plusieurs autres Gentilshommes François, y entra le deuxiesme de Iuillet mil cinq cents soixante neuf, deux iours auparauant que l'armee des Princes y arriuast, qui y campa le vingt quatriesme dudict mois, auquel lieu l'auantgarde de l'armée Huguenotte se presenta en bataille iusques sur les dubes du faux-

Le fauxbourg S. Ladre attaqué par Piles.

bourg S. Ladre, ou Piles qui s'estoit auâcé par le commandement de l'Admiral donna d'abord si furieusement auec son regiment, & quelques Cornettes de Reistres, qu'ayant faussé les premieres barricades & retranchemens, que le Capitaine Boisuert auoit faicts (lequel y auoit sa compagnie logée,) il le contraignit apres auoir faict quelque resistance de se retirer dans les maisons dudict fauxbourg, lequel ce iour là eust esté emporté, si le Duc de Guise accom-

Brauement deffendu par le Duc de Guise.

pagné de Rufec, de Brianson, Dargéce, Bœt, Feruacques, & autres Gentilshomes, auec six cent cheuaux, tant François qu'Italiens, n'eust faict vne sortie sur eux, de sorte que les ayant repoussez hors du fauxbourg à la faueur des pieces pointées sur la plateforme qui estoit entre ledict Chasteau & ledict fauxbourg, ils furent contraints de se retirer iusques au village saincte Marne qui est à deux lieuës de Poictiers. Le reste du iour le Duc de Guise l'employa à faire brusler vne partie des maisons dudict fauxbourg, qui estoient plus proches de la porte, pour empescher les assiegeans d'y loger, à quoy si l'on

LIVRE SEPTIESME. 445
eust pourueu de meilleure heure, & que la compassion de beaucoup de pauures artisans n'eust empesché de raser les autres, l'armée ennemie n'y eust pas esté logée si commodement, & auec tant d'auantage sur la ville, comme elle fut trois ou quatre iours apres qu'ils furent tous gagnés par les Huguenots, fors celuy de Rochercueil. Lors l'Admiral les aproches faictes, ayant faict loger vne partie de l'artillerie sur les rochers, & l'autre partie sur le bord du pré, fit commencer la batterie qui estoit de treize pieces d'artillerie & quelques couleurines, au pont & porte du pont Anjoubert, laquelle fut continuée l'espace de trois iours en telle sorte, que les Assiegez qui tenoient encor quelques maisons plus proches des portes des faux-bourgs, par le moyen desquelles ils sortirent à couuert, furent contraints de les abandonner. L'Admiral ayant aussi faict pointer quelques pieces au dessus de sainct Cyprian, fit battre vne tour qui estoit plus auancée sur le faux-bourg, au moyen de laquelle ceux qui estoient logez à l'Abbaye receuoient beaucoup de dommage & d'incommodité par ceux qui la gardoient, qui furent contraints de la quitter, apres auoir faict des barricades pour empescher les Huguenots de s'y loger. Deux ou trois iours apres l'Admiral fit aussi battre la muraille du pré l'Abesse & ses deffenses, auec vn Moulin qui estoit prés de là, la ruine duquel apporta beaucoup d'incommodité aux assiegez qui s'employoient à faire force retranchemens & tranchées dans ledict pré, &

Les autres faux bourgs gaignez par l'armée Huguenotte.

Siege de Poictiers.

KKk ij

faisoient aussi tout deuoir possible de reparer leur bréche, & auec pots & grenades, & autres feux artificiels qu'ils jettoient sans cesse, trauailloient autant qu'ils pouuoient les assiegeans, lesquels apres auoir continué leur batterie l'espace de quelques iours, & faict bréche raisonnable, se resolurent de donner l'assaut, & d'autant qu'il falloit passer la riuiere auant que d'y venir, ils dresserent la nuict vn pont de tonneaux liez auec force chables, & autre bois, qu'ils auoient amassé pour porter l'infanterie, & le lendemain ils marcherent en bataille, sur les coutaux prests à descendre, ayant la chemise blanche sur le dos, pour se recognoistre; lors huict cents des enfans perdus firent l'essay du pont, lequel ayant esté trouué trop foible furent contraints de se retirer, & mettre la partie à vne autre fois. La nuit venuë, le Duc de Guise enuoya couper les cordages, & rompre ledict pont, pendant que quelques harquebusiers attaquoient par vne feinte escarmouche le corps de garde des Huguenots, lesquels continuerent leur batterie jusques au vingt-neufiesme du mois d'Aoust, attendant que deux autres ponts qu'ils faisoient faire, fussent parfaicts, l'vn desquels ils dresserent deuant le faulx-bourg S. Sornin pour passer au pré l'Euesque, l'autre fut mis à quelques cinquante pas d'iceluy sur la mesme riuiere, ou plusieurs soldats Huguenots furent tuez & blessez, encore qu'ils eussent dressé force gabions pour se mettre à couuert des harquebuzades qu'on tiroit de la muraille, nonobstant lesquelles ils gaignerent vne

Premier assaut.

Les Huguenots font vn pont qui leur est inutile.

des breches dudict pré, & vne vieille tourelle où ils se logerent, mais ce ne fut pas sans la perte de deux ou trois Capitaines du regiment Dambre. Onoux, duquel le seruice est signalé en ce siege, par le secours de cinq cens hommes qu'il amena au commencement d'iceluy, ayant esté auec bon nombre pour leur faire desemparer ceste breche, ne peut remporter autre chose qu'vne harquebusade en la teste; Brianson frere du Comte du Lude aussi fort recommandable, par le soin & la vigilance qu'il apporta pour la conseruation de ceste ville, comme il visitoit la plate forme des Carmes, eut la teste emportée d'vn coup de Canon: Les assiegeans voyans que la breche de ce pré ne leur apportoit pas tant d'auantage à cause de l'eau qui croissoit d'heure en autre, par le moyen des palles que les assiegez auoiét faict faire pour arrester son cours, afin de la faire regorger dans ledict pré (apres auoir faict tirer plusieurs coups de canon contre lesdites palles, sans beaucoup d'effet, au moyen de deux murailles, que le Comte du Lude auoit faict faire, soubs les arches de derriere qu'ils auoit fait remplir de terre, & au deuant desquelles l'on auoit mis force balles de laine, bien liées & attachées contre les palles pour amortir les coups) changerent leur batterie aux ponts & gabions que les assiegez auoient dressez à S. Sornin, par le moyen de laquelle ils empeschoient qu'on ne peut remparer la muraille, ce qui donnoit beaucoup d'estonnement aux habitans, qui commençoient fort à s'ennuyer, tant pour les conti-

Ils gaignent vne breche.

Onoux. & Briançon tuez en ce siege.

KKk iij

nuelles couruées, veilles, & gardes, qu'il leur failloit faire, que pour les autres incommoditez de la vie qu'ils commançoient à souffrir : mais voyant que le Duc de Guise, & le Comte du Lude, accompagnez d'vne infinité de noblesse, s'estoient resolus de mourir sur la breche, plustost que de faire vn pas en arriere pour l'abandonner, commancerent à reprendre courage, & à se rasseurer, quelques vns d'entre eux mesme se resolurent de les y accompagner pour soustenir l'assaut, qu'ils croyoient que les Huguenots deussent ce iour là donner, comme ils s'y estoient preparez, mais l'Admiral ayant fait recognoistre la profondeur du ruisseau, qui couloit le long de la muraille de la ville, & pied de ladicte breche, laquelle bien que raisonnable, il se trouua que le canal estoit plus profond qu'il ne pensoit, ce qui fut cause qu'il fit remettre la partie à vn autre iour, attendant que les fossez à quoy il fit trauailler en plusieurs endrois fussent faicts, pour faire escouler ladicte eau; cependant le Duc de Guise ne perdoit temps à faire remparer ladicte breche, comme aussi à faire trauailler aux retranchemens, & autres lieux les plus foibles de la ville, où il donna si bon ordre que sans sa presence & bonne conduite, sans doute les assiegeans n'eussent pas eu tant d'affaires, lesquels en fin voyant qu'ils ne pouuoient d'estourner l'eau, se resolurent d'attaquer le fauxbourg de Rocherueil, par le moyen duquel les assiegez la retenoient, & faisoient desborder, & pour cet effect l'Admiral fit commencer la batterie à la tour du

La resolution du Duc de Guise, & du Comte du Lude encourage les habitans.

Les Huguenots attaquent le fauxbourg de Rocherueil.

LIVRE SEPTIESME. 449

pont, de laquelle ses deffences estans abatuës, peu apres les Lansquenets, auec quelques François, gaignerent vne vigne, qui panchoit sur la ruë dudict fauxbourg, la perte de laquelle outre la mort de quelques Capitaines qui y furent tués en la deffendant, eust apporté beaucoup dauantage d'incommodité aux soldats destinez pour la garde d'iceluy, si la nuict ensuiuant le Côte du Lude n'eust fait dresser quantité de toneaux couuerts d'ais, & autres bois le long du pont, & de la ruë dudict fauxbourg, faisant aussi tendre aux lieux plus descouuerts force linceux pour couurir les soldats, qui alloient & venoient. Le reste du mois, l'Admiral le fit employer à faire vne autre batterie contre les tours & Galleries du Chasteau, comme aussi vne muraille faite en forme d'esperon, derriere laquelle les soldats qui y estoient logez tiroient aisément ceux qui venoient des prés & noyers à la porte & muraille de la ville; il fit aussi pointer quelques pieces à la Cueille, pour battre ceux qui estoient és deffenses du Chasteau, afin qu'ils ne peussent facilement tirer ceux qui viendroient à l'assaut, qui fut tenté le troisiesme iour de Septembre, auquel Piles qui s'estoit auancé auec son Regiment, soustenu de celuy de S. André, & d'vn autre de Lansquenets pour recognoistre la breche, fut salué de tant d'harquebusades, qu'entre autres vne luy perça la cuisse, la plus-part des Capitaines qui accompagnoient leurs Chefs, assez mal suiuis de leurs soldats n'en eurent gueres meilleur marché; ce que voyant l'Admiral, & qu'ils ne pou-

Autre assaut & braue resistance des assiegez.

450 MEMOIRES DV SIEVR DE CASTELNAV,

Le Duc d'Anjou auec son armée au secours des assiegez.

uoient emporter que des coups, à cause que le lieu où ils auoient tenté l'assaut estoit trop auantageux aux assiegez, tant pour les deffenses du Chasteau que pour les rauelins, & esperons qu'ils auoient faict faire, munis de plusieurs pieces qui les deffendoient, commanda aux François, & Lansquenets de faire la retraite. Voilà à peu prés l'estat des assiegeans, & des assiegez, qui d'heure à autre attendoient le secours que le Duc d'Anjou leur auoit faict esperer au commencement de Septembre, lequel auerty de la grâde necessité de viures qu'ilz auoient, se resolut auec ce qu'il auoit de Caualerie & d'Infanterie, qui pouuoit estre de neuf mil hommes de pied, & de trois mil cheuaux, tant François, Reistres, qu'Italiens, attendant que toutes les forces

Il assiege Chastelleraut.

qu'il auoit mandé fussent ensemble d'assieger Chastelleraut, croyant bien que les Huguenots pour ne laisser perdre ceste place qui leur estoit trop importante, seroient contrains pour la secourir de leuer le siege de Poictiers, mais auant que d'entrer

Progrez du Comte de Montgommery en Gascogne.

plus auant en ce discours, l'ordre du temps m'oblige de reprendre le voyage que le Comte de Montgommery auoit faict en Gascongne par le commandement des Princes, pour conquerir les places que Terride, Lieutenant General pour le Roy, en Quercy, auoit prises sur la Royne de Nauarre, apres que sa Majesté l'eut fait sommer de se departir auec le Prince son fils, du secours qu'elle donnoit aux Huguenots: ayant doncques ledict Comte assemblé les forces des Vicomtes, & plusieurs autres tirees

des

LIVRE SEPTIESME. 449
des garnisons de Castres, Castelnaudarry, & autres lieux; il feist telle diligence qu'estant party au mois de Iuillet, mil cinq cents soixante & neuf, prenant son chemin par la Comté de Foix & Montagnes vers Mauleon, combien que le Mareschal d'Anuille, Montluc, Negrepelisse, Bellegarde, & autres Seigneurs du pays eussent des forces bastantes pour luy rompre ses desseins, il arriua neaumoins par sa grande diligence en Bearn, ou aussi tost il contraignit Terride, de leuer le siege de Nauarin, seule place qui estoit restée à la Royne de Nauarre, laquelle il tenoit assiegée il y auoit plus de deux mois, le pressant en telle sorte qu'il le força (ne s'estimant assez fort pour tenir la campagne) de se ietter dans Orthes, ville qui fut autre fois la principalle demeure des Comtes de Foix, & apres auoir pris la ville d'assaut, reduite à feu & à sang, s'estant retiré au chasteau auec les principaux, en fin se rendit par composition, qui fut de sortir vie & bagues sauues; Ce qui toutesfois ne fut accomply en tout: car le Comte le retint prisonnier, pour l'eschanger auec son frere, pris à la Mote en Poictou, comme i'ay dit cy-deuant, & quant à saincte Colombe, Fauas, Pordiac, & autres, quelques iours apres comme subiets de la Royne de Nauarre, ayant esté declarez criminels de leze Majesté, on les fit mourir miserablement; ayant remis les autres places en l'obeissance de ladicte Royne, ausquelles il mit bonnes garnisons, il se retira à Nerac, & de là se rendit à saincte Marie, où il ioignit les Princes apres la Bataille de

Faict leuer le siege de Nauarin.

Et prent Orthes.

LLl

Moncôtour, cóme ie diray en son lieu. En ce mesme temps les Huguenots d'Auuergne surprirent Aurillac sur les Catholiques, & Sansac qui tenoit la Charité assiegée auec plus de trois mil hommes de pied, & cinq cents cheuaux qu'il auoit tiré des Garnisons d'Orleans, Neuers, Bourges, Gyen, & autres lieux, apres vn mois de temps ayant donné deux ou trois assauts, enleua le siege auec perte de plus de trois cens soldats pour venir au siege de Chastelleraut, suiuant le mandement du Duc d'Anjou, qui s'estant acheminé auec les forces que i'ay cy deuant dict, le cinquiesme Septembre se rendit à Ingrande, & deux iours apres les approches faites & l'artillerie logée, fit batre la ville du costé de la porte saincte Catherine, ou aussi tost que la bréche fut iugée raisonnable, les François, Italiens, & Lansquenets en disputerent la pointe, contention aussi genereuse que le procedé du Duc fut loüable, car pour ne donner de la ialousie aux Capitaines & soldats, ordonna que leur differend seroit iugé au sort du dé, lequel estant tombé en faueur des Italiens, firent tout debuoir de gens de bien, & monterent aussi hardiment sur la breche, qu'ils en furent repoussés par la Loüe, lequel apres leur auoir faict faire vne salue de plusieurs harquebusades, auec quatre cens hommes bien armez, sortit des Gabions & barrieres qu'il auoit faict faire aux deux costés de la breche; en sorte qu'apres auoir quelques temps cóbatu main à main, il contraignit Octauian de Montalte & Malateste (deux braues Colonels estans fort blessés) de se retirer auec la perte

Aurillac pris par les Huguenots.

Sansac leue le siege de deuant la Charité.

Lé Duc d'Anjou fait donner l'assaut à la ville de Chastelleraut.

de six vingt soldats, & de quatre ou cinq Capitaines. Au bruit de ce premier assaut les Huguenots ayant leué le siege, passerent la Vienne le huictiesme Septembre, dequoy estant aduerty le Duc d'Anjou, & du secours qui estoit entré dans la ville, par le moyé du pont qui leur dónoit l'entrée, bié contant d'auoir effectué son dessein, & attendant que toutes ses forces fussent ensemble repassa la Creuse au port de Piles, auec son armée qui campa à la Celle, lieu fort auantageux, & en mesme temps despecha le Comte de Sanzay, auec six compagnies de gens de pied, & quelques Caualerie, pour entrer à Poictiers, luy ayant faict donner force poudre, munitions, & autres choses necessaires, pour le refreschissement de la ville, d'où sortit le Duc de Guise, auec cinq cents cheuaux, & bon nombre de Noblesse, le mesme iour que ledict Comte y entra, qui fut le neufiesme du mois, & aussi tost alla à Tours trouuer leurs Majestez, qui luy firent toutes les bonnes cheres & remercimens deus à son affection, & au seruice qu'il leur auoit rendu en la conseruation & deffence de ceste place, laquelle fut cause de la mort de plus de trois mil Huguenots, dont vne partie mourut de maladie. En ce mesme temps la Court de Parlement de Paris à la requeste du Procureur General Bourdin, donna Arrest de mort contre l'Admiral, & les Cõte de Montgomery & Vidame de Chartres comme rebelles, atteints & conuaincus, de crime de leze Majesté; & le mesme iour furent mis en effigie: l'Arrest aussi portoit promesse de cin-

Les Huguenots leuent le siege de deuant Poictiers.

Et les Catholiques de deuant Chastelleraut.

Rauitaillemẽt à Poictiers.

Grand massacre des Huguenots deuãt Poictiers.

Arrest de mort contre l'Admiral, Montgommery, & Vidame de Chartres.

quante mil escus à celuy qui liureroit l'Admiral au Roy & à Iustice, soit estranger ou son domestique, auec abolition du Crime par luy commis, s'il estoit adherant ou complice de sa rebellion ; lequel Arrest fut depuis à la Requeste dudict Procureur General interpreté, mort ou vif, pour oster le doute que ceux qui voudroient entreprendre de le representer en pourroient auoir : Arrests que quelques Politiques estimoient estre donnez à contretemps, & qui seruoient plustost d'allumettes pour augmenter le feu des guerres Ciuiles, que pour l'esteindre, estant leur party trop fort pour donner de la terreur, par de l'ancre & de la peinture à ceux qui n'en prenoient point deuāt des armées de trēte mil hommes, & aux plus furieuses charges des cōbats, cōme ils firent bien paroistre, lors que nostre armée deslogea ; car la leur la nuict mesme la suyuit de si pres, que sans la vigilance de Biron à faire retirer l'artillerie à force de bras, outre les cheuaux qu'on y employa, & la bonne conduite de Tauanes, à faire passer l'armée en diligence, & loger fort à propos trois regimens au Port de Piles, pour garder le passage, & arrester les forces que l'Admiral y enuoyoit, comme ils firent, attendant que nostre armée fut logée à la Celle, sans doute le Duc d'Anjou eust esté forcé de venir au combat, ce iour là : Le lendemain l'Admiral voyāt que ceux qu'il auoit enuoyez n'auoient peu forcer ce passage, auerty qu'il y en auoit vn autre plus haut à main droite & plus facile entre le Port de Piles, & la Haie en Touraine, y fit passer

Le iugement que quelques vns en feirent.

Biron, & Tauanes preseruent l'armee des Catholiques d'vn grand danger.

l'armée en resolution de forcer le Duc de venir au cōbat; Pour cet effet il demeura vn iour en bataille, le conuiant par frequentes escarmouches de venir aux mains, mais voyant qu'il ne le pouuoit attirer à la bataille, encores moins l'y forcer, tant pour estre le lieu trop bien retranché & flanqué, que pour auoir la riuiere d'vn costé, & vn bois de l'autre qui le rendoit plus auantageux, & les auenuës plus difficiles, repassa la Creuse & la Vienne, pour estendre l'armée Huguenotte à Faie la Vineuse, & lieux circonuoisins, afin de la faire viure plus commodément. Et le Duc d'Anjou apres auoir sejourné cinq ou six iours à la Celle prit le chemin de Chinon, où il demeura quelques iours, attendant que son armée fust complette, laquelle estant renforcée de plusieurs compagnies de gensd'armes, & de Cornettes de caualeries, outre celle que le Duc de Guyse luy amena, comme aussi des Suisses & autres Regimens François qu'il auoit enuoyez en garnison, delibera de suyure à son tour ses ennemis, si bien qu'ayant repassé la Vienne auec toutes ses forces fresches & gaillardes, qui estoient de plus de sept mil cheuaux, & dixhuict mil hommes de pied, y compris les Suisses; il n'eut pas faict long chemin qu'il fut auerty que l'armée des Princes tiroit vers Moncontour, où l'Admiral auoit enuoyé deuant la Noüe, auec quelque caualerie & infanterie pour s'en saisir, cōme il fit auant que nostre armée y arriuast, laquelle pour ce campa à S. Cler le premier iour d'Octobre, pres du lieu où le iour

L'Admiral tasche d'attirer le Duc d'Anjou à la bataille.

Les Huguenots prennent Moncontour. Rencontre de l'auātgarde des deux armées auantageuse pour les Catholiques.

LLl iij

auparauant la rencontre de l'auantgarde des deux armées s'estoit faicte si auantageusement pour les nostres, que si la nuict n'eust aresté leur poursuite, & fauorisé la retraite des Huguenots, sans doute leur desroute eust esté plus grande & plus honteuse aux François qu'aux Reistres & Lansquenets, ausquels l'Admiral, qui estoit demeuré auec la Bataille, donna l'honneur d'auoir bien combatu sous la conduite du Comte de Mansfelt, qui seul fut cause de sauuer l'auantgarde, & duquel le Lieutenant nommé le Comte Charles, & quatre ou cinq autres Capitaines auec luy demeurerent sur le chāp, ausquels plus de cent cinquante de ceux de Mouy, & de la compagnie de Beauuais la Nocle, qui auoient soustenu la premiere charge que Martigues leur fit tindrent compagnie, & entre autres Daudancour Lieutenant de Mouy y fut tué. Tous ces corps percez de coups estoient encores estendus sur la place, lors que le Duc d'Anjou y arriua, l'object desquels augmentoit autant l'ardeur de combattre des nostres, que la retraite des ennemis leur donnoit esperance d'vne victoire prochaine, si l'on venoit à la Bataille, à laquelle ledict Duc s'estant resolu auec les principaux Chefs de l'armée,

Le Duc d'Anjou poursuit l'ennemy.

feist le lendemain gaigner le passage de la riuiere d'Yues pres de la source, & le troisiesme iour l'ayant faict passer au matin sans grande resistance, il l'a feit auancer plus à gauche, tirant à la plaine d'Assay, pour y rencontrer ses ennemis, & empescher leur retraite au bas Poictou, en cas qu'ils s'y vou-

LIVRE SEPTIESME. 455

lussent acheminer, & afin qu'ils ne peussent passer à la Toüe, qui leur seruoit de barriere du costé droit, il enuoya deux compagnies pour se saisir d'Eruaut, & de son passage, mais l'Admiral d'autre costé auoit donné ordre de faire garder le pas de Ieu, lieu marescageux, entre Toüars & Eruaut, & qui pouuoit seruir aux siens, en cas qu'ils fussent rompus, comme aussi il auoit preueu deuant à faire gaigner Eruaut pour estre fauorable à sa retraite. Le Duc donques apres auoir enuoyé descouurir l'estat de l'armée des Princes, pour iuger de la disposition & de l'ordre qu'elle tenoit pour la bataille, ayant pris sur tous autres l'aduis du Mareschal de Cossé & Tauánes, pour la disposition de la sienne, donna la conduite de son auantgarde au Duc de Montpensier, lequel auoit auec luy cinq regimens François, & les trouppes Italiennes separées en deux Bataillons, entre lesquels il y auoit neuf pieces d'artillerie, à costé gauche des Suisses, qui faisoient vn autre bataillon commandé par Clery: le Duc de Guise commandoit vn escadron de Cauallerie, & Martigues qui estoit plus auancé du costé des François & Italiens, vn autre; apres suyuoit le Prince Dauphin accópagné des Cótes de Santafior, Paul Store, Chauigny, la Vallete, & plusieurs autres qui auoient trouppes; à la main droicte marchoit le Duc de Montpensier, auec le Landgraue de Hessen, le Comte Ringraf, Bassompierre, Chomber, & Vestebourg, qui faisoient douze Cornettes de Reistres; la bataille estoit composée d'vn autre bataillon de

Disposition de l'armée dés Catholiques.

Suisses, commandé par Meru leur Colonel General, de six regimens François, sçauoir Gohas, Cossins du ieune Monluc, Rance & les deux Isles : & de huict pieces de canon : La caualerie estoit de plus de trois mil cheuaux, diuisée en trois escadrons, sçauoir deux de Reistres, & vn de François, le premier estoit commandé par le Comte de Mansfelt, celuy que i'auois amené ; le Duc marchoit apres accompagné des Ducs de Longueuille, Marquis de Villars, de Toré, la Fayette, Carnauallet, la Vauguyon, Villequier, Mailly, & plusieurs autres : le Duc d'Aumalle & le Marquis de Bade qui estoit à sa droicte vn peu derriere, renfermoit le bataillon desdicts Suisses : Telle estoit la

Disposition de celle des Huguenots.

disposition de nostre armée que le Duc feist marcher en ordre sur les deux heures apres midy, ayant demeuré plus de quatre heures faisant halte, non gueres loing de l'armée Huguenotte, que l'Admiral auoit aussi disposée dés le matin en bataille en vne large campagne distante de demy lieuë de Moncontour, entre la Diues & la Toüe, deux riuieres fort peu gueables : A costé gauche de la premiere il s'estoit mis pour conduire l'auantgarde composée des regimens de Piles, absent à cause de sa blesseure, Dambres, Rouuré, Briquemaut, & quelques autres de deux mil Lansquenets commandez par Gresselé, & de six pieces de canon à leur main droicte, Mouy & la Loüe, estoient plus auancez auec trois cents cheuaux, le reste de la caualerie qui estoit de seize Cornettes, tant Reistres que François estoit

separé

LIVRE SEPTIESME. 457

separé en deux escadros, ledit Admiral estoit au premier, accompagné d'Acier, Telligny, Pygrefer, & autres, le Comte de Mansfelt marchoit apres: la bataille qui estoit à la main droicte tirant à la Toüe estoit conduicte par le Comte Ludouic, accompagné du Prince d'Orenge, & Henry ses freres, de Haus-bourg, Regnard, Erag, Henry d'Estain, & autres Collonels, qui faisoient plus de trois mil cheuaux: l'infanterie de la bataille estoit composée des regimens de Montbrun, Blacons, Mirabel, Beaudiné, Lirieu, & de deux mil autres Lansquenets, commandés par Gramuilars: Les deux armées n'eurent pas long temps marché en cet ordre, que le Duc de Montpensier feist commencer la charge aux enfans perdus, lesquels soustenus du Duc de Guise & du Vicote de Martigues, attaquerent d'abord si furieusement Mouy, & la Loüe, qu'ayant les premiers rangs de leur cauallerie esté ropus, tout le reste cómença à se desbander, lors le Marquis de Renel, & d'Antricour, partirent de la main pour les soustenir, & feirent vne charge furieuse audict Vicote de Martigue, mais estant suiuy du Comte de Sarasior, auec sa cauallerie Italienne, couuert de deux mil harquebusiers commandez par la Barthe, & Sarlabous, ils les repoussa de telle sorte, qu'Autricour y demeura sur la place, & contraignit les autres de se retirer en desordre, ce que voyant l'Admiral, ayant fait auancer trois regimens François, ausquels il commanda de ne tirer qu'aux cheuaux, entreprist de rompre six Cornettes de Reistres, qui faisoient

Bataille de Moncontour.

Combat des deux auant-gardes.

MMm

vn grand eschec sur les trouppes d'Acier, & se mesla si auant en ce combat auec Telligny & la Noüe, que si le Comte de Mansfelt ne l'eut suiuy de bien pres pour charger les Reistres Catholiques, qui commençoient fort à le presser, il couroit fortune de demeurer en ceste charge, en laquelle il fut blessé à la jouë. Lors le Duc d'Anjou voyant la meslée des deux auant-gardes fort douteuse, & que l'artillerie ennemie endommageoit fort sa bataille, (pour secourir ses Reistres, qui estoient en fort grand desordre par la charge que le Comte de Mansfelt leur fit) commanda au Duc d'Aumale, & Marquis de Bade, de s'auancer pour le combatre, contre l'ordre qui auoit esté pris, lesquels se porterent si auant dans la meslée, que ledit Marquis auec beaucoup des siens y demeura sur la place, & le Duc d'Aumale eut assez affaire de s'en degager, ayant le Comte de Mansfelt sousteñu, & mis en route ce qui s'estoit presenté deuant luy à ceste charge; & en mesme temps ledict Duc d'Anjou, voyant que les ennemis se rallioient, pour retourner vne autrefois à la charge, deuança les Suisses, que le Mareschal de Cossé deuoit faire marcher deuant luy, pour charger la bataille, où estoit le Comte Ludouic, lequel soustint la charge que le Duc luy fit, auec tant d'effort, que beaucoup de ceux qui le suyuoient furent mis en grand desroute, & luy mesme fut en danger de sa personne, ayant eu son cheual porté par terre, & aussi tost remonté par le Marquis de Villars, qui estoit pres de luy, & si lors Tauanes & Biron, n'eus-

Seconde charge où le Marquis de Bade fut tué.

Treisiesme charge faicte par le Duc d'Anjou contre le Comte Ludouic.

LIVRE SEPTIESME. 459

sent faict tout deuoir possible de rallier la caualerie de la bataille, & que le Mareschal de Cossé aussi n'eust faict doubler le pas aux Suisses, la victoire estoit pour demeurer aux Huguenots, lesquels se voyans attaquez desdicts Suisses, que ledit Mareschal conduisoit, & de l'infanterie Françoise qui se rallia, (côme fit aussi nostre caualerie) commécerent à se desbander, quelques debuoirs que l'Admiral, & Comte de Mansfel fissent pour les rallier, & lors ne pouuant mieux, ils prirent party pour faire la retraicte auec dix Cornettes de Reistres ensemble, où il y auoit quelques François, abandonnans les Lasquenets, qui s'estoient iusques là maintenus mieux que l'infanterie Françoise, à la mercy desdicts Suisses leurs anciés ennemis, si bié qu'à peine de quatre mille s'en sauua-il cinq cens, sans côter ceux ausquels le Duc d'Anjou donna la vie, sur la promesse qu'ils luy firent de seruir le Roy fidellement, & renoncer au party des Princes, plus de deux mil François aussi y finirent leurs iours; de la caualerie moins de quatre cents, entre autre Biron frere du Catholique, S. Bonnet, Acier y fut prisonnier auec la Noue, & quelques autres, nombre qui eust esté plus grand si la nuict n'eust fauorisé la course des fuyars, lesquels le Duc d'Aumale, Biron, Chauigny, la Vallette, & plusieurs autres suiuirent iusques à Eruaut. Le Duc perdit peu d'infanterie, mais de sa Caualerie plus de cinq cents, & entre les signalés le Côte Ringraff l'aisné, le Marquis de Bade, côme i'ay dit & Clermót de Dauphiné, il y en eust aussi beaucoup de bles-

L'Admiral faict retraicte, voyant les siens en desroute.

Nombre des morts du costé des Huguenots

Et du costé des Catholiques.

M Mm ij

fez, & entre autre le Duc de Guise, le Côte de Mansfelt, Chomberg, Bassompierre, les Comte d'Ysti, & Sautelles Italiens. Voilà mon fils, comme se passa ceste iournée, de laquelle la victoire fut toute entiere au Duc d'Anjou, car outre le champ de bataille, auec les morts qu'il prit soing de faire enterrer, toute l'artillerie fut gaignée, & tout le bagage des Reistres pillé, pour celuy des François, vne partie qui estoit plus auancée, se sauua à Partenay, qui fut le lieu & la retraite des Huguenots, lesquels y arriuerent au soir bien tard, les vns toutesfois plustost que les autres, comme ceux qui auoient faict plus de presse de faire compagnie aux ieunes Princes de Nauarre & de Condé, lesquels l'Admiral auoit conseillé de se retirer au commencement de la charge; la nuict mesme le Duc d'Anjou de sainct Generou sur la Toüe, depescha en diligence au Roy qui estoit à Tours, pour luy faire sçauoir ceste bonne nouuelle, de laquelle sa Majesté fit part aussi tost par ses Ambassadeurs au Pape, à l'Empereur, au Roy d'Espagne, aux Venitiens, & autres Princes Chrestiens. Les Princes, & l'Admiral ayans abandonné Partenay, la nuict mesme gaignerent Niort, d'où ils despecherent aussi à la Royne d'Angleterre, & à quelques Princes d'Allemagne, pour leur faire entendre le contraire de leur perte, qu'ils asseuroient estre moindre que celle des Catholiques, contre lesquels ils esperoient donner en peu de iours, vne autre bataille, les prians aussi de leur aider de secours, d'hommes,

La victoire toute entiere demeure au Duc d'Anjou.

Les Huguenots se sauuent à Partenay.

Le Roy mande les nouuelles de cette victoire à tous les Princes estrangers. Et les Huguenots à la Royne d'Angleterre, mais en deguisant la verité.

& argent, pour toufiours mieux fe maintenir en la liberté de leur Religion. Ainfi ayāt mis ordre à leurs affaires, & laiffé Mouy dans Niort, lequel peu de iours apres, ayant efté malheureufement bleffé d'vn coup de piftolet par Maureuel, qui s'eftoit donné à luy, alla finir fes iours à la Rochelle, ils prirent le chemin de S. Iean d'Angely, où Piles qui s'y eftoit retiré dés le fiege de Poitiers, à caufe de fa bleffeure demeura pour cōmander auec douze enfeignes de pied, & quelque caualerie ; de là furent à Xaintes, où ils prirēt refolution de tirer vers le Quercy, & Mōtauban, afin de s'acheminer delà en Gafcōgne, & autres Prouinces de la Frāce, pour s'efloigner de l'armée victorieufe, & pour autres raifons que ie diray cy apres. Cependant le Duc d'Anjou, remit en l'obeyffance du Roy Partenay, Niort, Fontenay, Chaftelleraut, Lufignan, & autres places de Poictou, abandōnées par les garnifons Huguenottes, partie defquelles fe retira à Sancerre, le Bourg Dieu, la Charité, fous la cōduite de Briquemaut, & autres vers les Princes, & à la Rochelle ; Monbrun & Mirabel, auffi partirent d'Angoulefme en ce mefme temps pour fe retirer en leur pays, tant pour y faire nouuelles leuées, que pour y affeurer Priuas, & Aubenas, villes que les Huguenots tenoient au Viuaretz, & s'acheminant en Perigort, auec Verbelet, qui alloit pour commander à Aurillac, ayant deux ou trois cents cheuaux, & huict cents hommes de pied, plus de deux cents de ceux qui eftoient demeurez derriere au paffage de la Dordongue, furent deffaits

Mouy miferablement tué par Maureuel.

L'armée des Huguenots fuit de lieu en lieu deuant l'armée victorieufe.

Le Duc d'Anjou remet plufieurs villes en l'obeyffance du Roy.

Les Huguenots fe retirent chacun en leur pays, pour faire nouuelles leuées.

par les garnisons de Sarlat, & autres du pays. En ce mesme temps les Huguenots de Languedoc surprirent la ville de Nismes, sur les Catholiques, lesquels s'estant retirez au Chasteau par l'aide, & vigilance du Capitaine sainct Astoul, se maintindrent pres de trois mois, en fin estant hors d'esperance de secours, sortirent vie, & bagues sauues, ayant depuis ceste place seruy de retraitte à tous les Huguenots de ce pays là, lesquels ie laisseray attendre la venuë des Princes, pour parler de ceux de Vezelay en Bourgongne pris par Dutarot, & autres Gentilshommes du pays, quelque temps auparauant, lesquels rendirent les efforts de Sansac aussi inutiles, que Guerchy auoit faict, ceux qu'il auoit tenté deuant la Charité, n'ayant apres plusieurs assauts, & auoir changé de batterie deux ou trois fois, remporté autre chose que le desplaisir d'auoir perdu plus de trois cents des siens, nombre qui fut augmenté par Foissi, qui commandoit à son Infanterie, cependant le Duc d'Anjou s'employoit au siege de sainct Iean d'Angely, attendant la venuë de sa Maiesté, qui arriua à Coulóges les Royaux le vingt sixiesme iour d'Octobre, en resolution de n'en partir que la ville ne fust prise, ayát par sa presence autant animé le courage des soldats, que celuy de Piles rendit obstiné les siens, de soustenir l'assaut que les nostres luy firent, apres auoir changé de baterie en diuers endroits de la ville, qui fut continuée iusques à ce iour, auquel plus de Catholiques que de Huguenots finirent leurs iours; ce qui fut cause que Biron par la permis-

Nismes surprise par eux sur les Catholiques.

Vains efforts de Sansac deuant Vezelay & de Guerchy deuāt la Charité.

S. Iean d'Angely assiegé par le Duc d'Anjou.

Braue resistance que Piles y feist.

LIVRE SEPTIESME. 463

sion de sa Maiesté, pour espargner la vie de beau- *Biron luy escrit pour le persuader de se rendre*
coup de gens de bien, escriuit à Piles pour luy persuader de rendre la ville, laquelle il ne pouuoit conseruer, estant foible de munitions, & sans esperance de secours; l'asseurant pour luy & les siens d'vne honneste composition, s'il y vouloit entendre. A *Sa responce.*
quoy il fit responce, qu'il y presteroit volontiers l'oreille, si cela pouuoit apporter vne paix generale, laquelle d'autant qu'elle ne se pouuoit traitter sans sçauoir sur ce premierement l'intention de sa Majesté, & en communiquer aux Princes, aussi ne pouuoit il respondre autre chose; responce qui fut bien prise du Mareschal de Cossé, Tauannes & autres Chefs principaux qui furent d'auis de luy enuoyer vn Gentilhomme, qui estoit prisonnier, pour luy dire que s'il vouloit enuoyer quelqu'vn de sa part, pour parlementer, ils en enuoyerent vn autre, à quoy pour satisfaire il enuoya la Personne, lequel arriué à Coulonge les Royaux, discourut amplement du bien que la paix pouuoit apporter à tous en general; auquel fut respondu que pour l'absence des *Deputez de part & d'autre pour quelques accord, dix iours de treues accordez.*
Princes & importance de l'affaire, la paix ne se pouuoit si tost conclurre, & partant qu'il estoit à propos de parler de la paix particuliere de la ville, à quoy il repliqua qu'il n'auoit aucune charge d'en traiter, mais bien pour paruenir à vne paix generale, d'accepter dix iours de treues, durant lesquels il iroit trouuer les Princes, ou autre de la part de Piles, pour les y disposer; ce que l'on luy accorda, à la charge que si dans dix iours il n'entroit du secours dedans

la ville, elle feroit remife entre les mains de fa Maiefté, aux conditions que tous les Capitaines & foldats, & toutes autres perfonnes qui s'en voudroient aller fortiroient auec leurs armes, cheuaux & bagages, & ceux qui voudroient demeurer ne feroient forcez en leurs confciences. Piles qui trouuoit ces conditions de rendre la ville les dix iours paffez fort rudes, fit quelque difficulté de figner la capitulation que fa Majefté auoit accordée, mais en fin ayãt requis qu'il ne feroit tenu de la rendre qu'il n'euft eu auparauant des nouuelles de la Perfonne, (ce qui luy fut accordé) il la figna: Sur ces entrefaictes ceux de Xainctes, ayant eu aduis que Piles parlementoit, de crainte d'eftre affiegez abandonnerent la ville, ou auffi toft il fut enuoyé dix compagnies de gens de pied & quelque caualerie; Durant cefte treue les Catholiques & les Huguenots fe vifitoient en toute liberté, & le temps des dix iours expiré, Biron fe prefenta pour fommer les affiegez de leur promeffe, auquel Piles fit refponce qu'il ne le pouuoit faire fans attendre nouuelles de la Perfonne, finalement apres plufieurs repliques de part & d'autre, il accorda que fi le lendemain il n'entendoit de fes nouuelles, & qu'il n'euft point de fecours, il renderoit la place à Guitinieres, lequel croyant la redition y eftoit allé le iour mefme, pour prendre poffeffion du gouuernement que le Roy luy auoit donné. Le lendemain dixhuictiefme Nouembre Biron ayant enuoyé vn Trompete à Piles pour le fommer de fa promeffe, il luy manda qu'il auoit eu le fecours qu'il attendoit, qui

Xainctes abandonnée ou on enuoya garnifon.

Secours à S. Iean d'Angely par le mauuais ordre des corps de garde.

qui estoit toutefois seulement de cinquante cheuaux conduits par S. Surin, lequel y entra à six heures du matin pour le mauuais ordre des corps de garde qui le laisserent passer, se disant amy, & commandé pour les visiter, lors les ostages furent rendus de part & d'autre, & commença-on vne autre batterie aux tours du chasteau, & plates formes qui estoient au deuant d'iceluy, si bien qu'en peu de temps la porte de laquelle les assiegeans sortoient pour aller à la-dicte plate forme, & vn grand pan de muraille, depuis le Chasteau, iusques à la vieille breche fut par terre; durant laquelle la Mote, & S. Surin auec deux cents harquebusiers, & quatre vingt cheuaux seulement entreprirent de faire vne sortie qui leur reussit, car ayant donné dans les tranchées assez nonchalemment gardées, ils tuerent quelques cinquante soldats, mais aussi tost se voyant chargez de plusieurs côpagnies, qui accoururent au bruit de l'alarme, ils prirent party de se retirer, ce qui fit redoubler le foudre des canons, que l'on auoit pointez sur vne plate forme que l'on auoit esleuée sur le bord du fossé, pour batre le rauelin Donis, & la courtine, si bien qu'en peu de temps les tours & deffences depuis le rauelin iusques au Chasteau furent par terre, comme aussi la plate forme que les assiegez auoiét dressée sur pilotis derriere ledit rauelin; ce qui leur apporta beaucoup de dómage, d'autát qu'outre la perte de quantité de gens qui y furent tuez pour le releuer & mettre en deffense, ils consommerent du temps bien inutilement, car les bales des pieces ne laissoient de la percer à iour pour estre de terre faicte de frais; ce qui fit resoudre les assiegez auec le peu de munitions qu'ils auoient d'accepter la premiere capitulation que Biron leur offrit derechef, suiuant le pouuoir qu'il en eut de sa Majesté, qui la signa, à condition qu'ils ne porteroient les armes de quatre mois, pour la cause generale de leur Religion, laquelle ne leur fut si tost portée qu'ils sortirent auec leurs armes, & cheuaux, enseignes ployées plus de sept sepmaines apres le siege, qui fut cause de la mort de plus de trois mil Catholiques, outre la perte que le Roy fit en la personne du Vicomte de Martigues qui fut atteint d'vne harquebusade en la teste, de laquelle il mourut. Piles & ses compagnons, ayans pris le chemin d'Angoulesme y arriuerét trois ou quatre iours apres, moyennant le sauf conduit que le Roy leur fit donner, qui ne les garentit toutefois de l'outrage qui fut rendu, contre l'intention de sa Maiesté, à beaucoup, par l'insolence & liberté des soldats qui s'emanciperent de deualiser ceux qui estoient mieux accommodez; suiect que Piles prit de se dispenser de la promesse qu'il auoit faicte, de ne porter les armes de quatre mois contre sa Maiesté, laquelle entra le iour mesme dans la ville accompagnée de la Royne sa Mere, du Cardinal de Lorraine, & autres de son Conseil, où apres auoir pourueu à toutes les places de Poictou, & de Xainctonge, esquelles vne partie de l'armée fut distribuée; pour la disette de toutes choses & incommodité qu'elle receuoit ayant descam-

La ville de Sainct Iean d'Angely, se rend à composition.

Nombre des morts durant ce siege.

Vicomte de Martigues tué d'vn coup d'harquebuse.

Capitulation mal gardée.

Le Roy entre dans la ville de Sainct Iean d'Angely.

LIVRE SEPTIESME. 467

pé de Coulonge les Royaux sur la fin du mois de Decembre, prit le chemin de Brissac pour se retirer à Angers, où quelque temps apres les Deputez pour la paix vindrent trouuer sa Majesté, de laquelle ie puis dire auoir porté les premieres paroles à la Royne de Nauarre qui estoit à la Rochelle, incontinent apres la Bataille de Moncontour, par le commandement de la Royne Mere qui m'auoit chargé de l'asseurer de sa bonne affection, & qu'estant desireuse de son bien & repos, comme de celuy de la France, elle porteroit tousiours le Roy son fils à luy accorder & à tous ceux de son party, des conditions honnestes lors que comme bons & fideles suiects s'estāt mis à leur deuoir, ils voudroient entrer en quelque demande & requeste de paix raisonnable: En quoy ladicte Royne apres plusieurs complimens & offres de seruices enuers leurs Majastez, auec vn desir extreme de voir quelque bon acheminemét à ceste ouuerture de Paix, me tesmoigna auoir, & tous ceux de sa Religion beaucoup de subjet de se deffier d'aucuns du Conseil, desquels elle disoit l'intention estre bien esloignée de la paix, & ce qui luy en augmentoit la creance estoient les pratiques, qu'elle disoit que Fourqueuaulx faisoit vers le Roy d'Espagne, & quelques autres partisans du Cardinal de Lorraine vers le Pape, comme aussi les lettres interceptes dudict Cardinal, au Duc Dalue, non seulement pour empescher le secours que les Huguenots se promettoient d'Allemaigne, & d'Angleterre, mais aussi pour fauoriser les menées & entreprises que

L'Autheur porte les premieres nouuelles de la paix à la Royne de Nauarre.

Respōce qu'elle luy feit.

NNn ij

l'on faisoit sur le Royaume d'Angleterre, pour auoir apres plus de moyen de ruiner les Protestans de France: Apres lesquels discours & autres touchant les desseins du Cardinal de Lorraine, elle me dit, qu'elle enuoyeroit vers les Princes & Chefs de l'armée, pour & suiuant leur auis enuoyer vne humble requeste à sa Maiesté, qui porteroit les articles de leurs iustes demādes, tant pour auoir l'exercice libre de leur Religion & prescher par toute la France, que pour leurs seuretez desirées: ce que ayant rapporté à leurs Maiestez elles delibererent depuis d'y renuoyer le Mareschal de Cossé pour acheminer ce traicté de paix; attendāt laquelle auec impatiéce, il me semble à propos de poursuiure l'ordre du temps, & toucher en passant les plus notables effects, &

Plusieurs exploits de guerre par toute la France.

entreprises de guerre, qui se practiquerent en Poictou, & autres lieux de la France, auant & apres le siege de S. Iean: celle que les Huguenots de Sancerre & la Charité firent sur la ville de Bourges par la practique de deux ou trois soldats de la tour, qui

Entreprise sur la ville de Bourges qui reussit mal aux entrepreneurs.

estoient de Sancerre mesme, & de quelques habitans mal affectionnez à leurs concitoyens, reüssit mal aux entrepreneurs, car ayant esté descouuerte à la Chastre, Gouuerneur de la ville & du pays de Berry, par vn soldat qui en estoit, ceux qui pensoient surprendre ladicte ville au iour conuenu furent surpris, & de vingt cinq ou trente qui estoient desia entrez par vne fausse porte du costé de la tour, il n'y eut que Ranty, & deux ou trois autres que la Chastre sauua, qui s'exempterent du feu & de la

LIVRE SEPTIESME. 469

mort, & Briquemaut vn des Chefs de l'entreprife qui s'eftoit auancé auec fept à huict cens cheuaux, & quinze cents hommes de pied pour la prife de la place, n'euft que la peine de s'en retourner. En ce mefme temps le Comte du Lude, auquel fe ioignirent Sanzay & Puy Gaillard, auec vingt Enfeignes de gens de pied, & douze Cornettes, fut par le cōmandement de fa Majefté affieger Marans, qu'il prit, en fuite d'icelle affubiectit Marenes, Broüiage, & autres ifles de Xainctonge, par la prife defquelles il brida fort les courfes que les Rochellois faifoient au bas Poictou, au grand dommage des villes Catholiques, lefquelles pour referrer encore d'auantage, le Baron de la Garde qui auoit efté remis en fa charge de General des galeres, qu'on luy auoit oftée, pour en pouruoir le Grand Prieur frere du Duc de Guife, en ayant tiré huict de Marfeille par le commandement de fa Majefté, & laiffé trois à Bourdeaux, en amena cinq iufques à l'embou-cheure de la Charante, au paffage de Loupin, où eftant, peu de iours apres fa venuë, reprit fur les Rochelois ce grand Nauire que Soré (qui auoit fuccedé à la charge de Vice-Admiral par le decés de la Tour frere du Chaftelier Portaut) coftoyant la cofte d'Angleterre & de Bretaigne, auoit pris fur quelques marchans Venitiens, que les officiers de la caufe qu'ils apellent à la Rochelle, auoient declaré de bonne prife, autant pour le butin qui valoit plus de cent mil efcus, que parce qu'ils difoient, que la Republique de Venife y auoit part, laquelle auoit

Siege de Marās & prife de quelques places pour les Catholiques au bas Poictou.

Quelques exploits fur mer par le Baron de la Garde.

NNn iij

aidé sa Majesté d'argent pour leur faire la guerre: Ledict Baron, pour les incommoder encores d'auantage entreprit aussi de leur enleuer des mains Tonnay-Charante, seule place qui leur restoit pour passer en Xainctoge, mais son dessein ne luy reüssit pas, car la Noue s'y estant acheminé deux iours auparauant auec cinq cents harquebusiers, pour le mieux receuoir, luy fit faire vne si rude charge, qu'il fut contraint de se retirer, abandonnant la galere de Beaulieu, qui s'estoit plus auancée que les autres, à la mercy de ses ennemis; depuis laquelle prise, ledict Baron se retira auec ses galeres en Broüage, port auquel les Anglois & Allemans auoiét accoustumé de descédre pour prendre du sel, en payemét duquel ils donnoiét d'autres marchádises aux Huguenots, lesquels par ce moyen en receuoient grande cómodité. Quelque téps apres Puygaillard Gouuerneur d'Angers, cómandant trois à quatre mil hommes de pied & trois cents cheuaux, suiuant le pouuoir & Cómission de sa Majesté, au lieu du Comte du Lude, assisté de Puytaillé, Rochebaritaut, & Feruaques qui commandoit à Fontenay, fit diuerses entreprises sur la Rochelle, lesquelles ne pouuant reüssir, delibera pour acourcir leurs viures, & leur oster toutes prouisions, de faire dresser nombre de forts, és bourgades à vne & deux lieuës au tour de ladicte ville, mais la Noue qui y commandoit luy feit auorter ses desseins; & auerty de la mort de Puitaillé le ieune, Gouuerneur de Marans, sçachant qu'il y auoit peu de gens pour la defence de ceste place, par le change-

Repoussé de deuát Tonnay-Charante.

Il se saisit de l'Isle de Broüage.

Diuerses entreprises sur la Rochelle par Puygaillard, & autres.

La Noüe reprend Marans & quelques autres places.

LIVRE SEPTIESME. 471

ment d'vn nouueau Gouuerneur domestique du Mareschal de Cossé, la reprit, & y restablit Piuaut auec son Regiment, en suite de laquelle apres la prise de Lusson, Langon, la Greue, Mareuil, & autres petites places; il reconquist les sables Dolone, lieu qui auparauant seruoit de retraite & port asseuré aux Catholiques, qui y auoiét vne quantité de vaisseaux & d'artillerie auec beaucoup d'autres biens : plus de trois cents y furent tuez, & Landreau qui y commandoit fut mené prisonnier à la Rochelle, auquel l'on eust fait mauuais party si sa Maiesté n'eust fait escrire en sa faueur, pour luy sauuer la vie. Depuis ces forts que les Huguenots auoient pris en Poictou, apres la prise de Marans, furent repris par Puygaillard, lequel pour les brider encores dauátage fit dresser vn fort à Lusson, sur la venuë des Marets que la Noüe fut assieger quelque temps apres, dont Puygaillard auerty apres auoir assemblé toutes ses forces, qu'il auoit distribuées és places du bas Poictou, se delibera de luy faire leuer le siege, mais la Noüe l'ayant preuenu le chargea si inopinement entre Saincte Gemme & Lusson, comme il ordonnoit de ses forces, qu'elles furent mises à vauderoute, quelque deuoir qu'il feit de bon Capitaine pour les r'allier, apres laquelle defaicte le fort pris, Fontenay assiegé & batu fut rendu à composition par les tenans; & marchant d'vn mesme pas reduisit Niort, Marennes, Soubise, Broüage, Sainctes, & autres places en l'obeissance des Huguenots: en fin cótraignit le Baron de la Garde apres auoir tenu la mer quelque téps

Et reconqueste les sables Dolone.

Les troupes de Puygaillard deffaites par la Noüe.

Fontenay, Nyort Marénes Soubise Broüage, Sainctes, & autres places prises par la Noüe.

auec ses galleres de se retirer à Bordeaux, & Puygaillard n'ayant des forces bastantes pour s'opposer à ses armes de prédre le chemin de sainct Iean, ou ie les laisseray prendre haleine, pour reprendre le grand voyage de l'armée des Princes, duquel le progrés depuis Xaintes iusques en Lorraine, seroit autant ennuyeux au Lecteur, qu'à moy, si ie voulois m'amuser à descrire toutes les particularitez, tát des destroicts, passages, fleuues, riuieres, & mótagnes, surprises de villes, & bourgades, charges, & rencontres, qu'ils firent, & qui leurs furent faictes és pays de Perigord, Lymosin, Quercy, Gascongne, Languedoc, Dauphiné, Lyonnois, Forests, Viuarets, Champagne, Bourgongne, & autres de la France, qu'ils trauerserét auec mille difficultez; seulement ie me cótenteray de dire que ce qui porta l'Admiral, cóme il m'a dit depuis, à entreprendre ce long voyage, ce ne fut tant pour se rafraichir, comme quelques vns disoient, que pour payer les Reistres de son parti (qui cómençoient à se mescontenter) du sac de plusieurs villes & bourgades, & pour se fortifier des troupes du Comte de Montgómery, qui les ioignit à saincte Marie, & autres de Gascongne & Bearn, qui estoient à leur deuotion, qu'aussi pour prendre les forces que Monbrun, Mirabel, S. Romain, & autres Chefs se promettoient faire en Languedoc, & Dauphiné, attendant le secours d'Allemagne, que le Comte Palatin du Rhin, le Prince d'Orange, & autres, leur faisoient esperer, afin qu'estant toutes ces forces vnies & ralliées auec ses Allemans, qu'ils

Voyage de l'armée des Princes seulement pour trouuer moyen de payer leurs Reistres du sac de plusieurs villes.

LIVRE SEPTIESME. 473

qu'ils s'attendoient receuoir fur la frontiere de Bourgongne, ils peuffent eftre en eftat de venir aux portes de Paris, pour encores tenter vne autre fois le hazard & rencontre d'vne bataille, deffeins appuyez fur grandes confiderations, aufquels d'autre cofté s'oppofoient milles difficultez, pour les longues traictes & penibles coruees qui leur falloit faire à vn fi long voyage, auquel il eftoit bien croyable qu'ils perdroient autant d'hommes, qui fe retireroient ayant gagné le toict de leurs maifons, qu'ils en pourroient acquerir d'autres moins aguerris, fans les continuelles charges & faillies, de tant de villes ennemies qu'il leur faudroit effayer, outre les autres incommoditez de la vie, qu'ils endureroient, comme ils firent: car au bruit de leur venuë les Payfans & autres de la Campagne, aduertis de la cruauté que beaucoup exerçoient pour auoir de l'argent, abandonnerent leurs maifons, ny laiffant que les portes & les murailles, il y auoit auffi grande apparence de croire que les Reiftres laffez de porter leurs armes, ne pouuant trainer leurs chariots dans les monts Pyrrenées, & autres, & bien fouuent faute de cheuaux, feroient contraints de les quitter, lefquels depuis ils euffent bien voulu rauoir, fe voyant tous les iours aux mains auec les Catholiques, fi bien que pour fes raifons, leur armée depuis le partement de Xaintes, fe trouua diminuee de plus de la moitié à fainct Eftienne de Forefts, où elle fejourna quelques iours, tant pour s'y rafraifchir, qu'en attendant la guerifon de l'Admiral, qui y eftoit tombé fort ma-

Leur armee diminuee de la moitié depuis Xaintes iufques à S. Eftienne de Forefts.

O O o

474 MEMOIRES DV SIEVR DE CASTELNAV, lade, lieu ou Biron & Malaſſize, Deputez de leurs Majeſtez, qui eſtoient lors à Chaſteau-brian en Bretagne, y arriuerent ſur la fin de May, pour faire ſçauoir aux Princes & Admiral, comme ils auoient fait à la Royne de Nauarre, paſſant à la Rochelle, la derniere volonté & reſponſe de ſa Majeſté, aux demandes & requeſtes que Teligny & Beauuais la Nocle luy auoient dés le mois de Ianuier portees à Angers, de la part de ladite Royne de Nauarre, Princes, & autres Huguenots de France, qui ſupplioient ſadite Majeſté leur permettre l'exercice libre de leur Religion, par tous les lieux & villes de ſon Royaume, auec caſſation de toutes procedures & iugemens donnez contre eux, & approuuant ce qu'ils auoient faict dedans & hors d'iceluy, en conſequence des guerres, les reſtituer en leurs biens, charges & honneurs, comme ils eſtoient auparauant: & pour l'eſtabliſſement & aſſeurance de ce que deſſus, les pouruoir de tel nombre de villes qu'il plairoit à ſa Majeſté leur accorder. C'eſtoit à peu prés le ſommaire de leurs demandes, auſquelles les Deputez cy-nommez firent reſponſe, que pour l'exercice de leur Religion & ſeuretez, ſa Majeſté leur accordoit volontiers de demeurer & viure paiſiblement en ſon Royaume en toute liberté de conſcience, ſans que pour ce ils fuſſent recherchez en leurs maiſons, ny contraints à faire choſe pour la Religion Catholique & Romaine, contre leur volonté; ne voulant toutesfois qu'il y euſt aucun Miniſtre, ny autre exercice de Religion que la ſienne, & pour places de ſeureté leur accor-

Reſponſe du Roy à la derniere requeſte des Huguenots, & conditions qu'il leur donne pour auoir la Paix.

LIVRE SEPTIESME. 475

doit deux villes, aufquelles ils pourroient faire ce que bon leur fembleroit, fans eftre recherchez en façon du monde en ce qui concernoit leur Religion, & toutesfois affin qu'il ne fe feift chofe qui contreuínt à fon auctorité, fa Majefté entendoit pouruoir d'vn Gouuerneur dans chacune, auquel ils feroient tenus d'obeyr, voulant auffi qu'ils fuffent remis en tous leurs biens, honneurs, & charges, fors celles dont ils auoient efté defmis par Iuftice, & pour lefquelles fa Majefté auoit receu deniérs pour fubuenir à la neceffité des guerres, à condition que comme fidels & obeyffans fubiects, ils fe departiroient de toute affociation & cabale qu'ils pourroient auoir dedans & dehors le Royaume, & rendroient toutes les places qu'ils tenoient pour y pouruoir, tel que fa Majefté aduiferoit; & apres le licenciement de leurs trouppes, lequel ils feroient tenus de faire à la moindre foule du peuple, auffi toft que fa Majefté auroit enuoyé Commiffaires & autres, pour les conduire au chemin qui leur feroit prefcrit, fe retireroient chacun en leurs maifons: leur promettant fadite Majefté ayant effectué ce que deffus, les entretenir en paix comme fes bons & fidels fubiects : Conditions que les Princes & Admiral, ne voulurent accorder, tant pour n'auoir l'exercice libre de leur Religion, & de prefcher par tout le Royaume, que pour le peu d'affeurance que l'on leur vouloit donner comme ils difoient : de forte que les Deputez partirent fans rien conclurre, ce qui fut caufe de faire hafter le Marefchal de Cofsé, qui auoit eu la conduite de l'armee

Refufées par les Princes & l'Admiral.

OOo ij

nouuelle, au lieu du Prince Dauphin, qui s'estoit retiré en sa maison pour quelque mescontentement qu'il auoit eu; pour aller prédre les Suisses qui auoiét aussi rebroussé chemin sur la riuiere de Loire, n'ayant voulu marcher en Poictou, sans estre payez de tout ce qui leur estoit deu, & ayant passé ladicte riuiere à Desize auec trois mil cheuaux & cinq à six mil hommes de pied, sans lesdits Suisses, prit le chemin d'Autun, & de là estant paruenu au mont sainct Iean, en partit le vingt-cinquiesme de Iuin, pour camper à René le Duc, en dessein de combattre l'armée des Princes, laquelle s'y estoit acheminee, ayant l'Admiral enuoyé quelque caualerie & infanterie deuant que le Mareschal y peust arriuer, pour s'en saisir; ce qui fut cause qu'il disposa son armee en bataille sur vne montagne, à la main droicte de celle de sainct Iean, vis à vis & enuiron vne portée de mousquet d'vne autre montagne, ou l'Admiral s'estoit preparé pour attendre le choc. Deux ruisseaux qui se rencontrent en vn endroit, qui coulent de deux estangs qui sont prés de là, auec quelques marescages seruoient comme de barriere entre les deux armees, lesquelles marchanderent à qui passeroit le premier, mais en fin le Mareschal pour attirer ses ennemis au passage, ayant logé deux mil arquebusiers sur le bord de l'eau, fit auancer vn des Regimens de l'auantgarde pour commencer l'escarmouche, lequel ayans passé sur la chaussee de l'estang, donna d'abord iusques aux barricades du moulin, où l'Admiral auoit logé deux Regimens pour la garde de ceste ad-

Le Prince Dauphin mal content.

Le Mareschal de Cossé s'efforce d'attirer l'Admiral à vn combat General.

LIVRE SEPTIESME. 477

uenuë, lesquelles firent tel deuoir de souftenir la charge que ceux du Mareschal luy firent, qu'ils ne se voulurent opiniaftrer de les enfoncer dauantage, ains se retirerent sur leurs mesmes pas, en tel ordre toutesfois que sainct Iean, qui eftoit à la tefte de cefte infanterie, les ayant menez iufques au ruiffeau, ne peut rien gagner fur eux: Lors l'Admiral plus foible de gens de pied, & fans aucun attirail de canon, ne voulant rien hafarder, & encores au paffage d'vne riuiere, où l'on ne pouuoit paffer que file à file, leur commanda de s'arrefter, & à Montgommery, qui s'eftoit auancé auec partie de la caualerie de l'auantgarde pour les fouftenir, de tenir bride en main, attendant l'occafion & le temps plus à propos pour prendre fon auantage, le refte du iour fe paffa en efcarmouche entre les gens de pied, fans toutesfois paffer le bord de l'eau. Des Catholiques, Bellegarde & la Baftide y fûrent tuez, peu d'autres fignalez; le nombre des bleffez fut plus grand, des Huguenots, il y en eut bien autant & dauantage; le lendemain l'Admiral fut d'auis de defloger auec l'armee pour prendre la route d'Autun, où elle s'achemina en la plus grande diligence qu'elle peut, pour venir à la charité, afin de prendre quelques couleurines que les Reiftres y auoient laiffees, & fe fortifier de quelques troupes qui y eftoient demeurees en garnifon, & autres villes où ils pafferent, comme Autun, Vezelay, & Sancerre. Lors le Marefchal de Coffé voyât qu'il auoit perdu l'occafion de combattre l'armee Huguenotte, eut quelque volonté de la fuiure, mais

Qu'il efuite prudemment.

Bellegarde & la Baftide tuez en cette efcarmouche.

OOo iij

aduerty des grandes traictes qu'elle faisoit pour n'auoir aucun attirail de canon, comme i'ay dict cy dessus, il changea son dessein, qui fut apres auoir despesché la Valette auec cinq cens cheuaux, pour charger ceux qui demeuroient derriere, de la costoyer par la Bourgongne, & tirant vers la vallee d'Aillan apres la prise de Mailly, ou quelques Protestans de ce pays s'estoient retirez; de là prit la route de Sens, pour asseurer ceux de Paris, & empescher que les Huguenots ne s'acheminassent à leurs portes, comme ils disoient, en cas que le traicté de la paix que les Deputez negotioient, ne se peust accomplir, laquelle en fin apres auoir esté differée quelque téps par les belles remonstrances du Nonce du Pape, & promesses de l'Ambassadeur d'Espagne, qui offroit à sa Majesté trois mil cheuaux & six mil hommes de pied pour l'extermination des Huguenots, fut en fin concluë & arrestee à S. Germain en Laye, le huictiesme d'Aoust mil cinq cens soixante & dix, & trois iours apres emologuee & publiee au Parlement de Paris; laquelle portee par Beauuais la Nocle à la Royne de Nauarre, qui estoit à la Rochelle, & par Teligny au camp des Princes qui s'acheminoient sur la frontiere du Comté de Bourgongne, fut receuë auec grand ioye & contentement d'vn chacun, & promirent & iurerent lesdits Princes auec l'Admiral & autres Chefs Huguenots, de la garder inuiolablement cóme sa Majesté auoit faict, accompagnee de la Royne sa Mere, des Ducs d'Anjou & d'Alençon ses freres, & autres de son Conseil, laissant à dire la teneur & particularitez dudit Edit de paix, d'autant qu'il est

La paix cõcluë & arrestee à S. Germain en Laye.

LIVRE SEPTIESME.

imprimé, par la lecture duquel & le discours des choses qui se sont passees, à beaucoup desquelles i'ay esté employé, tát pour establir à la Rochelle & Guyenne les Edicts de Pacification, & traicter affaires importantes auec la Royne de Nauarre, Prince, & Admiral, & reconfirmer les nouuelles alliances auec l'Angleterre, ou apres la S. Barthelemy ie fus renuoyé vne autre fois auant que d'y estre Ambassadeur ordinaire, sur le mescontentement que la Royne d'Angleterre auoit des massacres qui s'estoient commis en beaucoup d'endroicts sur les Huguenots, affin de la remettre en meilleure intelligence auec le Roy, d'autant qu'elle estoit conseillee de s'en departir, & pour la prier aussi de leuer sur les Saincts fonds de Baptesme la fille de sa Majesté auec l'Imperatrice, ce qu'elle accorda contre l'opinion de la plufpart de ceux de son Conseil, & le desir de tous les Anglois, dont ie traicteray sans passion au huictiesme Liure. Tu pourras iuger mon fils, & ceux qui liront ces memoires, s'ils estoient vn iour mis en lumiere, à qui il a tenu si l'Edict de la Paix, tant d'vne part que d'autre, a esté mal obserué, & cognoistras par ce qui en est depuis aduenu, que le glaiue spirituel, qui est le bon exemple des gens d'Eglise, la charité, la predication, & autres bonnes œuures, est plus necessaire pour retrancher les heresies, & ramener au bon chemin ceux qui en sont desuoyez, que celuy qui respád le sang de son prochain, principalement lors que le mal est monté à tel excez, que plus on le pense guerir par les remedes violens, c'est lors que l'en l'irrite dauantage.

Plusieurs belles occurrences ou l'Autheur a esté employé, qu'il promet traicter au huictiesme Liure.

Glaiue spirituel, qu'est ce.

Le huictiefme Liure dont cy-deſſus eſt parlé, n'ayant eſté acheué par l'Autheur, ne ſera mis en lumiere.

TABLE
DES CHOSES MEMORABLES
contenuës en ces Memoires.

BBAYE de sainct Michel au bas Poictou, pris par les Huguenots. pag. 418

Abouchement du Roy de Nauarre & Prince de Condé à Baugency. 176

Abouchement du Prince de Condé & Connestable, sur les propositions de la paix. 268

Accord entre le Prince de Condé & le Duc de Guise. 138

Accord entre ceux de Guise & l'Admiral. 346. item du Cardinal de Lorraine auec le Mareschal de Montmorency. ibid.

cruel Accouchement d'vne Royne d'Angleterre. 58

l'Admiral, chef des Protestans. 23. son aduis & sa requeste au Roy en l'assemblee de Fontainebleau pour lesdits Protestans. 83. 84. approuue la harangue de Marillac Euesque de Vienne touchant ladite assemblee. 85. tasche de retrâcher les compagnies des Gardes, & ses raisons sur ce subiect. 86. tasche de faire accorder l'exercice public de la Religion aux Protestans, dont il est empesché par ceux de Guise, qui insistent contre. ibid. l'Admiral tué à pareil iour qu'il auoit presenté la requeste des Protestans, douze ans apres. 87. sa diligéce à rallier son armee. 233. la charge qu'il liure contre la caualerie du Roy. ibid. se sauue & sa caualerie auec quelques pieces d'artillerie, & le bagage des Reistres. 234. se retire, & laisse partie de son artillerie en chemin. 236. quitte la Normandie à regret, pourquoy. 272. se plaint au Prince de Condé de s'estre trop hasté à signer la paix. 273. est esleu Chef de l'armée des Huguenots, absent le Prince de Condé. 239. faict raffraischir son armee au pays

ã

de Sologne & Berry, où il préd Puiset. *ibid.* prent Selles, S. Aignan, & Montrichart, villes de Berry. *ibid.* Item, Gergeau & Suilly, & se retire auec son armee en Normandie, pourquoy. 242. ses responses à la Declaration du Roy aux Princes d'Allemagne, & à la Lettre de la Royne Mere. 244. 245. attaque Eureux, d'où il est repoussé. 245. prend Caën par composition. *ibid.* est secouru d'argent par la Royne d'Angleterre. 246. ses exactions en Normandie sur les Catholiques. *ibid.*

Baron des Adrets Chef des Huguenots. 206. prend Mornas & autres villes sur les Catholiques. 206. la cruauté qu'il exerce enuers eux contre la foy promise. 207. prend Môtbrison, & les cruautez qu'il y exerce. 207. 208. est practiqué par le Duc de Nemours, & gagné pour le party Catholique. 267. est prins prisonnier, & enuoyé à Nismes, par qui & comment. *ibid.*

Aduis donné au Roy sur l'emprisonnement du Prince de Condé. 78

Aduis de la Princesse de Condé à son mary de n'aller à la Cour. 92. sa response sur cest aduis. *ibid.*

Aduis donnez au Roy & à la Royne, de quitter Fontainebleau & se retirer à Paris, & pourquoy. 155

Alliances de la Royne d'Angleterre recherchee par le Roy, la response qu'elle fit. 322. item par le Duc d'Anjou. 323

Alliance de la Royne d'Escosse recherchee par le Duc d'Anjou. 323

de l'Ambassadeur, & son office. 281. Ambassadeur d'Angleterre entretient les diuisions en France. *ibid.* est passionné pour l'Admiral, & gaigne sa Maist. esse pour son party. *ibid.* raisons qu'il luy met en auant pour la persuader de ce faire. *ibid.* est refusé auec son predecesseur en mesme charge d'estre veu du Roy. 292

Ambassadeurs des Princes estrangers, pour rompre le traicté d'Orleans. 315. response du Roy ausdits Ambassadeurs. *ibid.*

Ambassade du Cardinal de Pelué & la Brosse en Escosse, & pourquoy. 65

Ambassade du Roy d'Espagne vers la Royne d'Angleterre pour la paix auec la France & l'Escosse. 69

Ambassades des Princes estrangers au Roy, pour l'obseruation des Decrets du Concile de Trente. 301. 302. autres supplications qu'ils feirent au mesme Seigneur pour la ruption de

DES MATIERES.

la paix, & la response qu'on leur fit. 302

Ambition, femence de diuision. 114

d'Andelot fort vaillant & hazardeux. 159. furprend la ville d'Orleans. 156

Angers prins des Huguenots. 167. repris par les Catholiques, les Huguenots y estans tuez. 181

l'Angleterre gouuernee par Roynes apres la mort de Henry VIII. 58. Marie fa fille aifnee, premiere gouuernante d'iceluy. ibid.

Anglois estans dans le Haure font fortir tous les François, pourquoy. 283. font fommez par le Connestable de rendre la place, & fes remonstrances à cest effect. ibid. response des Anglois aufdites remostraces. 284. abandonnerent leurs tranchees. 285. Lettres à eux addreffantes interceptes. 286. 287. infectez par la contagion. 287. incommoditez grandes qu'ils fouffrent faute d'eau. 287. 288. leur fortie du Haure. ibid. la reddition qu'ils en font, & articles d'icelle. 288. 290. font fecouruës d'Angleterre, mais trop tard. 291. 292. leur embarquement fortans du Haure. 293

Annonay ville en Viuarois, prife & faccagee, & ceux qui estoient dedans mis en pieces par fainct Chaumont. 266

Antiquité, toufiours la plus certaine. 144

Arrest interlocutoire ne fe peut donner contre vn Pair de France. 100

Arrest de la Cour de Parlement de Paris contre les Huguenots d'Orleans. 208

Arrest de mort contre l'Admiral, Montgommery & Vidames de Chartres. 451

Arrest de l'innocence du Prince de Condé. 120

Armee du Roy contre les Huguenots à Orleans. 171. attaque leur armee, & les contraint à leuer le fiege. 178

l'Armee du Roy vers Troyes. 388. celle des Huguenots en Bourgongne qui prend Maffi, Creuant & force autres villes. ibid.

Armee du Duc d'Alue aux Pays-bas, & leuee des Suiffes en France, qui mettent les Huguenots en crainte. 347. entre par tout fans contredict. 351

Armee des Reiftres en France par les Huguenots. 215

Armee du Roy en Normandie contre le Comte de Montgommery. 181

Armee du Duc de deux Ponts, paffe par tout fans contredit. 432. 433

ã ij

TABLE

l'Armee du Roy au siege de Dreux, comment composee, & de combien d'hommes. 228. l'ordre qui y fut obserué, & qui en estoit le conducteur. ibid.

Armee du Prince de Condé deuãt Dreux, de combien composee. 228. l'ordre d'icelle, & le combat qui s'y passa. 229. la faute qu'il commist en ceste bataille. ibid.

Armee des François deuant le Haure contre les Anglois. 282

Armee du Duc d'Anjou en Angoumois. 420. sa religieuse preparation au combat, & des principaux de l'armee Royale. 423

les deux Armees, du Duc d'Anjou, & des Huguenots, en bataille sans effect. 416

és Armees, s'il conuient auoir plusieurs Lieutenans Generaux, ou non. 35

Assaut liuré à Chastelleraut par le Duc d'Anjou. 450

Assemblee des Princes & Seigneurs à Fontainebleau, sur le faict de la guerre des Protestans. 83. aduis sur ceste assemblee au Roy par l'Admiral de Chastillon. ibid. ensemble sa requeste au nom des Protestans. 83. 84. contenu de ceste requeste. 84. replique sur icelle par le Chancelier. ibid. ladite assemblee remise, & articles donnez à chacun pour en dire son aduis au Roy. 84. 85

Assemblee des Estats en la ville de Meaux contre les Protestans. 86. 87

Assemblee des Estats d'Orleans. 121

Assemblee des Protestans à Poissy. 132. leur profession de Foy, & la response à icelle par les Docteurs. 134. l'assemblee diminuee iusques au nombre de cinq de chasque costé. 135

Assemblee des Protestans pour la Religion, & pour affaires d'Estat. 26

autre Assemblee contre l'Edict de Iuillet. 130

Assemblees secretes deffenduës. 10. Edict à ceste fin. 16

le Duc d'Aumale Lieutenant General pour le Roy en Normandie. 183. 184

Aurillac pris par les Huguenots. 450

Austerité & seuerité de l'Admiral de Chastillon, qu'elle. 159

de l'Autheur de ces Memoires, & du temps qu'il les a commencez. 3. 4. ses qualitez, charges, Ambassades, & diuers honneurs receus tant en France, qu'és pays Estrangers. 118. 182. 184. 187. 188. 189. 190. 261. 305. 308. 309. 310. 311. 312. 322. 323. 327 329. 330. 331. 332. 334. 335. 355. 356.

357.358.359.360.361.362.364.
365.366.367.387.390.391.401.
402.435.& 479.

B

BAilliages rendus par les Bernois au Duc de Sauoye 351.352

Baptesme du fils du Duc de Lorraine à Bar le Duc, ses Parain & Maraine. 312

Barbelites, leurs impudicitez. 14

Bataille Demdem gaignee par le Duc d'Alue sur les Gueux 431

Bataille de S. Denis, & l'ordre y obserué du costé du Roy, & des Huguenots. 374. 375. le champ de Bataille demeuré au Roy. 378. 379. secours d'Espagne apres la Bataille. 380

Bataille de Dreux. 227. les combats, rencontres, & deffaictes y arriuees. 228 229.230.231 232. la victoire à qui laissee, le nombre des prisonniers, blessez & tuez. 234. faux bruits de ceste Bataille en Cour. 235

Bataille de Moncontour. 457. combat des deux auantgardes. ibid. seconde charge où le Marquis de Bade fut tué. 458. troisiesme charge faicte par le Duc d'Anjou.ibid. nombre des morts du costé des Catholiques & des Huguenots. 459. 450. la victoire demeure toute entiere au Duc d'Anjou. 460. ceste victoire mandee par le Roy aux Princes estrangers, & à la Royne d'Angleterre par les Huguenots. 460.461

Bataille de Iarnac, rencontres & combats qui arriuerent en icelle. 424. 425. 426. noms des principaux qui moururent en ceste deffaicte, & le nombre des prisonniers. 427. les plus signalez d'entre les blessez. 428

Batterie du Mareschal de Montmorency deuant le Haure. 285

Baugency reprins par le Prince de Condé, & la garnison taillee en pieces. 180

Baubigny faict mine de surprendre Dreux, dont il est repoussé. 222

Beautez & perfections de la Royne d'Escosse. 324

Beze & autres Ministres ouys au Colloque de Poissy. 133. le blaspheme qu'il y profera. 134

du Mareschal de Biron, & de l'honneur qu'il remporta au siege de Dreux. 235

Blaspheme de Beze en l'assemblee de Poissy.134. la remonstrance du Cardinal de Tournon sur ce suject. ibid.

Blois prins par les Huguenots. 389. par l'armee Royale. 179. se rend à composition. ibid. est pillé, quelque ordre qu'on y

ã iij

mette. 179.180

Bochetel Euesque de Rennes Ambassadeur pour le Roy en Allemagne. 383. le sujet de son Ambassade, quel. 384. son voyage à quoy vtile. *ibid.*

d'Anne de Boulen, Marquise de Penbrook,& depuis Royne d'Angleterre. 53.54.55.56. la cause de ce mariage,& le peu de duree,pourquoy. *ibid.*

Bourges pris par les Huguenots.167.repris par le Roy. 180

Mareschal de Brissac Lieutenāt general pour le Roy en Normādie. 242. 243. assemble la Noblesse de la Prouince, & ses remonstrances à icelle sur les affaires de la guerre. 247. 248. l'extreme desplaisir qu'il a de ne pouuoir secourir la Normandie en armes, pourquoy. 248. 249. son aduis au Roy touchant le siege d'Orleās. 250. sa mort. 300

Bulles pour l'alienation du temporel de l'Eglise. 410

C

CAchet rendu au Roy par le Cōnestable, pourquoy. 7

Calomnies contre les Protestans pour auoir de l'argent. 13

Canons,poudres,munitions, & argent, enuoyez par la Royne d'Angleterre à la Rochelle. 417

Capitulation des Escossois auec l'Angleterre. 69

Capitulation d'entre les François, Anglois & Escossois en la reddition de la ville du Petitlit, & articles d'icelle. 73.74

Capitulation auec le Duc Casimir & ses Reistres, pour sortir de France. 402.403

Casaques des Huguenots, qu'elles. 162

le Duc Casimir vient au secours des Huguenots, qui est repoussé par le Duc d'Aumale. 381 difficultez pour le renuoyer. 398 ne veut à raison ny capitulation quelconque. 399. 400

Cateuille & Lyndebeuf ont la teste tranchee, pourquoy. 419

Catholiques d'Angleterre, leur constance & perseuerance au faict de la Religion. 15

Ceintures dorees, laissees par les Dames Romaines, & pourquoy. 21. Prouerbe à ce propos. *ibid.*

Celuy qui empesche vn mal a plus d'honneur que celuy qui le faict faire. 264. exemple notable à ce propos. *ibid.*

les Ceremonies, tres-necessaires en l'Eglise. 143

Cisteron prins par les Huguenots. 206. reprins par les Catholiques, les meurtres & massacres qui s'y commettent. *ibid.*

Citadelle de nouueau erigee à Lyon, par le commandement

DES MATIERES.

de la Royne Mere. 317

Chancelier du Prince de Condé & Roy de Nauarre, prisonniers, & pourquoy. 85. 86

nouueau Changement en France par le changement de nouueau Roy. 119

Charges & accusations contre le Prince de Condé. 96

la Charité assiegee par le Duc de deux Ponts. 433. est abandonnee par le Capitaine y commandant. 433. 434. est prise d'assaut. 434

Chastelleraut & Lusignan, prins par la Nouë. 443

Ceux de Chastillon, absens de la Cour, & pourquoy. 38

le Cardinal de Chastillon fort experimenté au maniement des grandes affaires. 159

le Cardinal de Chastillon viuement poursuiuy, se sauue en Angleterre. 411

Chefs des Protestans, quels estoient. 23

Chefs des armees Royale & Huguenote, tous morts de mort violente. 265

Cheualiers de sainct Michel, combien estoient anciennemét. 21

Cheute dangereuse de la Royne Mere. 298

Chose dangereuse d'appeller à secours les estrangers, de nation contraire. 210

Colloque de Poissy, & ce qui s'y passa. 132. Euesques, Docteurs, & Ministres qui y assisterent. 133. est rompu sans accord. 135

Colloque de Ratisbonne inutile comme celuy de Poissy. 136

Commandement de Trajan, fauorable aux Chrestiens. 15

Combat des deux armees, Royale & Huguenote, deuant Dreux, comment obserué. 229. combat des trouppes du sieur d'Amuille contre celles du Prince de Condé, où Montbrun est tué. 230. autre cóbat des trouppes de l'Admiral & Prince Porcian, contre celles du Connestable, où il est blessé, & pris prisonnier. ibid.

Combat general entre le Mareschal de Cossé & l'Admiral, où & pourquoy. 476. 477

Comparaison du bon Pilote auec le sage Gouuerneur. 127

Comté de Dammartin, cause du trouble d'entre le Connestable de Montmorency & ceux de Guise. 79

Concile de Trente refusé d'estre publié par les Parlemens, & pourquoy. 315. 316. est publié aux Pays-bas. 344

Le Prince de Condé, accusé par les conspirateurs. 35. 36. encourt l'ire du Roy, & pourquoy.

TABLE

36. ſes gens arreſtez, & luy menacé du Roy. 37. ſa reſponſe
hardie en plain Conſeil. *ibid.* ſe
retire en ſa maiſon, puis en
Bearn, crainte de ſa perſonne.
38. 78. aſſeure le Roy & la Royne de ſon ſeruice par Genlis. *ibid.*
implore ſecours de ſes amis par
lettres interceptes par les gens
du Roy. 81. ſon refus de venir
en Cour, & pourquoy. 83. venant trouuer le Roy eſt arreſté
priſonnier. 95. ſon procez luy
eſt faict & parfaict, & condamné
à la mort. 98. 99. eſt eſlargy de
priſon & remis en liberté, comment & pourquoy. 103. 104. &
119. l'innocence de ſa condamnation purgee par Arreſt. 120.
ſon aigreur contre le Cardinal
de Lorraine. 139. ſort de Paris
par exprez commandement de
la Royne Mere. 154. ſe fait chef
des Proteſtans, ſans le ſecours
duquel ils ne pouuoient rien.
157. 158. ſon courage en guerre.
158. eſcrit à la Royne Mere, &
luy enuoye ſa proteſtation. 160.
la reſponſe que luy fit ladite Dame. 161. ſe plaint à elle ſur le maſ-
ſacre de Sens. 162. reçoit commandement de la part du Roy
de luy rendre ſes villes, & à
quelles conditions. 172. ſa reſponſe audit commandement, &
la condition qu'il demandoit.
173. 174. s'offre pour oſtage des
Proteſtans, où il eſt ſurpris, ſes
offres & demandes à la Royne-
Mere pour faire la paix. 217. ſon
aduis de retourner attaquer Paris, contredit par l'Admiral. 221.
eſt pris priſonnier en la bataille
de Dreux, par le ſieur d'Aumale,
& mené chez le Duc de Guiſe
ſon couſin. 232. 236. puis mené
au Chaſteau Douzain, où il cui-
da ſe ſauuer. 240. ſe rend priſonnier à Argés. 426. tué d'vn coup
de piſtolet par Monteſquiou.
ibid. ſon corps donné au Duc de
Longueuille. 428

la Princeſſe de Condé aux
pieds du Roy, interpellant pour
ſon mary. 102. aigre reſponſe du
Roy à ſa ſupplication. *ibid.*

du Conneſtable, & ſon arriuee en Cour. 83. aſſeure le Roy
de Nauarre contre la maiſon de
Guiſe. 120. 121. la haine qu'il porte à ceſte maiſon, & le differend
qu'il a pour le Comté de Dammartin. 89. 70. eſt bleſſé & pris
priſonnier à la bataille de Dreux,
& mené à Orleans chez la Princeſſe de Condé. 230. 233. 236

Conference de la Royne
Mere auec les Huguenots. 217.
les offres & demandes qu'y fait
le Prince de Condé, & les reſ-
ponſes à icelles. 217. 218

Conqueſtes du Duc d'An-
jou en Xaintonge, Angoulmois
& Lymoſin. 435

Coniuration

DES MATIERES.

Coniuration, & ce qu'on y doit obseruer. 33

Coniurations descouuertes. 42

Conseil donné au Roy de faire brusler les Heretiques. 10

bon Conseil difficile à prendre, l'authorité dependant des acs. 172

mauuais Conseil de ceux qui ont esté d'aduis d'enuoyer les François faire guerre en Escosse. 75

Conseil donné au Roy d'vn pardon general enuers les Huguenots. 243.244

Conseillers du Parlement de Paris, emprisonnez, pourquoy. 9. leur condamnation & absolution. 10

Conseillers en nombre de douze Deputez à Charles VIII. par les Estats, pourquoy, & à quel sujet. 19

le Conseiller du Bourg, executé à mort, pourquoy. 10

Conspiration d'Amboise descouuerte, par qui, mal conduite & pirement executee. 40

Conspirateurs emprisonnez, & executez à mort. 31.32

Conspiration de Monceaux descouuerte par l'Autheur, où & comment. 355.356

Contracts de mariage en Angleterre doiuent estre verifiez par escrit ou par tesmoins, auant la consommation. 52

Coqueuille & autres remuäs en Normandie, ont la teste tranchee. 410

d'Henry de Courtenay, son extraction, & diuerses belles qualitez, 59. recherché en mariage par la Royne d'Angleterre, pourquoy. ibid. sa fuite à Venise & sa mort. ibid.

Crime de leze Majesté en Angleterre pour parler des successeurs à la Couronne, quand, & soubs quel regne introduict. 119

Curiosité de voir les façons d'vne nouuelle Religion, fort dangereuse. 139.140

D

du Duc d'Alue, & son arriuee en France vers sa Majesté. 347. ses offres auec celles de la Duchesse de Parme, qu'il luy faict au nom du Roy d'Espagne son Maistre. 355. les instructions qu'il donne au Côte d'Aremberg conducteur de ses trouppes. 372. sa haine & rancune enuers les Huguenots, pourquoy. 430. son secours au Roy de France. ibid. fit trancher les testes aux Comte d'Egmont & de Horne, à quelle fin. 431

Dames Romaines quittét leurs ceintures dorees, pourquoy. 21. prouerbe à ce propos. ibid.

le Danger qu'il y a de laisser

ē

TABLE

aucune forteresse des alliez entre les mains des Protecteurs. 69. 70

le Prince Dauphin mal content. 476

grandes Debtes & imposts leuez en France par l'espace de 12. ans. 121. 122. l'occasion d'iceux. ibid. sont cause de plusieurs retranchemens. ibid.

Declaration sur l'Edict de Ianuier. 154. est entierement reuoqué. 164

Declaration du Roy contre les discours des Huguenots. 163

Declaration du Prince de Condé pour respondre aux lettres du Parlement, ses offres. 163. 164

Declaration du Roy aux Princes d'Allemagne. 244. responce à icelle par l'Admiral. ibid.

Declaration de la Royne d'Angleterre sur le secours qu'elle prestoit aux Huguenots, qu'elle. 246

Deffaicte des trouppes du Comte de Montgommery. 419

Deffaicte des Huguenots à Messignac par le Duc de Montpensier. 414

Deffense du Roy de ne faire presche à dix lieues à la ronde de la Cour. 320

Deffiance des Huguenots, surquoy fondee. 347

la Deffiance & l'ambition font renaistre nouueaux troubles. 409. 410

Delateurs d'assemblees secretes, comme recompensez. 16

Deputez à l'interrogation du Prince de Condé, prisonnier. 97

Deputez des Estats de Bourgongne, & leurs demandes. 302. 303

Desseins du Duc de Sauoye contre la France. 168

Desolation estrange en Normandie, & oppressions qu'elle souffre. 241. 246

Difficulté qu'il y a à forcer les consciences. 70

Differend entre le Connestable de Montmorency & ceux de Guise pour la Comté de Dammartin. 79

Dissimuler, c'est regner. 33. 34

Diuision entre les plus grands du party Huguenot. 351

Diuorce d'Henry VIII. Roy d'Angleterre, auec Catherine d'Espagne sa femme. 53. 54 occasion de ce diuorce, & le procés qui est intenté à Rome. 54. 55

le Duc de Sauoye remis en ses Estats. 4

Duc d'Anjou praticqué par le Duc de Nemours pour estre chef des Catholiques. 161

le Duc de Saxe mandé en

France pour secourir le Roy. 390. 391. son arriuee. 394

E

Edict de Romorantin. 9 diuers iugemens sur cet Edict. 9. 10
autre Edict contre les assemblees illicites. 16. recompense des Delateurs d'icelles. ibid.
Edict d'Henry II. contre les Lutheriens. 9
Edict pour la leuée de la Cour. 16. cause de cet Edict. ibid.
Edict de Pacification mal gardé. 39
Edict en faueur des Protestans. 39. pretentions sur cet Edict, par l'Admiral de Chastillon. 40
Edict de Iuillet, quel. 126. quand & à quel fin donné. ibid. plusieurs belles similitudes & comparaisons rapportees à ce sujet, confirmees d'exemples. 127. 128. 129
Edict de Ianuier en faueur des Protestans. 138. verifié aux Parlemens. 139
Edict declaratif & limitatif de l'Edict de Ianuier. 163
Edict de Pacification faict à Orleans, offert au Prince de Condé. 385
Edict de Roussillon, quel. 320. articles importans d'iceluy. ibid.
Edict du mois de Mars, quel. 272. 273
Autre Edict pour la vente des biens de l'Eglise. 274
Edoüard Cæsar Roy d'Angleterre, d'où ainsi appelé. 58
Comte d'Egmont sa valeur & ses merites. 431. a la teste tranchee par le moyen du Duc Dalue, pourquoy. ibid.
Elizabeth d'Angleterre emprisonnee par la Royne sa sœur, & pourquoy. 59
Eslargie par Philippes Roy d'Espagne. 66. qui la demande en mariage, à quoy elle ne veut entendre. ibid. succede à la Couronne. 61. ses artifices pour distraire les Escossois de l'alliance de France. 64. armé côtre la Frāce & l'Escosse. 66. 67. ses desseins sur l'Escosse. 68. affermit son Estat par la diuision des François & Escossois. 74. son industrie à maintenir cette diuision. 76. ses complimens enuers la Royne d'Escosse retournant de France. 114.
Eloge de la Royne Catherine de Medicis. 6
Eloge de la Royne d'Angleterre. 115
Emprisonnement du Prince de Condé. 195
Emprisonnement du Roy de Nauarre & Chancelier du Prince de Condé. 95. 96
Emprisonnement de l'Autheur au Haure de Grace. 186
Enseignes, cornettes, & gui-

dons portez à Paris au retour du siege de Dreux. 236

Entree du Roy François II. & de la Royne Mere à Orleans. 94.

Autre entree du Roy és villes de Sens & Troyes. 306

Entreprise sur la ville de Bourges mal reüssie. 468. 469

Entreueuë des Duc & Duchesse de Sauoye auec leurs Majestés à Roussillon. 320.

Entreueuë du Roy & de la Royne d'Espagne à Bayonne. 342.

Escarmouches notables entre les François & Anglois deuant le Haure. 203

Escarmouches de l'armee du Roy contre le Duc de deux Ponts. 431

Le Royaume d'Escosse perdu à la France, par quel moyen. 76. plusieurs exemples à ce propos. ibid.

Esmeute aux faulxbourgs S. Marcel au sujet des Protestans. 137.

Esprits sauuages, maniables par douceur. 70

prinse d'Estampes & Pluuiers par l'armee du Roy. 239

Estats Generaux tres vtiles en France, quand les opinions sont libres, & le Roy est le plus fort. 88

Estats de Meaux transferez à Orleãs par ceux de Guise, pourquoy. 93.

Estats d'Orleans, quand & à quel fin principale assemblez. 121. 123. la conclusion d'iceux. 123.

Estat de Grand Maistre que tenoit le Duc de Guise donné à son fils aisné apres sa mort. 264

Estats particuliers de Moulins. 346

Estat de Connestable supprimé. 381

en matiere d'Estat, il vaut mieux plier que rompre, & auoir la paix qu'vne guerre ciuile. 385. 386

Estonnement à la Cour pour les villes prises par les Huguenots. 165

Etymologie du nom Huguenot. 79

F

Factions dommageables à l'Estat. 24. d'où elles viennent. ibid.

Fautes suruenuës de la part des Catholiques & Huguenots auparauant que liurer bataille, pres de Dreux. 226

Festins magnifiques à Fontainebleau. 303. Festins de la Royne Mere, & la Trage-Comedie qui s'y representa. 305

Feux de ioye, & processions à Paris, pour la victoire de Dreux. 235

DES MATIERES.

Fontenay, Nyort, Soubize, Boüage, Saintes, & autres places prises par la Nouë. 471

Fort de saincte Catherine prins par l'armee Royale. 191

Fortune arriuee sur mer aux Galeres du Grand Prieur de France. 72

confession de Foy des Protestans, & la responce à icelle des Docteurs. 134

Foix Ambassadeur de France, comme prisonnier en Angleterre. 295

la France grandement endebtee, quand & comment. 269

François II. Roy de France, son aduenement à la Couronne à quel aage. 4. son mariage. ibid.

les François & Anglois veulent tousiours auoir leurs Roys auec eux. 322

G

GAbaston executé à mort, comme partisan des Huguenots. 208

Gallardon pris & forcé par les Huguenots. 222. plusieurs Prestres & Catholiques tuez en icelle, & les autres pendus. ibid.

Garnisons dans Paris du conseil de ceux de Guise, pour empescher l'esmeute cõtre les Protestans. 154

Genealogie de plusieurs pretendans à la Couronne d'Angleterre. 49.50.51.52.

Gergeau & Sully prins par l'Admiral. 242

Glaiue spirituel qu'est-ce. 479

Gnosticques, leurs impudicitez. 14

Gouuernement de sainct Dizier donné à l'Autheur, & depuis osté sans recompense. 404

Gouuernement de l'Estat par la Royne Mere, emologué par les Estats. 132

le Cardinal Grauelle donné à la Princesse de Parmes par le Roy d'Espagne, pour Cõseiller & Chancelier. 343

Guerre d'entre les Cantons des Suisses empeschee par Henry II. Roy de France, & pourquoy. 77

Guerre entre Elizabeth Royne d'Angleterre, & Marie Stuart Royne d'Escosse, pourquoy 61. 62. 63. 64. iusques à 74.

Guerre est iuste à ceux à qui elle est necessaire. 175. autre guerre faict tenir party asseuré. 184

Guerres ciuiles, & les miseres qu'elles entrainent apres elles, & malheurs qu'elles causent. 278. 279. aneantissent toute Religion. 279. 280

Gueux & quels sont, & pourquoy ainsi appellez. 350

maison de Guise, sa grandeur & auctorité au Gouuernement de l'Estat. 4. 5. 6. 7. causes de son

ẽ iij

aggrandissement. 8. insiste à ruiner les Protestans. 40

le Duc de Guise, ses proüesses & batailles remportees. 5
est pourueu de l'Estat de Grād Maistre. 6. est Lieutenant General. 34. l'enuie que luy portoit le Connestable, & le different qu'il eust auec luy pour la Comté de Dammartin. 78. 79. son courage & valeur en la Bataille de Dreux. 231. defaict les gens de pied des Huguenots. ibid. emporte l'honneur de la victoire. 232. demeure seul chef en l'armee du Roy, & Maistre du cāp. 233. 236

rend compte au Roy de tout ce qui s'estoit passé en la bataille. 237. loüe le Connestable General de l'armee, aussi bien que le Prince de Condé. ibid. raconte le malheur arriué au Mareschal de sainct André, pourquoy & comment. 238. loüe l'Admiral & ses freres, particulieremēt le grand Prieur. ibid. n'oublie à ce faire d'Amuille & de Martigues. ibid. parle fort sobrement de luy, & represente la priere qui luy fut faicte de commander l'armee. ibid. est remercié du Roy, qui luy donne la charge de Lieutenant General en son armee. 238. 239. assiege Orleans contre l'aduis de plusieurs. 246. commence par le fauxbourg du Portereau, & le prent d'assaut. 252. tasche d'entrer pesle-mesle auec les fuyans dans la ville. 252. 253. s'informe de l'estat de l'ennemy. 253 le bon ordre qu'il donne à toutes choses, & sa liberalité enuers les soldats. 254. assemble son conseil pour faire responce au Roy sur le sujet de la legation de l'Autheur vers luy. 254. 255. aduis de son conseil & sa responsé de luy au Roy. 255. 256. raisons qu'il allegue pour dissuader leurs Majestez de luy faire quitter le siege, & l'enuoyer trouuer l'Admiral. 257. 258. son opinion suiuie par le Conseil du Roy. 259. autre discours qu'il faict sur la difference des guerres ciuiles auec les estrangeres. ibid. ses aduis au Roy pour l'acheminemēt de la guerre contre les Huguenots. 259. 260. ses promesses pour la seureté de la personne du Roy & de son Conseil. 260. 261. conclusion de son conseil approuuee par leurs Majestez. 261. l'assassinat commis en sa personne par Poltrot. 262. Histoire de cest assassinat. 262. 263. mort dudit Duc, & le changement qu'elle cause aux affaires de France. 263. 264. les funerailles que luy font les Parisiens. ibid.

le Cardinal de Guise, son auctorité parmy le Clergé, & son

excellence au maniement des affaires d'Eſtat. 4.5

la Doüairiere de Guiſe demande iuſtice de la mort de ſon mary, contre l'Admiral. 300

H

HAine des Proteſtans contre la maiſon de Guiſe. 17
le Haure de Grace mis és mains des Anglois par les Huguenots. 188. aſſiegé par l'armee Royale, qui les contraint de ſortir. 197. 198

d'Henry VIII. Roy d'Angleterre appelé le Defenſeur de la Foy, & pourquoy. 57. ſa reuolte au S. Siege, & ſacrileges, *ibid*. Declare le mariage de Catherine d'Eſpagne illegitime. *ibid*. contracte diuers mariages. 58. ſon teſtament, & l'ordre qu'il donna à ſa ſucceſſion. *ibid*.

Honfleur & Bayeux prins par Moüy & Coulombiers. 245

Honneurs vulgaires ſont meſpriſez. 21

Chancelier de l'Hoſpital fauoriſe les Proteſtans. 121. ſa harangue à l'ouuerture des Eſtats d'Orleans à ceſt effect. *ibid*.

Huguenots & leur etymologie. 78. 79. commes'appelloient auparauant. *ibid*. leurs premiers erremens par la conſpiration contre la maiſon de Guiſe, s'emparent de pluſieurs villes de France. 164. 165. excez & violences qu'ils commettent à la priſe des villes. 165. leurs proteſtations & paroles piquantes contre le Cardinal de Lorraine. 169. s'emparêt d'vne partie de Thoulouſe, dont ils ſont repouſſez. 170. Item de la ville de Montauban. 171. maltraictez à Toulouſe. *ibid*. font vn Synode à Orleans, ce qu'ils y deliberent. *ibid*. Indiquent des prieres ſolemnelles en leur Egliſes. *ibid*. font battre monnoye des Reliques. 175

leur pretexte pour la leuee des Eſtrangers. 210. ces leuees commencees en Angleterre, & empeſchees par l'Autheur. 210. 211. font publier leur iuſte cauſe de prendre les armes, particulierement le Prince de Condé qui reſpond au Parlement de Paris. 211. 212

perdent pluſieurs villes, pourquoy. 215. ſe retirent vers Normandie. 219. abandonnent le ſiege de Paris, pourquoy. *ibid*. font pluſieurs caſtrametations & logemens. 219. 220. ſont pourſuiuis par l'armee du Roy, bien empeſchez en leurs reſolutions. 220. reſolus d'aller en Normandie. 221.

font nouueaux remuëmens à la perſuaſion de l'Admiral. 352.

violent l'Edict de Pacification d'Orleans. 386. ſe portent les premiers à l'offenſiue, &

ioignent leurs Reiſtres. 387. la paix concluë auec eux ſelon leur deſir, vn article excepté. 395. pourquoy ſe reſolurent à receuoir vne paix douteuſe. *ibid.* & 396. pluſieurs deſſeins contre eux. 410. 411. Huguenots ſur leurs gardes & ſe ſaiſiſſent de pluſieurs bonnes villes. 413. 414.

des Huguenots du pays Bas & leurs Requeſtes au Roy d'Eſpagne. 343. 344. ſe plaignent à l'Empereur. *ibid.*

grand Hyuer en France. 341

I

Ialouſie du Conneſtable de Montmorency contre ceux de Guiſe. 6. les cauſes & motifs de cette ialouſie. *ibid.*

Ialouſie entre les deux Ambaſſadeurs d'Angleterre, pourquoy. 297

Ieuſnes, prieres & pardons ordonnez pour la manutention de la vraye Religion, du temps des Proteſtans. 144

Ieuſnes & prieres ſolemnelles publiees par les Egliſes des Huguenots. 171

Impieté execrable d'vn homme qui arrache le Saincte Hoſtie des mains du Preſtre. 300. eſt executé & bruſlé à la place Maubert. *ibid.*

Impudicitez des Gnoſticques & Barbelites. 14

Informations du Mareſchal de S. André contre le Prince de Condé, pourquoy. 92

Ingratitude du Roy d'Eſcoſſe enuers la Royne ſa femme. 335.

Inſtance des Eccleſiaſticques au Roy, qu'elle. 300. 301

L

LAngues couppées aux Proteſtans, pourquoy. 8

Lettres du Conneſtable au Prince de Condé, interceptes. 82.

Lettres patentes pour le departement de la gendarmerie de France. 87

Lettres de la Royne Mere au Duc de Guiſe pour venir en Cour deſarmé, pourquoy. 152. 153.

Lettres de la Royne Mere au Prince de Condé pour le faire retourner à la Cour. 166. celles de la Cour de Parlement de Paris au meſme ſujet. *ibid.* & celles des autres Parlemens & Iuriſdictions de France. 167

Lettres du Prince de Condé à pluſieurs Eſtrangers, aux fins de luy preſter ſecours. 167

autres Lettres du meſme à l'Empereur & Princes d'Allemagne ſur la iuſtice de ſes armes. 213

Lettres de l'Admiral au Mareſchal de Montmorency. 439

Leuees

Leuees & commissions secretes des Catholiques contre les Protestans. 156

Libelles diffamatoires contre la maison de Guise. 48.81

La Ligue, & son origine. 315

Ligue des Princes Catholiques, & contreligue des Huguenots. 342

Liure intitulé le Tigre, l'Autheur duquel fut pendu. 81

Liure publié contre l'Admiral, & autres Chefs de la Religion, comme fauteurs de l'assassinat du Duc de Guise. 263. la response à iceluy par les Huguenots. *ibid.*

Liure des Huguenots intitulé sacré Concile, quel. 349

Prise de Sainct Lo, Vire & autres villes de Normandie par Montgommery. 246

Cardinal de Lorraine son inuention pour diuiser les Lutheriens d'auec les Caluinistes. 169. 170. entrant dedans Paris desarmé par le Mareschal de Montmorency. 344. 345 son haine mortelle enuers ledict Mareschal, pourquoy. 345

Loüanges de la part de l'ennemy dangereuse *ibid.*

Loy donnee par le Prince, sans aprobation des Estats, n'a lieu en Angleterre. 12

Loy ancienne alleguee par le Chancellier de l'Hospital, quelle. 127

Loy d'Henry VIII. Roy d'Angleterre touchant sa succession. 327. & à quel dessein. *ibid.*

Loy ancienne n'est suffisante pour declarer la guerre à son Roy. 353.354

M

Magistrat qui iuge par passion porte grand preiudice à l'Estat. 12

Maguelonne & Montpelier assiegez. 214

Malheur des guerres ciuiles. 158

le President Mandreuille, de Cros, & Marlorat, Ministres executez à Roüen. 196

Mariage de la Royne d'Escosse auec le Milord d'Arlay. 321

Plusieurs Mariages d'Henry VIII. Roy d'Angleterre. 58

Mariages clandestins deffendus en Angleterre. 51

Mariages entre Princes du sang, en Angleterre, sans le consentement du Roy, declarez illegitimes. 52

Massacre de Vassi quel. 150

grand Massacre de Princes en Angleterre. 25

Maxime d'Estat fort considerable. 26

Menees contre les Protestans par ceux de Guise. 27

TABLE

Mescontentemens de la Royne d'Angleterre contre la Royne d'Escosse, cause de la guerre. 333

le President Minart assassiné, par qui, & pourquoy. 16. 17

Ministres qui assisterent au Colloque de Poissy. 133. sont pauures ignorans & grossiers. 130

Mort d'Henry II. Roy de France 2

Mort de François II. 103

Mort tragique du Roy d'Escosse. 336

Mort du Duc des deux Pōts. 437

N

Naufrage de l'armee Naualle des François, secourans les assiegez dans la ville du Petitlit. 71

le Duc de Nemours prend Vienne en Daulphiné. 265. faict vne entreprise sur Lyon, qui est descouuerte par celuy qui la cōduisoit. ibid.

le Duc de Neuers, & autres Seigneurs blessez à la bataille de Dreux. 234

Necessité de la paix & de l'Edict de Mars. 278

Niort assiegé par le Comte du Lude. 442

Nismes surprises par les Catholiques. 462

la Normandie ruinee, & les grands desordres quelle souffre 204

Nouueautez en la Religion tres-dangereuses en vne Republique. 143

O

 Octroy ou don gratuit que on faict aux Roys d'Angleterre, quel. 116

Offres & demandes du Prince de Condé, à la Royne Mere, aux fins de faire la paix. 217. la response de ladicte Dame à icelles. 218

Façon d'opiner en France, quelle. 85

Opinion de Marillac Euesque de Vienne au faict de l'assemblee tenuë à Fontainebleau, contre les Protestans. 85. conclut à l'assemblee des Estats. ibid.

Ordonnances de Charles V. sur la majorité des Roys. 19

Ordōnances des Estats d'Orleans. 121. quand & à quelle fin principale renduës. ibid.

l'Ordre de sainct Michel jadis fort estimé en France. 20

Ordre de l'Estoille S. Ouin, par qui institué, & pourquoy supprimé. 21

l'Ordre de la Iartiere fort ancien en Angleterre. 22. par qui estably, & à quel fin. ibid.

Ordre de la Toison, par qui fondé. 22

Ostages des Anglois, quels 291

DES MATIERES.

P

le Palatin & son fils pensionnaires de France. 384

Paris la reigle des autres villes. 11. son eloge & prééminences sur toutes les autres. *ibid.*

des Parisiens & leur zele à la Religion Catholique. 153. 154. leur affection enuers le Duc de Guise, & l'opinion qu'ils ont de luy. *ibid.*

le Parlement de Paris, modelle de tous les autres de France. 11

Parlemens en nombre de huict, representent huict colomnes ou l'Estat est appuyé. 11

Parlement de Prouence suspendu, quand & pourquoy. 205

quels Parlements refusent la verification de l'Edict du mois de Mars. 272

Paix entre les Royaumes de Angleterre & de France concluë & resoluë. 307. conditions d'icelle. *ibid.*

Paix & les conditions d'icelle accordee entre les Catholiques & Protestans. 270. 271. l'Edict d'icelle refusé de verifier par aucuns Parlements. 272

Peuple comment peut estre esmeu, & le peu de confiance qu'il y a en luy. 345

Plaintes du Duc de Boüillon sur la guerre contre les Protestants. 185

la Planche seruiteur du Mareschal de Montmorency enquis sur les affaires d'Estat par la Royne Mere, & sa responce sur ce. 80. est arresté prisonnier, pourquoy, & ce qui arriua de cet Arrest. 80. 81

Poursuites en Cour de Rome contre la Royne de Nauarre, & son Royaume interdit. 313. 314

Presches des Protestás, quels. 140. discours qu'on tenoit au sortir d'iceux. *ibid.*

Presens que feit la Royne de Angleterre à l'Autheur, quels. 312

Prestre enuoyé au Prince de Condé prisonnier, pour luy dire la Messe. 96. la responce qu'il luy fist. 97

Prince & sa puissáce en quoy gist principalement. 75

Prince estably Lieutenant general, chose dangereuse à l'Estat, pourquoy. 34

les Princes de Nauarre & de Condé chefs des Huguenots, assistez de l'Admiral. 434

Princes du sang, en Angleterre ne se peuuent marier sans le consentement du Roy. 52

Princes du sang ne sont tousjours apellez au gouuernement de l'Estat, pourquoy. 18. exem-

i ij

TABLE

ples à ce propos. *ibid.*

Princes du sang ne peuuent estre iugez que par l'assemblee des Pairs de France. 99. 100. exemples à ce propos. 110

Priuileges des Cheualiers de l'Ordre. 99

Prisonnier d'importance deliuré par le Roy de Portugal à la supplication de l'Autheur. 72. 73

Protestans de France ont les langues couppees, pourquoy. 8. diuerses poursuites contre eux. 12. font assemblees nocturnes, à quel fin. 13. opinions sur ce subiect. *ibid.* leur opiniastreté à s'assembler. 14. l'haine qu'ils portent à la maison de Guise. 17. les desseins qu'ils prennent contr'eux. 26. leur assemblee pour la Religion & affaires d'Estat. *ibid.* autre assemblees à Nantes, & ce qui fut deliberé en icelle. 28. 29. remis auec la Royne Mere apres la mort du Roy François. 124

Protestans d'Allemagne & d'Angleterre, pourquoy plus estimez que les autres. 141

R

Reconciliation des Grands de France auec ceux de Guise, dôt ils estoient ennemis. 148

Reddition du Haure par les Anglois, & articles de ceste reddition. 290

Reistres en France pour les Huguenots. 215. designent mettre le siege deuant Paris, où ils s'acheminent. 216. prennent Pluuiers, Estampes, la Ferté & Dourdan. *ibid.* on parlemente auec eux, pourquoy. *ibid.* mis en fuite par le Duc de Guise, à la bataille de Dreux. 231

Religion neutre tres-dangereuse. 15

neutralité en Religion tres-grand peché. 15

Religion ne doit estre mise en doute. 136. qu'il est deffendu d'en disputer en Moscouie. *ibid.* le mesme estoit chez les Hebreux.

la Religion Chrestienne entenduë par foy & humilité. *ibid.*

libre exercice de Religion donnee aux Protestans d'Eugrogue, par le Duc de Sauoye.

Remonstrance du Cardinal de Tournon sur le blaspheme proferé par Beze à Poissy. 134.

Rencontre notable de l'Autheur, qui luy faict descouurir l'entreprise de Mouceaux. 355. 356. 357. & suyuans.

Requestes des Huguenots du Pays-bas au Roy d'Espagne. 343

autre Requeste presentee par eux à la Duchesse de Parme. 349. 350

DES MATIERES.

nouuelles Requeftes par les mefmes à ladicte Ducheſſe. 351

Requeſte preſentee au Roy, au nom de tous les Huguenots de France. 438. contenu d'icelle, & la reſponce que le Roy y feit. 439

Reuocation des Edicts par le Roy, & deffenſe d'exercer autre Religion en ſon Royaume que la Catholique. 413

Le Roy d'Angleterre ne peut faire de loy ſans l'aduis de ſes Eſtats. 12

Les Roys plus obligez à tenir leur parole & leur foy, que le reſte des hommes 386

Roy d'Eſcoſſe, ſon ingratitude enuers la Royne ſa femme, & la cruauté qu'il exerça enuers vn ſien Secretaire. 335. ſa mort tragique. 336

Roy de Nauarre, ſon refus à venir en Cour, pourquoy. 83. le blaſme qu'il encourt ſur ce detour les Grands de la Cour. 87. 88. refuſe la Regence, pourquoy 122. 123. eſt diſtrait du party des Proteſtans. 145. ſe reconcilie auec ceux de Guiſe, comment, & par quels moyens. 145. 146. les belles promeſſes qu'on luy faict, & raiſons qu'on luy propoſe, afin qu'il quitte le party des Proteſtans. 145. 146. eſt perſuadé de ce faire par le Nonce & Ambaſſadeur d'Eſpagne. 147

R

la Royne Mere declaree Regente par les Eſtats d'Orleans. 132. n'adhera iamais aux opinions.

Madame de Roye belle-mere du Prince de Condé, priſonniere à ſainct Germain en Laye, pourquoy. 95

Le Royaume de France grandement endebté, quand, & pour quel ſujet. 121

S

SAcrilege du Roy d'Angleterre, & ſa reuolte au S. Siege. 57

Sacrilege des Huguenots, quel. 175

vn Secret n'eſt plus ſecret eſtant communiqué. 78

Secours du Pape contre les Huguenots. 440

Secte Caluiniſte plus paſſionnée & ignorante que la Lutherienne. 130.

Sermens diuers obſeruez iadis des coniurations. 41

Sedition à Francfort entre les Lutheriens & Caluiniſtes. 170

Sedition contre les Proteſtans de Cahors en Quercy. 149. chef principaux d'icelle executez. ibid. autres ſeditions en pluſieurs villes du Royaume. ibid.

Siege de S. Iean d'Angely. 462. rendu à compoſition. 466.

ï iiij

TABLE DES MATIERES.

nombre des morts qui y furent trouuez. *ibid.*

Siege du Haure, & preparatifs d'icelui, par l'armee du Roy, contre les Anglois. 240. 282. description particuliere de ce siege. 286.

Siege de Sancerre. 417

Siege de Poictiers. 445. deffaite des Huguenots en ce siege. 449.

Siege de Roüen. 184. le pillage qui s'y exerça. 194. 195. 196

Siege de Nismes, & la perte des Chatholiques deuant iceluy. 214

Siege de Mets. 76. 77

Siniftres rapports dangereux en matiere d'Eftat. 332

Soufleuement vniuerfel des Catholicques contre les Huguenots. 319.

Stratageme de l'armee du Roy deuant Chafteauneuf. 422

Stratageme du Conneftable pour conduire le Roy feurement à Paris. 362

le subiect ne doit borner la volonté de son Prince. 25

les Suiffes fort obeyffans à leurs Chefs. 196. leur valeur en la bataille de Dreux. 230. 231

Sinode general des Huguenots à Orleans & ce qu'ils y deliberent. 171

T

Temps auquel a commencé d'efcrire, fes memoires, l'Autheur. 3. 4

Teftament d'Henry VIII. Roy d'Angleterre & l'ordre qu'il donna à fa fucceffion. 58

Traicté de Cafteau Cambrefis. 4. entre qui faict, & pourquoy. *ibid.*

Traictez de mariage par l'Autheur enuers les Roynes d'Angleterre & d'Efcoffe, tant pour le Roy, que pour le Duc d'Anjou. 322. 323

Traictez de paix par le mefme enuers les Anglois, pour la reddition du Haure, & Duc de Cafimir pour la fortie hors de Frâce. 187. 188. 401. & 402.

V.

Vidame de Chartres emprifonné, pourquoy. 81. fa mort. *ibid.*

Villes nommés aux Baillages & Senefchauffees pour l'exercice de la Religion pretenduë. 273. 274

Villes mutines qui fecoüent l'obeïffance royale. 409. 410

Voyage du Roy & de la Royne par toute la France. 306. 316. l'ordre & les reiglemens qu'elles eftabliffent en beaucoup de villes du Royaume. 316. 317.

FIN.

Fautes suruenuës en l'impreſſion.

Liu. II. feueil. 54. au lieu de terlins, liſez ſterlins. f. 62. au lieu de parcie, liſez partie, liu. III. f. 111. lig. 16. Meſſieurs de Guiſe, liſ. ceux de Guiſe. f. 114. lig. 9. decorcee. liſ. decoree. f. 144. lig. 10. & remonſtrant, liſ. & remonſtroient. fol. 145. l. 22. que les party, liſ. le party. fol. 151. lig. 27. qui preſchoient, liſ. qui preſcherent. fol. 193. lig. 4. qu'il ne falloit, liſ. qu'il ne la falloit. fol. 234. lig. 24. ſon fils, liſ. ſon fils auſſi, liu. IV. f. 259. l. 28. ſans aucune legitime excuſe que de maladie, liſ. ſans aucune excuſe que de legitime maladie. liu. V. f. 286. l. 13. auant qu'arriuaſt, &c. liſ. auant qu'il arriuaſt. f. 319. l. 2. ia diſpoſé, liſ. ia diſpoſez. Sommaire VII. lig. 2. Terrule liſ. Terride. f. 412. l. 4. Fonteuilles, liſ. Fonterailles. f. 419. l. 8. Suron, liſ. Guron. f. 423. lig. 16. cheual, lequel, liſ. cheual s'auança à eux, lequel. f. 440. l. 20. vouloit, liſ. voulut. f. 442. l. 29. au ſiege de Niort, apres, liſ. Niort, ou apres. f. 459. l. 16. ſans conter ceux, au lieu, liſ. a beaucoup deſquels le Duc, &c.

www.ingramcontent.com/pod-product-compliance
Lightning Source LLC
Chambersburg PA
CBHW051401230426
43669CB00011B/1720